本书得到以下项目支持：
国家特色蔬菜产业技术体系产业经济研究室（CARS-24-F-01）
河北现代农业产业体系蔬菜产业经济岗（HBCT2018030301）
河北省科技厅软科学项目（19457520D）
河北省科技厅软科学项目（19457518D）
河北省蔬菜产业协同创新中心
河北农业大学现代种植产业经济与政策研究协同创新团队
河北农业大学现代农业发展研究中心
河北新型智库：河北省三农问题研究中心

U0615659

国家特色蔬菜产业技术体系产业经济系列丛书

中国辣椒产业发展研究报告

RESEARCH REPORT ON THE DEVELOPMENT OF CAPSICUM INDUSTRY IN CHINA

赵帮宏　乔立娟　宗义湘◎主编

经济管理出版社
ECONOMY & MANAGEMENT PUBLISHING HOUSE

图书在版编目（CIP）数据

中国辣椒产业发展研究报告/赵帮宏，乔立娟，宗义湘主编．—北京：经济管理出版社，2020.12
ISBN 978 - 7 - 5096 - 7154 - 2

Ⅰ．①中…　Ⅱ．①赵…②乔…③宗…　Ⅲ．①辣椒—产业发展—研究报告—中国　Ⅳ．①F326.12

中国版本图书馆 CIP 数据核字（2020）第 245008 号

组稿编辑：曹　靖
责任编辑：王　洋
责任印制：黄章平
责任校对：王淑卿

出版发行：经济管理出版社
　　　　　（北京市海淀区北蜂窝 8 号中雅大厦 A 座 11 层　100038）
网　　　址：www. E - mp. com. cn
电　　　话：（010）51915602
印　　　刷：唐山昊达印刷有限公司
经　　　销：新华书店
开　　　本：787mm × 1092mm/16
印　　　张：20.5
字　　　数：461 千字
版　　　次：2020 年 12 月第 1 版　　2020 年 12 月第 1 次印刷
书　　　号：ISBN 978 - 7 - 5096 - 7154 - 2
定　　　价：98.00 元

主　　编：赵帮宏　　乔立娟　　宗义湘

副 主 编：黄任中　　戴雄泽　　胡明文　　辛　鑫

参编人员：廖小军　　邓放明　　杨　莎　　龙洪进　　高振江　　张玉鑫
　　　　　任艳云　　姚秋菊　　王学国　　孙　逊　　张　慧　　张亚春
　　　　　贺洪军　　杨生保　　严慧玲　　常　伟　　张自昆　　张龙平
　　　　　白　丽　　张建文　　李腾飞　　董灵迪　　车寒梅　　杨江澜
　　　　　王思宇　　王建威　　张娟娟　　赵泽阳　　刘　鑫　　刘胜海
　　　　　王艳霞　　马　凤　　文联社　　邢泽农　　张嘉园

序

辣椒为茄科辣椒属，起源于中美洲、南美洲热带地区的墨西哥、秘鲁等地，明朝末年传入我国。经过400多年的发展，辣椒已经成为我国居民饮食中最重要的调味品，并形成独特的辣椒历史文化、民俗文化与餐饮文化。近年来，我国辣椒种植面积和产量不断增长，2018年辣椒种植总面积达到3200万亩，我国辣椒年总产量达到6000万吨以上，年产值2500亿元以上，是世界上最大的辣椒生产国、消费国与主要辣椒出口国。辣椒也已经成为我国种植面积最大的蔬菜作物，在蔬菜出口贸易中贡献最大，也是产业链条最完善的蔬菜类型。

随着全国统一大市场的形成以及人口流动速度的加快，辣椒由区域性生产与消费向全民性消费转变，辣椒的种植遍布全国，在贵州、河南、山东、云南、四川、湖南、江西、河北以及新疆、内蒙古等地大面积种植，并形成贵州遵义、河南柘城、河北鸡泽、新疆沙湾、重庆石柱、云南省丘北、陕西宝鸡、吉林洮南等辣椒特色产区，"小辣椒成为大产业"，在推进乡村振兴、产业兴旺与农村扶贫中发挥着重要作用。

我国辣椒产业链条完整，已形成涵盖辣椒育种、加工、贸易、餐饮、休闲观光等业态的三产融合发展模式。在辣椒加工领域，目前我国辣椒加工包括辣椒初加工、深加工与精深加工领域，是城乡居民与餐饮业重要的调味品、休闲食品与底料产品，并在辣椒红素、辣椒碱等提取物生产中居于全球领先水平。近年来，随着国际市场对辣椒及其制品需求量的增长，我国辣椒原料与加工产品出口量快速攀升，并涌现出晨光集团、贵阳老干妈、柏兰集团等国际化辣椒加工知名企业。与此同时，我国食辣人群的迅速增长也成为带动辣椒产业发展的重要力量，辣味火锅、川菜、麻辣小龙虾、辣条等餐饮与休闲食品企业前景广阔。

在辣椒产业迎来重大发展机遇的同时，仍然存在机械化水平低、标准化种植技术落后、种植主体规模较小、辣椒单产不高且价格波动性大、产业化经营主体带动能力不强等问题。此外，虽然辣椒育种与加工企业数量多，但大多企业规模小、实力弱、市场竞争力不强，导致辣椒产业发展中的效益年际间波动很大，影响产业整体效益的提升。

《中国辣椒产业发展报告》对世界与我国辣椒产业布局、贸易格局与产业链条进行系统梳理，通过实地调研我国辣椒主要产区、生产基地、加工企业、批发市场生产与经营现状获得基础数据，在对我国辣椒产业国内外供需形势进行深入分析的基础上撰写完成。为深入分析我国辣椒产业生产、流通、加工、贸易现状与存在的问题，国家特色蔬菜产业体系以全国 26 个综合试验站的 108 个辣椒种植重点县的产业规模、加工企业、专业市场与成本收益实地调研为依据，对我国辣椒产业发展趋势进行准确研判，并提出促进产业发展的对策建议，对推动我国辣椒产业高质量发展、加快农业供给侧结构性改革、实现乡村振兴具有重要意义。

国家特色蔬菜产业技术体系首席科学家

邹学校

2020 年 9 月

前　言

　　《中国辣椒产业发展报告》是国家特色蔬菜产业体系首期系列特色蔬菜发展报告的第五部著作，历时四年的深入调研、实地考察与各岗位专家数次研讨修订终成此书。辣椒作为我国最大的单品蔬菜，在助农脱贫增收、农业产业经营以及消费者食品消费中发挥着重要作用，深入、全面、细致的产业调查与分析将对推动我国辣椒产业发展具有重要理论意义与应用价值。本报告首次对我国辣椒产业的生产规模、生产布局、贸易规模、贸易格局进行了全面的梳理，对全球辣椒产业发展与各国辣椒贸易进行了系统研究，对辣椒产业发展的基础性、历史性数据进行了全面整理追踪，利用现有的可利用数据资料、案例资料进行了系统分析研究，并整理了重要的辣椒产业化龙头企业、知名品牌、代表性基地、批发市场及辣椒文化习俗。

　　《中国辣椒产业发展报告》辑录了11个主产省份辣椒产业发展概况，涵盖69个辣椒主产县（市、区）、42个辣椒区域品牌、462家辣椒加工出口企业、862家辣椒规模种植主体以及自2000年以来全球100多个国家的辣椒生产与贸易信息，并对我国辣椒产业前沿技术发展、种植模式、经营主体、价格形势、辣椒文化等进行全国范围的统计调研与文献梳理。本书通过查阅《牡丹亭》《本草纲目拾遗》等古代文献检索辣椒在中国文化和医药应用中的源起，还通过对老干妈、海底捞、重庆小面等企业的调研了解城乡食辣习惯的改变对辣椒产业发展的推动作用，并搜寻辣椒红素等精深加工产品产销形势，研究辣椒产业在医药、美妆等行业的应用前景。本书是对我国辣椒产业发展国际国内贸易形势、市场需求变化与产业竞争力的科学诠释，既让广大读者了解我国辣椒产业发展概览，并以此抛砖引玉，期望能够得到更多农业部门、专家学者对辣椒产业发展的关注，推动辣椒产业的发展。

　　本报告是在国家特色蔬菜产业技术体系首席科学家、中国工程院院士、湖南省农业大学校长邹学校研究员直接指导下，由国家特色蔬菜产业技术体系产业经济研究室赵帮宏教授、乔立娟副教授、宗义湘教授与加工用干辣椒品种改良岗位科学家黄任中研究员、种子种苗生产技术岗位科学家戴雄泽研究员、遵义综合试验站站长胡明文研究员与宝鸡综合实验站辛鑫副研究员合作完成。报告得到了国家特色蔬菜产业技术体系各岗位科学家与综合试验站站长的大力支持，并得到河北省蔬菜产业创新团队和基层广大农业技术人员在田野调查与数据采集过程中的无私协助，也得到了辣椒主产区农业管理部门、辣椒加工流通企业、合作社、生产基地相关负责人员的积极配合。正是因为每一位团队成员的共同努力与团结协作，让辣椒产业报告能够顺利成稿，这是所有专家、学者、农技推广人、企业、种植户集体智慧的结晶，在此表示深深的感谢！

国家特色蔬菜产业技术体系产业经济研究室

2020 年 9 月于保定

目 录

第二篇 区域布局篇

第三篇 辣椒文化与区域品牌篇

引 言

一、研究的背景和意义

辣椒为茄科辣椒属，起源于中美洲、南美洲热带地区的墨西哥、秘鲁等地，明朝末年传入我国。[①] 经过 400 多年的发展，辣椒已经成为我国居民饮食中最重要的调味品，并形成独特的辣椒历史文化、民俗文化与餐饮文化。近年来，我国辣椒种植面积和产量不断增长，2018 年辣椒种植总面积达到 3200 万亩，已成为我国种植面积最大的蔬菜作物，在贵州、河南、山东、云南、四川、湖南、江西、海南、吉林、河北以及新疆、内蒙古等地大面积种植，并形成贵州遵义县、河南柘城县、河北鸡泽县、新疆沙湾县、重庆石柱县、云南丘北县、陕西宝鸡市、吉林洮南市等辣椒特色产区。目前，我国辣椒年总产量达到 6000 万吨以上，年产值 2500 亿元以上，是世界上最大的辣椒生产国、消费国与主要辣椒出口国。

我国辣椒产业链条完整，已形成涵盖辣椒育种、加工、贸易、餐饮、休闲观光等业态的三产融合发展模式。辣椒品种育繁推一体化以中国农业科学院蔬菜花卉研究所、湖南湘研种业有限公司等单位为代表。我国辣椒加工包括辣椒初加工、深加工与精深加工等环节，主要产品包括辣椒干、辣椒丝、辣椒粉、腌制辣椒、各种辣椒酱、火锅底料等调味品以及辣椒红、辣椒碱等辣椒提取物。辣椒的出口贸易以干辣椒出口为主，近年来随着国际市场辣椒产品需求的变化，辣椒加工产品出口量快速攀升，并涌现出晨光大然色素集团、青岛柏兰集团等辣椒外向型知名企业。随着我国食辣人群的迅速增长，火锅、川菜、麻辣小龙虾、辣条等餐饮与休闲食品也成为带动我国辣椒产业发展的重要力量。

虽然我国辣椒产业发展迅速，并逐步向规模化、产业化、标准化方向发展，但我国辣椒育种与国际辣椒育种仍存在差距，辣椒加工企业数量多，但规模小，实力弱，在辣椒种植中，也存在种植主体规模较小，机械化水平落后，辣椒单产不高且价格波动性大，产业化经营主体带动能力不强等问题，导致辣椒产业经营主体的效益水平年际间波动很大，影响产业的持续稳定发展。

---

① 刘文明，安志信等. 辣椒的种类、起源和传播 [J]. 辣椒杂志，2005 (4)：17 – 18.

为深入分析我国辣椒产业链条在生产、流通、加工、贸易等环节的发展现状与存在的问题，对辣椒产业发展趋势进行准确研判，并提出促进产业发展的对策建议，通过对世界与我国辣椒产业布局、贸易格局与产业链条进行系统梳理，并对辣椒种植产区、生产基地、加工企业、批发市场运行现状进行深入调研的基础上形成我国辣椒产业发展报告。

二、研究对象

辣椒属于茄科辣椒属，是一年生或多年生植物。辣椒作为重要的辛辣调味料，且全年皆产，全世界范围内广泛种植，因此辣椒除 5 个常规栽培种外，在世界各地还有大量的变种。

（一）按照辣椒植物学属性界定

辣椒 5 个栽培种包括：①一年生辣椒（Capsicum annuum. L），原产墨西哥，有多种类型，叶绿色，花白色，果实红色或黄色，果形有灯笼形、长羊角形、短羊角形、圆锥形、樱桃形等。②灌木状辣椒（Capsicum frutescens），也称木本辣椒，原产秘鲁，为多年生木本植物，叶皱缩，花乳白色或绿白色，果红色或黄色，辣味较强。③中国辣椒（Capsicum Chinense），原产巴西。中国辣椒与中国没有关系，此种辣椒来自荷兰人1776 年从新大陆（加勒比海）采集到的辣椒种子，由于当时误以为新大陆是东方，误认为这种辣椒起源于中国，因此称为中国辣椒。④下垂辣椒（Capsicum baccatum），主要起源于秘鲁等地。有栽培和野生两种类型，分布于南美，花冠黄色或褐色，果柄细长，有较强的抗旱性和抗寒性，系晚熟品种。⑤柔毛辣椒（Capsicum pubescens），起源于秘鲁和玻利维亚，主要分布于中美及南美，花紫红色，果实圆形或卵圆形，成熟时黄色，极晚熟，也称作毛辣椒。

目前我国种植的辣椒类型主要是一年生辣椒，灌木状辣椒和中国辣椒在海南和云南等地有少量种植。我国种植的一年生辣椒，按照辣椒果实特征的不同，可以分为以下 5 个变种：①樱桃类辣椒。此类辣椒果实为圆形或卵圆形，果实较小，一般为红色、黄色或微紫色，辣度较高，用于制作干辣椒或作为观赏辣椒，如成都五色椒。②圆锥类辣椒。此类辣椒果实为圆锥形或圆筒形，多向上生长，辣度较高，如鸡心椒等，云南、贵州一带较多。③簇生类辣椒。此类辣椒果实簇生，向上生长或下垂，果梗粗壮，浆果指状或圆锥状，果色深红，果肉薄，辣度高，油分高，主要用于制作干辣椒，包括贵州七星椒、三樱椒等。④长角椒类辣椒。此类辣椒果实一般下垂，前端尖，微弯曲似羊角，可干、鲜两用，产量较高，栽培最为广泛，如牛角椒、羊角椒等。⑤甜柿类辣椒。此类辣椒味甜或具轻辣味，果实为灯笼形或长灯笼形，主要用于鲜食，果实较大，冷凉地区比炎热地区产量高。

| 樱桃类辣椒 | 圆锥类辣椒 |

| 簇生类辣椒 | 长椒类辣椒 |

| 灯笼椒 | 牛角椒 |

除上述常见的辣椒果实形状分类外，还有些最新培育出的观赏品种，形状独具特色，如风铃椒、七彩椒等，果实红色或多种颜色，主要用于观赏。

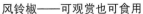

风铃椒——可观赏也可食用　　　　　　　五色椒（珠子椒）——以观赏为主

（二）按照辣椒的商品名称进行界定

目前我国市场上交易的辣椒类型大类分为鲜食辣椒与干辣椒两类，鲜食辣椒作为蔬菜产品在蔬菜交易市场进行交易，干辣椒作为调味品，在干辣椒专业交易市场和调味品市场进行交易。

1. 中国主要鲜食辣椒类型

我国鲜食辣椒作为蔬菜产品进行销售，在农产品批发市场上价格统计信息中，主要分为青椒、尖椒、红尖椒、绿尖椒不同类型。根据批发市场主要产品类型，可以分为：

（1）青椒。青椒也称菜椒、柿子椒，属于甜柿类辣椒，不辣或微辣，是最早常见的鲜食辣椒类型。

（2）尖椒。尖椒主要指长角椒类辣椒中的牛角椒，微辣，主要用于鲜食。

（3）绿尖椒。绿尖椒主要指长角椒类辣椒中的羊角椒，辣度高于尖椒，市场上的美人椒、杭椒均属于绿尖椒。

（4）红尖椒。红尖椒主要指红色的羊角椒、朝天椒等，辣度高，用于做配菜，也用于加工剁辣椒。

（5）红椒。红椒与青椒相对应，属于甜柿类辣椒，不辣或微辣，主要用作配菜。

此外，近年来螺丝椒、麻辣椒等在市场上普遍受到欢迎。

2. 中国主要干辣椒类型

我国干辣椒交易中，按照辣椒果形大小分为大辣椒与小辣椒两大类。大辣椒主要来自内蒙古、新疆、辽宁、甘肃等产区，主要交易商品类型包括铁板椒、线椒、红龙、北京红、金塔等；小辣椒主要来自河南、贵州、山东、重庆等产区，以三樱椒、艳椒、新一代等为主。常见干辣椒交易产品包括：

（1）三樱椒。三樱椒是一年生辣椒的变种，为簇生朝天椒，也称作三鹰椒、天鹰椒。

三樱椒栽培面积较大，河南柘城县、永城市，山东金乡，河北冀州市、枣强县均有种植。

（2）子弹头。子弹头辣椒是一年生辣椒的变种，为单生朝天椒，因为形状短粗如子弹而得名，在川、渝、赣等地多有种植，主要用于制作泡菜与加工辣椒油制品。

（3）艳椒。艳椒为单生朝天椒，为中晚熟类型，适宜干制与泡制加工，在重庆、贵州一带种植。

（4）线椒。主要包括二荆条与秦椒。二荆条辣椒为四川特产，是加工豆瓣酱和榨菜的重要原料。目前我国线椒最大的产区为新疆维吾尔自治区，焉耆、和静是我国重要的线椒交易市场。

（5）北京红。北京红属于羊角椒，是我国重要的干辣椒类型，主要交易市场包括：山东武城、通辽开鲁、辽宁北票与青岛于家村等。

（6）铁板椒。铁板椒属于羊角椒，产区主要位于甘肃、新疆等西北地区，是重要的精深加工辣椒产品。

（三）按照海关编码界定

目前国际贸易商品分类体系按照《海关合作理事会税则商品分类目录》（CCCN）和联合国的《国际贸易标准分类》（SITC）两大分类编码体系进行，HS 编码涵盖了两大编码体系，并于 1988 年 1 月 1 日正式实施，我国自 1992 年 1 月 1 日起，进出口采用 HS 编码体系[①]。由于联合国国际贸易数据库提供的进品贸易数据为 HS 六位编码数据，因此本报告也以辣椒六位进出品编码产品国际贸易作为研究对象（见表 0 - 1）。

表 0 - 1　按照海关编码界定的辣椒产品

商品编码	商品名称	相关产品
070960	鲜或冷藏的辣椒（包括甜椒）	Vegetables；Fruits of the genus capsicum or the genus pimento
090421	干且未磨辣椒	Spices；Fruits of the genus Capsicum or Pimento，dried，neither crushed nor ground
090422	干且已磨辣椒	Spices；Fruits of the genus Capsicum or Pimento，dried，crushed or ground

辣椒国际贸易中将辣椒分为干辣椒与鲜辣椒两大类。鲜辣椒在国际贸易中属于蔬菜，指的是鲜或冷藏的辣椒，主要供鲜品食用。干辣椒指干且未磨或已磨辣椒，主要用于调味品与精深加工产品。

国际贸易中除鲜辣椒与干辣椒初级产品外，还包括油辣椒、剁辣椒、辣椒精（HS 编码：210390），均属于国际贸易中"其他调味品"，没有作为单独商品进行核算。而辣椒碱、辣椒红等辣椒精深加工产品分别隶属于国际贸易中的"有机化学品"中的"其他无

---

① HS 编码体系全称为《商品名称及编码协调制度的国际公约》（*International Convention for Harmonized Commodity Description and Coding System*），简称协调制度（*Harmonized System*，HS），HS 编码每 4 年修改 1 次。

环烃的不饱和氯化衍生物"（HS 编码：290329）与"农化日化精细化工产品"中的"其他植物质着色料及制品"（HS 编码：320300），没有作为单独商品进行核算。

三、研究内容

本报告分为三篇，分别为产业研究篇、区域布局篇和辣椒文化与区域品牌篇。各篇的主要研究内容包括：

第一篇包括 10 章，分别为世界辣椒生产与贸易、中国辣椒国际贸易现状与竞争力、我国辣椒生产加工技术概况、我国辣椒产业布局、我国辣椒种植成本收益分析、我国辣椒市场需求分析、我国辣椒市场价格趋势分析、辣椒产业链各主体发展分析、我国辣椒产业存在问题分析、我国辣椒产业形势展望与发展建议。

第二篇包括 12 章，分别对我国辣椒主产省（区）贵州、云南、重庆、河北、新疆、河南、山东、四川、甘肃、陕西、湖南、内蒙古的产业布局情况进行详细介绍，研究内容包括辣椒主产省（区）产业发展现状、问题、竞争力及对策建议。

第三篇包括 2 章，分别为我国辣椒文化与产业发展、我国辣椒区域品牌，介绍我国辣椒历史文化、民俗文化、餐饮文化与医学文化发展历程及对辣椒产业发展推动作用，为辣椒产业三产融合发展提供借鉴依据与成功案例以及辣椒主产区的辣椒区域品牌建设。

四、数据来源

本报告的数据来源渠道包括：一是联合国粮农组织（FAO）与联合国国际贸易数据库（UN Comtrade），获得全球辣椒生产与贸易的官方数据；二是中国农产品价格信息网（http：//pfscnew. agri. gov. cn/）、中华人民共和国商务部官网（http：//cif. mof-com. gov. cn）、山东价格指数发布平台（http：//www. sdprice. org. cn/f/sitedetial - bedb800 977954ef68e 457cf7514ebc48. html）、中国金融信息网新华指数（http：//index. xin-hua08. com/jgzs/chaotianjiao. shtml）获得鲜食辣椒与干辣椒价格信息；三是各省农业统计年鉴与官方公布辣椒种植面积与产量信息；四是国家大宗蔬菜产业体系市场调研数据；五是国家特色蔬菜产业体系实地调研、问卷调研所获取的一手数据。

本报告所有数据均标明数据来源，但由于统计数据来源不同，不同统计机构的统计口径存在差异，因此部分数据不能达到完全吻合。

第一篇　产业研究篇

第一章　世界辣椒生产与贸易

辣椒作为蔬菜和调味品受到各国广泛欢迎，目前全球有三分之二的国家种植和食用辣椒，全球辣椒和辣椒制品多达 1000 余种。随着辣椒在国际贸易中成交量的持续增长，辣椒已成为最具发展潜力的农业作物之一。

第一节　全球辣椒产业现状

（一）全球辣椒生产概况

辣椒是世界上具有良好发展前景的经济作物之一，随着食辣人群和地域不断扩大、产品用途不断拓展以及全球辣椒深加工技术的逐渐成熟，全球对辣椒的需求量逐年增加，辣椒的种植面积和总产量持续增长。全球约有 140 个国家种植辣椒，广泛分布于世界各大洲。2017 年，世界辣椒种植面积 3843.7 千公顷，单产 10.59 吨/公顷，总产量高达 4071.85 万吨。2010~2017 年，全球辣椒总产量呈稳定增长趋势，8 年间全球辣椒总产量增幅 24.26%，年均增幅 3.03%，种植面积增幅 8.95%。

联合国粮农组织（FAO）和联合国国际贸易数据库均将辣椒分为鲜辣椒与干辣椒两类。联合国粮农组织数据显示，全球鲜辣椒的总产量远大于干辣椒的总产量，2017 年全球鲜辣椒产量为 3609.3 万吨，占全球辣椒总产量的 88.6%，2010~2017 年，全球鲜辣椒与干辣椒的产量增长率分别为 21.6% 和 49.79%，可以发现，干辣椒产量增长率高于鲜辣椒。在种植面积上，2010~2017 年虽部分年份存在波动，但辣椒种植面积整体呈上升趋势。鲜辣椒种植面积从 2010 年的 1872.13 千公顷增加到 2017 年的 1987.06 千公顷，同比增长 6.14%，年均增长 0.88%。干辣椒种植面积相比 2010 年增长了 200.7 千公顷，同比增长 12.12%，年均增长 1.73%（见表 1-1，图 1-1）。

表 1-1　2010~2017 年全球辣椒生产均值

单位：万吨，千公顷，吨/公顷

指标	辣椒（总）	鲜辣椒	干辣椒
产量	3597.35	3226.93	370.42

续表

指标	辣椒（总）	鲜辣椒	干辣椒
种植面积	3646.07	1922.83	1723.24
平均单产	9.87	16.99	2.15

资料来源：FAO 数据库（http：//www.fao.org/faostat/en/#data/QC）。

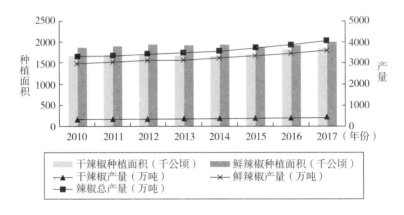

图 1-1　2010～2017 年全球辣椒产量及收获面积趋势

资料来源：FAO 数据库（http：//www.fao.org/faostat/en/#data/QC）。

（二）全球辣椒生产格局

1. 亚洲为鲜、干辣椒第一主产洲

亚洲鲜辣椒产量一直稳居全球第一，并且产量所占比重也在逐年增加。2016 年，亚洲鲜辣椒的产量已经达到了 2352.3 万吨，占全球鲜辣椒总产量的 74.62%，2000～2009 年欧洲鲜辣椒产量位居第二，但在 2010 年却被非洲反超，直到 2016 年非洲仍是第二大鲜辣椒的主产洲，占全球鲜辣椒总产量的 10.53%，欧洲则占 9.94%，其他大洲占 4.92%。

亚洲也是世界干辣椒种植第一大洲，但近年来亚洲干辣椒种植规模呈现下降态势，2016 年亚洲干辣椒总产量占世界总产量的 69.55%，比 2010 年下降 6.92%。与之相对，位于干辣椒产量第二的非洲干辣椒的产量有所上升，从 2000 年时占全球干辣椒产量的 15.70% 上升至 2016 年的 26.84%。欧洲占 2.71%，其他大洲占 0.90%（见图 1-2）。由此可见，亚洲为全球鲜辣椒、干辣椒的主产洲并且产量占有绝对优势。

2. 鲜辣椒主产国情况

2017 年，鲜辣椒总产量前十位的国家由高到低依次为中国、墨西哥、土耳其、印度尼西亚、西班牙、美国、尼日利亚、埃及、阿尔及利亚、突尼斯。

在鲜辣椒的主产国中，中国、墨西哥、土耳其位居前三，中国鲜辣椒产量稳居世界第一位且具有绝对优势，中国的收获面积逐年增加使得中国鲜辣椒的产量也逐年增加。中国 2003 年鲜辣椒产量 1152.9 万吨，到 2017 年已经达到了 1782.1 万吨，增长了 54.6%，与 2016 年相比增加了 36.3 万吨，增幅为 2.08%（见图 1-3）。

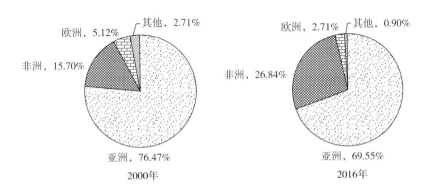

图 1 - 2　2000 年、2016 年各大洲鲜辣椒产量

资料来源：FAO 数据库（http：//www. fao. org/faostat/en/#data/QC）。

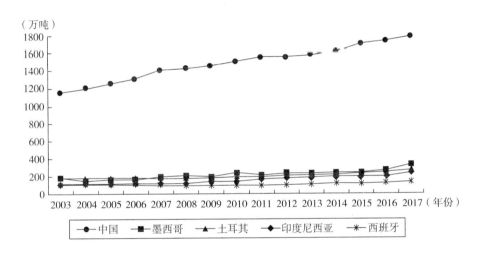

图 1 - 3　2003～2017 年全球鲜辣椒主产国产量趋势

资料来源：FAO 数据库（http：//www. fao. org/faostat/en/#data/QC）。

在 2003～2017 年，墨西哥从整体上看是鲜辣椒产量第二大的国家，但 2004～2006 年墨西哥被土耳其反超，2004 年墨西哥的产量为 143.1 万吨，与 2003 年相比降幅为 22.82%，墨西哥和土耳其鲜辣椒产量总体上都保持增长态势，但墨西哥产量波动较（见图 1 - 4）。土耳其虽然鲜辣椒产量居全球前三，但是鲜辣椒种植面积 15 年内没有一次进入全球前三，这说明每公顷平均产量高于全球平均水平。印度尼西亚由于辣椒种植面积的增长，鲜辣椒产量增长迅速，在 2008 年已经从世界第六位跃居世界第四位，2017 年产量为 235.9 万吨，比上年度增产 39.7 万吨，增幅 20.23%。

3. 干辣椒主产国情况

2017 年干辣椒总产量前十位的国家依次为印度、泰国、埃塞俄比亚、中国、科特迪瓦、巴基斯坦、孟加拉国、缅甸、加纳、越南（见图 1 - 5）。

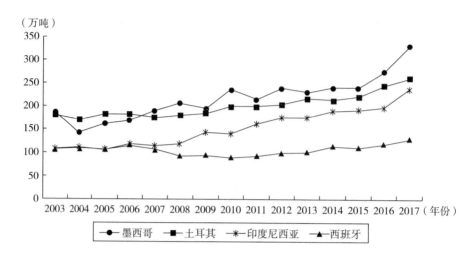

图 1-4　2003~2017 年全球鲜辣椒主产国产量趋势（不包括中国）

资料来源：FAO 数据库（http：//www.fao.org/faostat/en/#data/QC）。

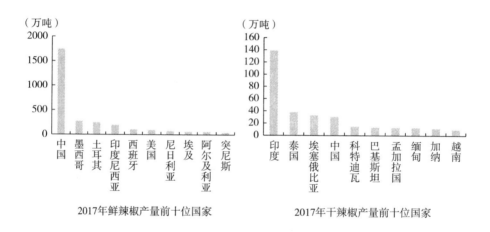

图 1-5　2017 年鲜辣椒、干辣椒总产量前十位国家

资料来源：FAO 数据库（http：//www.fao.org/faostat/en/#data/Q）。

2003~2017 年全球干辣椒产量印度稳居第一位，2017 年生产干辣椒 209.6 万吨，2003 年生产干辣椒 123.6 万吨，增长 86 万吨，增幅 69.58%。印度干辣椒产量在 2005 年、2009 年、2016 年呈下降趋势，但仍居全球第一位。中国干辣椒产量呈逐年上升趋势，2003~2014 年产量居世界第二位。2017 年中国生产干辣椒 31.4 万吨，比 2003 年增长 8.4 万吨，增幅 36.52%，但是 2015 年滑落至第三位，2016 年被埃塞俄比亚超过，成为第四。泰国干辣椒产量从 2010 年开始上升趋势明显，2017 年生产干辣椒产量 35 万吨，2010 年生产干辣椒 15.9 万吨，增长 19.1 万吨，增幅 120.13%，2014 年已经跃居全球第二位，但是仍远低于印度干辣椒产量。干辣椒排名前十的国家中巴基斯坦干辣椒产量波动最大，2008 年、2009 年、2010 年产量位于全球第三，此后产量逐步下跌至全球第五。

自 2003 年以来，干辣椒全球前三的国家中除印度一直保持第一位外，第二、第三名均有变化。虽然印度干辣椒种植面积最大，但是每公顷平均产量低于泰国，如果泰国的辣椒产量增长速度持续不变，以后将居第二位。自 2014 年以来，埃塞俄比亚干辣椒种植面积大幅增长，埃塞俄比亚干辣椒产量上升趋势明显，2016 年已经超过中国，跃居全球第三位，2016 年产量为 33 万吨，比 2014 年增长 15.9 万吨，增幅达到 92.98%（见图 1-6）。

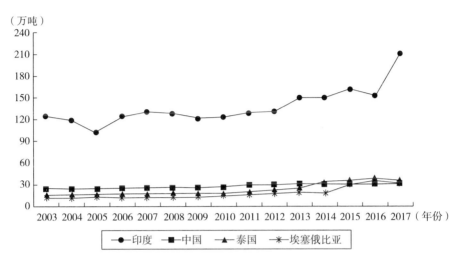

图 1-6 2003~2017 年全球干辣椒主产国产量趋势

资料来源：FAO 数据库（http://www.fao.org/faostat/en/#data/QC）。

4. 全球辣椒生产的集中度分析

2010~2017 年，鲜辣椒主产国种植面积全球排名前十的国家每年都有变化，但中国、印度尼西亚、墨西哥、尼日利亚、土耳其、埃塞俄比亚、韩国、埃及、美国均一直位于前十。前十位国家占全球鲜辣椒总种植面积的比值在 79% 左右波动，自 2015 年以来，产业集中度有上升态势（见图 1-7）。

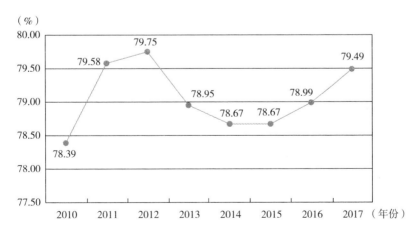

图 1-7 2010~2017 年鲜辣椒主产国种植面积排名前十国家总和占比统计

资料来源：FAO 数据库（http://www.fao.org/faostat/en/#data/QC）。

全球鲜辣椒主产国产量排名前十的国家基本保持不变，分别为中国、墨西哥、土耳其、印度尼西亚、西班牙、美国、尼日利亚、埃及、阿尔及利亚、突尼斯。鲜辣椒前十位主产国的总产量在全球占比中呈现持续上升态势，从2010年的82.86%增长至2017年的85.10%。说明全球鲜辣椒产业集中度呈现上升态势，主产国优势地位增强（见图1-8）。

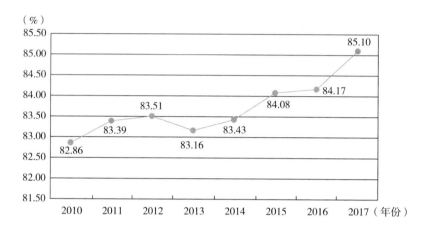

图1-8　2010～2017年鲜辣椒主产国产量排名前十国家总和占比统计
资料来源：FAO数据库（http://www.fao.org/faostat/en/#data/QC）。

全球干辣椒种植面积排名前十位的主产国的排名变化较大，但自2010年以来，印度始终排名第一位，埃塞俄比亚、缅甸、孟加拉国、泰国、越南、巴基斯坦、罗马尼亚、中国和尼日利亚在2017年度位于第2～10位。通过图1-9可以发现，干辣椒前十位主产国的种植面积占总面积的比重总体表现为小幅增长态势，2012年占比最低为83.82%，2016年最高为85.35%（见图1-9）。

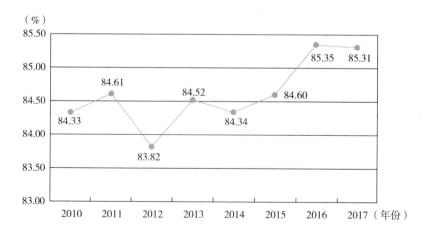

图1-9　2010～2017年干辣椒主产国种植面积排名前十国家总和占比统计
资料来源：FAO数据库（http://www.fao.org/faostat/en/#data/QC）。

全球干辣椒产量排名前十位的国家也基本稳定,印度干辣椒产量一直排名第一位,其次为泰国、中国、埃塞俄比亚、科特迪瓦、巴基斯坦、孟加拉国、缅甸、加纳、越南,2010年干辣椒主产国产量前十名总和占全球干辣椒产量比重为79.80%,到2017年干辣椒主产国产量前十名总和占全球干辣椒产量比重为83.32%,上涨了3.52个百分点(见图1-10)。

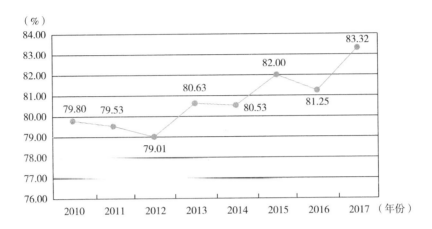

图1-10 2010~2017年干辣椒主产国产量排名前十国家总和占比统计

资料来源:FAO数据库(http://www.fao.org/faostat/en/#data/QC)。

第二节 全球辣椒贸易情况分析

国内外辣椒的消费方式有鲜食与调味两种,因此在国际贸易中的辣椒贸易也分为鲜辣椒与干辣椒两类。随着辣椒产品工业用途的开拓,辣椒国际贸易不仅包括鲜辣椒贸易,还涵盖辣椒干、辣椒粉、辣椒酱、辣椒油、腌制辣椒以及深加工产品辣椒碱、辣椒精、辣椒红色素等初级与精深加工产品贸易。鲜辣椒在国际贸易中主要采用鲜辣椒与冷冻辣椒的形式,以近距离贸易为主。近年来,辣椒精深加工产品的国际市场需求量持续增大,产品供不应求,辣椒红色素、辣椒碱等产品在国际贸易中仍存在很大缺口。

(一)全球辣椒贸易总体规模

2000年以来,全球鲜辣椒贸易总体呈波动上升趋势。2000年贸易总额为32.8亿美元,2017年贸易总额增至100.9亿美元,增加了68.1亿美元,年均增长率12.21%。2000年全球鲜辣椒出口额为16.4亿美元,到2017年已经达到了49.5亿美元,是2000年的3.02倍,年均增长率约为11.87%。2017年全球鲜辣椒进口额为51.4亿美元,是2000年的3.13倍,年均增长率约为12.55%(见图1-11)。

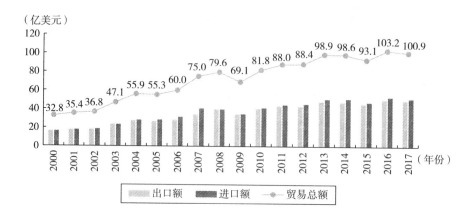

图 1 - 11 2000 ～ 2017 年全球鲜辣椒贸易总额趋势

资料来源：根据 UN comtrade 数据库计算。

2012 年以来，全球干辣椒贸易整体呈上升趋势，从 2012 年开始到 2016 年逐年增加，2017 年略有下降。2012 年贸易总额为 17.3 亿美元，2017 年贸易总额为 30.0 亿美元，增加了 12.7 亿美元，年均增长率约为 4.32%。2017 年全球干辣椒出口额为 17.7 亿美元，与 2012 年相比增加了 10.3 亿美元，是 2012 年的 2.39 倍，年均增长率约为 8.19%。2017 年全球干辣椒进口额 12.3 亿美元，是 2012 年的 1.24 倍，年均增长率约为 1.43%（见图 1 - 12）。

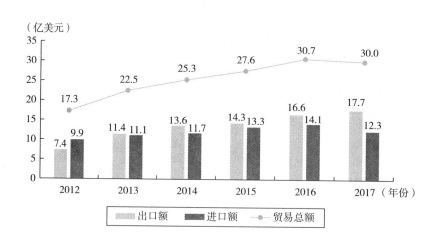

图 1 - 12 2012 ～ 2017 年全球干辣椒贸易总额趋势

资料来源：根据 UN comtrade 数据库计算。

（二）鲜、干辣椒主要进口国分析

鲜辣椒进口国以欧美等发达经济体为主，且进口额与所占比重均呈现上升态势。美国、德国、英国等全球鲜辣椒进口前十位的国家，2000 年鲜辣椒进口额约占全球的 69.80%，

2017 年鲜辣椒进口额约占全球的 81.78%。而美国、德国、英国三国 2000 年约占全球的 59.14%，2017 年约占全球的 63.97%，鲜辣椒进口市场集中度上升（见表 1 - 2）。

表 1 - 2　2000～2017 年主要鲜辣椒进口国的进口额及占比　单位：百万美元,%

	2000 年		2005 年		2010 年		2015 年		2016 年		2017 年	
	进口额	占比	进口额	占比	进口额	占比	进口额	占比	进口额	占比	进口额	占比
美国	455.70	27.71	753.60	26.42	993.26	24.05	1325.47	27.89	1578.95	29.76	1430.11	33.81
德国	351.34	21.37	561.61	19.69	759.48	18.39	799.30	16.82	808.79	15.24	833.47	19.71
英国	162.75	9.90	288.25	10.11	348.67	8.44	418.62	8.81	430.64	8.12	441.70	10.44
日本	64.37	3.92	91.42	3.21	111.04	2.69	132.01	2.78	144.47	2.72	134.71	3.19
俄罗斯	7.33	0.45	37.71	1.32	163.55	3.96	126.65	2.66	126.94	2.39	162.25	3.84
意大利	53.79	3.27	88.20	3.09	154.03	3.73	107.88	2.27	101.26	1.91	107.92	2.55
波兰	21.27	1.29	35.01	1.23	85.80	2.08	93.80	1.97	97.27	1.83	112.19	2.65
比利时	24.39	1.48	35.85	1.26	56.62	1.37	83.50	1.76	88.14	1.66	95.98	2.27
马来西亚	4.15	0.25	15.21	0.53	24.03	0.58	43.32	0.91	60.08	1.13	55.62	1.32
西班牙	2.66	0.16	17.27	0.61	27.83	0.67	41.46	0.87	58.53	1.10	84.91	2.01

注：按照 2017 年进口额由高到低排序。

资料来源：根据 UN comtrade 数据库计算。

美国、西班牙、马来西亚等全球干辣椒进口前十位的国家，2015 年干辣椒进口额占全球的 64.23%，2017 年干辣椒进口额约占全球的 80.25%。而美国、西班牙、马来西亚三国 2015 年约占全球的 36.66%，2017 年约占全球的 45.98%，已占据了将近一半的干辣椒全球贸易量（见表 1 - 3）。

表 1 - 3　2015～2017 年主要干辣椒进口国的进口额及占比　　单位：百万美元,%

	2015 年		2016 年		2017 年	
	进口额	占比	进口额	占比	进口额	占比
美国	311.26	23.49	305.62	21.68	299.19	28.34
马来西亚	83.92	6.33	103.28	7.33	81.20	7.69
西班牙	90.65	6.84	94.85	6.73	105.01	9.95
斯里兰卡	77.48	5.85	92.53	6.56	51.71	4.90
墨西哥	84.38	6.37	82.07	5.82	72.59	6.87
德国	63.53	4.79	68.44	4.85	72.44	6.86
日本	51.20	3.86	52.46	3.72	53.16	5.03
英国	42.49	3.21	41.80	2.97	41.96	3.97
印度尼西亚	33.16	2.50	39.56	2.81	52.87	5.01
俄罗斯	13.09	0.99	18.33	1.30	17.20	1.63

注：按照 2017 年进口额由高到低排序。

资料来源：根据 UN comtrade 数据库计算。

（三）鲜、干辣椒主要出口国分析

墨西哥、西班牙、加拿大等全球鲜辣椒出口前十位的国家，2000 年鲜辣椒出口额约占全球的 60.75%，2017 年鲜辣椒出口额约占全球的 94.99%。而墨西哥、西班牙、加拿大三国 2000 年约占全球的 51.25%，2017 年约占全球的 76.71%，鲜辣椒主要出口国集中度提升（见表 1-4）。

表 1-4　2000～2017 年主要鲜辣椒出口国的出口额及占比　单位：百万美元,%

	2000 年		2005 年		2010 年		2015 年		2016 年		2017 年	
	出口额	占比	出口额	占比	出口额	占比	出口额	占比	出口额	占比	出口额	占比
墨西哥	374.19	22.82	598.79	22.35	607.60	14.99	927.46	20.34	1106.09	22.06	984.70	30.52
西班牙	415.05	25.31	589.75	22.01	786.22	19.39	969.72	21.27	1096.17	21.86	1138.63	35.29
加拿大	51.08	3.12	121.22	4.52	259.99	6.41	332.80	7.30	343.60	6.85	351.82	10.90
美国	80.49	4.91	133.08	4.97	194.76	4.80	217.82	4.78	252.49	5.04	231.75	7.18
韩国	23.63	1.44	57.13	2.13	62.51	1.54	86.71	1.90	94.92	1.89	91.06	2.82
土耳其	20.28	1.24	57.93	2.16	69.37	1.71	77.86	1.71	90.02	1.80	96.45	2.99
比利时	24.06	1.47	36.89	1.38	55.21	1.36	80.76	1.77	78.12	1.56	79.56	2.47
约旦	5.90	0.36	14.45	0.54	30.37	0.75	55.97	1.23	45.11	0.90	56.13	1.74
印度	1.39	0.08	3.46	0.13	13.26	0.33	30.21	0.66	30.91	0.62	25.91	0.80
立陶宛	0.02	0.001	0.48	0.02	46.56	1.15	23.15	0.51	8.00	0.16	9.00	0.28

注：按照 2017 年出口额由高到低排序。

资料来源：根据 UN comtrade 数据库计算。

印度、中国、墨西哥、西班牙等全球干辣椒出口前十位的国家，2015 年干辣椒出口额占全球的 80.74%，到 2017 年干辣椒出口额占全球的 94.50%。而印度、中国、西班牙三国 2015 年干辣椒出口量占全球的 71.01%，2017 年已经达到 76.16%。全球干辣椒出口还细分为已磨干辣椒与未磨干辣椒两个类别，印度在未磨干辣椒出口金额中具有绝对优势，而中国是已磨干辣椒的第一出口国（见表 1-5）。

表 1-5　2015～2017 年主要干辣椒出口国的出口额及占比　单位：百万美元,%

国家	2015 年		2016 年		2017 年	
	出口额	占比	出口额	占比	出口额	占比
印度	575.76	40.26	655.60	39.42	763.17	42.03
中国	301.15	21.06	437.31	26.29	459.78	25.32
西班牙	138.57	9.69	152.14	9.15	160.00	8.81
墨西哥	50.64	3.54	49.62	2.98	49.61	2.67
德国	34.68	2.42	36.00	2.16	43.03	2.37

国家	2015 年		2016 年		2017 年	
	出口额	占比	出口额	占比	出口额	占比
美国	17.87	1.25	18.13	1.09	18.87	1.04
韩国	12.67	0.89	12.13	0.73	11.77	0.65
印度尼西亚	11.05	0.77	11.21	0.67	8.05	0.44
英国	5.60	0.39	7.79	0.47	7.07	0.38
比利时	6.73	0.47	7.60	0.46	8.36	0.46

注：按照 2017 年出口额由高到低排序。

资料来源：根据 UN comtrade 数据库计算。

第三节　世界辣椒主产国贸易竞争力比较

为了了解各国辣椒贸易出口竞争力情况，选取贸易竞争力指数（TC）、国际市场占有率（IMS）这两个指标，利用联合国商品贸易数据库中的数据，对全球主要的鲜辣椒贸易国和干辣椒贸易国的出口竞争力进行分析。

（一）贸易竞争力指数（TC）

贸易竞争力指数（TC）计算公式为：

贸易竞争力指数 $= （X_{it} - M_{it}） / （X_{it} + M_{it}）$

其中，X、M 分别表示某一国家某种产品的出口量和进口量。符号 i 代表国家数量，t 代表年份。

贸易竞争力指数始终介于 $-1 \sim 1$ 之间，从出口角度来看，该指标值越接近于 1，说明国际竞争力越强；大于 0，说明该国生产效率高于国际平均水平，具有较强的出口竞争力，且数值越大，优势越大；小于 0，说明该国生产效率低于国际平均水平，出口竞争力较弱，处于竞争劣势，且绝对值越大，劣势越明显。利用联合国国际贸易数据库鲜辣椒国际贸易数据，计算出 2017 年全球主要鲜辣椒出口国贸易竞争力指数和全球主要干辣椒出口国贸易竞争力指数。

如图 1 - 13 所示，从鲜辣椒国际市场占有率可以看出，虽然摩洛哥、加拿大鲜辣椒国际市场占有率处于中等水平，但贸易竞争力指数较高，尤其加拿大贸易竞争力指数为 1，说明其国际竞争力很强，为净出口国；西班牙、荷兰国际市场占有率位居第二、第三；美国鲜辣椒的贸易竞争力指数为负值，说明美国在鲜辣椒贸易中处于劣势。虽然中国鲜辣椒的产量位居世界第一，但中国鲜辣椒的贸易竞争力指数为 0.8663，仅高于西班牙、荷兰与美国，中国鲜辣椒贸易竞争力优势不明显。

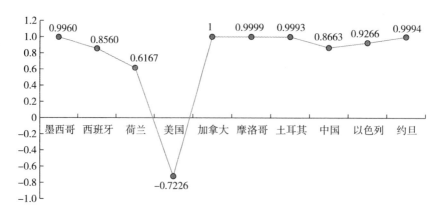

图 1 - 13　2017 年全球鲜辣椒主要出口国贸易竞争力指数

资料来源：根据 UN comtrade 数据库计算。

如图 1 - 14 所示，从干辣椒国际市场占有率可以看出，印度与秘鲁干辣椒出口贸易竞争力指数最高；虽然中国干辣椒出口量位居全球第二，但是贸易竞争力指数不如印度与秘鲁，排名全球第三位；墨西哥、缅甸、美国、德国、荷兰的贸易竞争力指数均小于 0，说明这几个国家在干辣椒出口贸易中处于劣势，为干辣椒的净进口国。

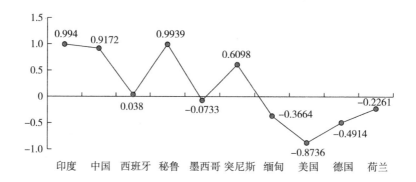

图 1 - 14　2017 年全球干辣椒主要出口国贸易竞争力指数

资料来源：根据 UN comtrade 数据库计算。

（二）国际市场占有率（IMS）

国际市场占有率指的是某国（地区）出口量与全球出口总量之比，比例越大说明该国该产品的出口竞争力越大；反之则相反。

国际市场占有率 $= X_i / \sum X$

式中，X 表示产品的出口量，$\sum X$ 表示全球总出口量。

对 2017 年度全球主要鲜辣椒出口国际市场占有率进行计算，由图 1 - 15 可以发现，墨西哥鲜辣椒国际市场占有率占比高达 30.1%，主要原因是墨西哥身处北美自由贸易区，拥有的关税及成本优势，使它在美国、加拿大的鲜辣椒进口市场上占有重要地位，美国又是鲜辣椒进口第一大国，因此墨西哥鲜辣椒的国际市场占有率全球第一；西班牙排名第二，占比为 20.76%；荷兰位居第三，达到了 13.65%；加拿大、美国、摩洛哥、中国、土耳其对鲜辣椒的国际市场占有率也都达到了 2% 以上，分别为 4.14%、3.37%、3.32%、2.84%、2.76%（见图 1-15）。

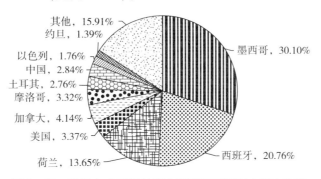

图 1-15 2017 年全球鲜辣椒主要出口国国际市场占有率

资料来源：根据 UN comtrade 数据库计算。

通过以上分析，目前，全球鲜辣椒国际市场占有率第一、第二优势明显，美国、加拿大、摩洛哥、土耳其、中国、以色列等出口贸易竞争激烈，且中国在全球鲜辣椒出口贸易中不占优势。

对 2017 年全球主要干辣椒出口国际市场占有率进行测算，可以发现，印度干辣椒国际市场占有率全球第一，高达 42.03%，其中未磨干辣椒国际市场占有率达到 64.1%；中国干辣椒国际市场占有率全球第二，占比为 25.32%，其中已磨干辣椒出口量达到 39.16%；西班牙排名第三，占比为 8.81%（见图 1-16）。

通过以上分析，目前，全球干辣椒国际市场占有率第一、第二优势明显，中国和印度国际市场占有率之和占全球约 67%，在干辣椒出口贸易中，中国具有较强的竞争优势。

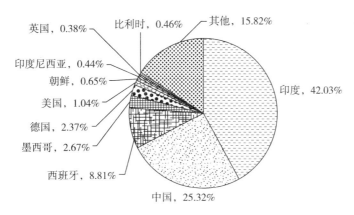

图 1-16 2017 年全球干辣椒主要出口国国际市场占有率

资料来源：根据 UN comtrade 数据库计算。

第二章 中国辣椒国际贸易现状与竞争力

中国是辣椒生产与出口大国，干制辣椒是我国重要的出口创汇农产品。进入 21 世纪以来，世界辣椒贸易呈现出快速增长态势，辣椒及其制品的国际贸易数量逐年提高，随着"一带一路"倡议的深入实施，我国辣椒贸易量将进一步增加。除已磨与未磨干辣椒外，我国依托丰富的原料优势与加工能力，辣椒深加工产品出口数量也将大幅增长，如贵州老干妈辣椒酱类制品出口世界 72 个国家和地区，辣椒碱与辣椒红素等精深加工产品在国际市场上也具有较高的占有率，拓展了我国辣椒产业的发展空间。

第一节 中国辣椒国际贸易规模与产品结构

（一）中国辣椒进出口规模

1. 中国辣椒进口规模

2012～2017 年，中国干辣椒的进口量及进口额均呈现先下降后上升的态势。2012～2016 年中国干辣椒进口量从 19030.57 吨下降到 2111.82 吨，进口额从 2900.77 万美元下降到 523.12 万美元，中国干辣椒进口量和进口额分别同比下降了 59.60% 和 61.07%。但是在 2017 年，中国干辣椒的进口量和进口额突然大幅提升，与 2016 年相比，进口量提升了近 3.6 倍，进口额提升了近 2.16 倍。

中国 2016 年几乎没有进口鲜辣椒，但 2017 年，鲜辣椒进口量忽然达到 7000 吨，进口额约 530 万美元（见表 2－1）。

表 2－1 2010～2017 年中国和世界辣椒进口情况统计　　　单位：吨，万美元

年份	中国鲜辣椒				中国干辣椒			
	进口量	世界进口量	进口额	世界进口额	进口量	世界进口量	进口额	世界进口额
2010	—	2420303.19	—	412945.38	—	—	—	—
2011	0.37	2602318.60	0.19	445664.50	—	—	—	—
2012	—	2803247.13	—	455107.96	19030.57	423205.78	2900.77	99321.21
2013	—	2919126.57	—	508498.55	4217.22	485990.83	550.85	110884.81

续表

年份	中国鲜辣椒				中国干辣椒			
	进口量	世界进口量	进口额	世界进口额	进口量	世界进口量	进口额	世界进口额
2014	—	3080676.28	—	511361.98	3256.41	549355.58	554.10	117494.92
2015	—	3077718.75	—	475476.27	2990.07	638025.51	578.35	132633.56
2016	5.63	3223282.70	1.65	522467.47	2111.82	595846.12	523.12	141750.54
2017	7007.79	2691726.36	539.72	514035.60	7688.57	519020.34	1129.32	122786.76

资料来源：根据 UN comtrade 数据库计算。

中国干辣椒进口主要来自印度，2012~2016年，中国对印度干辣椒的进口量、进口额逐年降低。2012年进口印度干辣椒的进口量为1873.37吨，进口额为27.76百万美元，2016年进口量降到136.15吨，进口额也仅2.71百万美元。2017年印度干辣椒进口量回升至678.55吨，进口额提高到8.45百万美元，为2013年以来的最高值。从进口价格来看，2012年中国进口印度干辣椒价格为14818.22美元/吨，2017年下降至12453.02美元/吨，而2016年印度进口干辣椒价格高达19904.52美元/吨，干辣椒进口价格波动幅度较大（见表2-2）。

表2-2　2012~2017年中国对印度的干辣椒进口规模

单位：吨，百万美元，美元/吨

年份	2012	2013	2014	2015	2016	2017
进口量	1873.37	393.93	282.57	256.32	136.15	678.55
进口额	27.76	4.48	4.31	4.13	2.71	8.45
进口价格	14818.22	11372.58	15252.86	16112.67	19904.52	12453.02

资料来源：根据 UN comtrade 数据库计算。

2. 中国辣椒出口规模

中国是鲜辣椒生产大国，却不是鲜辣椒出口大国，但近年来，中国鲜辣椒出口量与出口额均快速增长。2000年中国鲜辣椒出口量为5272.7吨，2017年达到最高值97788.0万吨，出口量年均增长率超过100%。但2017年中国鲜辣椒的总产量为1782.12万吨，鲜辣椒出口量仅占总产量的0.55%，且中国辣椒出口量也没有进入全球前十位。2000年中国鲜辣椒的出口总额为81.8万美元，2017年增长到8133.2万美元，年均增长577.5%。2000~2004年中国鲜辣椒出口量、出口额呈稳定增长趋势，之后虽然出现波动，但整体呈上升趋势。

表2-3　2000~2017年中国鲜辣椒出口量与出口额

单位：吨，万美元，%

年份	出口量	比上年增长	出口额	比上年增长
2000	5272.7	—	81.8	—
2001	12712.9	141.11	321.3	292.65
2002	23419.3	84.22	419.7	30.61

年份	出口量	比上年增长	出口额	比上年增长
2003	56733.4	142.25	1550.1	269.36
2004	66517.6	17.25	1519.4	-1.98
2005	39425.1	-40.73	1021.2	-32.79
2006	26321.8	-33.24	886.2	-13.21
2007	47161.7	79.17	1298.3	46.49
2008	74490.4	57.95	2115.5	62.95
2009	59143.9	-20.6	2246.8	6.21
2010	71275.1	20.51	3156.4	40.48
2011	85909.3	20.53	4602.5	45.82
2012	64397.7	-25.04	3420.6	-25.68
2013	68058.7	5.68	3533.8	3.31
2014	70813.3	4.05	4783.6	35.37
2015	86886.3	22.7	7479.1	56.35
2016	89198.8	2.66	7605.4	1.69
2017	97788.0	9.63	8133.2	6.94

资料来源：根据 UN comtrade 数据库计算。

中国是干辣椒出口大国，2012 年中国干辣椒的出口量约为 9.3 万吨，2017 年出口量已经达到约 18 万吨，2017 年中国干辣椒产量为 31.4 万吨，出口量占总产量的 57.32%，中国干辣椒出口量位居全球第二。2012 年干辣椒出口额为 26371.8 万美元，2017 年增长到 45977.4 万美元，增长了 74.34%。2012~2017 年中国干辣椒的出口量呈现波动性增长的趋势，出口额在 2013 年有所下降，其余年份呈现稳定增长态势。

表 2-4　2012~2017 年中国干辣椒出口量与出口额　单位：吨，万美元，%

年份	出口量	比上年增长	出口额	比上年增长
2012	93627.3	—	26371.8	—
2013	96535.6	3.11	24949.4	-5.39
2014	97073.3	0.56	27208.4	9.05
2015	117312.5	20.85	30115.4	10.68
2016	179843.1	53.3	43731	45.21
2017	178095.4	-0.97	45977.4	5.14

资料来源：根据 UN comtrade 数据库计算。

世界鲜辣椒进口额整体呈现增长趋势，但中国鲜辣椒的出口额变化不大，并且中国鲜辣椒的出口额与世界鲜辣椒进口额数值差距较大，说明中国在鲜辣椒产品贸易中处于劣势（见图 2-1、图 2-2）。

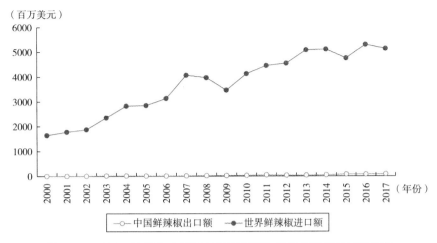

图 2 - 1　2000 ~ 2017 年中国鲜辣椒出口额与世界鲜辣椒进口额变化

资料来源：根据 UN comtrade 数据库计算。

图 2 - 2　2000 ~ 2017 年中国鲜辣椒出口额变化

资料来源：根据 UN comtrade 数据库计算。

由图 2 - 2 可见，2012 ~ 2013 年中国鲜辣椒出口额略微下降，2014 ~ 2016 年中国鲜辣椒出口额稳定上升。中国干辣椒出口额与世界干辣椒进口额变化趋势基本一致，说明中国干辣椒贸易处于优势（见图 2 - 3）。

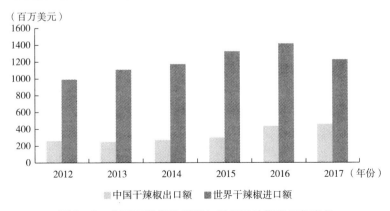

图 2 - 3　中国干辣椒出口额与世界干辣椒进口额变化

资料来源：根据 UN Comtrade 数据库计算。

（二）中国辣椒出口产品结构

中国干辣椒出口贸易中，已磨干辣椒和未磨干辣椒出口情况均呈上升趋势，出口量也相差不多，但是已磨干辣椒出口量增长速度大于未磨干辣椒增长速度，并且2012~2017年已磨干辣椒出口量呈逐年上升趋势，未磨干辣椒出口量整体上呈波动上升趋势，已磨干辣椒出口额增长迅速，2017年比2012年增长了1倍以上，2012~2017年未磨干辣椒出口额略有下降。近几年中国未磨干辣椒出口量占全球未磨干辣椒出口量的比重最高为44.95%（见表2-5），2012~2017年中国已磨干辣椒出口量和出口额均呈上升趋势（见表2-6）。

表2-5　2012~2017年中国未磨干辣椒出口情况　单位：吨，百万美元,%

年份	出口量	占比	比上年增长	出口额	占比	比上年增长
2012	51956.5	44.95	—	137.48	41.3	—
2013	47168.2	22.7	−9.22	109.93	23.73	−20.04
2014	38391.8	12.18	−18.61	98.03	15.36	−10.82
2015	51309.3	14.88	33.65	110.74	15.52	12.97
2016	79652.9	20.33	55.24	156.67	17.84	41.47
2017	61528.1	18.23	−22.75	121.07	16.58	−22.72

资料来源：根据 UN comtrade 数据库计算。

表2-6　2012~2017年中国已磨干辣椒出口情况　单位：吨，百万美元,%

年份	出口量	占比	比上年增长	出口额	占比	比上年增长
2012	41670.8	31.08	—	126.24	30.66	—
2013	49367.4	16.8	18.47	139.56	20.65	10.55
2014	58681.6	19.49	18.87	174.05	24.14	24.71
2015	66003.2	22.01	12.48	190.41	26.57	9.4
2016	100190.3	32.44	51.8	280.65	35.74	47.39
2017	116567.3	33.53	16.35	338.7	37.88	20.68

资料来源：根据 UN comtrade 数据库计算。

中国未磨干辣椒主要出口国家是马来西亚、泰国、西班牙、墨西哥、美国、朝鲜、印度尼西亚、日本、韩国、新加坡。根据出口量计算，中国未磨干辣椒对这十个国家的出口量占中国未磨干辣椒出口总量的92.58%；根据出口额计算，中国未磨干辣椒对这十个国家的出口额占中国未磨干辣椒出口总额的93.08%（见表2-7）。

表2-7 2017年中国未磨干辣椒主要出口市场 单位：吨，百万美元,%

国家/地区	出口量	占比	出口额	占比
世界	61528.12	—	121.07	—
马来西亚	14008.07	22.77	26.15	21.60
泰国	11105.00	18.05	18.71	15.46
西班牙	8726.67	14.18	15.05	12.43
墨西哥	7269.90	11.82	13.07	10.80
美国	4964.55	8.07	12.19	10.07
印度尼西亚	3300.25	5.36	5.36	4.43
朝鲜	2797.53	4.55	6.58	5.44
日本	2188.63	3.56	8.98	7.42
韩国	2419.76	3.93	5.63	4.65
新加坡	379.14	0.62	0.56	0.46

资料来源：根据 UN comtrade 数据库计算。

中国已磨干辣椒主要出口国家是西班牙、美国、日本、墨西哥、南非、以色列、泰国、韩国、德国、亚洲其他地区、马来西亚。西班牙占中国已磨干辣椒出口量的28.78%，占出口额的22.64%，出口量占比大于出口额，说明出口价格较低；排名第二的美国，出口量占中国已磨干辣椒出口量的11.97%，占出口额的11.64%，出口量占比和出口额占比基本持平；按出口量计算，中国已磨干辣椒出口排名前十的国家占72.42%；按出口额计算，中国已磨干辣椒出口排名前十的国家占72.23%；并且由表2-8可知，中国如果提高日本、以色列、泰国、韩国、马来西亚已磨干辣椒的出口量，就可以获得更多利润。

表2-8 2017年中国已磨干辣椒主要出口市场

单位：吨，百万美元,%

	出口量	占比	出口额	占比
世界	116567.26	—	338.70	—
西班牙	33553.50	28.78	76.67	22.64
美国	13957.33	11.97	39.43	11.64
日本	8112.00	6.96	33.05	9.76
南非	5573.53	4.78	11.25	3.32
墨西哥	5362.06	4.60	15.41	4.55
泰国	4356.07	3.74	15.03	4.44
韩国	3911.49	3.36	16.86	4.98
马来西亚	3397.65	2.91	19.24	5.68
德国	3188.13	2.74	9.63	2.84
以色列	3010.89	2.58	8.06	2.38

资料来源：根据 UN comtrade 数据库计算。

第二节 中国辣椒出口市场变迁与集中度变化

（一）中国出口市场分布变化

2010～2017 年，中国鲜辣椒出口的国家和地区数量呈先减少后增长的态势，平均数量大概为 22 个。2010～2013 年，中国鲜辣椒出口的国家和地区数量逐渐减少，最少低至19 个，2014～2017 年中国鲜辣椒出口的国家和地区数量逐渐变多，但最多才到 27 个。对于鲜辣椒产量位居世界第一的中国来说，其出口的国家和地区仅局限于 20 个国家左右，说明中国应在鲜辣椒出口上加强市场开拓力度。

中国干辣椒出口的国家和地区数量远多于鲜辣椒，并呈上涨趋势。2010～2017 年，中国干辣椒出口的国家和地区数量由 2012 年的 82 个增加到 2017 年的 124 个，五年间增长了 42 个（见表 2－9）。说明中国干辣椒出口在国际市场上具有一定的优势。

表 2－9 2010～2017 年中国辣椒出口国家和地区数量统计

年份	中国鲜辣椒出口国家和地区数量	中国干辣椒出口国家和地区数量
2010	25	—
2011	26	—
2012	20	82
2013	19	88
2014	20	93
2015	21	90
2016	22	96
2017	27	124

资料来源：根据 UN comtrade 数据库计算。

（二）中国辣椒出口市场结构变化

2000 年中国鲜辣椒出口前十的国家和地区是中国香港、日本、韩国、英国、新加坡、马来西亚、加拿大、越南、俄罗斯、中国澳门。2000 年中国大陆对中国香港的出口额为50.4 万美元，占中国总出口的 61.63%，出口量为 4882.2 吨，占中国总出口量的 92.6%，出口中国香港的价格较低。日本、韩国、英国、新加坡、马来西亚、加拿大、越南、俄罗斯、中国澳门的出口额比重高于出口量比重，说明这些市场的出口价格较高（见表 2－10）。

2005 年中国鲜辣椒出口前十的国家或地区是韩国、中国香港、俄罗斯、亚洲其他地区、马来西亚、加拿大、日本、新加坡、印度尼西亚、泰国。中国香港仍然是出口量最大的地区，但是韩国成为中国鲜辣椒出口额的第一大国，出口量由 2000 年的 147.8 吨上升到 9283.9 吨，出口额由 7.4 万美元上升到 373.0 万美元。2000～2015 年中国鲜辣椒对各个国家地区的出口量和出口额都增长迅速，在鲜辣椒出口前十的国家和地区中，仍然是除中国香港出口价格较低外，其余国家和地区出口价格较高（见表 2－10）。

表 2－10　2000～2010 年中国鲜辣椒出口市场　　　单位：吨，万美元，%

	2000 年					2005 年					2010 年			
	出口量	占比	出口额	占比		出口量	占比	出口额	占比		出口量	占比	出口额	占比
世界	5272.7	—	81.8	—	世界	39425.1	—	1021.2	—	世界	71275.1	—	3156.4	—
中国香港	4882.2	92.6	50.4	61.63	韩国	9283.9	23.55	373.0	36.53	俄罗斯	20286.7	28.46	1204.5	38.16
日本	107.8	2.04	17.6	21.56	中国香港	18293.6	46.40	211.1	20.67	亚洲其他国家	4393.2	6.16	570.8	18.09
韩国	147.8	2.80	7.4	9.05	俄罗斯	6542.5	16.59	209.9	20.56	中国香港	33168.7	46.54	556.1	17.62
英国	11.1	0.21	1.5	1.79	亚洲其他国家	3392.3	8.60	148.7	14.56	马来西亚	2735.9	3.84	344.6	10.92
新加坡	19.7	0.37	1.3	1.54	马来西亚	1402	3.56	45.5	4.46	哈萨克斯坦	2041.1	2.86	140.0	4.44
马来西亚	32	0.61	1.1	1.30	加拿大	177.9	0.45	12.9	1.26	蒙古	5769.2	8.09	118.1	3.74
加拿大	22.8	0.43	1.1	1.30	日本	72.2	0.18	7.6	0.74	吉尔吉斯斯坦	458.5	0.64	62.0	1.96
越南	18	0.34	0.7	0.87	新加坡	102.6	0.26	4.8	0.47	泰国	254.6	0.36	36.8	1.17
俄罗斯	26.5	0.50	0.7	0.83	印度尼西亚	73.9	0.19	3.5	0.34	中国澳门	1110.3	1.56	23.6	0.75
中国澳门	0.5	0.01	0.1	0.09	泰国	16.5	0.04	1.7	0.16	加拿大	172.2	0.24	20.8	0.66

注：按照出口额由高到低排序。

资料来源：根据 UN comtrade 数据库计算。

　　2010 年中国鲜辣椒出口前十的国家和地区是俄罗斯、亚洲其他地区、中国香港、马来西亚、哈萨克斯坦、蒙古、吉尔吉斯斯坦、泰国、中国澳门、加拿大。俄罗斯位居出口量第二、出口额第一的位置，中国香港依然是出口量最多的地区，相较于 2005 年，中国鲜辣椒出口前十的国家和地区中，出口价格较低的国家和地区除中国香港外，增加了蒙古和中国澳门（见表 2－10）。

　　2015～2017 年，中国鲜辣椒出口量和出口额呈稳定上升状态，2015 年出口总量约为 8.69 万吨、出口总额为 7479.1 万美元，2017 年出口总量约为 9.78 万吨，出口总额为

8133.2 万美元。这三年中，俄罗斯是中国鲜辣椒出口量和出口额均位居第一的国家，并且出口俄罗斯的出口价格一直是较高水平；由于"一带一路"倡议的实施，泰国和越南对中国鲜辣椒进口量增长势头迅猛，尤其是越南，2015 年中国对越南鲜辣椒的出口量仅为 394.3 吨，出口额仅为 38.5 万美元，在 2017 年出口量已经达到了 4663.1 吨，出口额达到了 493.5 万美元，出口量和出口额的年均增长率分别为 541.31% 和 591.41%；中国对韩国干辣椒贸易出口量及出口额大幅降低，2015 年出口量和出口额分别为 2621.4 吨、138.6 万美元，2017 年出口量和出口额已经分别降低到 590.6 吨、20.3 万美元（见表 2 - 11），造成这一现状的主要原因是韩国为了保护本国的辣椒种植业不受冲击，实施了一系列贸易保护措施，对从其他国家进口的干辣椒的品质提出了更高要求，口岸查验也更为严格。

2000 ~ 2017 年中国鲜辣椒出口排名前十的国家和地区占出口额和出口量的平均比重为 96% 以上，其中 2000 年占比最高，出口额占比 99.96%，出口量占比 99.91%。

表 2 - 11　2015 ~ 2017 年中国鲜辣椒出口市场　　单位：吨，万美元，%

	2015 年					2016 年					2017 年			
	出口量	占比	出口额	占比		出口量	占比	出口额	占比		出口量	占比	出口额	占比
世界	86886.3	—	7479.1	—	世界	89198.8	—	7605.4	—	世界	97788	—	8133.2	—
俄罗斯	28822.1	33.17	2509.6	33.55	俄罗斯	32802.9	36.78	3120	41.02	俄罗斯	45773.7	46.81	4011.1	49.32
中国香港	26866.2	30.92	2066.5	27.63	中国香港	28069.4	31.47	2103.1	27.65	泰国	18187.6	18.6	1783	21.92
泰国	10298.1	11.85	1299.3	17.37	泰国	8866	9.94	842.7	11.08	中国香港	9318	9.53	779.8	9.59
亚洲其他国家	2882.4	3.32	368.9	4.93	亚洲其他国家	3588.8	4.02	467.1	6.14	越南	4663.1	4.77	493.5	6.07
哈萨克斯坦	3467.2	3.99	352.2	4.71	哈萨克斯坦	2355.7	2.64	278.6	3.66	哈萨克斯坦	2999.7	3.07	298.6	3.67
吉尔吉斯斯坦	1379.4	1.59	231.6	3.10	吉尔吉斯斯坦	1663.4	1.86	263.3	3.46	蒙古	8436.1	8.63	190.1	2.34
马来西亚	1436.5	1.65	215.6	2.88	马来西亚	1238.0	1.39	168.2	2.21	吉尔吉斯斯坦	1110.2	1.14	161.4	1.98
蒙古	6467.2	7.44	151.3	2.02	蒙古	6412.1	7.19	145.2	1.91	马来西亚	1446.7	1.48	157.2	1.93
韩国	2621.4	3.02	138.6	1.85	越南	1130.1	1.27	99.3	1.31	亚洲其他国家	2323.8	2.38	113.9	1.4
新加坡	371.8	0.43	50	0.67	中国澳门	1806.8	2.03	38.1	0.5	中国澳门	1896	1.94	38.6	0.47

注：按照出口额由高到低排序。

资料来源：根据 UN comtrade 数据库计算。

中国干辣椒主要出口国的出口量与出口额如表 2 – 12 所示，可以发现，主要出口国以及出口量均发生了较大变化。2012 年中国干辣椒出口前十的国家和地区是美国、日本、韩国、马来西亚、朝鲜、泰国、西班牙、墨西哥、亚洲其他地区、德国，其中中国对美国的出口量 13374.6 吨，占中国干辣椒出口总量的 14.28%，出口额 4210.2 万美元，占中国干辣椒出口总额的 15.96%。此外，日本、韩国、亚洲其他地区的出口额比重大于出口量比重，说明这些国家和地区的出口价格较高。

表 2 – 12　2012 ~ 2014 年中国干辣椒出口市场　　单位：吨，万美元，%

	2012 年					2013 年					2014 年			
	出口量	占比	出口额	占比		出口量	占比	出口额	占比		出口量	占比	出口额	占比
世界	93627.3	—	26371.8	—	世界	96535.6	—	24949.4	—	世界	97073.3	—	27208.4	—
美国	13374.6	14.28	4210.2	15.96	日本	11461.8	11.87	4424.3	17.73	西班牙	15647.4	16.12	3955.4	14.54
日本	9114.5	9.73	3979.1	15.09	美国	12201.4	12.64	3605.3	14.45	日本	9303.2	9.58	3781.4	13.90
韩国	12159.5	12.99	3787.8	14.36	马来西亚	11385.3	11.79	2411.3	9.67	美国	10292.4	10.60	3537.9	13.00
马来西亚	10998.4	11.75	2578.1	9.78	朝鲜	9195.3	9.53	2369.9	9.50	马来西亚	10418.9	10.73	2365.7	8.69
朝鲜	7411.8	7.92	1959.8	7.43	西班牙	9780.1	10.13	2019.8	8.10	朝鲜	7455.1	7.68	2270.1	8.34
泰国	7392.5	7.90	1489.8	5.65	泰国	7949.7	8.23	1522.3	6.10	泰国	7901.0	8.14	1568.1	5.76
西班牙	5942.5	6.35	1199.1	4.55	韩国	5699.5	5.90	1489.8	5.97	韩国	4981.0	5.13	1433.5	5.27
墨西哥	4034.0	4.31	979.6	3.71	亚洲其他国家	2718.5	2.82	1011.1	4.05	亚洲其他国家	2624.8	2.70	1094.0	4.02
亚洲其他国家	2464.6	2.63	914.0	3.47	墨西哥	3410.8	3.53	853.1	3.42	南非	3929.4	4.05	1014.6	3.73
德国	2891.1	3.09	704.5	2.67	南非	3158.3	3.27	789.1	3.16	墨西哥	2372.5	2.44	756.5	2.78

注：按照出口额由高到低排序。

资料来源：根据 UN comtrade 数据库计算。

　　2013 年中国干辣椒出口前十的国家和地区是日本、美国、马来西亚、朝鲜、西班牙、泰国、韩国、亚洲其他地区、墨西哥、南非。中国对日本的出口量约为 1.15 万吨，小于对美国的出口量约 1.22 万吨，但是对日本的出口额为 4424.3 万美元，而对美国的出口额为 3605.3 万美元，说明对日本的出口价格高于对美国的出口价格。

　　2014 年中国干辣椒出口前十的国家和地区是西班牙、日本、美国、马来西亚、朝鲜、泰国、韩国、亚洲其他地区、南非、墨西哥。中国对西班牙的出口量超越美国，对西班牙的出口额超越日本，从而西班牙成为中国干辣椒出口市场的巨头，但是出口量占中国干辣椒出口总量的 16.12%，出口额占中国干辣椒出口总额的 14.54%，可以发现对西班牙的出口价格较低。

2015 年、2016 年中国干辣椒出口市场与 2014 年大致相同。西班牙一直稳居中国干辣椒出口市场的第一位，并且出口量比重逐年增加，2015 年出口量占中国干辣椒出口总量的 20.65%，2016 年出口量占中国干辣椒出口总量的 23.2%，但是出口价格一直低于平均水平；美国、日本位居第二、第三（见表 2-13），并且出口价格较高，所以中国应积极提高对美国、日本的出口量，从而获得更多的收益。

表 2-13　2015~2016 年中国干辣椒出口市场　　单位：吨，万美元，%

	2015 年					2016 年			
	出口量	占比	出口额	占比		出口量	占比	出口额	占比
世界	117312.5	—	30115.4	—	世界	179843.1	—	43731.0	—
西班牙	24222.6	20.65	5307.7	17.62	西班牙	41719.3	23.20	9099.6	20.81
美国	13724.4	11.70	4315.0	14.33	美国	19498.1	10.84	5358.1	12.25
日本	9697.5	8.27	3901.6	12.96	马来西亚	19050.1	10.59	3993.3	9.13
墨西哥	9039.4	7.71	2174.2	7.22	日本	10267.9	5.71	3981.1	9.10
泰国	10633.8	9.06	1874.2	6.22	泰国	17159.9	9.54	3587.5	8.20
马来西亚	8616.8	7.35	1866.6	6.20	墨西哥	15423.1	8.58	3281.0	7.50
韩国	5759.0	4.91	1746.4	5.80	韩国	5377.5	2.99	1687.0	3.86
朝鲜	4456.2	3.80	1145.1	3.80	南非	5044.8	2.81	1121.0	2.56
亚洲其他国家	2579.7	2.20	921.0	3.06	朝鲜	4846.1	2.69	1065.7	2.44
南非	3543.1	3.02	864.0	2.87	亚洲其他国家	2953.3	1.64	1065.0	2.44

资料来源：根据 UN comtrade 数据库计算。

注：按照出口额由高到低排序。

2012~2016 年中国干辣椒出口排名前十的国家和地区占出口量和出口额的 78% 左右，相比较鲜辣椒的 98% 以上，所占比重较低，但是排名前十的国家和地区依然所占比重较大，对中国干辣椒出口影响重大，中国可以提高对日本、美国、韩国等的出口量，从而获得较高的利润。

（三）中国辣椒出口集中度变化

利用市场集中度指标 CR_n 来对世界鲜、干辣椒出口市场的集中度情况评估，CR_1、CR_4、CR_8 分别代表出口额、出口量排名第 1 名、前 4 名、前 8 名鲜、干辣椒国家的出口额、出口量之和占世界总出口额、总出口量的比重。通过出口集中度的测算，可以发现中国对主要辣椒出口国的依存程度。

通过测试出口集中度，结果显示鲜辣椒出口额集中度和出口市场集中度先下降后上涨，2017 年最高，CR_1 指标出口额集中度达到了 35.29%，出口量集中度达到了 43.04%；CR_4 指标出口额集中度为 83.89%，出口量集中度为 83.45%；CR_8 指标出口额集中度达到了 93.91%，出口量集中度达到了 92.77%。CR_4、CR_8 指标中出口额集中度均高于出口量集中度；而 CR$_1$ 指标前几年出口额集中度高于出口量集中度，近几年出口量集中度高于出口额集中度（见表 2-14）。

表 2-14 中国鲜辣椒出口市场集中度测算　　　　单位：%

年份	CR$_1$		CR$_4$		CR$_8$	
	出口额集中度	出口量集中度	出口额集中度	出口量集中度	出口额集中度	出口量集中度
2000	31.66	27.36	84.70	78.23	92.75	87.02
2005	29.17	25.79	78.50	74.08	90.02	84.83
2010	27.00	24.96	67.80	64.64	82.03	78.64
2014	22.33	26.22	70.08	66.67	82.47	79.92
2015	22.55	26.79	71.46	67.13	82.95	79.21
2016	22.06	27.72	71.49	67.36	82.21	80.50
2017	35.29	43.04	83.89	83.45	93.91	92.77

资料来源：根据 UN comtrade 数据库计算。

干辣椒出口额集中度和出口市场集中度波动变化，整体呈上升趋势，CR$_1$ 指标，出口额集中度由 2012 年的 35.41% 上升到 2014 年的 40.63%，2017 年上升至 51.34%，出口量指标逐年上升，2017 年上升至 73.34%。CR$_4$ 指标，出口额集中度和出口量集中度均上升，出口额集中度由 2012 年的 72.32% 到 2017 年变成了 81.22%，出口量集中度 2012 年为 78.21%，2017 年上升至 93.76%。CR$_8$ 指标波动上升（见表 2-15）。

表 2-15 中国干辣椒出口市场集中度测算　　　　单位：%

年份	CR$_1$		CR$_4$		CR$_8$	
	出口额集中度	出口量集中度	出口额集中度	出口量集中度	出口额集中度	出口量集中度
2012	35.41	37.50	72.32	78.21	79.48	84.96
2013	30.67	43.47	73.68	78.95	92.17	92.94
2014	40.63	54.62	76.75	83.21	86.12	91.56
2015	40.26	50.12	77.95	82.16	86.98	91.31
2016	39.42	43.38	80.32	82.54	92.02	90.96
2017	57.34	73.34	87.22	93.76	92.85	96.66

资料来源：根据 UN comtrade 数据库计算。

第三节　印度辣椒对中国辣椒市场的冲击

（一）印度辣椒产业优势

印度是辣椒种植大国，干辣椒产量与出口量均居全球第一位。2016 年，印度干辣椒种植面积占全球干辣椒种植面积的46%，干辣椒产量占全球39%，且自2000年开始，除个别年份外，产量持续保持上升态势。印度鲜辣椒产量较少且增长幅度不大，2000年印度干辣椒产量为5万吨，2016年干辣椒产量增长至6.79万吨，仅为中国干辣椒产量的0.39%。但印度干辣椒增长迅速，自2000年的98.37万吨增长至2016年的138.9万吨（见图2-4）。2016年印度干辣椒产量是中国的4.52倍，但印度干辣椒产量并不稳定，2015年达到160万吨，2016年产量骤减（见图2-5）。2017年印度辣椒总体种植面积比2016年增加20%~25%，总产量比2016年增加30%以上。

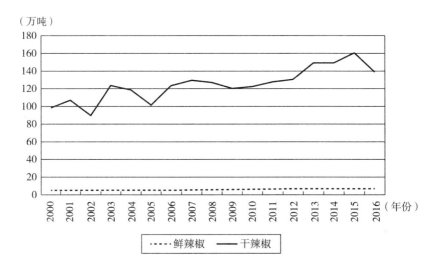

图2-4　2000~2016年印度辣椒产量趋势

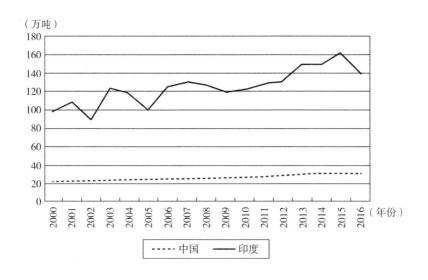

图2-5　2000~2016年中国与印度干辣椒产量对比

通过印度与中国干辣椒产量对比可以发现，印度干辣椒产量增长趋势明显快于中国，由于印度人工等生产成本较低，印度辣椒价格优势明显。S17 主要种植于印度南方的安得拉邦，并在贡土尔建立了全球最大的干辣椒交易市场，目前市场日交易量达到 3500 吨，年交易额接近 9000 万美元。

印度辣椒产业劳动生产率不高，机械化程度低，影响了印度干辣椒经营效益提升。但随着中国制造的剪把机、色选机等机械在印度的普及，大大提高了工作效率，对印度辣椒产业形成了新的激励。

（二）中印辣椒出口价格比较

印度辣椒在国际贸易领域，价格优势明显，通过中印干辣椒出口价格比较可以发现，印度干辣椒出口价格远低于中国辣椒。2012 年中国出口干辣椒价格比印度干辣椒价格高 1241.7 美元/吨，是印度干辣椒价格的 1.76 倍，虽然近年来价格差距有所缩小，但仍远高于印度辣椒价格水平。

中国干辣椒（已磨）出口价格近五年均高于 2800 美元/吨，近几年中，2012 年干辣椒（已磨）出口价格最高为 3029.51 美元/吨，干辣椒（已磨）出口价格整体呈现下降趋势，2012～2016 年出口价格下降约 7.54%，2014 年存在短暂上升趋势；干辣椒（未磨）出口价格近五年均高于 1900 美元/吨，2012 年干辣椒（未磨）出口价格最高为 2645.99 美元/吨，干辣椒（未磨）出口价格整体呈现下降趋势，2012～2016 年出口价格下降约 25.67%，2014 年存在短暂上升趋势；干辣椒出口价格近五年均高于 2400 美元/吨，2012 年干辣椒出口价格最高为 2816.68 美元/吨，干辣椒出口价格整体呈现下降趋势，2012～2016 年出口价格下降约 13.67%，2014 年存在短暂上升趋势（见图 2－6）。

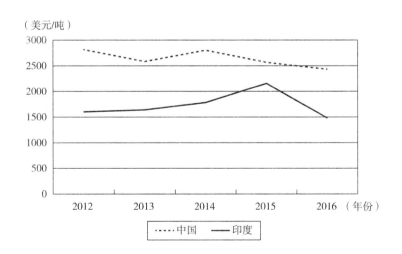

图 2－6 2012～2016 年中国与印度干辣椒出口价格对比

资料来源：根据 UN comtrade 数据库计算。

印度干辣椒（已磨）出口价格近五年均高于 1600 美元/吨，近几年中，2016 年干辣椒（已磨）出口价格最高为 2307.02 美元/吨，干辣椒（已磨）出口价格 2013~2016 年呈现上升趋势（见图 2-7），2017 年相较于 2016 年呈现下降趋势，2013~2017 年出口价格上涨约 5.07%；干辣椒（未磨）出口价格均高于 1400 美元/吨，近几年中，2016 年干辣椒（未磨）出口价格最高为 2112.88 美元/吨，干辣椒（未磨）出口价格 2013~2016 年呈现上升趋势（见图 2-8），2017 年相较于 2016 年呈现下降趋势，2013~2017 年出口价格下降约 9.39%；干辣椒出口价格均高于 1400 美元/吨，近几年中，2016 年干辣椒出口价格为 2156.79 美元/吨，干辣椒出口价格 2013~2016 年呈现上升趋势趋势，2017 年相较于 2016 年呈现下降趋势，2013~2017 年出口价格下降约 7.77%。

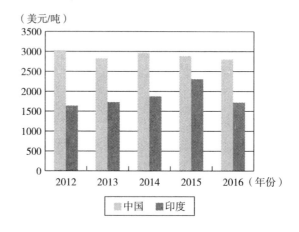

图 2-7 2012~2016 年中印已磨干辣椒价格比较

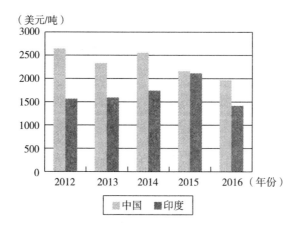

图 2-8 2012~2016 年中印未磨干辣椒价格比较

近几年中国干辣椒出口价格整体一直高于印度干辣椒出口价格，只有 2016 年中国干辣椒（未磨）出口价格低于印度干辣椒（未磨）出口价格，从价格来看，印度相较于中国具有很大的优势，其他国家进口中国干辣椒一吨的价格大概进口印度一吨半的干辣椒，这样印度干辣椒出口会压制中国，使中国干辣椒出口市场紧缩。

（三）印度干辣椒出口贸易现状

印度是全球干辣椒最大的出口国，自 2000 年以来一直是干辣椒出口量最大的国家，近年来印度干辣椒出口额呈现持续增长态势，2017 年印度干辣椒出口额占到全球份额的 57.34%。印度干辣椒（未磨）主要出口东南亚国家，其中越南、泰国、斯里兰卡是印度最大的出口国。2016 年、2017 年印度干辣椒（未磨）主要出口国为越南、泰国、斯里兰卡、印度尼西亚、马来西亚、墨西哥、美国、孟加拉国、中国、新加坡 10 个国家，越南、泰国、斯里兰卡三国稳居印度干辣椒（未磨）主要出口国前三名，印度干辣椒（未磨）主要出口国，中国从 2016 年的第十，到 2017 年上升到了第九，2017 年相比 2016 年出口中国干辣椒（未磨）出口量上涨了 399.12%，说明印度对于中国的干辣椒（未磨）出口增长迅速（见表 2-16）。

表 2-16　2016~2017 年印度干辣椒主要出口国　　　单位：吨，万美元

2016 年干辣椒（未磨）主要出口国			2017 年干辣椒（未磨）主要出口国		
国家	出口量	出口额	国家	出口量	出口额
越南	63270.58	14565.54	越南	151996.16	25982.22
泰国	49863.02	10186.23	泰国	69254.86	13258.60
斯里兰卡	49477.29	8580.71	斯里兰卡	50895.35	4779.39
马来西亚	25777.99	6371.39	印度尼西亚	32504.48	4446.13
印度尼西亚	21103.67	4223.11	马来西亚	29339.32	4746.36
墨西哥	8255.63	2025.68	墨西哥	9432.59	1974.10
孟加拉国	5128.03	813.89	美国	8136.83	1547.35
美国	4915.99	1223.05	孟加拉国	7962.35	1059.82
新加坡	2482.55	601.67	中国	6822.92	966.60
中国	1366.98	267.68	新加坡	3011.10	476.48
2016 年干辣椒（已磨）主要出口国			2017 年干辣椒（已磨）主要出口国		
国家	出口量	出口额	国家	出口量	出口额
美国	17561.04	4958.80	美国	19190.17	4580.25
阿拉伯联合酋长国	10871.76	1900.43	阿拉伯联合酋长国	12794.28	1737.19
尼泊尔	4894.56	683.87	尼泊尔	6520.18	602.93
英国	4010.53	1144.02	伊朗	5267.00	425.60
印度尼西亚	3324.05	646.22	英国	4442.30	1096.93
沙特阿拉伯	1747.14	422.08	印度尼西亚	4194.90	660.80
南非	1678.21	425.92	南非	2677.88	555.42
俄罗斯	1586.09	227.92	沙特阿拉伯	2103.95	440.80
阿曼	1460.70	297.61	突尼斯	1817.00	307.25
卡塔尔	1420.68	316.93	俄罗斯	1760.29	183.33

注：按照出口量由高到低排序。

资料来源：根据 UN comtrade 数据库计算。

2016 年、2017 年印度干辣椒（已磨）主要出口国为美国、阿拉伯联合酋长国、尼泊尔、伊朗、英国、印度尼西亚、南非、沙特阿拉伯、突尼斯、俄罗斯、阿曼、卡塔尔 12 个国家，美国、阿拉伯联合酋长国、尼泊尔三国稳居印度干辣椒（已磨）主要出口国前三名，中国在 2016 年、2017 年没有进入印度干辣椒（已磨）出口国出口量前十名。

（四）印度出口中国干辣椒情况

1. 印度直接出口中国干辣椒情况

印度出口中国的干辣椒（未磨）自 2013 年以来持续上升，从 2013 年的 681.8 吨增加至 2017 年的 6822.92 吨，出口量增长了 10 倍，印度出口中国的干辣椒（已磨）出口量持续下降，从 2013 年的 1563.72 吨下降至 2017 年的 276.91 吨，2016 年仅 123.07 吨。说明印度出口中国的干辣椒以初级产品为主，作为中国辣椒加工企业的原料来源。印度出口中国干辣椒量增长迅速，2017 年印度出口中国干辣椒的总量是 2013 年印度出口中国干辣椒总量的 3.16 倍（见图 2-9）。

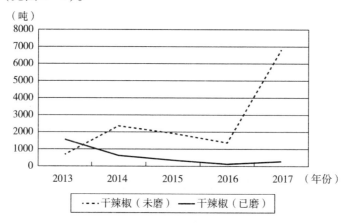

图 2-9　2013～2017 年印度出口中国的已磨与未磨干辣椒趋势

2017 年印度出口中国的干辣椒 7100 吨，约占中国干辣椒产量的 2.3%，不会对中国干辣椒产业产生太大冲击。但目前的形势是印度辣椒已对国内辣椒产业形成了重大冲击，从干辣椒交易市场供应商反馈信息来看，印度进口的辣椒占国内市场货量差不多三分之一的货量，每年约有 10 万吨以上的印度辣椒进入我国，2017 年大约有 15 万吨之多（见表 2-17）。

表 2-17　2013～2017 年印度出口中国干辣椒情况　　　单位：吨，万美元

年份	干辣椒（未磨）		干辣椒（已磨）	
	出口量	出口额	出口量	出口额
2013	681.80	124.67	1563.72	210.38
2014	2349.40	362.90	621.44	123.26
2015	1918.06	306.59	346.99	63.35
2016	1366.98	267.68	123.07	34.69
2017	6822.92	966.60	276.91	48.13

资料来源：根据 UN comtrade 数据库计算。

2. 印度间接出口中国干辣椒现状

从印度出口辣椒到中国需要缴纳 10% 的关税，干辣椒需要再缴纳 10% 的增值税，为了逃避关税和增值税，这些印度辣椒绕道越南，或者从印度出口新加坡再到越南，并以印度辣椒的名义进入中国，掩盖辣椒的真实原产地，从而逃避关税和增值税（见表 2 – 18）。

表 2 – 18　印度出口越南干辣椒情况　　　　　单位：吨，万美元

年份	干辣椒（未磨）		干辣椒（已磨）	
	出口量	出口额	出口量	出口额
2013	14873.60	2931.25	5558.25	994.19
2014	41362.64	7745.19	9717.18	2029.18
2015	59702.70	11205.79	6702.37	0.67
2016	63270.58	14565.54	574.76	0.06
2017	151996.16	25982.22	927.00	0.09

资料来源：根据 UN comtrade 数据库计算。

印度出口越南的干辣椒主要以干辣椒（未磨）为主，2013 年印度出口越南的干辣椒（未磨）出口量为 14873.6 吨，干辣椒（已磨）出口量为 5558.25 吨，2016 年和 2017 年呈现爆发式增长，2017 年印度出口越南的干辣椒（未磨）出口量已经高达 15.2 万吨，与此同时，干辣椒（已磨）出口量下降为 927 吨，2017 年印度出口越南的干辣椒的总量是 2013 年印度出口越南干辣椒总量的 7.48 倍（见图 2 – 10）。

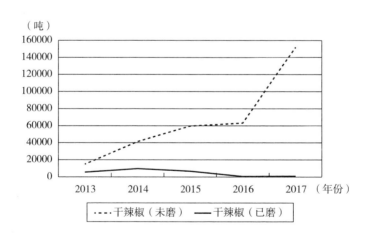

图 2 – 10　2013～2017 年印度出口越南的已磨与未磨干辣椒量

从越南对中国辣椒出口数据来看，在 2014 年之前，国际贸易中并无越南向中国的干辣椒出口记录，但自 2014 年起，越南对中国辣椒出口量大幅度上涨，出口量从 2014 年的 5 吨增加至 2016 年的 3304 吨，与中国市场上印度辣椒存货量差异较大。由于印度辣椒辣

度高、价格低，但直接从印度进口干辣椒需要缴纳 10% 的关税和 10% 的增值税，提高了进口印度辣椒的成本，因此可以推断，大量印度辣椒通过非法渠道进入中国市场。我国每年进口印度干辣椒的配额为 8000 吨，但实际上，进入中国市场的印度干辣椒数量远高于这一数字，通过非法渠道进入中国以及国内进行印度辣椒非法经营的商户已给中国辣椒市场均衡发展带来较大的负面影响。

（五）印度辣椒对中国的冲击

印度辣椒以高辣、低价的优势迅速进入国内的辣椒市场，并对我国干制辣椒产业发展形成一定冲击。且印度国内辣椒种植面积持续增长，随着印度辣椒种植技术与机械水平的提高，辣椒产量仍有较大的增长空间。印度辣椒已对中国辣椒市场形成冲击，破坏原有的市场供求平衡，导致辣椒价格下跌，打击农民种植的积极性。

由于国内市场对高辣品种存在市场空白，近年来各产区高辣度品种种植面积一直下降，天宇椒属于高辣品种但属于苦辣型口感不佳，且产量较低影响农民种植积极性；艳椒产量相对较高，但目前市场艳椒开始以鲜销为主，且烘干艳椒色泽不佳。因此，应对印度辣椒的冲击，应一方面对非法行为进行严查与惩处，切断市场销售源头，打击逃避关税、增值税的违法行为；另一方面加大对高辣度辣椒的推广力度，填补市场空白，完善产品结构。

第四节　中国辣椒出口贸易竞争力分析

按照 2012～2017 年鲜辣椒、干辣椒（未磨）、干辣椒（已磨）出口量对中国与主要辣椒出口国的出口竞争力进行比较分析。鲜辣椒比较对象：墨西哥、西班牙、荷兰、加拿大、美国、摩洛哥、中国、土耳其、以色列；干辣椒（未磨）比较对象：印度、中国、秘鲁、墨西哥、缅甸、巴基斯坦、德国、西班牙、巴西、越南；干辣椒（已磨）比较对象：中国、印度、西班牙、墨西哥、突尼斯、秘鲁、荷兰、德国、美国、哥伦比亚。

（一）国际竞争力指标分析

1. 国际市场占有率

国际市场占有率公式为：

$$MS_{ij} = X_{ij}/X_{wj} \tag{2-1}$$

其中，X_{ij} 表示某国辣椒出口量，X_{wj} 表示世界辣椒出口量。比重越大说明某国辣椒国际市场竞争力和国际市场开拓力越强；反之，则说明某国辣椒出口竞争力和国际市场开拓力越弱。

根据国际市场占有率计算公式，利用 UN comtrade 数据库辣椒贸易数据计算了 2012～2017 年六年间中国以及主要辣椒出口国国际市场占有率，鲜辣椒国际市场占有率如表 2－19 所示，干辣椒（未磨）国际市场占有率如表 2－20 所示，干辣椒（已磨）国际市场占有率如表 2－21 所示。

表 2 - 19　鲜辣椒国际市场占有率比较　　　　　　　　单位:%

年份 国家	2012	2013	2014	2015	2016	2017
墨西哥	27.41	27.18	26.03	26.80	28.10	30.10
西班牙	18.47	20.00	22.18	22.01	21.71	20.76
荷兰	17.45	15.23	14.02	14.38	12.93	13.65
加拿大	3.84	3.96	3.96	3.94	4.52	4.14
美国	3.91	4.06	3.70	3.46	3.45	3.37
摩洛哥	2.61	3.16	3.24	3.11	3.28	3.32
中国	2.30	2.33	2.25	2.72	2.64	2.84
土耳其	2.49	2.33	2.60	2.75	2.88	2.76
以色列	4.95	4.79	3.61	2.76	2.18	1.76

资料来源：根据国际市场占有率公式、UN comtrade 数据库计算。

从鲜辣椒国际市场占有率年度变化来看，中国鲜辣椒国际市场占有率呈上升趋势，2017 年达到最高 2.84%，相比 2012 年上升了 0.54%；全球主要鲜辣椒出口国中，荷兰、美国、以色列的鲜辣椒国际市场占有率呈下降趋势，西班牙 2014 年以来鲜辣椒国际市场占有率也趋于下降，墨西哥、加拿大、摩洛哥、土耳其呈上升趋势。墨西哥的鲜辣椒国际市场占有率一直最高，2017 年度达到 30.1%；西班牙的鲜辣椒国际市场占有率排名第二位，保持在 20% 左右；虽然荷兰鲜辣椒国际市场占有率虽有下降趋势，但也维持在 13% 左右，其余国家国际市场占有率差异较小，中国鲜辣椒国际市场占有率 2016 年超过以色列，2017 年超过土耳其，说明虽然中国鲜辣椒出口贸易相较于鲜辣椒出口国大国优势不强，但增长幅度较快。

从干辣椒（未磨）国际市场占有率年度变化来看，中国干辣椒（未磨）国际市场占有率呈下降趋势，2012 年为 44.95%，但到 2017 年仅为 12.06%；与此同时，印度干辣椒（未磨）国际市场占有率上升明显，2013 年为 49.01%，2017 年达到 74.76%，在国际干辣椒（未磨）出口国中具有绝对优势。其他干辣椒（未磨）主要出口国中，除缅甸与巴基斯坦外，其余国家的国际市场占有率均呈下降趋势。根据 2017 年度各国干辣椒（未磨）国际市场占有率数据可以发现，印度与中国合计占到 86% 以上；其余国家占比较小，印度竞争力最强。

表 2 - 20　2012~2017 年干辣椒（未磨）国际市场占有率比较　　　单位:%

年份 国家	2012	2013	2014	2015	2016	2017
印度	—	49.01	68.17	65.33	60.12	74.76
中国	44.95	22.70	12.18	14.88	20.36	12.06

年份 国家	2012	2013	2014	2015	2016	2017
秘鲁	29.87	11.77	5.79	6.11	7.77	4.41
墨西哥	4.33	4.48	3.15	2.85	2.64	2.20
缅甸	0.12	0.54	0.83	0.85	1.18	1.19
巴基斯坦	1.03	1.90	0.68	0.76	1.11	1.05
德国	2.28	1.47	1.07	1.01	0.79	0.68
西班牙	5.14	1.36	1.17	1.12	1.04	0.54
巴西	2.77	0.86	0.56	0.43	0.25	0.40
越南	—	0.12	0.09	0.12	0.96	0.38

资料来源：根据国际市场占有率公式、UN comtrade 数据库计算。

　　从干辣椒（已磨）国际市场占有率年度变化来看，中国干辣椒（已磨）国际市场占有率增速较快，2016 年超过印度位居全球第一，2017 年达到峰值 34.47%。其余干辣椒（已磨）主要出口国家中，除哥伦比亚外，其余国家国际市场率均不同程度下降，西班牙下降最明显，2017 年相比 2012 年下降 11.93%。根据 2017 年度各国干辣椒（已磨）国际市场占有率数据可以发现，中国、印度、西班牙位居世界前三，说明虽然中国干辣椒（已磨）国际市场占有率较高，印度与西班牙仍为中国主要的竞争对手。

表 2-21　2012~2017 年干辣椒（已磨）国际市场占有率比较　　　单位:%

年份 国家	2012	2013	2014	2015	2016	2017
中国	31.08	16.80	19.49	22.01	32.62	34.47
印度	—	39.56	40.42	32.60	22.38	25.21
西班牙	27.71	12.53	12.85	15.71	17.10	15.78
墨西哥	3.61	4.36	3.92	4.57	6.38	4.74
突尼斯	5.11	5.99	4.10	5.58	3.54	4.58
秘鲁	10.57	5.89	6.19	5.79	1.38	2.54
荷兰	1.47	1.06	1.27	1.19	1.38	1.39
德国	1.77	0.91	0.87	0.87	1.10	1.35
美国	2.83	1.33	1.38	1.44	1.45	1.32
哥伦比亚	0.76	0.90	0.55	0.50	1.18	1.26

资料来源：根据国际市场占有率公式、UN comtrade 数据库计算。

　　2. 贸易竞争力指数

　　贸易竞争力指数公式为：

$$TC = (X_i - M_i) / (X_i + M_i) \qquad (2-2)$$

其中，X_i 和 M_i 分别表示某国辣椒出口量和进口量。无论进出口的绝对量是多少，贸易竞争力指数始终处于 $-1 \sim 1$，等于 -1 时表示该辣椒只进口不出口，等于 1 时表示该国辣椒只出口不进口。因此，从出口分析，贸易竞争力指数越接近于 1，表示国际竞争力越强；如果贸易竞争力指数大于 0，表示该国辣椒的出口效率高于国际水平，具有较强的出口竞争力，并且数值越大，优势越大；如果贸易竞争力指数等于 0，说明该国辣椒出口效率与国际水平相当；如果贸易竞争力指数小于 0，则表示该国辣椒为净进口国，即辣椒的出口效率小于国际水平，出口竞争力弱，处于竞争劣势，并且数值越大，劣势越明显。

　　根据贸易竞争力指数计算公式，利用 UN comtrade 数据库辣椒贸易数据计算了 2012 ～ 2017 年六年间中国以及主要辣椒出口国贸易竞争力指数，鲜辣椒贸易竞争力指数如表 2 - 22 所示，干辣椒（未磨）贸易竞争力指数如表 2 - 23 所示，干辣椒（已磨）贸易竞争力指数率如表 2 - 24 所示。

表 2 - 22　2012 ～ 2017 年鲜辣椒贸易竞争力指数比较

年份 国家	2012	2013	2014	2015	2016	2017
墨西哥	0.983	0.991	0.991	0.994	0.996	0.996
西班牙	0.907	0.898	0.907	0.898	0.882	0.856
荷兰	0.530	0.536	0.547	0.596	0.598	0.617
加拿大	-0.052	-0.047	0.009	0.013	0.065	0.034
美国	-0.782	-0.768	-0.784	-0.791	-0.808	-0.723
摩洛哥	0.999	1.000	0.999	1.000	1.000	1.000
中国	1.000	1.000	1.000	1.000	1.000	0.866
土耳其	1.000	0.951	0.995	0.998	0.995	0.999
以色列	0.995	0.996	0.998	0.985	0.977	0.927

资料来源：根据贸易竞争力指数公式、UN comtrade 数据库计算。

表 2 - 23　2012 ～ 2017 年干辣椒（未磨）贸易竞争力指数比较

年份 国家	2012	2013	2014	2015	2016	2017
印度	—	0.995	0.998	0.999	0.998	0.999
中国	0.498	0.858	0.858	0.905	0.963	0.796
秘鲁	1.000	1.000	0.999	0.999	0.997	0.995
墨西哥	-0.371	-0.334	-0.346	-0.527	-0.543	-0.432
缅甸	0.122	0.820	0.949	0.988	0.983	0.418
巴基斯坦	-0.677	0.980	-0.596	-0.481	0.842	0.865
德国	-0.585	-0.532	-0.525	-0.379	-0.431	-0.413
西班牙	-0.706	-0.836	-0.778	-0.812	-0.817	-0.871
巴西	0.754	0.895	0.637	0.476	0.213	0.528
越南	—	-0.101	-0.066	0.589	0.913	0.378

资料来源：根据贸易竞争力指数公式、UN comtrade 数据库计算。

表 2 - 24　2012～2017 年干辣椒（已磨）贸易竞争力指数比较

年份 国家	2012	2013	2014	2015	2016	2017
中国	1.000	0.975	0.989	0.987	0.988	0.988
印度	—	0.993	0.997	0.998	0.973	0.972
西班牙	0.720	0.696	0.683	0.727	0.683	0.637
墨西哥	0.542	0.720	0.707	0.700	0.693	0.663
突尼斯	0.476	0.757	0.638	0.695	0.614	0.629
秘鲁	0.999	0.993	0.999	0.993	0.991	0.990
荷兰	- 0.512	- 0.384	- 0.282	- 0.397	- 0.348	- 0.297
德国	- 0.565	- 0.576	- 0.629	- 0.672	- 0.639	- 0.538
美国	- 0.896	- 0.899	- 0.893	- 0.895	- 0.897	- 0.822
哥伦比亚	0.906	0.926	0.899	0.865	0.919	0.920

资料来源：根据贸易竞争力指数公式、UN comtrade 数据库计算。

2012～2017 年，中国鲜辣椒贸易竞争力指数较为稳定，除 2017 年为 0.866 外，其余年份均为 1，说明中国鲜辣椒的贸易竞争力优势非常明显，但有下降趋势；墨西哥、摩洛哥、土耳其鲜辣椒贸易竞争力指数基本保持在 0.99 左右，说明墨西哥、摩洛哥、土耳其鲜辣椒贸易竞争力优势明显；西班牙优势没有中国、墨西哥、摩洛哥、土耳其优势明显，但也基本保持在 0.88 左右这个水平；加拿大鲜辣椒贸易竞争力指数呈上升趋势，从负数变为正数，说明加拿大鲜辣椒竞争力由劣势变为了优势；美国鲜辣椒贸易竞争力指数一直处于 - 0.75 左右，说明美国鲜辣椒竞争力处于劣势，并且劣势较大。由此可知，虽然中国鲜辣椒的贸易竞争力优势明显，但也不能忽视其他鲜辣椒主要出口国的贸易竞争力。

2012～2017 年，中国干辣椒（未磨）贸易竞争力指数波动较大，整体呈上升趋势，说明中国干辣椒（未磨）的贸易竞争力具有一定的优势但不稳定；印度、秘鲁干辣椒（未磨）贸易竞争力指数基本保持在 0.99 以上，说明印度、秘鲁干辣椒（未磨）贸易竞争力优势非常明显；墨西哥、德国、西班牙三国干辣椒（未磨）贸易竞争力指数均为负数，并且分别处在 - 0.45、- 0.50、- 0.80 左右，说明该三国干辣椒（未磨）贸易竞争力处于劣势，西班牙最为明显；缅甸、巴基斯坦、越南三国干辣椒（未磨）贸易竞争力指数波动较大，说明该三国在干辣椒（未磨）贸易竞争力优势非常不稳定。由此可知，中国干辣椒（未磨）贸易竞争力相比印度、秘鲁优势不足，但相比其他干辣椒（未磨）主要出口国具有一定的优势。

2012～2017 年，中国干辣椒（已磨）贸易竞争力指数比较平稳，一直高于 0.97，说明中国干辣椒（已磨）贸易竞争力一直具有明显优势；印度干辣椒（已磨）贸易竞争力指数基本保持在 0.98 左右，呈下降趋势，说明印度干辣椒（已磨）贸易竞争力优势明显但整体降低，西班牙、墨西哥、突尼斯三国干辣椒（已磨）贸易竞争力指数基本在0.6左右波动，说明该三国干辣椒（已磨）贸易竞争力具有一定的优势，但不稳定；秘鲁干辣椒（已磨）贸易竞争力指数一直在0.99以上，哥伦比亚干辣椒（已磨）贸易竞争力指数虽低于秘鲁但也处于较高位置，说明秘鲁干辣椒（已磨）贸易竞争力优势明显，荷兰、德国、美国三国干辣椒（已磨）贸易竞争力指数均为负数，说明该三国干辣椒（已磨）贸易竞争力处于劣势。由此可知，中国干辣椒（已磨）贸易竞争力在干辣椒（已磨）主要出口国中虽具有明显优势，但有强劲的竞争对手。

3. 显示性比较优势指数

显示性比较优势指数公式为：

$$RCA_{ij} = (X_{ij}/X_{tj}) / (X_{iw}/X_{tw}) \tag{2-3}$$

其中，RCA_{ij} 表示 j 国 i 产品的显示性比较优势指数，X_{ij} 表示 j 国 i 产品出口额，X_{tj} 表示 j 国所有产品出口总额，X_{iw} 表示世界 i 产品出口额，X_{tw} 表示世界所有产品出口总额。$RCA_{ij} > 1$，表示该商品在国家中的出口比重大于在世界的出口比重，则该国的此产品在国际市场上具有比较优势，具有一定的国际竞争力；$RCA_{ij} \leqslant 1$，则表示在国际市场上不具有比较优势，国际竞争力相对较弱。如果 $RCA_{ij} > 2.5$，则表示该国该产品具有很强的国际竞争力；如果 $1.25 < RCA_{ij} \leqslant 2.5$，则表示该国该产品具有较强的国际竞争力；如果 $0.8 < RCA_{ij} \leqslant 1.25$，则表示该国该产品的国际竞争力一般；如果 $RCA_{ij} \leqslant 0.8$，则表示该国该产品的国际竞争力较弱。

根据显示性比较优势指数计算公式，利用 UN comtrade 数据库辣椒贸易数据计算了 2012~2017 年六年间中国以及主要辣椒出口国显示性比较优势指数，鲜辣椒显示性比较优势指数如表 2-25 所示，干辣椒（未磨）显示性比较优势指数如表 2-26 所示，干辣椒（已磨）显示性比较优势指数如表 2-27 所示。

表 2-25　2012~2017 年鲜辣椒显示性比较优势指数比较

年份 国家	2012	2013	2014	2015	2016	2017
墨西哥	8.74	8.89	8.77	8.60	9.35	7.83
西班牙	11.75	12.37	12.99	12.33	12.29	11.59
荷兰	8.77	8.32	7.24	8.31	7.38	6.98
加拿大	2.34	2.62	2.60	2.88	2.79	2.72
美国	0.53	0.54	0.57	0.51	0.55	0.49
摩洛哥	11.03	13.02	12.71	11.50	11.27	19.90
中国	0.07	0.06	0.08	0.12	0.11	0.12
土耳其	2.06	2.11	1.98	1.91	2.00	2.00
以色列	14.81	13.19	10.63	7.66	5.21	6.32

资料来源：根据显示性比较优势指数公式、UN comtrade 数据库计算。

表 2 - 26　2012 ~ 2017 年干辣椒（未磨）显示性比较优势指数比较

年份 国家	2012	2013	2014	2015	2016	2017
印度	—	19.11	31.43	33.48	34.10	36.43
中国	3.62	2.01	1.22	1.10	1.33	0.94
秘鲁	93.55	61.48	43.69	44.87	37.89	23.01
墨西哥	2.54	3.51	2.46	2.38	1.74	1.61
缅甸	3.18	15.33	27.56	18.83	15.92	8.94
巴基斯坦	11.13	10.22	4.71	6.08	6.35	6.22
德国	0.77	0.70	0.46	0.36	0.27	0.28
西班牙	2.80	0.92	0.79	0.65	0.51	0.35
巴西	1.63	0.58	0.46	0.25	0.16	0.33
越南	—	0.30	0.24	0.19	1.07	0.91

资料来源：根据显示性比较优势指数公式、UN comtrade 数据库计算。

表 2 - 27　2012 ~ 2017 年干辣椒（已磨）显示性比较优势指数比较

年份 国家	2012	2013	2014	2015	2016	2017
中国	2.69	1.75	1.92	1.88	2.68	2.86
印度	—	15.63	17.07	15.59	12.19	9.98
西班牙	17.57	10.08	9.70	10.55	10.22	9.19
墨西哥	0.56	0.92	0.72	0.62	0.71	0.56
突尼斯	34.31	50.76	39.46	40.09	25.87	29.51
秘鲁	28.94	18.24	21.84	22.06	7.75	7.65
荷兰	0.52	0.43	0.49	0.51	0.54	0.48
德国	0.42	0.28	0.26	0.22	0.23	0.27
美国	0.35	0.23	0.23	0.21	0.21	0.18
哥伦比亚	1.34	2.28	1.42	1.66	2.54	2.21

资料来源：根据显示性比较优势指数公式、UN comtrade 数据库计算。

近几年，摩洛哥鲜辣椒显示性比较优势指数上升明显，2017 年达到 19.90，说明摩洛哥鲜辣椒国际竞争力优势明显并迅速增长，加拿大鲜辣椒显示性比较优势指数一直保持在 2.5 左右，说明也具有很强的国际竞争力；墨西哥、西班牙、荷兰、以色列等国鲜辣椒显示性比较优势指数大于 2.5，并且数值较大，说明这几个国家具有很强的鲜辣椒国际竞争力，土耳其虽然近几年没有突破 2.5，但是稳定在 2.0 左右，说明鲜辣椒国际竞争力也具有一定的优势；中国鲜辣椒显示性比较优势指数近年来波动不大，一直小于 0.15，2017 年最高仅为 0.12，说明中国鲜辣椒产业贸易相比于其他产业不具有比较优势，也说明中国鲜辣椒在国际市场中竞争力弱。

印度、秘鲁、缅甸、巴基斯坦四国近几年干辣椒（未磨）显示性比较优势指数虽波动较大，但均大于2.5，说明该四国干辣椒（未磨）国际竞争力优势明显，墨西哥干辣椒（未磨）显示性比较优势波动下降，2017年达到最低点1.61，说明墨西哥干辣椒（未磨）国际竞争力虽有下降趋势，但依然具有一定的优势；西班牙、巴西两国干辣椒（未磨）显示性比较优势呈下降趋势，到2017年分别下降到0.35、0.33，说明两国干辣椒（未磨）国际竞争力已经从具有优势变成了劣势；中国干辣椒（未磨）显示性比较优势2012年为3.62，具有很强的国际竞争力，2017年下降到0.94，说明中国干辣椒（未磨）国际竞争力呈下降趋势，但是目前来看中国干辣椒（未磨）还具有一定的国际竞争力。

近几年印度、西班牙、突尼斯、秘鲁干辣椒（已磨）显示性比较优势指数一直大于2.5，说明该四国干辣椒（已磨）国际竞争力优势明显，哥伦比亚干辣椒（已磨）显示性比较优势指数呈上升趋势，2017年达到2.21，说明哥伦比亚干辣椒（已磨）国际竞争力逐渐增强；墨西哥、荷兰、德国、美国干辣椒（已磨）显示性比较优势指数一直小于0.80，说明该四国干辣椒（已磨）国际竞争力较弱；中国干辣椒（已磨）显示性比较优势指数波动变化，均在1.25以上，说明中国干辣椒（已磨）国际竞争力虽存在波动但优势明显。

（二）辣椒出口价格比较分析

利用 UN comtrade 数据库辣椒贸易数据，计算出 2012～2017 年六年间中国、主要辣椒出口国以及世界辣椒出口价格，鲜辣椒出口价格如表 2-28 所示，干辣椒（未磨）出口价格如表 2-29 所示，干辣椒（已磨）出口价格如表 2-30 所示。

表 2-28　2012～2017 年鲜辣椒出口价格比较　　　　单位：美元/千克

年份 国家	2012	2013	2014	2015	2016	2017
世界	1.53	1.65	1.52	1.42	1.47	1.44
墨西哥	1.01	1.09	1.09	1.08	1.16	0.95
西班牙	1.55	1.69	1.52	1.38	1.49	1.59
荷兰	2.37	2.74	2.41	2.23	2.38	2.30
加拿大	2.37	2.66	2.55	2.64	2.25	2.46
美国	1.78	1.86	2.03	1.97	2.17	2.00
摩洛哥	0.77	0.80	0.76	0.72	0.73	1.37
中国	0.53	0.52	0.68	0.86	0.85	0.83
土耳其	1.07	1.21	0.98	0.88	0.93	1.02
以色列	1.61	1.62	1.65	1.57	1.35	1.95

资料来源：根据显示性比较优势指数公式、UN comtrade 数据库计算。

表 2－29　2012～2017 年干辣椒（未磨）出口价格比较　　单位：美元/千克

年份 国家	2012	2013	2014	2015	2016	2017
世界	2.88	2.23	2.02	2.07	2.24	1.83
印度	—	1.56	1.59	1.74	2.11	1.60
中国	2.65	2.33	2.55	2.16	1.97	1.97
秘鲁	2.33	2.65	3.17	3.18	2.53	2.57
墨西哥	3.49	3.55	3.37	4.09	3.51	3.35
缅甸	3.85	3.85	4.13	3.46	2.26	1.16
巴基斯坦	4.28	1.61	1.85	2.27	1.69	1.44
德国	7.63	8.22	7.09	6.14	6.53	6.55
西班牙	2.50	2.50	2.33	2.09	2.00	2.28
巴西	2.29	1.94	2.01	1.45	1.75	2.00
越南	—	3.85	4.13	3.46	2.84	5.72

资料来源：根据显示性比较优势指数公式、UN comtrade 数据库计算。

表 2－30　2012～2017 年干辣椒（已磨）出口价格比较　　单位：美元/千克

年份 国家	2012	2013	2014	2015	2016	2017
世界	3.07	2.30	2.39	2.39	2.55	2.53
中国	3.03	2.83	2.97	2.88	2.80	2.91
印度	—	1.64	1.73	1.87	2.31	1.80
西班牙	3.10	3.07	3.10	2.77	2.74	2.88
墨西哥	0.98	0.98	0.93	0.76	0.68	0.75
突尼斯	1.95	1.78	2.08	1.50	1.61	1.42
秘鲁	2.17	1.62	1.76	1.90	3.33	2.06
荷兰	3.34	2.87	2.82	2.79	2.85	2.68
德国	5.72	5.58	5.80	5.05	4.66	4.48
美国	3.27	3.35	3.46	3.28	3.35	3.27
哥伦比亚	1.83	1.84	1.81	1.75	1.08	1.02

资料来源：根据显示性比较优势指数公式、UN comtrade 数据库计算。

近几年鲜辣椒主要出口国和世界平均出口价格基本稳定，虽然中国鲜辣椒出口价格呈上升趋势，但是在鲜辣椒主要出口国中依然最低，2017 年达到最高仅为 0.83 美元/千克，远低于荷兰、加拿大、美国等发达国家，也低于全球平均价格水平。世界鲜辣椒出口平均价格基本稳定在 1.4 美元/千克至 1.7 美元/千克，呈下降趋势，中国鲜辣椒出口价格远低于世界平均出口价格，在鲜辣椒主要出口国中，出口第一大国墨西哥的鲜辣椒出口价格基本低于世界平均价格 0.45 美元/千克左右，而西班牙、荷兰、加拿大、美国四国鲜辣椒出口价格一直高于世界平均出口价格。由此可知，中国鲜辣椒在价格中占有低价优势，但是通过鲜辣椒出口大国出口价格比较发现，鲜辣椒出口价格的高低对鲜辣椒出口量影响不大。

近年来，世界干辣椒（未磨）平均出口价格呈下降趋势，2017 年相比 2012 年每千克下降 1.05 美元，2017 年首次低于 2 美元/千克，为 1.83 美元/千克。中国干辣椒（未磨）出口价格趋势变化与世界趋势大体一致，略高于世界平均出口价格，印度为干辣椒（未磨）出口第一大国，其干辣椒（未磨）出口价格波动幅度较大，且一直低于世界平均出口价格。缅甸、巴基斯坦干辣椒（未磨）出口价格下降明显，2017 年分别低至 1.16 美元/千克、1.44 美元/千克，低于世界平均出口价格。

墨西哥、越南干辣椒（未磨）出口价格一直高于世界平均出口价格，其余主要出口国干辣椒（未磨）出口价格与世界平均出口价格差别不大。由此可知，一方面，中国干辣椒（未磨）出口价格高于全球平均水平，而印度干辣椒（未磨）的高产量、低价格会对中国干辣椒（未磨）出口产生巨大的影响。另一方面，与德国、秘鲁、越南等国家的干辣椒（未磨）出口价格相比，中国干辣椒（未磨）出口价格仍有较大增长空间。

近年来，世界干辣椒（已磨）平均出口价格呈波动下降趋势，2017 年为最低 2.53 美元/千克。中国干辣椒（已磨）出口价格基本稳定在 2.9 美元/千克左右，除 2012 年中国干辣椒（已磨）出口价格低于世界平均出口价格水平外，其余年份均高于世界平均出口价格。

印度自 2013 年进行干辣椒（已磨）出口以来，出口价格一直低于世界平均出口价格，2017 年仅为 1.80 美元/千克。近几年西班牙干辣椒（已磨）出口价格变动不大，高于世界平均出口价格，低于中国干辣椒（已磨）出口价格。墨西哥干辣椒（已磨）出口价格是干辣椒（已磨）主要出口国中最低的，一直低于 1 美元/千克，德国、美国干辣椒（已磨）出口价格较高。由此可知，中国干辣椒（已磨）在出口价格与其他国家相比处于较高水平，中国应预防其他国家和世界干辣椒（已磨）出口价格的降低对中国干辣椒（已磨）出口的影响。

第五节　中国辣椒出口的影响因素分析

（一）模型建立与变量选择

1. 辣椒出口贸易引力模型的建立

贸易引力模型是研究贸易影响因素的最有效的实用工具，贸易引力模型的原始依据为牛顿的万有引力定律，即两个物体之间的相互引力与两个物体的质量大小成正比，与两物体之间的距离远近成反比。后续研究中，许多人对原始模型进行了拓展和修正，如加入人口数量、人均 GDP，并且加入是否拥有共同边界、是否同为 WTO 成员国、是否为发达国家等因素，认为这些因素可以促进贸易规模；其他比如关税、配额、是否存在贸易壁垒等因素，认为这些因素可以阻碍经济规模。引力模型在国际贸易研究的各个方面充分运用，有在双边和多边总体贸易中的应用，也有在具体贸易部门贸易规模的研究中的应用，既适用于有形的商品贸易研究，也适用于无形的服务贸易研究。辣椒贸易作为农产品贸易中的一个具体商品，引力模型同样适用，本书对中国辣椒出口贸易规模进行估计，对各影响因素进行弹性分析。

在标准国际贸易引力模型的基础上，结合本书目标，加入新的解释变量，初步建立中国辣椒贸易引力模型为：

$$\ln(EX_{ijt}) = c + \beta_1 \ln(P_{it}) + \beta_2 \ln(P_{jt}) + \beta_3 \ln(Y_{it}) + \beta_4 \ln(Y_{jt}) + \beta_5 \ln(Q_{it}) +$$
$$\beta_6 \ln(Q_{it}) + \beta_7 \ln(D_{ij}) + \beta_8 \ln(M_{it}) + \beta_9(DC) + \beta_{10}(BC) + \mu \qquad (2-4)$$

其中，i 代表中国，j 代表中国辣椒出口国（即贸易伙伴），t 表示年份；EX_{ijt} 表示 t 年中国辣椒出口到贸易伙伴的贸易量，c 为常数，P_{it} 为中国辣椒 t 年产量，P_{jt} 为贸易伙伴 t 年辣椒产量，Y_{it} 为中国 t 年 GDP，Y_{jt} 为贸易伙伴 t 年 GDP，Q_{it} 为中国 t 年人口总数，Q_{jt} 为贸易伙伴 t 年人口总数，D_{ij} 为中国与贸易伙伴之间的距离，M_{it} 为中国 t 年辣椒出口价格，DC 表示贸易伙伴是否为发达国家，BC 表示贸易伙伴与中国是否有共同边界，μ 为误差项。

本书以中国对贸易伙伴的出口量为被解释变量，则该模型可以简化为：

$$\ln(EX_{ijt}) = c + \beta_1 \ln(P_{jt}) + \beta_2 \ln(P_{jt}) + \beta_3 \ln(Q_{jt}) + \beta_4 \ln(D_{ij}) +$$
$$\beta_5 \ln(M_{it}) + \beta_6(DC) + \beta_7(BC) + \mu \qquad (2-5)$$

通过国际粮农组织 FAO 数据库查询各贸易国辣椒生产情况发现，部分国家辣椒产量为 0，为了保证模型样本数量，并且不影响模型结果，将模型修正为：

$$\ln(EX_{ijt}) = c + \beta_1 \ln(P_{jt}+1) + \beta_2 \ln(Y_{jt}) + \beta_3 \ln(Q_{jt}) + \beta_4 \ln(D_{ij}) +$$
$$\beta_5 \ln(M_{it}) + \beta_6(DC) + \beta_7(BC) + \mu \qquad (2-6)$$

2. 引力模型变量设定与解释

引力模型中各变量的含义和系数预期符号。

表 2 - 31　中国辣椒贸易引力模型变量及其系数预期符号

变量	含义	预期符号
P_{jt}	贸易伙伴 t 年辣椒产量	+
Y_{jt}	贸易伙伴 t 年 GDP	+
Q_{jt}	贸易伙伴 t 年人口总量	+
D_{ij}	中国与贸易伙伴之间的距离	−
M_{it}	中国 t 年辣椒出口价格	+ / −
DC	贸易伙伴是否为发达国家	+ / −
BC	贸易伙伴与中国是否有共同边界	+ / −

（1）国内辣椒生产量对辣椒消费有促进作用，大规模扩大产量会抑制辣椒进口，但

由于选取贸易伙伴为主要进口国，辣椒产量的增加对辣椒消费的促进作用可能会大于对辣椒进口的抑制作用。综合考虑，在贸易引力模型 P_{jt} 的系数预期符号为正。

（2）国内生产总值的增加，说明该国贸易额增加。综合考虑，在贸易引力模型中 Y_{jt} 的系数预期符号为正。

（3）国内人口总数能促进国内辣椒消费，对出口有抑制作用，对进口有促进作用。综合考虑，Q_{jt} 的系数预期符号为正。

（4）中国与贸易伙伴之间的距离越远，运输成本越高，导致出口价格越高，出口国的出口力和进口国的进口力减小。综合考虑，D_{ij} 的系数预期符号为负。

（5）中国辣椒出口平均价格可以体现从中国进口辣椒性价比高低，也可以体现中国出口辣椒的品质。综合考虑，M_{it} 的系数预期符号正负不定。

（6）发达国家对于辣椒替代品的选择相比其他国家较多，并且发达国家的农产品保护政策比较严格，但目前发达国家为主要辣椒进口国。综合考虑，DC 的系数预期符号正负不定。贸易伙伴为发达国家时取 1，反之，取 0。

（7）贸易伙伴与中国是否有共同边界体现贸易方便，但海运、陆运相对价格不确定；也体现存在相同纬度或经度，存在相同的种植辣椒的条件。综合考虑，BC 的系数预期符号正负不定。有共同边界时取 1，反之，取 0。

3. 数据来源及样本国家的选择

通过 UN comtrade 数据库查询中国辣椒出口量并计算辣椒出口价格，通过 FAO 数据库查询中国以及贸易伙伴的人口总数和辣椒产量，通过世界银行官网查询中国以及贸易伙伴的国内生产总值，通过谷歌地图、百度地图以及查阅文献查询中国与主要出口市场的直线距离，通过查阅文献查询贸易伙伴是否为发达国家以及是否与中国有共同边界。

FAO 数据库辣椒分为鲜辣椒、干辣椒两种，UN comtrade 数据库辣椒分为鲜辣椒（070960）、干辣椒（未磨）（090421）、干辣椒（已磨）（090422）三种，故本书在进行贸易引力模型中分为鲜辣椒、干辣椒（未磨）、干辣椒（已磨）三种，UN comtrade 数据库干辣椒（未磨）和干辣椒（已磨）数据从 2012 年开始，所以研究时间跨度年份为 2012 ~ 2017 年。

选择贸易伙伴构建国家样本时，主要考虑中国向贸易伙伴国家的辣椒出口量。为此鲜辣椒贸易选择的国家有：加拿大、哈萨克斯坦、韩国、吉尔吉斯斯坦、马来西亚、蒙古、菲律宾、俄罗斯、新加坡、越南、泰国 11 个国家；干辣椒（未磨）贸易选择的国家有：马来西亚、泰国、西班牙、墨西哥、美国、印度尼西亚、韩国、日本、土耳其、新加坡、越南、文莱、以色列、英国、印度 15 个国家；干辣椒（已磨）贸易选择的国家有：西班牙、美国、日本、南非、墨西哥、泰国、韩国、越南、马来西亚、德国、以色列、保加利亚、俄罗斯、印度尼西亚、斯洛文尼亚 15 个国家。

（二）鲜辣椒出口影响因素实证分析

使用 EViews 8.0 软件，采用最小二乘法对引力模型做回归拟合。在拟合过程中，先将所有变量代入模型，将不显著变量剔除，通过多次拟合，最终保留所有变量回归系数均通过显著性检验。中国鲜辣椒贸易引力模型方程的拟合结果如表 2-32 所示。

表 2-32　中国鲜辣椒贸易引力模型方程的拟合结果

变量	系数		t 值	伴随概率
c	-5.8939		-1.0938	0.2786
Y_{jt}	2.2118		6.2143	0.0000
Q_{jt}	-2.4380		-5.8528	0.0000
D_{ij}	-1.4664		-3.6122	0.0006
M_{it}	2.3892		2.2305	0.0296
DC	-6.6861		-6.8327	0.0000
BC	1.8391		3.1181	0.0028
R^2	调整后 R^2	极大近似估计值	F 值	伴随概率
0.6102	0.5698	-128.2325	15.1299	0.0000

中国鲜辣椒贸易引力模型方程的拟合结果中，拟合优度 R^2 为 0.6102，调整后 R^2 为 0.5698，F 值为 15.1299，保留的所有变量均通过 5% 显著性检验，6 个变量中 5 个变量系数符号与预期一样，所以中国鲜辣椒贸易引力模型拟合效果比较理想。根据以上拟合结果，中国鲜辣椒贸易引力模型方程可以写成：

$$\ln(EX_{ijt}) = -5.5939 + 2.2118\ln(Y_{jt}) - 2.4380\ln(Q_{jt}) - 1.4664\ln(D_{ij}) +$$
$$2.3892\ln(M_{it}) - 6.6861(DC) + 1.8391(BC) \qquad (2-7)$$

贸易伙伴的国内生产总值变量系数为 2.2118，说明贸易伙伴国内生产总值每增加 1%，中国鲜辣椒对其出口量就会增加 2.21%，体现出贸易伙伴的国内生产总值为中国鲜辣椒出口的有利因素。

贸易伙伴的人口总量变量系数为 -2.4380，体现出贸易伙伴的人口总量为中国鲜辣椒出口的不利因素。主要原因是人口增长较快的国家，例如印度、巴基斯坦等国，其经济水平较低，故会影响购买力。

中国与贸易伙伴之间距离的变量系数为 -1.4664，说明中国在选择鲜辣椒贸易伙伴上，在其他因素不变的情况下，距离越远，出口量越少，体现出中国与贸易伙伴之间的距离为中国鲜辣椒出口的不利因素。

中国鲜辣椒出口价格的变量系数为 2.3892，说明中国鲜辣椒出口价格在合理范围内每增加 1%，中国鲜辣椒出口量就会增加 2.39%，体现出中国鲜辣椒出口价格为中国鲜辣椒出口的有利因素。

贸易伙伴是否为发达国家的变量系数为 -6.6861，说明贸易伙伴为发达国家时为中国鲜辣椒出口不利因素，贸易伙伴不为发达国家时为中国鲜辣椒出口的有利因素。

贸易伙伴是否与中国有共同边界的变量系数为 1.8391，说明贸易伙伴与中国有共同边界为中国鲜辣椒出口有利因素，贸易伙伴与中国没有共同边界为中国鲜辣椒出口的不利因素。

根据模型可知，影响中国鲜辣椒出口的主要因素有贸易伙伴的国内生产总值、贸易伙伴的人口总量、中国与贸易伙伴之间的距离、中国鲜辣椒出口价格、贸易伙伴是否为发达国家、贸易伙伴是否与中国有共同边界，通过第四章可知中国鲜辣椒出口价格明显低于世界平均水平，模型说明中国鲜辣椒出口价格适当增长会促进中国鲜辣椒出口，根据模型中各变量系数可知，中国鲜辣椒扩大出口量可以适当提高出口价格，并寻找国家经济发展较好、人口增速缓慢、与中国有共同边界的非发达国家作为主要贸易伙伴。

（三）干辣椒（未磨）出口影响因素实证分析

使用 EViews 8.0 软件，采用最小二乘法对引力模型做回归拟合。在拟合过程中，先将所有变量代入模型，将不显著变量剔除，通过多次拟合，最终保留所有变量回归系数均通过显著性检验。中国干辣椒（未磨）贸易引力模型方程的拟合结果如表 2 – 33 所示。

表 2 – 33　中国干辣椒（未磨）贸易引力模型方程的拟合结果

变量	系数		t 值	伴随概率
c	22. 3560		7. 7755	0. 0000
P_{jt}	0. 1952		4. 4864	0. 0000
Q_{jt}	0. 4542		4. 1157	0. 0001
D_{ij}	– 1. 1691		– 4. 0030	0. 0001
M_{it}	– 4. 9611		– 3. 3469	0. 0012
BC	– 7. 5977		– 11. 1291	0. 0000
R^2	调整后 R^2	极大近似估计值	F 值	伴随概率
0. 6260	0. 6037	– 168. 9365	28. 1195	0. 000

中国干辣椒（未磨）贸易引力模型方程的拟合结果中，拟合优度 R^2 为 0. 6260，调整后 R^2 为 0. 6037，F 值为 28. 1195，保留的所有变量均通过 5% 显著性检验，5 个变量中 5 个变量系数符号与预期一样，所以中国干辣椒（未磨）贸易引力模型拟合效果比较理想。根据以上拟合结果，中国干辣椒（未磨）贸易引力模型方程可以写成：

$$\ln(EX_{ijt}) = 22.3560 + 0.1952\ln(P_{jt}+1) + 0.4542\ln(Q_{jt}) - 1.1691\ln(D_{ij}) -$$
$$4.9611\ln(M_{it}) - 7.5977(BC) \tag{2 – 8}$$

贸易伙伴的干辣椒产量变量系数为 0. 1952，说明贸易伙伴干辣椒产量每增加 1%，中国干辣椒（未磨）对其出口量就会增加 0. 20%，体现出贸易伙伴干辣椒产量为中国干辣椒（未磨）出口的有利因素。

贸易伙伴的人口总量变量系数为 0. 4542，说明贸易伙伴人口总量每增加 1%，中国干辣椒（未磨）对其出口量就会增加 0. 45%，体现出贸易伙伴的人口总量为中国干辣椒

（未磨）出口的有利因素。

中国与贸易伙伴之间距离的变量系数为－1.1691，说明中国在选择干辣椒（未磨）贸易伙伴上，在其他因素不变的情况下，距离越远，出口量越少，体现出中国与贸易伙伴之间的距离为中国干辣椒（未磨）出口的不利因素。

中国干辣椒（未磨）出口价格的变量系数为－4.9611，说明中国干辣椒（未磨）出口价格在合理范围内每降低1%，中国干辣椒（未磨）出口量就会增加4.96%，体现出中国干辣椒（未磨）出口价格为中国干辣椒（未磨）出口的不利因素。

贸易伙伴是否与中国有共同边界的变量系数为－7.5977，说明贸易伙伴与中国有共同边界为中国干辣椒（未磨）出口的不利因素，贸易伙伴与中国没有共同边界为中国干辣椒（未磨）出口的有利因素。

根据模型可知，影响中国干辣椒（未磨）出口的主要因素有贸易伙伴的干辣椒产量、贸易伙伴的人口总量、中国与贸易伙伴之间的距离、中国干辣椒（未磨）出口价格、贸易伙伴是否与中国有共同边界，贸易伙伴干辣椒产量的增多体现出该国对干辣椒的消费增加，可能由于中国干辣椒（未磨）出口主要依靠海运，导致海运价格低于陆运，而相邻国家进行贸易基本上依靠陆运，所以与中国有共同边界成为干辣椒（未磨）出口的不利因素，根据模型各变量系数可知，中国干辣椒（未磨）扩大出口量可以通过降低出口价格，降低单位距离运输成本，寻找距离较近的与中国没有共同边界的干辣椒产量以及人口数量增长的国家为主要贸易国。

（四）干辣椒（已磨）出口影响因素实证分析

使用 EViews 8.0 软件，采用最小二乘法对引力模型做回归拟合。在拟合过程中，先将所有变量代入模型，将不显著变量剔除，通过多次拟合，最终保留所有变量回归系数均通过显著性检验。中国干辣椒（已磨）贸易引力模型方程的拟合结果如表 2-34 所示。

表 2-34　中国干辣椒（已磨）贸易引力模型方程的拟合结果

变量	系数		t 值	伴随概率
c	4.0712		1.0260	0.3078
P_{jt}	0.0852		3.9912	0.0001
Y_{jt}	0.8476		8.1414	0.0000
Q_{jt}	－0.3915		－3.4927	0.0008
M_{it}	－8.3575		－2.5900	0.0113
R^2	调整后 R^2	极大近似估计值	F 值	伴随概率
0.5483	0.5270	－107.1802	25.7906	0.0000

中国干辣椒（已磨）贸易引力模型方程的拟合结果中，拟合优度 R^2 为 0.5483，调整后 R^2 为 0.5270，F 值为 25.7906，保留的所有变量均通过5%显著性检验，4 个变量中 3

个变量系数符号与预期一样，所以中国干辣椒（已磨）贸易引力模型拟合效果比较理想。根据以上拟合结果，中国干辣椒（已磨）贸易引力模型方程可以写成：

$$\ln(EX_{ijt}) = 4.0712 + 0.0852\ln(P_{jt}+1) + 0.8476\ln(Y_{jt}) -$$
$$0.3915\ln(Q_{jt}) - 8.3575\ln(M_{it}) \qquad (2-9)$$

贸易伙伴的干辣椒产量变量系数为0.0852，说明贸易伙伴干辣椒产量每增加1%，中国干辣椒（已磨）对其出口量就会增加0.09%，体现出贸易伙伴干辣椒产量为中国干辣椒（已磨）出口的有利因素。

贸易伙伴的国内生产总值变量系数为0.8476，说明贸易伙伴国内生产总值每增加1%，中国干辣椒（已磨）对其出口量就会增加0.85%，体现出贸易伙伴的国内生产总值为中国干辣椒（已磨）出口的有利因素。

贸易伙伴的人口总量变量系数为-0.3915，说明贸易伙伴人口总量每增加1%，中国干辣椒（已磨）对其出口量就会减少0.39%，体现出贸易伙伴的人口总量为中国干辣椒（已磨）出口的不利因素。

中国干辣椒（已磨）出口价格的变量系数为-8.3575，说明中国干辣椒（已磨）出口价格在合理范围内每降低1%，中国干辣椒（未磨）出口量就会增加8.36%，体现出中国干辣椒（已磨）出口价格为中国干辣椒（已磨）出口的不利因素。

通过模型可知，影响中国干辣椒（已磨）出口的主要因素有贸易伙伴的干辣椒产量、贸易伙伴的国内生产总值、贸易伙伴的人口总量、中国干辣椒（已磨）出口价格，贸易伙伴干辣椒产量的增多体现出该国对干辣椒的消费增加，出口价格是制约中国干辣椒（已磨）出口的主要因素，根据模型变量系数可知，中国干辣椒（已磨）扩大出口量可以通过降低出口价格，寻找国内生产总值和干辣椒产量增长，并且人口增长缓慢的国家为主要贸易国。

通过模型的建立、综合分析可知，中国鲜辣椒、干辣椒（未磨）、干辣椒（已磨）出口的主要影响因素不同，并且同一因素对出口影响的程度也不同。

第三章　中国辣椒生产加工技术概况

辣椒的株型、果实形状、大小、颜色等遗传多样性最丰富。随着辣椒科研队伍的壮大，辣椒已成为我国产业技术发展最快的蔬菜。辣椒育种技术、栽培技术、田间管理与加工技术均取得了较大进步。1978~2012年辣椒经国家审定、登记、备案的蔬菜品种有707个，仅次于西瓜，位于全国第二。2000~2017年获得国家级奖励6项，在所有蔬菜中位居第一。辣椒耐贮藏运输的特性，使其能够集中采购、统一加工。随着我国辣椒消费量的增加，相关加工产品日益丰富，加工与餐饮企业数量持续增加，也产生了大量知名辣椒品牌，对辣椒产业发展起到了极大的促进作用。目前我国直接进行辣椒加工的规模企业至少有2000家，有力带动了产业链、价值链的完善与提升。

第一节　辣椒良种繁育

（一）我国辣椒育种技术新进展

自"六五"以来，国家加大对科研的支持力度，辣椒种质创新与品种选育有力地支撑了辣椒产业发展需求，也促进了辣椒育种技术的发展[1]。我国从事辣椒育种的科研单位143个（其中国家级1个、省级33个、地市级109个）、高等院校36个，从事辣椒育种的科研人员2000余人[2]。辣椒种子市场也成为我国农作物种子市场中最活跃的市场，年用种量约1100吨，产值超20亿元，辣椒种子生产企业超过1000家。

1. 辣椒杂种优势利用育种

辣椒属于常异交作物，杂种优势明显。我国20世纪70年代开始辣椒杂种优势利用研究，育种技术逐步成熟。经过40多年的发展，主要农艺性状遗传、杂种优势形成、亲本配合力提高等方面进行了大量研究，选育了大量的杂交新品种，目前辣椒种植中80%以上为F_1品种。但由于花器较小，人工去雄困难[3]，杂交种子生产成本高，影响了杂交种

---

① 王立浩，刘伟，张宝玺. 我国辣椒种业科技发展现状、挑战及其思考［J］. 辣椒杂志，2016（3）.
② 徐东辉，方智远. 中国蔬菜育种科研机构及平台建设概况［J］. 中国蔬菜，2013（21）：1-5.
③ 聂楚楚，王秀峰等. 我国辣椒育种现状研究［J］. 吉林蔬菜，2016（1）.

的推广，90年代后期开展辣椒雄性不育系利用研究，形成不育系、保持系和恢复系"三系"育种技术，选育出不育性稳定、综合性状优良的辣椒雄性不育系2298A①、1110A②等一批不育系。以辣椒雄性不育系A-617为母本、恢复系C-37-4为父本③，选育了极辣型辣椒品种东方107等新品种。

2. 辣椒抗病及品质育种

辣椒病害发生率高，TMV、CMV、炭疽病、青枯病等病害影响辣椒产量。通过全国辣椒抗病育种的协作攻关，已基本掌握辣椒主要病害的病原群分布、生理小种或病毒株系，并通过品种培育提高了辣椒的抗病性。目前主栽品种一般能抗2~3种病害。已鉴定抗（耐）TMV辣椒种质资源185份，抗（耐）CMV辣椒种质资源152份，兼抗（耐）炭疽病、TMV和CMV的辣椒种质资源25份，兼抗（耐）炭疽病、TMV的辣椒种质资源49份，兼抗（耐）炭疽病、CMV的辣椒种质资源43份、兼抗（耐）TMV和CMV的辣椒种质资源82份。炭疽病为近年来加工辣椒生产中主要的病害，目前对辣椒炭疽病的抗病、耐病、感病和高度感病种质资源进行搜集与归类。辣椒抗病品种的培育，对于保障辣椒生产、减少农药用量，提高产品质量起到了重要保障作用。

除抗病品种外，还进行了以加工、口感与外观商品性为目标的新品种选育，培育出适宜不同用途的加工专用品种和风味好、口感佳、椒形好的鲜食品种。

3. 辣椒生物技术与航天育种

近年来，我国辣椒分子标记辅助选择育种技术（MAS）日益成熟，并在辣椒抗炭疽、抗疮痂病、抗病毒病、抗线虫和雄性不育系育种中应用。分子标记逐步向自动化、规模化、低成本化转变。辣椒细胞工程育种技术应用广泛，利用花药培养单倍体技术，大大缩短了自交系的培养时间，选育出了海丰16号④、豫07-01⑤等辣椒新品种。通过体细胞杂交和基因工程可以创造新的优异种质资源，利用分子标记技术可以鉴定植株的特殊性状及研究其系统发育与演化。目前我国已获得覆盖全基因组的SNP、INDEL和SSR标记，在辣椒全基因组选择方面做了较好的技术储备⑥。

通过航天育种与其他育种方法相结合也是培育辣椒新品种的技术手段，我国已通过太空诱变，培育了航天辣椒系列新品种。2006年培育成功的航椒3号便是由天水羊角椒、甘农线椒乘坐神舟3号飞船后再由自交线培育而成的辣椒一代杂种，航椒3号具有产量高、辣度高、口感佳的优点⑦。

① 王恒明，罗少波等. 辣椒核质雄性不育系2298A的选育［J］. 热带作物学报，2010（4）.
② 隋益虎，张子学等. 辣椒雄性不育性1110A的选育［J］. 安徽科技学院学报，2013（9）.
③ 周阜宣，戴祖云等. 辣椒新品种"东方107"的选育［J］. 中国瓜菜，2014（9）.
④ 邢永萍，张树根等. 甜椒新品种海丰16号的选育［J］. 中国蔬菜，2014（6）.
⑤ 张晓伟，姚秋菊等. 辣椒新品种豫07-01的选育［J］. 中国蔬菜，2014（6）.
⑥ 刘峰，谢玲玲等. 辣椒转录组SNP挖掘及多态性分析［J］. 园艺学报，2014，41（2）.
⑦ 张延刚，霍建泰等. 辣椒新品种航椒3号的选育［J］. 辣椒杂志，2006（2）.

（二）辣椒种质资源搜集与利用

世界辣椒种质资源丰富，亚蔬中心收集保存5117个辣椒种质资源，美国收集辣椒种质资源4748个，保加利亚有种质资源4089个，墨西哥有种质资源3590个，法国有辣椒种质资源1150个（见图3-1）。我国辣椒种质资源丰富，自20世纪80年代以来，辣椒品种资源的搜集与研究被列入国家重点科技攻关项目，中国农业科学院蔬菜研究所组织全国30多个科研和教学单位对辣椒品种资源进行搜集、登记和整理，保存辣椒资源2248份，全国30多家科研单位各自还存了至少5000多份辣椒品种资源。

通过对辣椒种质资源的鉴定与评价，先后发现上海圆椒、河西牛角椒、南京早椒、优地尖等优质地方资源，通过对地方品种的提纯复壮和常规育种，选育了遵椒、鸡泽椒、丘北椒等地方特色品种。在开发国内辣椒种质资源的同时，积极引进国外资源，丰富了我国的辣椒品种资源。西南地区共收集到国内外辣椒种质资源原始材料7400多份，其中云南3200多份、四川2000多份、重庆1400余份、贵州780多份、西藏27份，这些种质资源涵盖了辣椒5个栽培种。收集的资源大多数都经过了评价鉴定，筛选出了200多份优良种质资源，包括干制类型、朝天椒类型、泡椒类型和雄性不育系等多种类型，以及抗病材料、高辣素、高红色素等材料。利用这些优良的资源，创制了上百个优良材料。

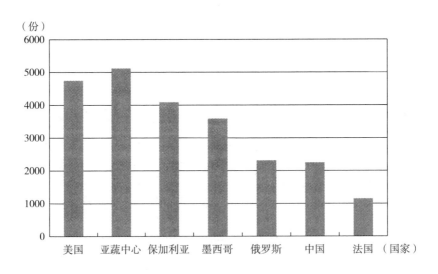

图3-1　世界辣椒种质资源收集保存情况

资料来源：邹学校院士国家特色蔬菜产业技术体系包头试验站品种展示学术交流会报告。

（三）辣椒优质种质资源创新

我国辣椒的育种目标包括优质、丰产、抗病、早熟等几个方面，因此在辣椒育种方面也有所侧重，选育了茄门、5901（衡阳伏地尖）、6421（河西牛角椒）和8214（湘潭迟斑椒）4个骨干亲本。全国育种单位利用茄门育成品种52个，利用5901育成品种46个，利用 6421 育成品种 63 个，利用 8214 育成品种 72 个，占到中国辣椒种植面积的 50% 以上。在辣椒新品种选育方面，已形成"中椒""兴蔬""博辣""湘研""京研""苏椒""沈椒""遵椒""黔辣""艳椒""石辣"等著名品牌。1978～2013 年我国审定的辣椒品种 803 个，到目前已更新换代 3～4 次①。我国在露地辣椒与早熟甜椒育种有较大优势，已研发可以与国外辣椒品种相抗衡的新品种。除此之外，根据育种目标的不同，还培育出桂航一号高辣椒素含量辣椒，抗疫病的杂交一代 YC－1 以及特早熟杂交辣椒美椒 299 等。

第二节　辣椒栽培技术

（一）辣椒种植标准与规范

从 20 世纪 90 年代开始，辣椒逐步实现精耕细作、病虫害防控技术的开展，并发展了南方早春提高栽培、秋延后栽培、北方日光温室栽培、高海拔栽培、热带冬季栽培技术，辣椒亩产量开始大幅度提升的同时，实现了辣椒周年均衡供应。近年来，随着绿色生产技术的发展，基本实现了辣椒从田间到餐桌全程绿色生产，提高了辣椒品质。

1. 露地辣椒栽培技术

湖南、安徽、广西等南方多雨地区春季露地辣椒生长期受春季连续阴雨天所影响，病害发生较多②，通过多年生产实践，已形成苗床和穴盘消毒、连作土地土壤消毒，育苗管理，炼苗和定植以及采收的规范操作流程。针对雨季病害多发且喷药效果不佳的问题，通过雨前喷药防治，发病初期多种药液交叉使用的方式提高防治效果。

北方露地辣椒品种类型上主要分为尖椒、青椒等鲜食辣椒和三樱椒、天鹰椒等加工型辣椒，种植上可分为一埯双株模式和单株密植模式③。北方露地辣椒种植也已形成从品种选择、秧苗培育、翻耕覆膜、露地定植后的肥水管理、打杈掐尖、插杆搭架、病虫害防控制等操作规程。合理施肥是提高辣椒产量和质量的有效途径，为改善辣椒种植中施肥过多的问题，在辣椒种植中应用测土配方施肥方法，并对"粤椒 1 号"等辣椒品种进行了测土配方肥效实验④。

2. 设施辣椒栽培技术

随着我国设施农业的发展，大棚与温室辣椒种植规模持续增长，通过温光资源的科学利用，实现了辣椒的周年供应，满足市场鲜食辣椒的需求。种植中，首先对连作地块深翻施肥，为确保辣椒幼苗低温环境下的增长，通过耐寒品种选择、漂盘育苗、理墒种植⑤、合理确定种植密度以及水肥管理。设施辣椒常发白粉病和病毒病，以及棉铃虫、蚜虫、烟

① 张扬勇，方志远等. 中国蔬菜育成品种概况 [J]. 中国蔬菜, 2013 (23).
② 陈攀. 南方多雨地区春露地辣椒栽培管理综合技术 [J]. 中国园区文摘, 2018 (6).
③ 贾俊楠. 北方露地辣椒高产栽培技术 [J]. 园艺种业, 2018 (8).
④ 张卫柱. 测土配方施肥方法在辣椒种植中的应用 [J]. 北京农业, 2015 (9).
⑤ 王爽，孔德愿. 探究大棚辣椒种植与病虫害防治技术 [J]. 农业与技术, 2017 (12).

青虫、斑潜蝇等虫害，通过黄板诱集和药剂防治的综合性病虫害防控技术，提高辣椒种植效益。

3. 有机辣椒栽培技术

随着人们对农产品质量安全意识的提高，有机辣椒品质高、生态、无污染的优势受到市场推崇。有机辣椒种植环节包括环境要求、品种选择、壮苗培育、移植、田间管理、病虫害防治及采收贮藏等。有机辣椒种植要求土壤、灌溉用水、空气质量达到国家相关标准规定，且上季未种植茄科作物的经国家认证的有机产品产区①。一般而言，有机辣椒的生产转换期一般为 3 年，并在周围设施十米左右高秆作物或乔木的缓冲带。有机辣椒施肥采取重施基肥、及地追加提苗肥、稳施坐果肥、重施花果肥的原则。病虫害防治则采取农业防治、物理防治、生物防治的手段，仅允许采用经有机认证的生物药进行病虫害防治。

（二）辣椒间作与套作模式

农作物间作指几种作物相间种植，通过将高的喜阳植物与矮的喜阴植物间种，提加光能与土地的利用率，提高作物种植的产量与效益。辣椒间作形式包括辣椒间作大蒜、辣椒间作洋葱、辣椒间作小麦和辣椒间作玉米等不同模式，间作虽然不利于机械化发展，但对于减少辣椒病害、提高辣椒产量与质量具有重要作用。

1. 辣椒、玉米间作

辣椒、玉米间作是较为常见的栽培模式，在我国陕西、辽宁、湖北等地推广应用。辽宁省北票市采用辣椒间作玉米技术，种植的辣椒品种为辽红 2 号、园艺 5 号、韩国红都 F1 等，玉米则为郑单 958、丹玉 336，通过 6 行辣椒 1 行玉米的形式进行种植②，大田定植辣椒后再播种间作玉米。该间作模式下，有助于预防辣椒日灼病、三落病并防止蚜虫发生，辣椒以采收红辣椒为主，可分批采摘也可一次性采摘，提高辣椒产量同时收获玉米。

2. 小麦、辣椒、玉米间作

陕西省则是采用"小麦—线辣椒—玉米"的阶梯式套种，此种模式约占当地线辣椒种植面积的 75%③。该种植模式下，冬小麦收割前 20 天在预留空带上定植级辣椒，麦收到每 6 行线辣椒定植 2 行玉米，线辣椒与玉米共生期为 90 天。与线辣椒单作模式对比，辣椒增产 30%以上，小麦每公顷增产 5000~7000 千克，玉米每公顷增产 1500 千克，产量优势显著。

3. 辣椒、西瓜间作

安徽省淮北市示范推广了大棚早春西瓜间作辣椒的技术④，利用塑料大棚，在 3 月上旬同时定植西瓜和辣椒，春季以西瓜管理为主，5 月上旬西瓜开始收获，6 月中旬拉秧，夏秋季以辣椒管理为主，12 月上中旬拉秧，充分提高了塑料大棚的利用效率。西瓜品种

① 余常水，令狐昌英. 遵义县永乐有机红辣椒种植技术［J］. 耕作与栽培，2013（1）.
② 边桂丽. 辣椒间作玉米高产栽培技术［J］. 现代农业，2018（8）.
③ 徐强，刘艳君等. 间套作玉米对线辣椒根际土壤微生物生态特征的影响［J］. 中国生态农业学报，2013（9）.
④ 孙奇. 安徽淮北大棚早春西瓜间作辣椒技术［J］. 设施栽培，2011（7）.

选择特大京欣王、黑将军等中早熟、丰产、抗病力强的品种；辣椒则选择香辣 1 号、中椒 4 号等耐热、抗病、生长期长的中晚熟品种。种植按照每亩定植西瓜苗 650 棵、辣椒 1100 棵密度，平均亩产西瓜 3500 千克，辣椒 4000 千克，亩纯收益约 1.2 万元，种植效益大幅度提高。

4. 辣椒、玉米、油菜间作

湖北宜昌高海拔区域辣椒种植是农民脱贫的重要项目之一，自 2017 年开始，采用"辣椒、玉米、油菜"种植模式[①]，玉米可用于防止辣椒日灼病等产生，秋播油菜可以作为绿肥，遏制土壤条件的恶化。此种模式下，辣椒 5 月中上旬定植，成活后于 5 月中下旬定植玉米，采用每隔 4 行辣椒种植 1 行玉米的方式，8 月中下旬直播油菜，油菜可作冬季青饲料喂养牲畜，最后还可将栏粪还田改良土壤，此模式也是高山农业抗灾措施之一。

5. 辣椒、小麦套种

辣椒、小麦套种主要应用于河南、河北等小麦、辣椒主产区。河北省望都县以种植国家地理标志产品羊角椒为主，自 2013 年开始推广辣椒—小麦套种栽培模式，小麦 10 月上旬播种，6 月上旬收获，辣椒 5 月初定植，9 月中下旬开始采收鲜椒，10 月下旬霜降后采收干辣椒。辣椒、小麦套种模式可充分利用边行优势，改善通风透光条件，提高小麦和辣椒产量，可达到亩产小麦 500 千克，干辣椒 300～400 千克，并有效节水、节肥，比单独种植辣椒亩收益增加 570 元[②]。

6. 辣椒、洋葱间作

辣椒与洋葱套作以河北省鸡泽县为典型，该模式既可充分利用光照与土地资源，又同时实现了生长期的水肥共享，辣椒与洋葱共生期间生长速度较快，产量与当地白地辣椒持平，辣椒亩产可达到 2500 千克以上，洋葱亩产 5000 千克[③]，种植成本下降的同时，效益水平大大提高。鸡泽洋葱、辣椒套作模式下，辣椒主选羊角红 1 号、冀泽椒 7 号等，洋葱则以邯郸蔬菜研究所选育的紫星 1 号为主，辣椒 3 月中下旬播种，5 月中下旬定植，亩均 5000～6000 株，洋葱 8 月下旬播种，10 月下旬定植，5 月收获。

甘肃省陇南市采用"洋葱—辣椒—胡萝卜"间作模式[④]，经济效益显著。洋葱 10 月初育苗，12 月下旬或 1 月上旬定植，5 月收获；辣椒 3 月中旬直播于洋葱行间，6 月青辣椒便可开始收获；胡萝卜 8 月中旬直播于辣椒行间，11 月中下旬收获。此种模式下，洋葱亩产 5000 千克、辣椒亩产 3000 千克、胡萝卜亩产 5000 千克以上。

7. 大蒜、辣椒套种

大蒜、辣椒套种是山东金乡较为成熟的高效栽培模式，由于蒜椒套种经济效益显著，

① 郑守贵，邓红军. 高山"辣椒＋玉米－油菜"种植模式示范及关键技术研究［J］. 湖北农业科学，2018 （7）.

② 史会普，李娜. 望都县小麦套种辣椒高效栽培技术模式［J］. 中国农技推广，2018（8）.

③ 李静威. 鸡泽县辣椒—洋葱特色间作模式［J］. 现代农业科技，2013（4）.

④ 申高才，李文祥. 洋葱—辣椒—胡萝卜高产栽培模式［J］. 中国农技推广，2007（10）.

已取代金乡传统的蒜棉套种模式①。大蒜10月下旬播种，第二年5月下旬采收，辣椒4月下旬定植，9月下旬采收，茬口安排合理。大蒜以金蒜3号、金蒜4号为主，辣椒则以金塔、天宇、三樱椒为主。该种模式下，辣椒成熟早，产量高，随着辣椒行情的上升，已成为当地农业结构调整的重要方向。随着金乡辣椒产业异军突起，辣椒已成为特色农业出口的新亮点。

江苏省丰县也逐步由辣椒、棉花套种转变为大蒜套种尖辣椒栽培模式②。大蒜选择坡东大蒜等产量高、上市时间晚的杂交蒜，或者太空1号等产量高、上市早的品种。尖椒主要选择果型长、耐高温的天宇、千金红等品种。大蒜10月中旬定植，5月底收获；辣椒5月初定植，鲜辣椒8月中旬开始采摘，每亩产量高达1000千克，亩收益可增加2500元左右。

8. 棉花、辣椒间作

长江中下游流域及黄河流域种植棉花和辣椒较多，棉花、辣椒立体间作可以有效提高棉花和辣椒的生产效益。山东枣庄市棉花辣椒间作按照1行棉花1行辣椒种植，可以提高作物抗倒伏能力，在保证棉花正常收入的同时，又有一定辣椒收入。枣庄棉花品种有鲁棉研28号、鲁棉研37号等，辣椒则以益都红、天鹰椒、青线椒1号为主③。棉花4月底5月初播种，每亩种植2600~3000株；棉花定植后进行辣椒定植，亩株数5000株。该种模式下，亩纯收益约为1500元。

9. 温室辣椒、韭菜间作

温室辣椒—韭菜间作可以充分利用生物间相生作用，还可以提高肥料利用率，是一种提高收益的套种技术。此种模式下，韭菜3月育苗，6月定植，10月下旬韭菜平茬扣棚；辣椒11月下旬至12月下旬育苗，3月上旬定植。辣椒选择适合早春及延后保护地栽培的平椒杂1号、洛椒2号等品种，韭菜选择绿宝、棚宝等，6行韭菜种1行辣椒④。该模式下，辣椒遮阳，韭菜减少土壤水分蒸发，同时还可以提高肥料利用率，有较高的推广应用价值。

10. 辣椒、花生套种

花生、辣椒套种常见于河南省。可以充分利用地力和光能，发挥边行优势，防止田间杂草，减少病害，也是常见的辣椒套种方式。花生、辣椒套种，密度相对加大，株间小气候受到影响，因此花生选择株形紧凑、生育期短的早熟品种，如豫花7号、鲁花9号等，辣椒也选择株形紧凑的中晚熟品种，如湘研9号⑤、四川七星椒等品种。4行花生套种2行辣椒，花生亩5000~6000穴，辣椒亩2200~2500株。花生4月上旬播种，辣椒5月中旬移栽，辣椒可分次采摘也可一次采摘。

① 李福军，白树森等. 山东金乡大蒜—辣椒套种高效栽培技术［J］. 长江蔬菜，2017（21）.
② 王润泓. 大蒜套种尖椒高产高效栽培技术［J］. 现代农业科技，2018（18）.
③ 孙竹梅，李雪等. 枣庄市棉花辣椒间作绿色高产高效栽培技术［J］. 农业科技通讯，2018（7）.
④ 王利亚，陈建华. 温室辣椒—韭菜套种高效栽培技术［J］. 中国瓜菜，2018，31（6）.
⑤ 刘崇彬，许永安. 花生套种辣椒高产高效栽培技术［J］. 农业科技与通讯，2007（9）.

近年来，河南周口还实践出"小麦—西瓜—花生—辣椒—玉米"的一年多熟高效栽培模式①，通过品种选用、合理密植、技术组装、茬口衔接等总结探索，可实现小麦亩产450千克、西瓜3000千克、花生150千克、辣椒3000千克、玉米260千克，经济效益显著。

第三节　辣椒病虫害防控

辣椒种植中常见的有害生物有700多种，需要进行防治的有30～50种②。近年来，各类病虫害对辣椒产量影响较大，尤其是传统产区常规辣椒种，因为病害与虫害的大量发生，导致种植户或者种植面积减少，或者加大化学药品应用，对辣椒供给产生较大影响。

（一）辣椒主要病虫害及对产量的影响

1. 辣椒主要虫害对产量的影响

辣椒常见的虫害有温室白粉虱、斑潜蝇、红蜘蛛、螨类、棉铃虫、烟青虫、甜菜夜蛾等，在害虫防治中，害虫也逐渐进行种群演替，由体型大向体型小演变，由咀嚼式口器向刺吸式口器演变，向栖息于叶面向栖息隐蔽且不易接触农药演变，并且发生代数增多，繁殖力显著提高，使得害虫数量增长速度极快，且耐药性不断提高。一般害虫在北方冬季无法存活，但随着设施蔬菜发展，害虫也实现了全国范围内周年繁殖，对辣椒产业带来较大危害。预测辣椒果实蝇将在2020年由于导致辣椒产量下降、质量下降与防治成本投入增加所造成损失将达到49亿元③。

2. 辣椒主要病害对产量的影响

辣椒常见病害有50多种，包括辣椒炭疽病、灰霉病、叶斑病、疫病、猝倒病、病毒病等，在辣椒传统主产区，由于多年连续单一种植，各种病症交叉、重叠发生，辣椒免疫力下降，严重影响了辣椒的产量，一些地区出现"辣椒病害越来越多，产量越来越低"的现象。以青海线辣椒种植为例，疫病、炭疽病等病害对线辣椒造成的损失排在首位，大部分田块的感病株率为15%～30%，严重的田块超过50%，产量和效益的损失一般为20%～30%，甚至在个别年份出现绝收现象④。而同样作为重要传统辣椒产区的河北省望都县，受辣椒炭疽病等病害影响，传统品种羊角椒种植规模不断减少。

（二）辣椒主要病虫害防控技术

1. 辣椒主要病害防控

应对辣椒病虫害，首先应做好辣椒种子处理工作，选择自身抗病能力较强的品种，并

---

① 郭振华. 周口市小麦—西瓜—花生—辣椒—玉米一年多熟高效栽培模式［J］. 中国农技推广，2014（4）.

② 罗晨教授在山东德州辣椒产业高层论坛上的报告——《辣椒上主要害虫的发生和防治》.

③ 康德琳，孙宏禹等. 基于@RISK辣椒果实蝇对我国辣椒产业的潜在经济损失评估［J］. 应用昆虫学报，2019（3）：500－507.

④ 李全辉，韩睿等. 青海线辣椒生产状况及发展对策［J］. 中国园艺文摘，2018（6）：61－62.

在播种前对种子进行消毒处理，降低种子携带的病菌与虫卵对种子的影响[1]。并针对于辣椒常发病害青枯病、疫病、病毒病、炭疽病等，均应实施综合的防治策略，通过采取轮作的方式，并深翻改土，在整地的时候施入石灰、草木石灰等碱性肥料，同时施入有机肥来改善土壤，促进根系健壮生长，从整体上提高辣椒植株的抗病能力[2]。防治辣椒青枯病，辣椒青枯病可以喷施15%络氨铜水剂200倍液、72%农用硫酸链毒素可溶性粉剂4000倍液等，每隔1周喷1次，连喷4次。辣椒疫病防治可以采用67.8%银发利和1200倍的5%润凯混合溶液进行喷施。在农药使用过程中，种植户应合理控制药物的使用量，避免辣椒出现药物残留的现象。

2. 辣椒主要虫害防控

辣椒虫害主要有蚜虫、螨类、烟粉虱、蓟马、烟青虫、棉铃虫等，针对不同的虫害，需要采取不同的防治措施。根据国家特色蔬菜产业体系2019年度对全国17个省份辣椒病害的调查发现，不同地区的烟粉虱对吡虫啉、溴氰虫酰胺产生了较高的抗药性，可以继续使用氟吡呋喃酮、噻虫嗪、阿维菌素防治烟粉虱成虫，但建议与其他药剂合理轮换，以免烟粉虱对阿维菌素产生较高的抗药性。对于烟青虫的防治，选择的药剂包括50%辛硫磷乳油1000倍液、25%联苯菊酯乳油2800倍液、5%锐劲特2000倍液等，还可以通过在辣椒生长期及时进行整枝与打杈，发现虫害即时深埋处理，并释放赤眼蜂等天敌等进行物理防治。

第四节　辣椒加工技术

辣椒富含辣椒碱、辣椒红素、大量的维生素C和核黄素、苹果酸等，随着老干妈、晨光等区域品牌和龙头企业的迅速扩张，通过辣椒产地初加工、精深加工以及高效综合利用，延长了辣椒产业链条，促进了辣椒加工业的发展。

（一）产地初加工技术

辣椒产地初加工指辣椒的机械采收、分级及包装，预冷贮藏保鲜以及干制、腌制等初加工程序。初加工关键技术包括：①鲜椒保藏与贮运技术，分析鲜椒贮运环节易发生霉变的环境及条件从而提出有针对性的贮运方案，如通过筛选能够特异性抑制辣椒微生物的菌种发酵液进行预处理，采用冷藏和冷链运输，降低鲜椒采后腐烂率；②辣椒的绿色干制技术，除传统的自然干制和常规干制外，研发微波、真空热泵、红外线、冷冻干燥等绿色新型干制技术；③剁椒产地机械化加工与保藏技术，地磅→传送带→风选机→鼓泡清洗机→传送带→毛刷与喷淋机→传送带→震动沥水与挑选台→传送带→布料器→切菜机→传送带→震动分级筛→电子计重器→配料添加机→拌料机→装袋机→传送带→仓库；④大包装

---

① 黄海先. 基于辣椒栽培新技术及病虫害防治分析［J］. 农民致富之友，2019（5）：18.
② 吴毅. 辣椒病虫害防治技术［J］. 农业研究，2020（4）：77-78.

原味辣椒浆无菌灌装技术，将辣椒原料经过过热蒸汽加工成辣椒浆（酱），再进行无菌罐装，再用于下游辣椒调味品开发；⑤鲜椒系列产品新型杀菌技术，采用超高压加工等非热杀菌加工技术保证鲜辣椒的新鲜度。

（二）多样化精深加工技术

通过对辣椒原料的加工特性、营养品质与安全性评价，确定产品类型与加工技术进行辣椒汁、辣椒红素、辣椒碱等产品的精深加工。精深加工技术主要集中于制汁/浆新型加工技术、微生物菌种与发酵制品加工技术、辣椒红素绿色提取与低温辣椒酱非热杀菌等。①选择适宜辣椒色素、辣椒碱提取的辣椒品种，应用超临界二氧化碳提取技术、超声波辅助提取等新型提取技术，优化提取工艺参数，提升产品质量；②对全形发酵辣椒、碎粒发酵辣椒和全形非发酵辣椒的不同加工挥发性成分进行对比分析，对不同品种辣椒的加工适应性进行研究[①]；③干红辣椒中辣椒红素的提取工艺改进研究，确定提取辣椒红素工艺中最适合的提取溶剂[②]。

（三）副产物综合利用技术

辣椒全身是宝，副产物功能成分的提取与分离技术以及辣椒功能油脂、膳食纤维等功能食品开发也将成为未来辣椒加工产业的发展方向。例如，辣椒籽营养及功能成分提取，通过对不同产地、不同品种（新疆甜椒、益都辣椒等）的辣椒籽主要成分进行分析检测，分析其膳食纤维、油脂、维生素 E、辣椒碱等主要成分含量，并根据不同品种辣椒籽营养成分进行针对性开发。中国农业大学廖小军教授，以益都辣椒籽为原料，优化得到超高压辅助提取辣椒籽油的工艺参数[③]，并提出辣椒籽开发功能油脂、食品添加剂及饲料、膳食纤维产品的应用前景。

① 邢玉晓，刘方菁等.石术主栽朝天红辣椒腌制加工适性研究［J］.食品工业科技，2015（12）.
② 陈秀梅，甘蓉军.干红辣椒中辣椒红素的提取工艺改进研究［J］.农家参谋，2017（11）.
③ 曹悦，马燕.辣椒籽高值化利用研究进展［J］.食品工业科技，2018（6）.

第四章 中国辣椒产业布局

我国辣椒种植历史悠久，分布广泛，全国各地均有种植。2017 年，我国辣椒种植面积 3200 万亩，占全球辣椒种植面积的 21.39%，占全国蔬菜总面积的 9.28%；我国辣椒总产量 6399.4 万吨，占全球辣椒总产量的 46.24%，占全国蔬菜总产量的 7.76%。辣椒农业产值达 2500 亿元，占全国蔬菜总产值的 11.36%，辣椒产业已成为我国最大的蔬菜产业，我国许多省市县将辣椒作为主要经济作物。

第一节 中国辣椒种植面积与产量

我国辣椒有悠久的栽培历史，中国的辣椒传统产地有三都（益都、望都、成都）、二庆（宝庆、重庆），随着辣椒种植面积的扩大，已成为全国各地广泛种植的经济作物。我国辣椒种植面积与产量的统计信息，主要来自联合国国际粮农组织数据与国家特色蔬菜产业体系对辣椒主产区的调研数据汇总①。

（一）FAO 对中国辣椒统计分析

FAO 数据库中将辣椒分为鲜食辣椒和干辣椒两大类型，并分别进行统计。中国鲜辣椒产量稳居世界第一位，2000～2016 年中国鲜食辣椒产量、收获面积稳步提升，2000～2016 年中国鲜食辣椒种植面积增加 25 万公顷，种植面积达到约 75 万公顷，产量达到约 1746 万吨，比 2000 年增长近 1 倍。2016 年我国鲜食辣椒单产达到 23.18 吨/公顷，比 2000 年增长近 1.3 倍（见表 4-1）。

表 4-1 2000～2016 年我国鲜食辣椒种植面积与产量②

单位：吨，公顷，吨/公顷

年份	产量	面积	单产
2000	9436452	503218	18.75
2001	9883584	533088	18.54

---

① 受统计口径与统计地区等信息差异，FAO 数据与我国统计数据面积有所差异。
② 由于 FAO 统计数据来源与我国各级农业部门统计来源不同，因此 FAO 数据与我国农业部门统计数据存在较大差异。

续表

年份	产量	面积	单产
2002	10534871	573000	18.39
2003	11528723	602593	19.13
2004	12031031	607800	19.79
2005	12530180	612757	20.45
2006	13030234	632634	20.60
2007	14026272	652510	21.50
2008	14274178	652296	21.88
2009	14520301	662289	21.92
2010	15001503	682330	21.99
2011	15541611	707086	21.98
2012	15623378	709290	22.03
2013	15826586	712470	22.21
2014	16138543	718174	22.47
2015	17063586	744497	22.92
2016	17458282	753040	23.18

资料来源：FAO 数据库（http://www.fao.org/home/zh/）。

我国干辣椒主要产区有河北、河南、湖南、湖北、甘肃等省份，生产方式以露地种植为主，干辣椒产量稳定在 30 万吨以上。2000~2016 年我国干辣椒的种植面积稳步提升，2016 年收获面积达到约 4.64 万公顷。但受气候、病虫害等风险因素影响，干辣椒产量波动较大，2013 年达历史最高单产 6.82 吨/公顷，为近年来最高产量，2016 年干辣椒产量回落至 6.62 吨/公顷（见表 4-2）。

表 4-2 2000~2016 年我国干辣椒种植面积与产量

单位：吨，公顷，吨/公顷

年份	产量	面积	单产
2000	212000	35000	6.06
2001	215000	35052	6.13
2002	220000	35500	6.20
2003	230000	36000	6.39
2004	235000	36637	6.41
2005	240000	36500	6.58
2006	245000	38000	6.45
2007	250000	40000	6.25
2008	252000	41000	6.15
2009	260000	42000	6.19
2010	265000	43000	6.16
2011	277137	42989	6.45

年份	产量	面积	单产
2012	290000	43000	6.74
2013	300000	44000	6.82
2014	307080	45540	6.74
2015	305088	46117	6.62
2016	306980	46405	6.62

资料来源：FAO 数据库（http：//www.fao.org/home/zh/）。

FAO 统计数据显示，我国鲜辣椒种植面积与产量远高于干辣椒。鲜食辣椒产量近年来呈现持续上升态势，而干辣椒自 2014 年起，产量有所减少，但种植面积仍在扩大（见图 4 - 1、图 4 - 2）。

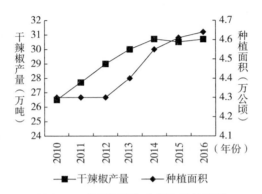

图 4 - 1 我国干辣椒产量和种植面积

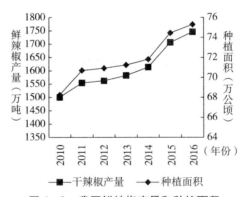

图 4 - 2 我国鲜辣椒产量和种植面积

资料来源：FAO 数据库（http：//www.fao.org/faostat/en/#data/QC）。

（二）我国辣椒主产区调研数据

辣椒是我国种植范围最广的蔬菜之一，辣椒作为喜温蔬菜，对光周期不敏感，随着设施辣椒的推广以及种植技术的提高，西起西藏，东至上海，南起海南，北至黑龙江，均能进行辣椒种植。我国辣椒种植面积超过 100 万亩的有贵州、河南、云南、江苏、湖南、江西、山东、广东、四川、辽宁、广西、河北等省份（见表 4 - 3）。其中 2015 年贵州辣椒种植面积465.8万亩，总产量达到617.0万吨，是我国辣椒生产第一大省。河南省以360.5万亩的种植面积居第二位。就辣椒单产而言，辽宁、江苏、山东、河北辣椒单产量较高，亩产量约为3亩/吨。我国辣椒产区种植面积排前五名的省份为贵州、河南、云南、江苏和湖南，分别占全国种植面积的14.6%、11.2%、8.6%、6.8%和5.4%。

表4-3 2015年我国辣椒种植面积与产量汇总

单位：万亩，万吨，亩/吨

省份	面积	总产	单产
贵州	465.8	617.0	1.32
河南	360.5	663.0	1.84
云南	275.4	314.5	1.14
江苏	216.5	655.2	3.03
湖南	172.8	354.5	2.05
山东	172.5	501.9	2.91
广东	148.9	196.1	1.32
四川	148.1	249.9	1.69
辽宁	137.4	449.4	3.27
广西	128.0	175.5	1.37
河北	118.4	337.7	2.85
江西	90.6	137.5	1.52
湖北	80.8	200.4	2.48
安徽	73.5	157.7	2.15
山西	70.9	179.8	2.54
海南	68.8	105.0	1.53
内蒙古	68.2	206.2	3.02
甘肃	63.1	161.4	2.56
新疆	55.4	144.1	2.60
黑龙江	51.9	111.0	2.14
吉林	46.5	91.7	1.97
陕西	43.1	103.2	2.40
福建	37.5	58.1	1.55
重庆	32.3	51.3	1.59
浙江	30.2	51.6	1.71
宁夏	21.7	64.3	2.96
天津	7.0	18.5	2.65
青海	6.1	16.5	2.70
西藏	5.0	15.8	3.15
北京	2.0	7.4	3.64
上海	1.7	3.2	1.82
合计	3200.4	6399.4	2.00

资料来源：2015年国家大宗蔬菜体系调研数据。

就辣椒产量而言，高于平均总产量的省份有 15 个，产量最高的 5 个省分别为河南、江苏、贵州、山东和辽宁。低于平均总产量的省份有西藏、青海、浙江、福建、宁夏、吉林、陕西、海南等（不包括直辖市）。

就辣椒单产而言，高于平均单产的省、市、区有 18 个，前五位分别为北京、辽宁、西藏、江苏、内蒙古，山东与河北也属于辣椒产量较高的省份。云南、贵州、广东、广西、江西、海南、重庆、四川等省份平均产量低于全国平均水平。

第二节　中国辣椒种植区域分布

（一）我国鲜辣椒与干辣椒产区分布

我国鲜食辣椒主要产区有海南、江西、湖南、广东、云南、四川、重庆、山东、河南等省（市），夏秋季节生产以露地种植为主，冬季生产以设施种植为主。干辣椒种植区域集中在贵州、山东、河南、河北、新疆、湖南、湖北、四川、重庆等省（市、区），生产方式以露地种植为主（见表 4 - 4）。

表 4 - 4　我国鲜食辣椒、干辣椒主要分布地区

分类	地区	
鲜食辣椒	山东临沂苍山	广东湛江徐闻
	山东潍坊寿光、青州	山西长治长子
	山东济南商河	陕西榆林定边
	山东聊城莘县	河南周口鹿邑
	河北邯郸鸡泽	河南商丘淮阳
	海南文昌	山东菏泽曹县
	安徽和县	云南丘北县
	江西高安	江西永丰
干辣椒	河南商丘柘城	山东金乡
	河南漯河临颍	贵州遵义
	河南安阳内黄	山东德州武城
	河北保定望都	山西忻州
	河北沧州献县	山东德州陵县
	河北冀州周村	内蒙古通辽
	辽宁北票	新疆巴音郭楞

资料来源：2017 年度河南柘城辣椒产业大会。

（二）各辣椒主产区面积与产量

随着各地辣椒种植面积的扩大，我国辣椒生产逐渐由分散生产向集中性规模化发展，呈现出基地化、规模化、区域化等特点，并形成了七大辣椒主产区（见表4-5）。

表4-5 我国辣椒主产区分布

辣椒主产区	主要省份
南方鲜食辣椒北运产区	海南、广东、广西、云南
长江流域春提早鲜食产区	江西、湖南、湖北
露地夏秋辣椒主产区	北京、山西、内蒙古及东北
高海拔夏延辣椒主产区	甘肃、新疆、山西、湖北长阳等
小辣椒、高辣度辣椒主产区	湖南、贵州、四川、重庆
北方设施辣椒生产区	山东、辽宁等华北地区
华中辣椒主产区	河南、安徽、河北南部等

我国辣椒种植大县包括遵义县、鸡泽县、泸溪县、龙山县、丘北县、会泽县、永丰县、北票市、通辽县、法库县、石柱县、简阳市、清丰县、柘城县、临颍县、内黄县、天等县、凤翔县、洮南县、焉耆县、玛纳斯县、呼图壁县和沙湾县。被誉为"中国辣椒之乡"的县有河北鸡泽县、河南柘城县、云南丘北县、山东武城县、吉林洮南市、新疆沙湾县、贵州绥阳县、重庆石柱县、河北冀州周村镇、河北望都县等县（市）。随着辣椒种植面积的稳步扩大与市场影响力的提高，河北鸡泽、河南柘城、贵州遵义、重庆石柱、云南丘北等30个县（市）获得"中国辣椒之乡"称号。2008～2016年有43个县（市）辣椒申请地理保护标志，包括永安辣椒、寿光羊角椒、苍山辣椒等。全国辣椒种植面积与产量地区分布及产量占比情况如表4-6、图4-3所示。

表4-6 辣椒种植面积与产量地区分布　　单位：万亩，%，万吨

地区	省市区	面积	比例	产量	比例
东北	辽宁、吉林、黑龙江	235.8	7.37	652.1	10.19
华北	河北、山东、内蒙古、山西、北京、天津、河南	799.5	24.98	1914.4	29.92
华东	江苏、安徽、上海、浙江、福建	359.4	11.23	925.9	14.47
中南	湖北、湖南、江西	344.2	10.75	692.4	10.82
华南	广东、广西、海南	345.7	10.80	476.6	7.45
西南	云南、贵州、四川、重庆、西藏	946.5	29.6	1248.5	18.5
西北	陕西、甘肃、宁夏、新疆、青海、西藏	194.4	6.07	505.3	7.90

资料来源：根据表4-3测算所得。

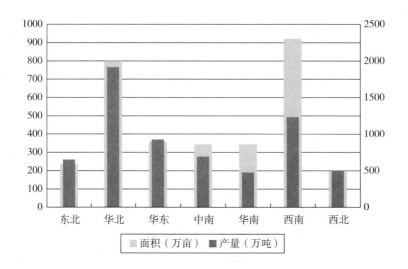

图 4-3 我国各产区辣椒种植面积与产量占比情况

我国辣椒产业目前已形成"大生产、大流通"格局，辣椒全国各省份均有种植，且已实现周年供应，一年之中辣椒开始上市的主产区按照纬度从南向北梯次转移。广西冬春辣椒每年 2 月上旬到 6 月中旬上市；长江流域产区每年 5 月上旬至 8 月上市；华北、华中地区春辣椒 5 月下旬至 8 月中旬上市；华北地区秋辣椒每年 8 月下旬至 11 月上旬上市；广西秋辣椒 9 月上旬至 12 月下旬上市；广东秋辣椒 10 月末 11 月初开始上市，次年 3 月结束；海南辣椒 10 月开始上市，次年 3 月上旬结束。

根据各产区辣椒种植面积与产量对比可以发现，西南产区辣椒种植面积最大，占比达 28.8%，但辣椒产量仅占全国总产量的 19.26%。就辣椒产量而言，华北主区是我国辣椒种植最大的产区。西南地区的单产水平低于全国平均水平，其原因除以下提到的资源限制因素外，主要是西南地区大面积种植的品种多数为地方品种，尤其是云南规模最大的品种丘北辣椒是一个小果型的干辣椒品种，大面积鲜红椒的产量仅 550 千克左右。西南地区辣椒种植情况如表 4-7 所示。

表 4-7 西南地区辣椒种植情况　　　　　　　　单位：万亩，万吨，吨

区域	面积	总产	单产
贵州	485.8	617.00	1.32
云南	275.4	314.4	1.14
四川	148.0	250.0	1.69
重庆	32.3	51.3	1.59
西藏	5.0	15.9	3.15
西南地区合计	946.5	1248.5	1.78
全国	3200.4	6399.4	2.00

资料来源：国家大宗蔬菜产业技术体系 2015 年的统计资料。

第三节　中国干辣椒优势产区

我国干辣椒品种以簇生朝天椒、单生朝天椒、锥羊角椒为主，陕西8819线椒、大方皱线椒、云南丘北椒、贵州珠子椒、四川二荆条等地方特色干辣椒品种也受到市场广泛认可。干辣椒优势产区主要包括：

（1）华北平原干辣椒产区。主产地以河南柘城县、内黄县，河北冀州、望都县，山东金乡等地为主，品种以簇生朝天椒为主，一次性采收，品种多为常规种，杂交簇生朝天椒品种极少。

（2）西南干辣椒主产区。西南地区包括四川、贵州、云南、西藏、重庆5个省（区、市），以嗜辣地区贵州、四川、重庆为主，品种以单生朝天椒、珠子椒、线椒、二荆条为主，单生朝天椒采用多次采收方式，产量偏低，辣椒辣度高。西南地区是全国的主要辣椒产区，据大宗蔬菜产业技术体系2015年的统计资料，西南地区辣椒种植总面积达946.5万亩，占全国辣椒种植总面积的29.6%；总产量1248.5万吨，占全国总产量的18.5%。

（3）冷凉地区干辣椒主产区。以北部内蒙古开鲁、山西忻州、辽宁北票、吉林洮南为主产区，品种以益都红、北京红以及韩国金塔类大果型干辣椒为主。

（4）西北干辣椒产区。以新疆、甘肃为主产区，但近年来甘肃干辣椒种植面积逐渐减少，鲜辣椒种植面积增加。新疆产区以加工型辣椒为主要特色，栽培品种主要是色素板椒和线椒，色素椒类型包括美国红、铁皮椒、红龙13系列和韩国类干辣椒，我国辣椒红素深加工企业原料以新疆辣椒为主。

（5）地方特色干辣椒产区。陕西、云南等地种植的地方特色干辣椒品种以陕西8819、云南丘北椒和小米辣等品种具有较强的市场竞争力。云南丘北椒是我国重要的辣椒出口品种。

第四节　中国鲜辣椒优势产区

随着消费者对蔬菜口感与营养需求的增加，辣度较低，营养丰富的高品质鲜辣椒种植面积持续扩大。我国鲜辣椒相似品种较多，产品区别相对较小，主要产区集中于海南、广东、云南、四川、山东、河南等地，鲜辣椒全国各地均有种植，已实现周年供应。市场上比较常见的有柿子椒、麻辣椒、泡椒、羊角椒、螺丝椒、牛角椒、皱皮椒、彩椒等。

（1）南方冬季辣椒北运主产区。以海南、广东、广西、福建为主，保障北方地区冬季辣椒供应。辣椒是海南省冬季主要瓜菜产品，也是供应内在冬季"菜篮子"的第一大蔬菜品类[1]。海南省辣椒生产主要有螺丝椒、泡椒、鸡爪椒、甜椒、尖椒、线椒等多种类

---

① 简玮，朱月季. 海南辣椒产销模式存在的问题与对策［J］. 中国蔬菜，2019（9）：12－17.

型，并已形成东南部泡椒、西北部尖椒、西南和东北部甜椒三大产区①。

（2）华东鲜辣椒主产区。华东鲜辣椒产区主要集中于江苏、山东、安徽等蔬菜大省。山东省鲜辣椒基地规模化程度较高，鲜辣椒主要品种有柿子椒、螺丝椒、线椒、尖椒等多种鲜食辣椒，产品供应重庆等南方城市，也在北方市场具有一定份额。

（3）湘赣川渝高辣鲜辣椒主产区。湖南、贵州、四川、重庆嗜辣地区也是重要的鲜辣椒产区，主要类型为线椒、朝天椒、羊角椒。其中湖南省以鲜辣椒种植为主，主要产品类型以线椒、牛角椒、朝天椒为主，柿子椒与彩椒较少。

（4）华北、东北露地夏秋辣椒主产区。露地夏秋辣椒主产区包括北京延庆、河北张家口和承德、山西大同及东北三省，以牛角椒、厚皮甜椒、彩椒等为主，其中河北省崇礼彩椒是北方地区最重要的彩椒供应基地。

（5）高海拔地区夏延时辣椒主产区。甘肃、陕西、新疆等高海拔地区夏延时辣椒产区，主要保障国庆节至元旦期间市场供应，主要类型包括线椒、螺丝椒、厚皮甜椒、牛角椒等。

---

① 丁莉，刘海清．海南省辣椒产业 SWOT 分析及展望 ［J］．农业展望，2018，14（2）：65－68.

第五章　中国辣椒种植成本收益分析

近年来，随着农村地区劳动力、土地流转费用以及化肥等农资费用的增加，导致辣椒种植成本不断上升，另外，辣椒市场价格波动频繁也导致辣椒销售收入的不稳定，需要对不同年份、不同产区辣椒种植成本收益进行测算与比较，以探寻辣椒种植成本收益变化规律。由于鲜辣椒与干辣椒在产量、投入成本方面差异较大，因此对干辣椒与鲜辣椒进行分类核算。

第一节　各年度全国辣椒成本收益比较

（一）鲜辣椒平均成本收益变化

2016~2019 年，我国鲜辣椒平均亩产量从 2326.94 千克/亩增至 2718.35 千克/亩，年均产量增长 5.61%，但 2019 年度鲜辣椒平均亩产量为 2718.35 千克，同比下降 7.92%。2019 年受辣椒价格行情影响，每亩主产品产值达到 7692.69 元，同比增长 10.21%，平均每亩净利润达到 4377.62 元，每亩成本利润率达到 132.05%，均达到近年来最高值。在辣椒产量与利润增长的同时，鲜辣椒种植成本也持续上升，2019 年每亩总成本 3315.06 元，同比增长 8.40%，其中每亩人工成本 1336.50 元，同比增长 14.94%（见表 5-1）。

表 5-1　2016~2019 年鲜辣椒全国生产成本收益情况

年份 项目	2016	2017	2018	2019
每亩主产品产量（千克）	2326.94	2634.28	2952.12	2718.35
每亩主产品产值（元）	6486.99	6443.42	6722.89	7692.69
每亩成本利润率（%）	128.30	112.02	119.83	132.05
每亩净利润（元）	3645.58	3404.32	3664.67	4377.62
每亩总成本（元）	2841.41	3039.11	3058.23	3315.06
每亩生产成本（元）	2274.39	2465.02	2464.65	2739.43
每亩物质与服务成本（元）	1135.10	1223.49	1162.77	1336.50

年份 项目	2016	2017	2018	2019
每亩人工成本（元）	1139.29	1241.54	1301.88	1402.93
每亩土地成本（元）	567.02	574.08	593.58	575.64
每50千克主产品平均出售价格（元）	139.39	122.30	113.87	141.50
每50千克主产品总成本（元）	61.05	57.68	51.80	60.98
每50千克主产品生产成本（元）	48.87	46.79	41.74	50.39
每50千克主产品净利润（元）	78.33	64.62	62.07	80.52

资料来源：2016～2019年国家特色蔬菜体系各试验站调研数据。

（二）全国干辣椒平均成本收益变化

2016～2018年干辣椒收益水平明显低于鲜辣椒，也使得一些传统干辣椒产区种植面积大幅缩减。2019年，我国干辣椒产区产量与价格均有大幅提升，根据各主产区统计数据发现，2019年干辣椒平均亩产量达到437.50千克，其中新疆地区干辣椒平均亩产量达到530千克。2019年辣椒平均每亩产值达到7485.51元，同比增长113.88%，说明2019年"辣翻天"的市场行情对干辣椒种植户收益提升作用显著。2016年、2017年，综合考虑辣椒种植的人工与土地成本，农户干辣椒种植处于亏损状态。自2018年以来，干辣椒收益情况显著提高。2019年干辣椒平均每亩总成本为3109.01元，略低于2018年的种植成本，其中人工成本的下降是主要因素（见表5-2）。

表5-2　2016～2019年干辣椒全国生产成本收益情况

年份 项目	2016	2017	2018	2019
每亩主产品产量（千克）	288.20	270.29	340.09	437.50
每亩主产品产值（元）	2940.82	2746.86	3499.83	7485.51
每亩成本利润率（%）	-0.90	-2.45	10.64	140.77
每亩净利润（元）	-26.66	-69.07	336.45	4376.49
每亩总成本（元）	2967.48	2815.92	3163.39	3109.01
每亩生产成本（元）	2409.14	2230.92	2579.25	2447.59
每亩物质与服务成本（元）	1261.43	1080.92	1140.79	1238.61
每亩人工成本（元）	1147.71	1150.00	1438.46	1208.98
每亩土地成本（元）	558.33	585.00	584.14	661.42
每50千克主产品平均出售价格（元）	510.20	508.13	514.55	855.48
每50千克主产品总成本（元）	514.82	520.91	465.09	355.31
每50千克主产品生产成本（元）	417.96	412.69	379.20	279.72
每50千克主产品净利润（元）	-4.62	-12.78	49.46	500.17

（三）辣椒生产各类生产成本占比情况

1. 鲜辣椒各类成本占比情况

辣椒属于劳动密集型作物，由于鲜辣椒多次采摘，因此人工成本在鲜辣椒种植中所占比例最高，随着农村劳动力价格的持续增长，人工成本也呈现增长态势。2019 年，鲜辣椒人工成本占比达到 42.32%，其次为物质与服务成本，占比为 40.32%，土地成本占比为 17.36%（见表 5 - 3）。

表 5 - 3　2016～2019 年全国鲜辣椒各类生产成本占比　　　　　　单位:%

年份 项目	2016	2017	2018	2019
物质与服务成本	39.95	40.26	38.02	40.32
每亩人工成本	40.10	40.85	42.57	42.32
土地成本	19.96	18.89	19.41	17.36

2. 干辣椒各类成本占比情况

自 2018 年以来，干辣椒机械化进程加快，我国干辣椒主产区成本构成中，同比 2018 年，2019 年人工成本显著下降，应该与辣椒自动移栽机、收割机等机器设备使用逐步增加相关（见表 5 - 4）。

表 5 - 4　2016～2019 年全国干辣椒各类生产成本占比　　　　　　单位:%

年份 项目	2016	2017	2018	2019
物质与服务成本	42.51	38.39	36.06	39.84
每亩人工成本	38.68	40.84	45.47	38.89
土地成本	18.82	20.77	18.47	21.27

第二节　不同辣椒种植主体成本收益比较

根据经济学规模经济变化规律，随着种植规模的增加，专业化和分工将带动辣椒种植成本下降从而增加种植收益，但当规模增加到一定幅度，则会出现由于管理成本上升等因素而出现规模收益下降的情况。为判断不同规模下辣椒种植主体的成本收益变化，对辣椒合作社、个体农户和种植大户的成本收益进行比较。

根据 2019 年调研数据对不同类型经营主体成本收益比较发现，鲜辣椒种植中，种植大户亩产量与产值最高，但个体农户平均种植成本为 3019.58 元/亩，低于合作社与种植大户，因此其成本收益率最高。

干辣椒种植中，农户亩产量最高，但种植大户产值最高，达到 8642.06 元，比农户亩产值高 1892.06 元，种植大户亩净利润达到 5490.25 元。从生产成本来看，虽然农户种植为 2348.25 元，低于合作社与种植大户，但成本优势不明显。干辣椒种植，种植大户与合作社成本利润率明显高于个体农户（见表 5 - 5）。

表 5 - 5　2019 年全国专业合作社、农户、种植大户辣椒成本收益比较

	鲜辣椒			干辣椒		
	合作社	个体农户	种植大户	合作社	个体农户	种植大户
主产品产量（千克）	2720.03	2693.92	2741.10	435.17	458.41	418.93
主产品产值（元）	7751.75	7534.33	7791.98	7666.67	6750.00	8642.06
成本利润率（%）	134.66%	149.52%	115.12%	142.96%	125.52%	174.19%
净利润（元）	4448.32	4514.76	4169.79	4511.20	3756.95	5490.25
总成本（元）	3303.43	3019.58	3622.19	3155.47	2993.05	3151.81
生产成本（元）	2726.12	2444.36	3047.81	2486.69	2348.25	2481.15
物质与服务成本（元）	1355.34	1301.23	1352.92	1375.63	1203.88	1136.34
每亩人工成本（元）	1370.78	1143.13	1694.89	1111.06	1144.38	1344.81
土地成本（元）	577.31	575.22	574.38	668.79	644.80	670.67
每 50 千克主产品平均出售价格（元）	142.49	139.84	142.13	880.88	736.25	1031.45
每 50 千克主产品总成本（元）	60.72	56.04	66.07	362.56	326.46	376.18
每 50 千克主产品生产成本（元）	50.11	45.37	55.59	285.71	256.13	296.13
每 50 千克主产品净利润（元）	81.77	83.80	76.06	518.33	409.78	655.27

第三节　不同辣椒产区成本构成比较

（一）各主产区鲜辣椒成本构成

从各主产区生产成本比较发现，江西、重庆、云南的鲜辣椒种植成本高于均值，而湖南辣椒种植成本最低。物质成本中，重庆鲜辣椒种植物质成本最高，而江西鲜辣椒人工成本最高（见表 5 - 6）。

表 5 - 6　2019 年我国鲜辣椒主产区生产成本及其构成比较　　　单位：元/亩

项目 \ 省份	江西	湖南	云南	黑龙江	甘肃	重庆	平均
总成本	5116.80	2061.11	4216.96	2962.86	3096.66	5565.99	3836.73
物质成本	1803.33	650.00	1745.43	1692.86	1130.00	3496.56	1753.03
人工成本	2931.33	961.11	1944.61	920.00	1033.33	1531.25	1553.61
土地成本	382.14	450.00	526.92	350.00	933.33	538.18	530.10

（二）各主产区干辣椒成本构成

各主产区干辣椒种植成本及其构成发现，重庆辣椒种植成本最高，达到每亩4048.28元，其中人工成本占到2013.54元，约为总成本的50%。内蒙古和新疆产区总成本也处于较高水平。河南干辣椒种植成本最低，其人工成本仅为每亩385元（见表5-7）。

表5-7　2019年我国干辣椒主产区生产成本及其构成　　　　单位：元/亩

项目 \ 省份	山东	河南	新疆	内蒙古	重庆	贵州	平均
总成本	2671.18	1820.00	3256.13	3267.00	4048.28	2752.43	3302.50
物质成本	799.75	635.00	1756.13	1260.00	1496.56	612.43	1426.65
人工成本	971.43	385.00	900.00	1520.00	2013.54	1660.00	1241.66
土地成本	900.00	800.00	600.00	487.00	538.18	480.00	634.20

第四节　不同类型辣椒成本收益比较

受不同辣椒类型、辣椒辣度、栽培模式与种植区域的影响，辣椒的成本收益具有显著差异。河南、河北采用辣椒与小麦、洋葱套作种植模式，山东金乡辣椒与大蒜套作种植模式与贵州、川渝地区辣椒单独种植模式收益水平具有明显差异。近年来，鲜食辣椒产量稳定，市场需求量大，收益水平较高，种植面积呈扩大态势，而河北、甘肃等产区受干辣椒成本上升、收益不稳定等因素影响，干辣椒种植下降。

表5-8　2018年主产片区与全国加工型辣椒的成本与收益对比

	遵义黔辣9331	重庆艳椒425	甘肃平凉羊角椒	河北鸡泽羊角椒
主产品产量（千克）	1450.00	1400.00	2500.00	2000.00
主产品产值（元）	4640.00	5040.00	4345.00	4000.00
成本利润率（%）	113.82	141.15	58.00	35.82
净利润（元）	2470.00	2950.00	1595.00	1055.00
总成本（元）	2170.00	2090.00	2750.00	2945.00
生产成本（元）	1370.00	1638.00	2150.00	1345.00
物质与服务成本（元）	570.00	330.00	970.00	595.00
每亩人工成本（元）	800.00	1308.00	1180.00	750.00
土地成本（元）	800.00	452.00	600.00	1600.00
每50千克主产品平均出售价格（元）	160.00	180.00	227.59	100.00
每50千克主产品总成本（元）	74.83	74.64	55.00	73.62
每50千克主产品生产成本（元）	47.24	58.50	43.00	33.63
每50千克主产品净利润（元）	85.17	105.35	31.90	26.36

资料来源：2018年7～10月特色蔬菜产业经济岗与各试验站实地调研数据。

通过比较分析可以发现，河北、甘肃辣椒种植虽然产量高于西南地区，但生产成本明显较高，河北鸡泽羊角椒生产成本比贵州地区高 35.72%，导致辣椒种植成本利润率远低于贵州、重庆辣椒种植水平。通过不同产区成本收益分析对比可以发现，辣椒种植产区的集中不以产量为依据，而是以辣椒种植成本利润率为标准。

第六章　中国辣椒市场需求分析

我国是辣椒生产第一大国，也是辣椒消费第一大国，吃辣椒的人数也位居世界第一，据不完全统计，我国每人每年平均吃掉 22 千克辣椒。国人的饮食口味，也从"南甜北咸，东辣西酸"逐渐到"全国一片红"，成为"酸甜苦辣咸"五味的首味。

第一节　中国辣椒消费市场规模

（一）各省区居民辣椒消费习惯

辣椒传入中国后，沿岭南、贵州流入四川和湖南形成长江中长游嗜辣重区，随着辣椒种植的扩散与人们口味的转变，我国在饮食口味上逐步形成了长江中上游重辣区、北方微辣区、东南沿海淡味区 3 个辛辣口味层次的地区。①长江中长游重辣区的形成与当地自然环境密切相关，由于冬季日照少、天气潮湿，客观上形成了对辣椒的食用需求；②以陕西、甘肃、河北等地为代表的微辣区也在饮食中逐步发展出油泼面等以辣椒为特色的食品；③东南沿海淡味区以饮食清淡为特色，但改革开放以来，高嗜辣地区大量农民工的流入，对辣椒饮食与文化进行了广泛的传播与渗透，2015 年，广东省辣椒消费已超过 200 万吨。目前我国食辣人群已超过 40%，人数超过 5 亿人，且随着人们饮食习惯的转变，食辣人群仍将持续增长。

（二）我国辣椒消费大省与生产大省

我国辣椒消费大省包括湖南、四川、湖北、江西、贵州、云南、重庆、陕西等省份。但我国大部分嗜辣省区的辣椒产量无法满足市场消费需求，湖南、四川、江西、湖北、重庆、陕西均需调入大量辣椒，其中湖南省每年需要调入辣椒达到 402.3 万吨。我国主要辣椒调出省份包括河南、江苏、山东、辽宁、贵州、河北、内蒙古等地，其中河南省每年辣椒净流出达到 568.9 万吨（见表 6-1）。

通过我国各省市辣椒生产与消费的情况可以发现，我国辣椒产区与销区存在不平衡情况，嗜辣大省湖南、四川、江西等省份远不能满足当地辣椒消费需求。而河南、江苏等非嗜辣区域辣椒产业增长态势良好。我国辣椒产业主要生产区与消费区的不均衡发展，对辣椒流通环节与加工环节提出更高的要求，加工型辣椒市场前景广阔（见表6-2）。

表6-1　2015年辣椒调出省份生产消费情况　　　　　单位：万吨

省份	生产量	消费量	调出量
河南	663	94	568.9
江苏	655.2	118	537.2
山东	501.9	95.8	406.1
辽宁	449.4	175	274.4
贵州	617	347.7	269.3
河北	337.7	71.9	265.8
内蒙古	206.2	48.4	157.8
山西	180	71.4	109.6
新疆	144.1	43.6	100.5
甘肃	161.4	76.7	84.7
海南	105	26.3	78.7
宁夏	64.3	18.9	45.4
安徽	157.7	119	38.7
云南	314.5	298.8	15.7
天津	18.5	10.4	8.1
青海	16.5	11.2	5.3
福建	58.1	53.3	4.8

资料来源：2017年度贵州第三届国际辣椒产业博览会邹学校院士报告。

表6-2　2015年辣椒调入省份生产消费情况　　　　　单位：万吨

省份	生产量	消费量	调入量
湖南	354.5	756.8	402.3
四川	249.9	604.2	354.2
江西	137.5	445.7	308.2
湖北	200.4	457.9	257.5
重庆	51.3	288.4	237.1
陕西	103.2	209.0	106.0
吉林	91.7	164.8	72.7
黑龙江	111.0	153.3	42.3
广东	196.1	208.6	39.5
北京	7.4	39.2	31.8
上海	3.2	34.5	31.3
浙江	51.6	81.6	30.0
广西	175.5	184.1	8.6

续表

省份	生产量	消费量	调入量
香港	0	7.2	7.2
西藏	15.8	18.0	2.2
澳门	0	0.5	0.5

资料来源：2017 年度贵州第三届国际辣椒产业博览会邹学校院士报告。

我国辣椒消费仍以嗜辣区域为主，中南地区与西南地区的辣椒产量难以满足当地辣椒消费需求。四川与重庆作为我国重要的辣椒消费与加工省份，随着川渝辣椒加工业的快速发展，辣椒消费量仍将进一步提高。

中南和西南地区是我国辣椒最大消费地区，年均辣椒消费量分别达到 1660.4 万吨和 1282.6 万吨。与此同时，由于中南和西南地区辣椒总产量无法满足当地辣椒消费需求，因此还是我国辣椒调入地区，中南地区年辣椒调入量达到 968.0 万吨，西南地区辣椒调入量达到 306.5 万吨。华北地区是我国主要辣椒调出区，年辣椒调出量达到 1485.0 万吨（见表 6 - 3）。

表 6 - 3 辣椒消费量与调入调出地区分布 单位：万吨

地区	省份	消费量	调出量	调入量
东北	辽宁、吉林、黑龙江	493.1	159.4	0
华北	河北、山东、内蒙古、山西、北京、天津、河南	431.1	1485.0	0
华东	江苏、安徽、上海、浙江、福建	406.4	519.4	0
中南	湖北、湖南、江西	1660.4	0	968.0
华南	广东、广西、海南	426.7	22.9	0
西南	云南、贵州、四川、重庆	1282.6	0	306.5
西北	陕西、甘肃、宁夏、新疆、青海、西藏	421.0	127.7	0

第二节 加工辣椒产品市场需求分析

（一）我国不同类型加工辣椒市场需求

我国主要的加工型辣椒有朝天椒、长尖椒、线椒等类型，因为日益广泛的食品业与工业、医学需求，具有很大的开发价值。受加工辣椒用途、产量与辣度等因素影响，不同品种加工辣椒市场需求表现出明显差异。

1. 簇生朝天椒市场需求分析

簇生朝天椒以常规品种为主，包括三樱椒、天鹰椒、子弹头等品种。簇生朝天椒种植方式多样，主要有与小麦套种（河南）、与大蒜套种（山东）、与洋葱套种（山东）以及单独种植等模式。近年来，受夏季高温多雨影响，簇生朝天椒病害较为严重，且辣度相对降低，影响规模扩张。受2018年以来干辣椒价格上升带动，主产区种植面积有所提升。由于簇生朝天椒可以一次采摘，大量节约人工成本，在河南、山东、河北等地广泛种植。

2. 单生朝天椒市场需求分析

单生朝天椒的优势在于多次采摘，既可鲜食，也可干制，在华南和西南主产区广泛种植。单生朝天椒相比簇生朝天椒，抗病性较强，辣度高，市场价格高于簇生朝天椒，但产量略低。单生朝天椒四川、重庆、贵州等嗜辣地区需求量较大，也是火锅的重要原料来源。

但单生朝天椒因为多次采摘，人工成本占到辣椒销售价格的1/3左右，且随着干制辣椒加工技术发展，单生朝天椒多采用烘干机烘干，成本又增加2.5元/千克，使得每千克单生朝天椒的市场价格高于簇生朝天椒4.0元以上，因此短期内簇生朝天椒不会被取代。

3. 锥羊角类型辣椒市场需求分析

锥羊角类型辣椒可干鲜两用，2015年之前，东北、内蒙古、新疆、云南、山东等地红鲜辣椒主要以鲜辣椒冷冻的方式直接出口韩国市场，品种以韩国金塔类辣椒为主。2016年以来，韩国辣椒进口关税大幅下降，由于益都红、北京红等品种的辣椒红色素含量显著高于韩国金塔，因此益都红、北京辣椒出口量增加。市场需求量大的高色素、易失水、节约劳动力、可机械化采收的锥羊角类型辣椒未来市场前景广阔。

4. 色素类加工型辣椒市场需求分析

近年来，随着国内外市场对辣椒精深加工产品需求的急速增长，我国辣椒红色素、辣椒精、辣椒碱等辣椒精深加工业发展迅速，并涌现出晨光生物等大型跨国企业集团，带动对专用加工型辣椒的市场需求。现阶段，我国加工专用型辣椒主产区为新疆产区，以板椒为主。

（二）辣椒酱市场需求分析

1. 市场辣椒酱种类

因为辣椒收获的季节性，为了实现辣椒产品的常年食用，辣椒酱成为各辣椒产区具有独特地方风味的佐餐调味品，市场需求强烈。辣椒酱是一种复合调味料，配以蔬菜或肉类、水产品，以及香料、油料、食盐等调味辅料，由于加入配料的不同、加工工艺区别以及发酵时间长短使得辣椒酱实现了风味的多样化。

辣椒酱按加工中是否含有食用油分为油辣椒（以贵州老干妈为代表）与剁辣椒（以四川郫县豆瓣酱为代表）。按配料可以分为牛肉辣椒酱、五香辣椒酱、蒜味辣椒酱、海鲜辣椒酱、榨菜辣椒酱、果味辣椒酱、骨肉泥丁鲜辣酱等，配料的不同，使辣椒酱产品琳琅满目。随着食品保健需求的增长，新型高营养辣椒酱进入市场，如草菇姜味辣椒酱等。

2. 我国辣椒酱产量增长情况

辣椒种植面积的扩大推动了辣椒加工业发展，而辣椒酱作为进入门槛较低、市场前景较好的辣椒制品，近年来产量增长迅速。2011 年我国辣椒酱产量达到 365 万吨，2012 年我国辣椒酱产量达到 416 万吨，2013 年达到 458 万吨，2016 年为 591 万吨，年均增长 10.6%（见图 6-1）。

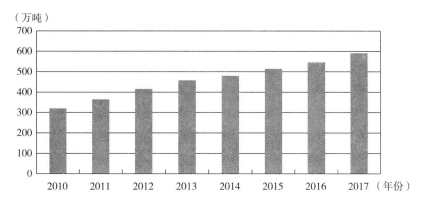

图 6-1　2010~2017 年我国辣椒酱产量增长统计

资料来源：智研咨询《2017-2022 年中国辣椒酱市场供需预测及投资前景预测报告》。

辣椒酱行业领军企业包括贵州省老干妈、四川省郫县豆瓣、河北省天下红等企业。作为辣椒酱行业中的领军企业，老干妈 2016 年销售额达到 45 亿元，占消费者选择比率的 20.5%，其次是李锦记占比达 9.7%、辣妹子占比 9.2%，其他辣椒酱品牌占据 60% 的市场份额。

3. 辣椒酱消费需求现状

目前辣椒酱已被普通家庭和各类食品行业广泛使用，在国内市场上的消费量和贸易量都在不断上升。贵州老干妈企业已实现"有华人的地方就有老干妈"的市场布局。2010 年我国辣椒酱消费量为 295.4 万吨，2016 年达到 501.8 万吨，2017 年达到 540 万吨，年均增长 10.4%（见图 6-2）。2017 年，我国辣椒酱市场规模已达到 320 亿元，预计 2020 年将达到 400 亿元。

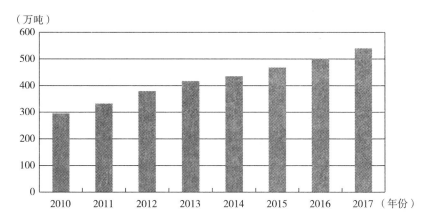

图 6-2　2010~2017 年我国辣椒酱市场消费需求统计

资料来源：智研咨询《2017-2022 年中国辣椒酱市场供需预测及投资前景预测报告》。

通过辣椒酱供给与需求可以发现，目前我国辣椒酱行业已呈现供大于求、产能过剩的现象，虽然辣椒酱行业产业区域存在一定差异，但产品间可替代性较强，企业间竞争日益激烈，与此同时，我国辣椒价格受成本上升推动，价格呈现上升态势，使辣椒酱生产企业市场不确定性进一步增强。

（三）火锅产业市场需求分析

1. 我国火锅产业发展现状

火锅行业以其便捷、经济、营养的消费模式成为大众化餐饮消费的重要组成部分。2017 年，全国餐饮行业消费总额为 3.96 万亿元，其中火锅行业达到 1.36 万亿元，占餐饮行业的 34.3%，川渝地区的火锅行业占火锅产业的 60% 以上，其中重庆火锅的年产值达到 7000 亿元。随着火锅行业的发展，企业实力不断增强，小肥羊、海底捞、重庆德庄、刘一手、小天鹅、秦妈等火锅企业连锁经营步伐加快，以川渝火锅为代表的南派麻辣火锅更是受到市场的推崇。重庆火锅在全国的经营企业已有 5 万余家，总营业面积近 1.5 亿平方米，年产值将近万亿元。由 25 家企业联合成立的重庆火锅产业集团国内外门店达到 3000 多家，逐步实现集团化、规模化、标准化、集约化发展，火锅全产业链发展模式基本形成。

2. 火锅产业对辣椒种植带动

黔川渝地区每年近万亿元的火锅消费，对火锅各类原料需求巨大。辣椒作为重庆火锅最重要的食材，1 份重庆麻辣火锅底料需要 0.7 千克辣椒配制。火锅产业的发展，有力地带动了辣椒种植业的发展。重庆本地辣椒生产难以满足火锅产业需求，重庆火锅产业集团与遵义、播州等地合作，建立原生态辣椒产供销一体化产业集群，打造辣椒种植、农资、农技、贸易、加工、物流、文创完整的产业链条，建设百亿级全智能火锅辣椒食材指定基地。重庆火锅产业集团与遵义联合打造的播州红食品项目，规划最高年产能 60 万吨，其中火锅底料 15 万吨、糍粑辣椒 10 万吨、辣椒效素 5000 万吨，辣椒需求量为每年 100 万亩种植规模。火锅产业发展成为辣椒产业的有力推手。

（四）辣味休闲食品需求分析

1. 辣味休闲食品生命周期长

辣味食材处理方式的大众化以及人群市场的扩散性、辣椒材料的便捷获得性使得辣味休闲食品成为近年来市场热点。泡椒凤爪、周黑鸭、小龙虾、辣豆干、卫龙辣条等休闲食品成为了辣元素中的主流元素。且辣味休闲食品生命周期相对较长，卫龙辣条流行周期超过 20 年，泡椒凤爪更是长盛不衰。随着移动互联网时代的社交媒体崛起，将原来处于特定区域的休闲食品进一步扩散到所有群体，成为大众认知，小龙虾已成为我国南北皆宜的小吃品种，且市场仍在扩大。

2. 产品普遍价格较低

市场较为流行的小吃如黄焖鸡、沙县小吃等单人餐价格在 15 元左右，泡椒凤爪、周黑鸭、小龙虾、卫龙辣条等单份处于同样的价格区间，从而保证用户基础足够大。但由于产品单份分量较少，因此用户会一次性购买多份，从而提高销售收入。2018年上半年，周黑鸭营业收入实现15.79亿元，净利润3.32亿元，销售毛利率将近60%，销售净利率20.76%，增长势头依然强劲。以辣条为主打的绝味食品市场占有率与销售额也呈现持续上升态势。

3. 消费者以20~40岁的市场主力为主

泡椒凤爪、周黑鸭、小龙虾、卫龙辣条等辣味休闲食品的主要特色是麻辣和爽脆，麻和辣带来轻微刺痛感，爽脆则是牙齿摩擦产生的感觉，均能为人带来愉快体验。夏日夜晚，吃麻辣小龙虾是男性聚会宵夜聊天的首选方式；泡椒凤爪则相反，主力消费人群是以女白领为主；卫龙辣条也逐渐从学生食品成为白领的零食。辣味休闲食品的主力消费客群正在从过去传统市场的学生过渡为城市压力大节奏下的白领人群，市场潜力巨大。

第三节 中国辣椒市场发展潜力

（一）国内外市场辣椒需求趋势

1. 食辣消费群体的扩大

微辣型辣椒的培育满足了不吃辣群体也想有适当辣味的需求，为不吃辣群体提供了消费产品，辣椒消费群体进一步扩大。2017年我国食辣人群已达到6.5亿人以上，随着辛辣饮食文化的快速传播，辣椒消费保持高速增长，在非食辣地区辣椒消费群体快速上升，广东、浙江、上海、海南等"忌辣清淡区"已逐步向微辣区转变，食辣群体仍将进一步扩大。

2. 辣椒食品加工业发展

辣椒耐储藏运输，加工产品类型多，且能够集中生产，产生品牌效应，加工企业的发展有力地带动了辣椒产业规模的提升。全国2000余家辣椒加工企业，超过10000家以辣椒为主要调味品的休闲食品企业以及10余家辣椒精深加工企业对辣椒的需求约占辣椒生产总量的50%以上。贵州老干妈企业年干辣椒需求量达到5万吨以上，相当于50多万亩高产干辣椒的产量。重庆火锅产业年辣椒需求量达到100万吨以上，带动了整个西南地区辣椒产业发展。

3. 辣椒其他用途的扩展

辣椒精深加工的国内外市场需求也保持较快增长，成为拉动辣椒市场需求的重要力量。①辣椒素。辣椒素是辣椒的活性成分，可以使人产生灼烧感，是辣椒"辣味"的来源。电缆和光纤内加入辣椒素可不被老鼠等动物啃咬，含辣椒素涂料刷在轮船的船台上，以防海洋生物附着和寄生，辣椒素还可以作为"生物农药"，可以杀灭大多数害虫，工业辣椒提取辣椒素还可用于反恐、防暴。②辣椒红素。辣椒红素是从成熟红辣椒果实中提取的四萜类天然色素，在食品工业应用广泛，可用于水产品、肉类、糕点、色拉、罐头、饮料等各类食品的着色，还可以用来制作口红和衣服的染色剂。③辣椒精，别名辣椒油树脂，具有强烈的辛辣味，被用来制作食品调料。④辣椒碱，又称辣椒辣素，为白色结晶粉末，是一种极度辛辣的香草酰胺类生物碱，广泛用于治疗关节炎、肌肉疼痛、背痛、运动扭伤和带状疱疹后遗留神经痛等疾病。目前我国辣椒碱产量只有 200 吨，市场缺口在 300 吨以上。⑤辣椒籽油，具有降低血脂、预防血管硬化、防止血栓形成、抗氧化、抗衰老等多种生物学功效，广泛应用于保健品、食品和食用调和油等诸多领域。

4. 国际市场辣椒需求

在辣椒种植面积扩大与加工业发展的带动下，全球辣椒和辣椒制品多达 1000 余种，其贸易量超过了咖啡与茶叶，交易额近 300 亿美元。考虑长途运输的成本压力，中国鲜辣椒出口以周边国家为主，增长空间受到限制；干辣椒出口市场潜力巨大。尤其是辣椒红色素、辣椒碱等精深加工产品国际市场需求量不断增加，对辣椒精深加工产品与优质干辣椒需求呈现上升态势。

（二）辣椒市场消费需求引导

辣椒加工不断升级换代，以满足消费者高品质辣椒制品需求的辣椒制品才是未来产业的发展趋势，但目前辣椒制品的发展并未与市场需求变化同步，消费需求引导将是企业未来的发展方向。

1. 辣椒天然原香开发

随着消费者对食品需求的升级，已不仅仅满足于饱腹与提供充足的营养，对食品的色、香、味需求标准不断提升，而辣椒制品恰好在食品色彩、独特味道以及食物原香方面具有独特优势。对食品风味而言，首先让消费者体会到自然的风味，不具备不愉快的味觉体验，而辣椒烤制过程中产生的原香、烧制过程中产生的原香以及不同品质辣椒发酵过程中形成的不同原香是消费者目前急需的风味特征。

2. 辣椒传统记忆传承

对食品消费而言，传统消费记忆来自风味、口感和滋味。辣椒 16 世纪末期传入我国，仅 150 年后（清代乾隆年间），贵州地区便开始大量食用辣椒，200 年后（清代嘉庆年间），黔、湘、川、赣已经将辣椒作为主要食用蔬菜，清代末期，以辣椒为特色的川菜已成为我国重要菜系。近年来，随着嗜辣地区农民工以及其他人员流动的增强，将辣椒带到全国各地，重庆小面、重庆火锅、冒菜、串串香遍布各地，辣椒已成为中国人传统食品记忆的重要构成。

其中，辣椒面结合油脂所产生的特殊口感已使消费者形成强烈的风味记忆，与此类似，野山椒泡制形成、发酵辣椒等制品的独特口感使得传统辣椒制品具有稳定的市场需求。

3. 辣椒消费需求引导

对辣椒制品的开发，必须以消费者口味作为切入点。目前市场上辣椒制品种类繁多，辣椒初级加工企业近千家，除老干妈、湘妹子等企业外，大多数企业并未形成品牌效应，其辣椒制品销售不好的主要原因就是缺乏传统记忆，主要通过强烈的低价销售与过度广告宣传，忽略对产品传统记忆的开发，很难与已形成明确消费记忆的老干妈等企业进行竞争。重庆小面与重庆火锅相比较，虽然都受市场广泛认可，但重庆小面调味料较多，难以形成辣椒的强烈风味记忆，因此市场同质化严重，以低端市场为主，而重庆火锅则以消费者味觉记忆为导向，迅速占领中高端市场。

4. 辣椒消费复合升级

随着消费者消费需求个性化、定制化、去中心化进程的加快，一些类别的需求将会在短时间内涌现或消失，必须对辣椒及其制品的需求规律进行数据实证分析，在精准把控需求的同时，利用重复消费对需求进行引导。我国整个辣椒酱行业市场规模增速仍在7%以上，预计到2020年底，辣椒酱行业市场将达到400亿元，而重庆火锅产业2018年产值将达到1万亿元，庞大的市场需求引发更加激烈的市场竞争。通过对消费者的需求倒推得到辣椒加工的新趋势，实现以重复消费增进消费传统记忆，让现实需求最终成为消费体现。

第七章　中国辣椒市场价格趋势分析

第一节　中国辣椒重点批发市场

全国辣椒集散市场主要有河南淅川县香花镇、柘城县，贵州虾子镇，云南嫁依镇，河北鸡泽县，辽宁北票市马友营，山东武城县，吉林洮南县。河北冀县、望都县等地也是重要的辣椒集散地。

（一）虾子镇辣椒批发市场

虾子镇辣椒市场又称为"中国辣椒城"，位于有中国"辣椒硅谷"之称的贵州遵义市，是我国最大的辣椒专业批发市场，并将致力于建设成为全球性辣椒专业批发市场和全国重要辣椒期货交易市场。

1. 中国辣椒城市场规模

虾子镇辣椒交易市场 2000 年被命名为"中华人民共和国农业部定点市场"、2007 年被中华人民共和国商务部纳入农产品批发双百工程。近年来，虾子镇辣椒交易市场干辣椒交易增长迅速。2015 年辣椒市场交易量 15 万吨，年交易额 15 亿元；2016 年年交易量 18 万吨，年交易额 30 亿元；2017 年年交易量 22 万吨，年交易额 35 亿元，交易量与交易额均快速增长。2018 年，虾子辣椒交易市场设立了鲜辣椒交易市场。2014 年 7 月开工建设，2017 年 8 月正式使用的中国辣椒城，总投资 15 亿元，占地 636 亩，能满足 75 万吨辣椒交易量，56 万吨冷链仓储周转量，120 万吨物流规划年吞吐量，年交易金额可达 100 亿元。2018 年，已有 15 个省（市、区）以及印度、东南亚地区的辣椒进入虾子辣椒市场交易，采购商来自全国 20 多个省（市、区）、10 多个国家以及港澳台地区，已经做到"中国辣椒，集散虾子，买卖全球"的销售格局。

2. 中国辣椒城交易主体

围绕虾子镇辣椒交易市场，遵义市还形成了 200 个产地市场，由辣椒经纪人在地头进行辣椒收购。虾子镇辣椒交易市场布局有鲜椒市场、检验检疫区、交易中心、电商交易中心、冷链仓储区、物流配送区及综合配套区，有上万人从事辣椒交易、仓储和运输工作。遵义辣椒经纪人有 1000 多名，交易范围遍布全国，大户交易区的专业辣椒商户有 200 多家，其中70多家是经销大户，经销大户年可流转辣椒上万吨。

3. 中国辣椒城交易品种

虾子镇干辣椒主要品种以满天星、灯笼椒、艳椒、二荆条、大条椒、七星椒和子弹头为主，按照产品品级，分为统货、上统货与精品三个档次，精品价格最高，一般高于上统货1元，高于统货1.5元。以艳椒为例，2018年10月29日，精品艳椒8~8.5元/斤，上统货艳椒7.5~7.8元/斤，统货7元/斤左右。虾子镇印度辣椒主要交易品种主要包括印度小椒与印度中椒，2018年10月28日，印度小椒（好货）的市场价格为7.6元/斤，印度中椒（好货）价格为6.5元/斤。为满足市场消费者需要，中国辣椒城2018年增加了鲜辣椒的交易，目前市场上主要的鲜辣椒品种包括满天星、珠子椒、三荆条、灯笼椒、艳椒、子弹头和韩国椒，不同品种销售价格不同，2018年10月29日，二荆条市场销售价格1.2~1.5元/斤，子弹头和珠子椒2.1~2.3元/斤。除此之外，虾子镇辣椒交易市场还交易辣椒粉、辣椒圈等辣椒初加工产品。

4. 中国辣椒城电子商务

为加快辣椒产业发展，抓住电子商务机遇，实体市场交易已不能满足市场发展要求。2015年虾子镇秀河街建成了农村电子商务示范一条街和APP平台，已入驻淘宝商户500多家，通过线上线下交易，盘活市场。目前虾子辣椒交易市场设有电子商务服务中心，并建成网货供应展示厅、网购体验平台等，并积极与淘宝、京东等电商平台进行对接，并为商务提供网站建设、人才培训等相关服务，通过将辣椒实体销售、网络购物、微商营销、团购等多种营销方式的组合，将辣椒交易在线上线下进行同步延伸。为促进辣椒产业信息化发展，贵州省建立"中国虾子辣椒云"商品追溯平台，通过辣椒云平台实现产品的可追溯以及辣椒价格行情查询，为辣椒产业各主体提供决策支持。

（二）柘城辣椒交易市场

河南省是我国辣椒种植大省，种植面积超过360万亩，年产辣椒663万吨。柘城县作为河南省重要的辣椒生产和交易地，对河南省的辣椒产业有重大意义。

1. 柘城县辣椒交易市场规模

柘城辣椒交易市场是华北地区最大的干辣椒交易市场，占地300亩，建筑面积8万平方米，集辣椒贮存、交易、加工、物流、出口申报、电子商务为一体，专业辣椒经纪人达2万人（见图7-1）。同时周边建立了60个辣椒专用冷库、库储量10万吨，足够的库存空间，确保大宗辣椒交易的进行。2017年，柘城辣椒交易市场交易量60万吨，年交易额达70亿元，每年创汇2亿美元。

在柘城县辣椒交易市场周边16个重点辣椒种植乡镇建立辣椒交易中心（包括慈圣、起台、牛城、马集、惠济、湖湘、大仵、洪恩、老王集、陈青集、春水辣椒城、东关辣椒市场一天街、柘城外贸辣椒城等），形成了"1+16"的市场布局，各个乡镇级交易市场扩大了柘城辣椒交易中心的服务范围，使市场交易更为便利。

图 7 - 1　柘城辣椒交易市场

2. 柘城县辣椒交易市场交易品种

柘城作为全国最大的干辣椒交易市场，主要交易柘城本地生产的干辣椒，市场为公益性市场，商户无须支付费用即可在该市场进行交易，价格由买卖双方根据辣椒品质协商指定。柘城辣椒市场除本地三樱椒的交易外，还进行子弹头、天宇、大辣椒、柘椒 1 号、三樱 8 号、辣王、朝天椒、太阳椒、新一代、二荆条等辣椒品种的小宗交易。交易范围辐射全国，涉及老干妈、德庄等知名和企业，辣椒出口 20 个国家和地区。柘城辣椒交易市场的定价，对全国辣椒市场有重要意义，柘城县辣椒价格成为了全国辣椒价格的风向标。

3. 柘城县辣椒交易市场电子商务

辣椒大市场电商服务中心，实时公布市场内各品种的辣椒成交价格。交易市场内有老干妈等国内知名企业的收购办事处，直接对接椒农，减少中间流通环节，为交易双方谋取最大的利益。与互联网电商的合作，发展"B2B"和"B2C"的互联网销售。互联网也作为营销手段推广柘城辣椒。

电子商务平台充分发挥了大市场的带动作用，电子商务平台及时发布价格及供求信息，为辣椒加工购销企业、辣椒种植合作社、辣椒种植户提供了全方位的信息服务。柘城县辣椒交易市场开展农产品产销对接活动，针对不同辣椒品种特点和供求情况，积极推进农校对接、定点直销、网上促销等。引导大型连锁超市、农产品流通企业直接与农民专业合作社发展订单生产和"农超对接"，建设直采基地和配送中心，减少中间流通环节，增加农民收入。

2018 年柘城县与万邦物流集团合作，新开工建设占地 800 亩，建筑面积 45 万平方米的多功能辣椒物流园区，实现现货交易、藏存物流、电子商务等多项功能，进一步从硬件上优化升级柘城电子商务市场。

4. 柘城县辣椒交易市场交易价格

柘城县辣椒交易市场作为重要的产地批发市场，价格低于周边同类辣椒交易市场，交易优势明显。2018 年 9 月中下旬以来，柘城、金乡、望都、临沂、武城等国内主要辣椒交易市场的成交价格均呈现小幅波动变化（见图 7 - 2）。柘城辣椒市场价格变化较其他市场有一定的超前性，体现了柘城辣椒市场是全国辣椒市场价格的风向标。柘城辣椒市场的成交价格较低。金乡每个交易日辣椒价格平均高于柘城市场 0.2 元/斤。临沂每个交易日成交价格平均高于柘城市场 0.4 元/斤左右。

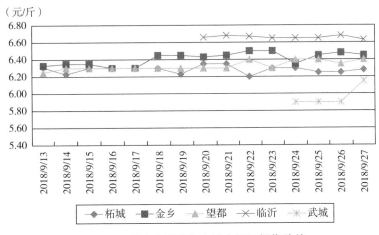

图 7 - 2 国内主要辣椒交易市场三樱椒价格

从辣椒价格趋势看，柘城 2018 年 6 ~ 8 月辣椒价格呈现波动上升趋势。6 月份最低成交价格为每斤 5.65 元，最高为每斤 5.75 元，8 月份柘城辣椒最低价格为每斤 5.70 元，最高为每斤 5.95 元，均在每斤 6 元以下，低于全国平均价格水平，在市场竞争中取得价格优势（见图 7 - 3）。

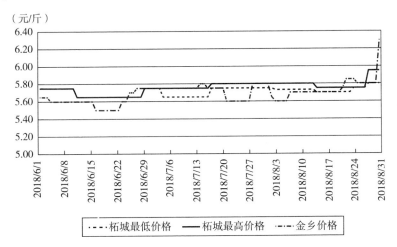

图 7 - 3 柘城、金乡三樱椒 2018 年 6 ~ 8 月价格

资料来源：卖大蔬网站。

（三）嫁依镇辣椒交易市场

云南省文山州砚山县的"嫁依辣椒城"，占地 5 万余平方米，有固定商业铺面 1200 间，摊位 1000 余户，年可实现辣椒集散交易 6 万余吨，是全国第二、云南省最大的辣椒交易集散地，同时在文山州内还建有另外 5 个辣椒专业交易市场，总占地面积 16.7 万平方米，全州有 27 家以辣椒为原料的加工企业，生产的辣椒系列产品达 40 多个品种。

围绕辣椒专业市场，砚山县形成了辣椒种植、收储、加工、运输、销售的新辣椒产业链条。在嫁依镇辣椒城带动下，全县建成仓储库房 1200 余间，年吞吐量达 16 万余吨，全县辣椒专业运输车辆700余辆，年产值近2000万元。为促进辣椒专业交易，全县共有从事辣椒贸易的经纪人600余人，通过经纪人建立的销售网络，砚山辣椒及系列产品不仅销往全国各地，并出口美国、墨西哥、马来西亚等国家。同时县政府建立专业砚山县农业信息网，定期发布辣椒供求信息，做好市场衔接服务。

（四）武城县辣椒交易市场

山东省武城辣椒城是山东省最大的辣椒专业市场，其前身是武城尚庄辣椒专业市场，始建于1992年10月，并于1993年、1996年、2000年与2002年进行四次扩建，投资1.5亿元建成现在的"中国武城辣椒城"（见图7-4）。"中国武城辣椒城"市场占地面积达600亩，拥有交易区、加工区、服务区等七大功能区，拥有交易门店800余间，辣椒经营户达500多户，购销贩运人员6000人，零散加工户近百户，相继引进青岛多元、韩国亚星、澳泰龙等国内外龙头企业36家，形成集收购、研发、加工、销售于一体的产业化格局。市场年成交量1.5亿千克，销售额达15亿元，深加工辣椒2万吨，产品远销韩国、日本、加拿大等国家和地区，年可出口创汇210万美元。

武城辣椒市场经营品种有益都红、望都红、朝天椒、红椒等种类，并能够进行椒碎、椒丝、椒圈、椒粉、椒酱等初级加工产品供应。市场交易分为大辣椒、小辣椒两区，大辣椒主要为益都红、北京红等，产品来自新疆、甘肃与武城本地，小辣椒主要为朝天椒、三樱椒，产品来自山东金乡、河北等地。武城辣椒市场大辣椒专业经营人40人左右，小辣椒专业经纪人60多人。市场大辣椒主要供应中椒英潮辣业发展有限公司，用来进行辣椒色素等精深产品加工或为双汇等企业提供配料。

图7-4 武城辣椒城

（五）胶州辣椒交易市场

胶州辣椒产业发展模式不同于其他辣椒主产区，胶州本地辣椒种植面积不大，但辣椒育种产业、加工与流通产业发达，辣椒种植基地在新疆、内蒙古等自然资源丰富的区域采用"抓两头"发展模式。胶州辣椒育种企业保存着 2000 多个辣椒品种的种质资源，青岛三禾农产科技有限公司在全国辣椒育种市场占有率达到 20%。胶州市在新疆从事辣椒种子推广与示范种植的人员达到 1000 余人，新疆辣椒种植规模扩展迅速，已成为我国增长潜力最大的辣椒主产区。

胶州辣椒交易市场位于山东青岛胶州市胶东区于家村，借助便捷的区位优势与大型辣椒加工企业的扶持，已成为全国最大的辣椒集散地和全国辣椒交易的价格信息中心，有着"世界辣椒看中国，中国辣椒看胶州"的说法。

1. 胶州辣椒交易市场规模

胶州于家村辣椒交易市场成立于 1986 年，随着 30 余年几何级数增长，胶州于家村辣椒交易市场已成为全国最大的辣椒加工出口集散地，辣椒年交易量约 120 亿元，从青岛口岸出口的辣椒占全世界辣椒出口量的 70%。每年入冬到来年的 5 月中旬是胶州辣椒交易市场的旺季，参与交易的辣椒生产加工企业约 365 家，其中 72 家辣椒出口企业，国内种植的辣椒 60% 是经过于家村筛选、分类、加工后进入加工企业与国际市场，企业内辣椒收购人员及个体辣椒中间商有 4000 余人，辣椒产品出口量占全国的 80% 以上，辣椒年交易量 60 万吨，从业人员达 20000 人。

胶州辣椒出口市场覆盖世界主要辣椒消费国家和地区，使胶州市场成为世界重要的辣椒交易风向标。为促进辣椒产业发展，胶州辣椒协会规划设计了占地 1500 亩，集仓储、物流、研发于一体的多功能产业园，预计建成后，胶州辣椒年交易量将达到 200 亿元。

2. 胶州辣椒市场交易品种

胶州曾经是我国辣椒的重要产区，但由于土壤和气候变化，胶州辣椒种植面积日益减少，胶州辣椒种植基地向新疆、内蒙古、甘肃等地转移。因此，胶州辣椒交易的产品来自当地企业和辣椒商户全国各地采购产品，其中新疆是胶州辣椒的重要产区。目前胶州辣椒交易市场上市场交易的辣椒共 54 个品类产品，辣椒产品主要有原椒、辣椒籽、辣椒粉（碎）、辣椒酱等，干辣椒主要包括三樱椒、北京红、铁板椒、金塔、千金红、印度椒等，仅北京红辣椒便包括传统北京红、山西北京红、内蒙古北京红、北票北京红、德州北京红、当地北京红、凌源北京红等不同细分商品。

胶州市场年交易原椒 15 万吨左右，主要出口韩国、日本、东南亚、欧盟、美国、墨西哥等国家和地区，产值 20 亿元左右；辣椒籽 1.5 万吨，主要出口韩国、欧盟、美国等国家和地区，产值近亿元；辣椒粉/碎 10 万吨左右，主要出口韩国、日本、欧盟、美国等国家和地区，产值 22 亿元左右；辣椒酱 5 万吨左右，主要出口韩国，产值 4 亿元左右；辣椒红色素 2000 吨，主要出口欧美国家，产值 5 亿元左右（见表 7-1）。

表 7-1　胶州市场辣椒交易值统计

种类	数量	交易值	主要出口国家和地区	龙头企业
原椒	15 万吨	20 亿元	韩国、日本、东南亚、欧盟、美国、墨西哥	新天丰、柏兰、强大、韩香子、联大行、永发
辣椒籽	1.5 万吨	1 亿元	韩国、欧盟、美国	顺通、强大、韩香子、大丰
辣椒粉/碎	10 万吨	22 亿元	韩国、日本、欧盟、美国等	和旺、柏兰、大丰、顺通、强大、含蜜笑、春兴园、联大行、永发
辣椒酱	5 万吨	4 亿元	韩国	和旺、顺通、柏兰、含蜜笑、金广进、东铉
辣椒红色素	2000 吨	5 亿元	欧美国家	同兴色素

3. 胶州辣椒市场信息化发展

2018 年 6 月，中冶赛迪集团在胶州投资 5 亿元建设辣椒产业大数据中心与国家级辣椒交易云平台，通过对辣椒种植、物流、销售、出口的四位一体的数据分析平台建设，并实现对各环节进行实时监控，提升胶州辣椒产业的影响力。但胶州辣椒交易市场电子商务与网络交易平台建设相对滞后，未来应作为重点发展方向。

青岛市辣椒商会成立"环球辣椒网"，对全国主产区干辣椒价格及走势进行分析、及时公布于家村辣椒市场价格信息及行情动态，对国际辣椒市场信息以及国际国内辣椒供求信息进行及时播报与预警。并增加辣椒机械交易以大企业招商环节，为辣椒产业提供重要发展平台。

4. 胶州市场带动基地建设情况

胶州辣椒市场定位为"立足青岛、带动山东、辐射全国、面向世界"。辣椒产业链条辐射新疆、山东、河南、河北、山西、内蒙古、甘肃、东北地区等产区，协会会员基地总量约 45 万亩，带动周边发展超过 15 万亩，总覆盖各产区面积达 100 万亩以上，直接惠及农户近 8 万户，间接受益农户超过 20 万户（见表 7-2）。

表 7-2　胶州辣椒产业带动辣椒基地发展统计表

基地所在地区	基地面积	主要辣椒品种	年产量	惠及农户数量
新疆库尔勒地区	12 万亩	甜椒、金塔	6 万吨	1.6 万户
新疆阿克苏、喀什、和田地区	8 万亩	甜椒、金塔	3.8 万吨	1.6 万户
北疆地区	10 万亩	金塔	4.8 万吨	1.5 万户
内蒙开鲁地区	3 万亩	北京红、千斤红	1.6 万吨	0.45 万户
山西忻州地区	2 万亩	北京红	1 万吨	0.4 万户
山东德州、金乡地区	2.5 万亩	北京红、朝天椒	1.3 万吨	0.8 万户
河南漯河、濮阳等地区	7.5 万亩	朝天椒	3.5 万吨	1.5 万户

注：①此表仅包含协会会员基地数据，其他未包括在内。②基地面积总和约 45 万亩；基地年产量约 22 万吨，直接惠及农户约 7.85 万户。

5. 胶州辣椒市场对新疆扶贫贡献

山东胶州对口援疆背景下，辣椒产业扶贫取得卓越成效。胶州辣椒经纪商与种植户通过"企业＋基地＋农户"的形式开展扶贫工作，当地农民年亩均增收 2000 多元，2017 年种植规模达到 130 万亩以上，为超过 10 万人的新疆群众提供了直接就业机会，并成功探索出"辣椒—枣树"套种技术，有效提高土地利用率，对当地农业结构调整起到重要作用，通过棉花与辣椒的轮种，解决了辣椒和棉花因常年种植导致的产量和质量问题，双双受益。2017年新疆地区辣椒的总产量大约30万吨，其中2/3运回胶州交易市场，并由胶州辣椒企业收购加工。优质新疆辣椒使得胶州辣椒交易市场规模迅速扩大，产生了"世界辣椒看中国，中国辣椒看胶州"的说法。与此同时，胶州已有100多家辣椒加工企业进入新疆和田、库尔勒、阿克苏、喀什等地区，推动新疆辣椒产业由原料基地向深加工基地转型。胶州辣椒交易市场与新疆辣椒产业已形成良好的合作共生关系。

第二节　中国辣椒市场价格波动情况

近年来，辣椒市场价格表现相对稳定，但呈现出明显的季度与月度价格波动。根据全国各批发市场辣椒平均价格观测发现，第三季度辣椒价格最低，第一季度辣椒价格最高，春节期间与节后上市的鲜辣椒市场行情最佳。

（一）我国辣椒价格波动特征分析

1. 年度价格波动特征

2012~2017年我国辣椒年度平均价格先升后降。2012年辣椒年度平均价格为5.30元/千克，2013年价格为7.89元/千克，上涨了2.59元/千克，上涨了48.87%。2014~2016年价格持续下降，由2013年的7.89元/千克下降至2016年的6.04元/千克，年均下降幅度为8.46%。其中，2013~2014年辣椒价格下降幅度最大，由2013年的7.89元/千克下降至2014年的6.91元/千克，下降幅度达12.42%。2017年价格有所回涨，上涨幅度为4.80%（见图7-5）。

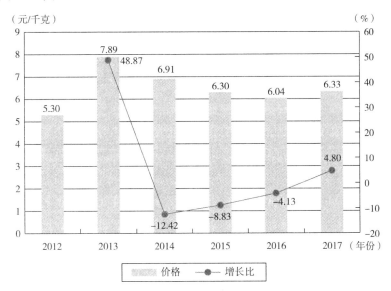

图7-5　2012~2017年我国辣椒年度平均价格

资料来源：农产品价格信息网——农价云。

2. 辣椒季度价格波动特征

2012～2017年我国辣椒季度平均价格整体呈波动趋势。由于辣椒产量增加，第一季度到第三季度价格呈下降趋势；第三季度、第四季度、第一季度辣椒产量逐渐减少，价格随之上升（见图7-6）。

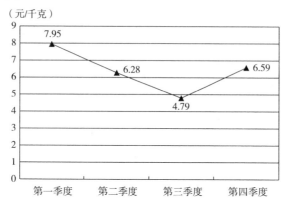

图7-6　2012～2017年我国辣椒季度平均价格

资料来源：农产品价格信息网——农价云。

辣椒第一季度平均价格最高，达到7.95元/千克，最低值在第三季度，为4.79元/千克，下降幅度为39.75%，第一季度到第三季度平均下降幅度为22.37%。第三季度、第四季度、第一季度辣椒平均价格呈上涨趋势，平均上涨幅度为29.11%。

3. 辣椒月度价格波动特征

从月度价格波动来看，除2013年辣椒价格最高值出现在10月份外，2012～2017年辣椒月度价格均出现在第一季度。2017年辣椒月度价格较为平稳，维持在5～8.33元/千克。

2012年辣椒价格2～8月出现平稳—陡降的阶段性变化，7～8月下降达5.35元/千克，降幅达84.25%，导致了种植面积的骤减，因而直接引起了2013年平均价格暴涨。利润的增长调动了椒农种植的积极性，灵敏的市场反应导致了价格的急速回落。2014～2017年辣椒月度价格波动幅度呈下降趋势，相比而言，2017年月度价格有所上升，走势最为平稳（见图7-7）。

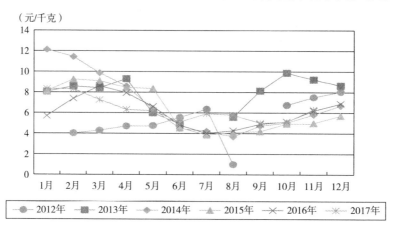

图7-7　2012～2017年我国辣椒月度平均价格

资料来源：农产品价格信息网——农价云。

（二）不同市场辣椒价格水平比较

辣椒交易价格受品种、种植成本、运输、库存、所在地消费水平等多种因素影响，因此对不同市场辣椒价格水平进行比较时，选择同类辣椒在不同市场的交易价格进行比较。

1. 三樱椒市场价格比较

三樱椒为簇生朝天椒，产量高，一次性采摘，节约人工成本，三樱椒主产区为河南柘城，三樱椒是北方地区的重要干辣椒品种。通过2018年9月13日至10月15日柘城、金乡、望都、临颍、武城五个三樱椒交易市场三樱椒统货价格可以发现（见图7-8），各市场辣椒价格波动趋势相同，但金乡市场三樱椒价格最高，武城9月份辣椒价格最低，但进入10月，辣椒价格持续上升，临颍市场价格基本稳定在12.60元/千克左右，交易价格最低。

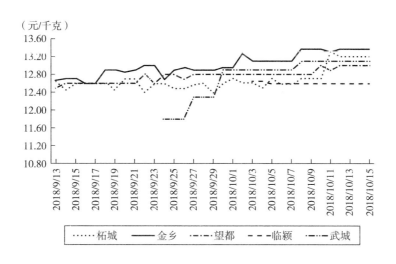

图7-8 三樱椒统货市场交易价格

辣椒的品质对价格影响显著，三樱椒精品价格比同期统货每千克贵0.6~0.8元，且价格波动幅度较大。临颍市场精品三樱椒，10月11日上升到74.50元/千克，该日期前后价格稳定在13.30元/千克左右，同期柘城辣椒交易市场价格急速上升，但柘城精品辣椒价格略高于临颍辣椒价格。

2. 线椒不同交易市场价格比较

线椒主要用以佐食调味，是国内辣椒市场主要交易辣椒品种。通过2018年9月15日至10月15日北京、河北、河南、山东、四川五省（市）线椒价格趋势与比较，可以发现，与三樱椒相比（见图7-9），线椒市场价格波动较大（见图7-10），各市场价格差异明显。四川线椒价格最高；其次是山东；河南省与北京市线椒价格较为接近，处于中等水平；河北省线椒价格水平最低。线椒价格波动趋势较大，以四川市场为例，9月15日最低价格为2.40元/千克，9月25日最高价格8.6元/千克，价格上涨258.3%。河南市场线椒价格较为稳定，在3.0~4.6元/千克范围内波动。

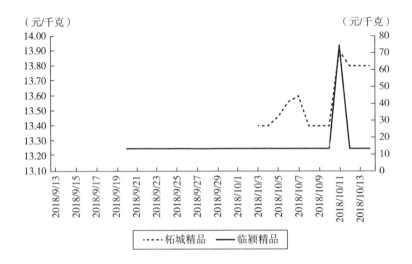

图 7 - 9　三樱椒精品价格比较

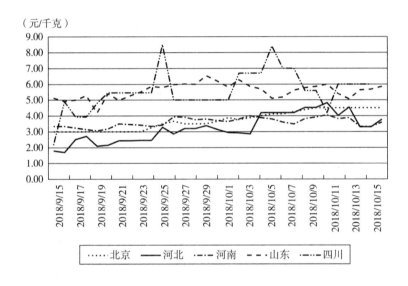

图 7 - 10　线椒主要市场价格比较

资料来源：一亩田（http：//hangqing. ymt. com/chandi_ 8016_ 9864_ 23）。

3. 朝天椒不同交易市场价格比较

朝天椒是我国加工型干辣椒重要品种，以贵州、四川、山东、河南、河北等地为主产区。通过五省份 2018 年 9 月 15 日至 10 月 15 日间价格比较可以发现，朝天椒价格波动幅度较大，河北省与山东省朝天椒价格相对较高，河南省与贵州省朝天椒市场价格较低。9 月 23 日至 9 月 27 日，河北省朝天椒价格达到 20 元/千克，9 月 29 日朝天椒价格跌至 4 元/千克，价格波动幅度大，市场交易风险较高（见图 7 - 11）。

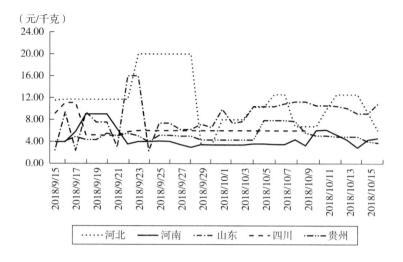

图 7－11 朝天椒主要市场价格比较

资料来源：一亩出（http：//hangqing. ymt. com/chandi_ 8016_ 9864_ 23）。

（三）印度辣椒与中国辣椒交易价格比较

山东青岛、河南内黄、江苏邳州、湖南长沙等地辣椒交易市场均进行印度辣椒交易，随着印度辣椒进入中国市场规模的扩大，印度辣椒的交易市场增加，交易量不断扩大。根据 2017 年 4 月至 2018 年 10 月印度辣椒在河南内黄交易价格可以发现，印度辣椒（S17，带把）交易价格较为稳定，价格波动区间为 11.0 ~ 12.6 元/千克，平均价格 11.68 元/千克，与之对应，遵义虾子镇市场价格较低的艳椒平均价格 14.0 元/千克，河南柘城艳椒价格 14.96 元/千克（见图 7 - 12）。印度辣椒高辣度的特点使其在中国市场更显得"物美价廉"，价格优势明显。

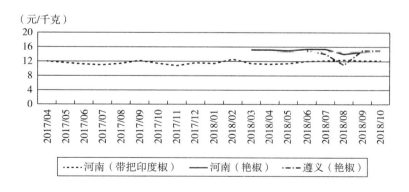

图 7－12 印度辣椒与河南、遵义辣椒价格比较

注：印度辣椒与中国辣椒品种、辣度、质量不同对其价格也会产生影响，此图仅供参考。

资料来源：中国辣椒网（http：//www. e658. cn）。

印度S17辣椒

印度S17为纯进口干辣椒，印度当地称为：德加，国内称为印度小椒，辣度为11万~13万SHU，属于猛辣型辣椒品种。S17辣椒果实为细长形，长5~8cm，宽1cm左右，色泽光亮深红，辣味浓重，辣度为国内普通干辣椒的3~4倍，适合口味浓重的熟食加工使用。

第三节　中国辣椒价格周期波动实证分析

（一）数据来源和研究方法

辣椒价格时间序列数据来源于中华人民共和国商务部官方网站，市场价格记录2004~2018年全国辣椒周度价格，对每自然月周度价格取算数平均数得2004~2018年我国辣椒月度价格，总共180组样本数据。研究方法主要包括X12季节调整法与H-P滤波分析法。

X12季节调整法：将辣椒价格月度时间序列的趋势、季节因素、循环因素、不规则因素进行分离，分析其波动变化特征及规律，计算方法如式（7-1）所示。

Y（初始时间序列）= S（季节因素）× I（不规则因素）× TC（趋势-周期因素）

$$(7-1)$$

H-P滤波分析法：通过数学计算，将X12季节调整后循环趋势曲线进行分离，得出趋势曲线和波动周期曲线，分析我国辣椒价格时间序列趋势变动和我国辣椒价格周期变动的特征。

运用Eviews 8.0软件对2004~2018年辣椒月度价格时间序列进行X12季节调整和H-P滤波分析，λ取值为14400。

（二）辣椒价格季节波动特征

根据X12季节调整法计算得出辣椒月度价格调整后季节因子序列（见图7-13）。我国辣椒价格季节特征显著，季节因子序列年内呈现周期性变化。2004~2010年波动峰值出现在4月，2011~2016年波动峰值出现在2月，2017~2018年波动峰值出现在1月，2004~2018年波谷皆出现在8月。说明我国辣椒价格季节稳定性逐步上升，季节波动影响逐渐减弱并开始趋向稳定。辣椒价格在每年第三季度到下一年第一季度末呈现上升趋势，随后到第三季度呈现下降趋势。与辣椒种植生长的自然规律相吻合。辣椒冬季市场供应量较少，但作为驱寒蔬菜却有较高的市场需求，价格较高。秋季辣椒成熟收获，大量新辣椒涌入交易市场，导致短期供应较盛，辣椒价格下跌。

根据2004~2018年我国15年的辣椒月度价格数据，以月度价格为Y轴，以12个自然月为X轴，制作散点图（见图7-14），对比15年间我国辣椒月度价格的规律，发现每年6、7、8 三个月的辣椒价格偏低，我国辣椒夏季价格较低。2 月辣椒价格总体水平较高，是我国辣椒月度价格全年的高点。

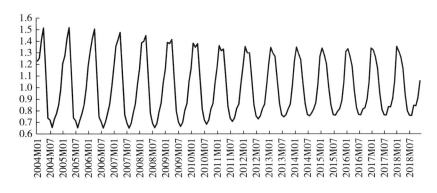

图7－13 2004～2018 全国辣椒价格月度波动

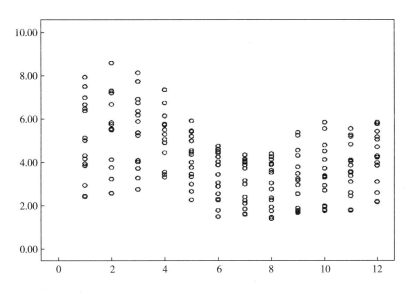

图7－14 我国 2004～2018 年辣椒月度价格散点图

为进一步验证我国辣椒价格波动的季节特征，判断月度价格的"峰值"和"谷值"月份。利用 SPSS 软件对我国 2004～2018 年的辣椒月度价格进行季节性分解，选择乘法，结束点按0.5 加权，结果如表7－3 所示。

表7－3 季节性调整

时期	季节因素
1	123.8
2	135.2
3	134.7
4	131.6

续表

时期	季节因素
5	105.5
6	82.1
7	74.9
8	70.9
9	74.7
10	79.7
11	86.3
12	100.9

根据 SPSS 软件运行结果分析，受季节因素影响，各个月份的辣椒价格有着很大的不同，可以看出 1~5 月和 12 月的季节指数大于 1，说明辣椒价格在这些月份较高，其他月份季节指数小于 1，是辣椒价格较低时期。其中 2 月辣椒整体走势较高，8 月辣椒价格整体走势较低。

（三）辣椒价格不规则波动

如图 7-15 所示，经过 Eviews 8.0 处理，剔除季节因素、长期周期因素，显示不规则因素并未体现长期上升或者下降趋势。2004~2018 年，最高值出现在 2009 年 1 月，为1.52；最低值出现在 2018 年 12 月，为 0.69。2008 年 10 月到 2009 年 4 月短期波动幅度较大，2018 年初南方雪灾，农作物大面积冻害，导致秋季大量减产、汶川地震特大自然灾害，四川又是我国辣椒重要主产区，国内农业经济环境出现较大波动，造成了辣椒价格的剧烈波动。

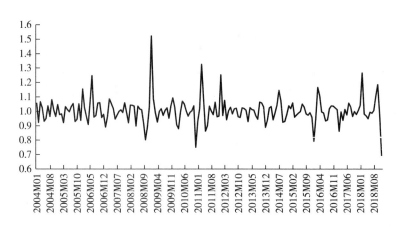

图 7-15　2004~2018 年我国辣椒价格不规则波动

(四) 辣椒价格周期波动特征

在辣椒月度价格 X12 季节调整的基础上，对趋势—周期序列（T–C）进行 H–P 滤波分析，获得我国辣椒价格波动趋势（T 序列）和周期波动序列（C 序列），如图 7–16 所示。

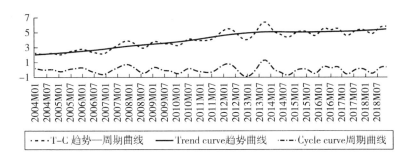

图 7–16 2004～2018 年全国辣椒价格波动趋势和周期

从我国辣椒价格趋势曲线来看，辣椒价格整体呈现较为稳定的上升趋势。我国农药、化肥、灌溉等物质成本不断上升，农业雇工成本、土地成本也随着农村经济发展不断上升，造成了辣椒种植生产成本的上升。同时辣椒需求市场不断稳定扩大，也带动了辣椒价格的上升。

对 2004～2018 年我国辣椒月度价格进行追踪，我国辣椒价格变化周期性明显，但是每个波动周期的时间跨度不同，波动幅度也不相同，每个辣椒价格波动周期的区间内，对辣椒价格的影响因素、影响因素权重不同。

表 7–4 2004～2018 年全国辣椒价格周期划分

序号	时间跨度	峰值	谷值	落差	周期跨度（月）	周期类型
1	2004 – 01 ～ 2005 – 02	0.20	– 0.24	0.44	13	波浪下降
2	2005 – 02 ～ 2006 – 11	0.28	– 0.62	0.90	21	缓升陡降
3	2006 – 11 ～ 2008 – 08	0.73	– 0.62	1.35	21	陡升陡降
4	2008 – 08 ～ 2010 – 02	0.35	– 0.51	0.86	18	陡升缓降
5	2010 – 02 ～ 2011 – 05	0.20	– 0.51	0.71	13	陡升缓降
6	2011 – 05 ～ 2012 – 12	0.81	– 0.90	1.71	19	陡升陡降
7	2012 – 12 ～ 2014 – 09	1.31	– 0.90	2.21	21	陡升陡降
8	2014 – 09 ～ 2015 – 11	0.13	– 0.71	0.84	13	陡升陡降
9	2015 – 11 ～ 2017 – 04	0.47	– 0.58	1.05	17	M 型变化
10	2017 – 04 ～ 2018 – 04	0.16	– 0.58	0.74	12	陡升陡降
11	2018 – 04 ～ 2018 – 12	0.41	– 0.47	0.88	8	陡升

按照"波谷—波峰—波谷"的原则对 2004～2018 年我国辣椒月度价格周期曲线进行划分，受制于数据时效性与真实性，可以得出 2 个不完整周期和 9 个完整周期。每个周期完整周期都在 12 个月以上，24 个月以下。2012 年 12 月到 2014 年 9 月的周期波动幅度最大，落差为 2.21，周期持续 21 个月。2004 年 1 月到 2005 年 2 月周期波动幅度最小，落差为 0.44，周期跨度为 13 个月。辣椒价格波动周期整体较短，上升和下降具有一定的对称性，有 5 个完整周期呈现"陡升陡降"，说明辣椒市场变化迅速。2015 年 11 月至 2017 年 4 月呈现"M"形变动，明显不同于其他完整周期，说明该期间内影响辣椒价格的因素较为复杂，2015 年 11 月到 2016 年 4 月呈现快速上升，并于 2016 年 4 月达到周期内峰值 0.47；随后 2016 年 4 月到 2016 年 7 月开始呈现下降趋势；2016 年 7 月至 2016 年 10 月出现了短暂的上升趋势，回升至 0.41，接近峰值；最后 2016 年 10 月至 2017 年 4 月呈现直线下降趋势，跌到周期内谷值 −0.58。

我国辣椒价格周期的周期跨度、周期差值，呈现"上升—下降"的变化趋势，2004～2012 年周期波动跨度逐渐延长，最长周期达到 21 个月，落差也逐渐扩大，在此期间内我国辣椒试产平稳发展，辣椒价格逐年上涨。2012～2018 年我国辣椒价格变动越发频繁，波动幅度开始趋向稳定，说明辣椒价格在辣椒成本上涨的大背景下不会出现过低水平。

（五）不同波动周期贡献率

为进一步研究比较辣椒价格不同波动成分对原始价格时间序列的贡献率，选择 2004～2018 年辣椒月度价格为样本数据，运用贡献率公式，计算季节性、随机性、趋势性、周期性对我国辣椒价格的贡献率。

$$Z_i = \frac{|X_i|}{Y_i} \times 100\% \qquad (7-2)$$

其中，X_i 表示经过季节调整和 H－P 滤波分析后的不同波动成分；

Y_i 表示原始价格时间序列，即 2004 年至 2018 年我国辣椒价格；

i 表示不同的月度，即 1～12 月；

Z_i 表示不同波动成分对辣椒价格波动的贡献率。

通过以上步骤先分别计算出 2004～2018 年每月不同波动成分的贡献率，然后计算每年 12 个月度相同波动成分贡献率取平均值。得到 2004～2018 年不同波动成分对辣椒价格的贡献率。

表 7－5　2004～2018 年不同波动成分对我国辣椒价格的贡献率　　　　单位：%

年份	季节性成分	随机性成分	趋势性成分	周期性成分
2004	45.72	49.47	106.78	2.77
2005	42.54	44.54	107.26	7.35
2006	40.59	45.75	119.47	16.61

续表

年份	季节性成分	随机性成分	趋势性成分	周期性成分
2007	32.44	33.77	102.58	13.60
2008	31.25	33.30	116.47	10.82
2009	26.88	30.13	105.64	5.00
2010	27.48	27.67	112.29	6.04
2011	23.50	24.62	108.85	6.71
2012	20.32	21.91	104.87	12.09
2013	19.07	19.24	97.68	15.30
2014	20.96	22.19	112.57	10.24
2015	20.20	21.05	107.20	4.52
2016	18.69	19.18	99.50	6.08
2017	20.18	20.55	108.41	5.09
2018	18.84	19.43	105.03	5.78
平均	27.24	28.85	107.64	8.53

季节性、随机性、趋势性、周期性四种趋势成分中，趋势性成分是对辣椒价格波动的贡献率最高的影响因素。基本都大于100%，只有2013年和2016年趋势性成分分别为97.68%和99.50%；季节性波动成分的贡献率于2004年达到最高值45.72%，随后逐年递减，并且逐步趋于稳定，稳定在20%左右；随机性波动成分贡献率在2004年达到峰值49.47%，随后逐步减弱，并且趋于稳定，稳定在23%左右；周期性成分贡献率整体较低，在2006年为16.61%，2013年为15.30%，2006~2008年和2012~2014年高于10%，其他年份周期性贡献率低于10%。

通过历年影响因素的贡献率数据发现，趋势性成分对我国辣椒价格波动的贡献率最高，周期性成分的贡献率整体处于较低水平。季节性成分和随机性成分的贡献率水平接近，且变化趋势趋同。

（六）我国辣椒价格周期波动分析结论

通过对2004~2018年辣椒价格进行研究，利用X12季节调整和H-P滤波分析，得出以下主要结论。

（1）我国辣椒价格变化具有较为显著的季节性波动，季节因子序列呈现周期性变动，波峰基本出现在每年1~4月，波谷皆出现在8月。2009年开始季节影响因素逐渐趋于稳定，2011~2018年辣椒价格季节波动特征具有一致性。

（2）不规则波动未呈现明显上升或者下降趋势，随机波动变化频繁，我国辣椒市场目前尚不健全，受自然灾害或者农产品投机炒作等因素干扰。

（3）每个辣椒价格波动周期时间跨度不同，短则不到一年，长则接近两年，波动幅度也不同，其中2012年12月至2014年9月波动幅度最为剧烈。

（4）辣椒价格整体呈现波动上升趋势，种植生产辣椒的物质成本、人工成本、土地成本的逐渐上升，辣椒需求量也不断上升，辣椒价格上升是不可逆的必然趋势。

第四节　辣椒价格变动的影响因素分析

（一）研究方法和指标选取

选取因子分析法，利用几个影响辣椒价格的因子来描述各个指标之间的相互关系，从而构建各个因子成分对于辣椒价格影响的关系式。

根据前文的分析，辣椒供给、辣椒替代品和互补品价格、我国居民收入、货币发行量、农业自然灾害等都是影响辣椒价格的因素。依据数据的科学性和可得性本章仅选择2004～2018 年我国辣椒种植面积、我国辣椒产量、我国青椒价格、我国农业灾害受灾面积、我国人民币发行量、我国居民消费水平、我国居民消费价格指数，作为因子分析我国辣椒价格变动（见表 7 - 6）。共计 7 组，每组 15 个样本数据。

表 7 - 6　变量的描述性统计特征

变量	变量名称	均值	标准差
X_1	辣椒种植面积（公顷）	733854.24	54184.46
X_2	辣椒产量（吨）	15571284.80	1902109.67
X_3	青椒价格（元/千克）	3.65	0.96
X_4	农业灾害受灾面积（公顷）	33318180.44	8434150.655
X_5	人民币发行量（亿元）	604783.35	231904.61
X_6	我国居民消费水平（元）	13506.07	6136.69
X_7	我国居民消费价格指数	1.02	0.02

（二）实证分析过程

使用 SPSS 24.0 软件对以上指标采用主成分分析法抽取相关因子，判断所选取的我国辣椒种植面积、我国辣椒产量、我国青椒价格、我国农业灾害受灾面积、我国人民币发行量、我国居民消费水平、我国居民消费价格指数 7 个因素指标是否适合提取因子，输出结果中 KOM 的取值为 0.793，Bartlett 的球形度检验对应的相伴概率为 0.00%，所以此样本数据可以进行因子分析（见表 7 - 7）。

表 7 - 7　KMO 和 Bartlett 的检验

取样足够度的 Kaiser - Meyer - Olkin 度量		0.793
Bartlett 的球形度检验	近卡方	183.916
	Df	21
	Sig	0.000

一般根据特征值大小确定因子个数，通常选择大于1的特征值，通常根据因子的累计方差贡献来决定，通常选择大于80%，至少大于70%。进行提取不同因子个数的尝试，经过检验发现第一个和第二个因子对应的特征根比较大，并且都大于1，第三个及以后的因子特征明显减小。并且发现第一个和第二个因子累计贡献度达到93.474%，提取了7个原始变量的大部分信息（见表7－8）。

表7－8　解释的总方差

成分	初始特征值			提取平方和载入			旋转平方和载入		
	合计	方差的%	累积%	合计	方差的%	累积%	合计	方差的%	累积%
1	5.518	78.826	78.826	5.518	78.826	78.826	5.517	78.808	78.808
2	1.025	14.648	93.474	1.025	14.648	93.474	1.027	14.666	93.474
3	0.330	4.717	98.191						
4	0.106	1.512	99.703						
5	0.010	0.143	99.845						
6	0.008	0.117	99.963						
7	0.003	0.037	100.000						

结果如表7－9所示，因子F1除了我国居民消费价格指数（CPI）变量上的载荷值较低以外，在其他6个变量上的载荷值均较高，6个变量包括我国辣椒种植面积、我国辣椒产量、我国青椒价格、我国农业灾害受灾面积、我国人民币发行量、我国居民消费水平。说明F1因子是对6个变量所代表信息的综合反映，因此F1命名为混合因子。因子F2在我国居民消费价格指数（CPI）上的载荷值均较高，绝对值达到0.993，而在其他6个变量上的载荷值均较低。F1和F2相互补充，描述我国辣椒价格变动形势成分因素。

表7－9　旋转成分矩阵

变量名称	成分	
	1	2
辣椒种植面积（公顷）	0.989	0.059
辣椒产量（吨）	0.978	0.068
青椒价格（元/千克）	0.949	0.063
农业灾害受灾面积（公顷）	－0.840	－0.159
人民币发行量（亿元）	0.996	－0.022
我国居民消费水平（元）	0.991	－0.051
我国居民消费价格指数	－0.052	0.993

注：提取方法为主成分分析法和具有 Kaiser 标准化的正交旋转法。旋转在3次迭代后收敛。

（三）实证分析结果

各个因子变量确定以后，就可以得到每一样本数据在不同因子上的具体数据值，这些数值就是因子得分，因子得分系数矩阵。由表7-10可知，F1和F2与7个变量之间的表达式为：

$$F1 = 0.988X1 + 0.976X2 + 0.948X3 - 0.843X4 + 0.996X5 + 0.992X6 - 0.069X7 \quad (7-3)$$

$$F2 = 0.075X1 + 0.084X2 + 0.097X3 + 0.145X4 - 0.006X5 - 0.035X6 + 0.992X7 \quad (7-4)$$

表7-10　成分得分系数矩阵

变量名称	成分	
	1	2
辣椒种植面积（公顷）	0.988	0.075
辣椒产量（吨）	0.976	0.084
青椒价格（元/千克）	0.948	0.097
农业灾害受灾面积（公顷）	-0.843	0.145
人民币发行量（亿元）	0.996	-0.006
我国居民消费水平（元）	0.992	-0.035
我国居民消费价格指数	-0.069	0.992

注：提取方法为主成分分析法和具有 Kaiser 标准化的正交旋转法。

各年度因子得分分布情况如表7-11所示，根据其数值绘制得分曲线（见图7-17），并且与辣椒价格走势进行比较分析。

表7-11　各年份因子得分情况

年份	F1	F2
2004	-1.38634	-1.37354
2005	-1.32761	-0.51994
2006	-1.17068	-0.5874
2007	-1.00355	1.41582
2008	-0.72533	1.87634
2009	-0.67201	-1.52341
2010	-0.326	0.49776
2011	0.14497	1.64101
2012	0.49362	0.04988
2013	0.51691	0.16234
2014	0.64129	-0.30908
2015	0.9941	-0.59508

年份	F1	F2
2016	1.14389	− 0.15115
2017	1.21267	− 0.43278
2018	1.46406	− 0.15076

F_1 因子变化趋势和辣椒价格变动趋势基本一致，F2 因子呈现不规则"M"形变动。表示我国辣椒供应量等因素是影响我国辣椒价格的主要因素。

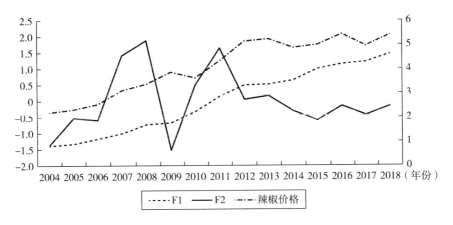

图 7 - 17　2004 ~ 2018 年因子得分与辣椒价格比较

为了进一步观察研究各原始变量对辣椒价格波动的影响程度，把我国辣椒年价格时间序列定义为因变量 Y，与提取出的 F1 因子和 F2 因子建立多元线性回归方程，方程的 R2 为 0.993，F1、F2 和常数 C 三个参数的 t 统计量的伴随概率（p 值）都小于 0.05，说明在 5% 水平下拒绝了原假设，置信度大于 95%，方程参数均为统计显著的，且 F 统计量对应的 p 值（0.02）较小，所以方程的整体拟合效果较好（见表 7 - 12）。

表 7 - 12　模型估计结果

变量	系数	标准差	T 统计量	伴随概率
F1	1.117	0.966	11.907	0.00
F2	0.063	0.966	0.574	0.513
C	4.091	1.081	45.129	0.00

根据式（7 - 3）和式（7 - 4）运算结果得到：

$$Y = 4.83X1 - 2.69X2 + 0.800X3 + 1.476X4 + 4.814X5 - 6.743X6 + 0.949X7 \qquad (7 - 5)$$

从绝对值看，我国居民消费水平、我国辣椒种植面积、人民币发行量、辣椒产量、农业灾害受灾面积、我国居民消费价格指数、青椒价格对我国辣椒价格构成影响。

第八章 辣椒产业链各主体发展分析

我国辣椒产业链条相对完善，涵盖品种培育、种植、流通、初级加工、精深加工、餐饮等领域，是我国种植面积最大、加工企业最多的蔬菜品种。辣椒产业每年创造产值达 2500 亿元，占全国蔬菜总产值的 11.36%，对农民收入贡献率达 1.14%。辣椒产业链条各企业、研发部门等主体在辣椒产业链条中发挥着重要作用。

第一节 辣椒企业地域分布情况

（一）中国辣椒加工企业概况

辣椒产业链条涵盖种子研发、规模制种、种子销售、专业育苗、规模种植、初级加工、深加工、精深加工、餐饮、文化产业、观光旅游、机械研发等相关产业，已成为我国最大的蔬菜产业。

目前我国各省区辣椒加工企业呈现垄断竞争的市场格局，企业数量众多，但在生产经营中却各有侧重。我国辣椒加工企业主要集中在贵州、湖南、四川、重庆、山东、河北、河南等辣椒主产省区，其中贵州加工辣椒以油辣椒为主要特色，湖南辣椒加工以剁辣椒为主，四川以豆瓣酱和泡辣椒为主打产品，重庆火锅底料市场占有率最高，陕西则以油泼辣椒为主要特色。

在辣椒精深加工领域，河北晨光生物为领军企业，不仅在国内市场居龙头地位，还拥有国际市场辣椒红素的产品定价权。山东、河南、新疆等省区也发展辣椒精深加工产业，但或者受产品技术要求、原料来源等因素影响，仍处于起步阶段。我国主要辣椒加工省份优势产品与代表性企业品牌如表 8－1 所示。

表 8－1 我国主要辣椒加工省份优势产品与代表性企业品牌

省份	优势加工产品	代表企业	代表品牌
贵州	油辣椒	老干妈风味食品有限公司	老干妈
四川	豆瓣酱、泡辣椒	郫县鹃城豆瓣酱公司 四川眉山李记酱菜调味公司	鹃城 李记

省份	优势加工产品	代表企业	代表品牌
重庆	火锅底料	重庆德庄实业集团	德庄
湖南	剁辣椒	湖南沅江辣妹子食品有限公司	辣妹子
新疆	辣椒红色素	新疆隆平高科弘安天然色素有限公司	
山东	牛肉酱、蒜蓉酱	中椒英潮辣业发展有限公司	英潮
河北	精深加工	晨光生物科技有限公司	晨光
陕西	油泼辣椒	宝鸡德有邻食品有限公司	德有邻

（二）各主产省份企业分布情况

我国辣椒企业总数超过1000家，在全国各地均有分布，其中以辣椒酱为代表的调味品类企业数量最多，涌现出老干妈、李锦记、辣妹子、黄灯笼等知名辣椒酱品牌，在带动辣椒产业发展、提高辣椒产业收益方面发挥着重要作用。虽然我国辣椒在全国范围均有种植，但各省区辣椒企业发展存在较大差距，发展较好的省份包括贵州省、山东省、河北省、河南省、湖南省、四川省和重庆市。

1. 贵州省辣椒企业

贵州不仅是我国的辣椒种植大省，也是全球辣椒集散中心，位于遵义虾子镇的中国辣椒城年交易量达10万吨，有"生态黔椒，泉涌天下；集散虾子，买卖全球"之称。贵州省辣椒产业分布以遵义市为中心，其他重要辣椒生产基地为依托，共同构成中国辣椒市场产业体系。贵州全省拥有50多个重点辣椒生产县，生产油辣椒、泡椒、豆瓣酱、剁椒、辣椒酱、糊辣椒、干辣椒等50多个辣椒品种。贵州省辣椒加工企业以油辣椒为主要特色，贵州省油辣椒制品占据国内市场的70%，在油辣椒制品行业占据重要地位，以老干妈为龙头的农产品加工型龙头企业为首，形成老干妈、贵三红、苗姑娘、乡下妹等知名品牌。贵州省市级以上龙头企业分布如表8-2所示。

表8-2　贵州省市级以上龙头企业分布

级别	遵义市	贵阳市	黔东南州	铜仁市	毕节市	六盘水	安顺	黔西南州	黔南州	总计
国家级	2	1	0	0	0	0	0	0	0	3
省级	9	3	3	3	3	1	2	1	0	25
市级与州级	24	10	11	6	5	8	3	4	4	75
总计	35	14	14	9	8	9	5	5	4	103

资料来源：遵义第三届国家辣椒博览会暨会议指南。

贵州省共有辣椒加工龙头企业近200家，发展老干妈遵义分公司、贵阳南明老干妈风味食品有限责任公司、贵州湄潭茯苓莹食品开发有限公司3家国家级辣椒龙头企业，省级龙头辣椒企业 25 家，市级 59 家，州级 16 家。贵州的辣椒种植、集散以及加工规模均领先于国内市场。贵州省辣椒企业的分布中，遵义市辣椒企业数量最多，包括 2 个国家级辣椒加工龙头企业，9 个省级龙头企业，24 个市级与州级龙头企业。贵阳市与黔东南州龙头企业数量相同，但贵阳市有国家级辣椒加工龙头企业老干妈，整体实力高于黔东南州。

成立于 1996 年的老干妈，是我国最大的辣椒加工企业。老干妈创始人陶华碧的创业理念"只做辣椒行业的龙头企业"，老干妈也成为我国最知名的辣椒调味品品牌。2017 年老干妈年销售量达到 45.5 亿元，老干妈辣椒酱系列产品在全国同类产品中居于榜首，每天卖出 200 万瓶辣椒酱。

2017 年 1 月重庆火锅产业集团牵头两地知名火锅品牌和遵义播州区政府，共同注资成立了贵州播州红食品有限公司，在贵州遵义播州区乐意农业园区规划土地 400 多亩，专注火锅底料以及川菜、家用调味品、辣椒原料等六大类产品，全部投产后将形成"5 万吨火锅底料、5 万吨牛油、3 万吨植物油、3 万吨糍粑辣椒、2 万吨辣椒调味品，1650 吨辣椒酵素以及 1200 万盒自热火锅的生产加工能力"，开贵州辣椒企业区域合作先河。

2. 山东省辣椒企业

山东省 2018 年辣椒种植面积 172.49 万亩，产量 501.92 万吨，辣椒亩产量较高。山东省作为最大的辣椒加工出口基地，辣椒加工企业 200 家，形成以中椒英潮、辣贝尔、柏兰等为主的初级加工企业，产品以调味料与脱水蔬菜为主。培育国家级龙头企业 3 家，省级龙头企业 16 家，规模在 5000 万以上的企业 14 家。山东省辣椒深加工龙头企业较少，主要以初级加工企业为主，产品主要以辣椒粉、辣椒丝、辣椒段等产品进行销售，产品附加值低，市场竞争力较弱（见图 8 - 1）。

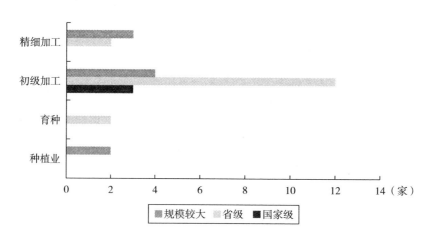

图 8 - 1　山东省规模以上辣椒加工企业

资料来源：山东农业产业化龙头企业名单统计。

山东省辣椒加工企业涵盖种植、育种、初级加工、精深加工等领域。从辣椒企业类型上看，国家级 3 家，省级 12 家，规模在 5000 万以上的企业 5 家。山东省国家级辣椒加工企业有中椒英潮辣业发展有限公司、青岛永发食品有限公司与山东飞达集团有限公司，生产产品以初级加工为主，也从事辣椒红等精深加工产品生产，且均为外向型出口企业，是中国辣椒行业的翘楚。从辣椒企业分布上看，辣椒企业主要集中在青岛市与德州市，青岛市是重点蔬菜出口贸易基地，德州市是山东省重点辣椒种植基地，两市省级辣椒加工企业均为3家。青岛出口产品以原料为主，德州辣椒以中椒英潮辣业发展有限公司为龙头，在中椒英潮带动下，山东武城已形成省、市辣椒龙头企业20多家，辣椒制品200余种。

中椒英潮辣业发展有限公司位于山东省德州市武城县，注册资金7000万元，该公司成立于2000年，是山东省最大规模的辣椒种植、收购、加工、储藏、销售出口为一体的出口型企业。主要经营辣椒制品与食品配料，旗下品牌包括中椒、辣贝尔、英潮。

青岛柏兰集团有限公司位于山东省青岛市，注册资金7118万元，该公司成立于1993年，是一家以辣椒与芝麻为主的链条企业，公司占地面积86000平方米，70%产品用于出口，2004年被评为国家级出口辣椒标准示范基地，打造柏兰、东方味道、芳蝶等知名品牌。

山东飞达集团有限公司位于山东省德州市，注册资金5550万元，该企业成立于2001年，公司占地面积450余亩，年生产能力6万吨，是主要以从事辣椒蔬菜种植、加工、出口为主导的龙头企业，旗下子公司从事辣椒深加工业务。

3. 河北省辣椒企业

河北省辣椒种植面积分布范围广泛，各地区均有种植。2018年河北省辣椒种植面积约73万亩，全国种植面积排名第十一名[①]。2018年河北省辣椒年产量约200万吨，占全国辣椒产量的6%左右，全国辣椒产量排名第七。河北省国家级辣椒企业1家，拥有国家高新技术企业2家，省级辣椒龙头企业16家，市级辣椒企业23家。河北省的辣椒加工企业主要以辣椒粗加工与辣椒深加工为主，培育河北著名商标10个，初级干制辣椒产品多用于出口，青甜椒内销周边省份[②]。河北省市级以上辣椒产业龙头企业地域分布如表8-3所示。

表8-3 河北省市级以上辣椒产业龙头企业地域分布 单位：家

级别	邯郸市	保定市	衡水市	邢台市	张家口市	唐山市	辛集市	定兴县	总计
国家级	1	0	0	0	0	0	0	0	1
省级	8	1	0	2	2	1	1	1	16
市级	13	4	6	0	0	0	0	0	23
总计	22	5	6	2	2	1	1	1	40

资料来源：河北省各地市政府官网统计。

河北省辣椒企业围绕辣椒种植基地分布，其中鸡泽县辣椒常年种植面积8万亩，年

---

① 赵泽阳，赵邦宏，乔立娟. 利用集中度分析研究河北辣椒产业发展现状 [J]. 中国商论，2019 (7)：211-212.

② 范妍芹，刘云，严立斌. 河北辣椒 [J]. 辣椒杂志，2006 (2)：1-4.

加工鲜红辣椒60万吨，辣椒加工企业130余家，辣椒制品十大系列包括产品品种近200种，绿色辣椒认证28个，辣椒年产值达25亿元。培育国家高新技术企业2家，晨光生物科技集团股份有限公司与鸡泽县天下红辣椒有限公司，拥有30多项辣椒加工专业技术专利。省级农业重点龙头企业8家，市级重点企业13家，培育"天下红"中国驰名商标，拥有5个河北著名商标。每年从事辣椒种植31000人，从事辣椒加工与销售11000人。

望都全县辣椒种植面积5万亩，辣椒加工企业128家，辣椒企业是望都县重要的经济支柱。望都是国家级辣椒出口质量安全示范区，拥有进出口权的辣椒加工企业6家，主要出口欧美、日韩等国家，2017年出口总值达1000万元[①]。望都县年加工辣椒产品16万吨，产品品种近80种，培育省市品牌40余种。河北省（市）级辣椒加工企业分类如图8-2所示。

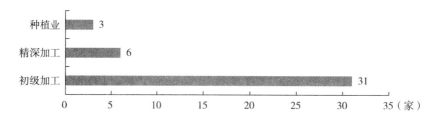

图8-2 河北省（市）级辣椒加工企业分类

资料来源：河北省人民政府官网（http://www.hebei.gov.cn/）。

河北省初级辣椒加工企业以辣椒粗加工为主，产品以辣椒原料、辣椒粉、辣椒圈、辣椒段、辣椒丝为主。河北省辣椒精深加工企业，主要从事辣红素、辣椒碱的提纯加工。河北省辣椒企业面临的现状：精深加工企业经济附加值高，但是所占比例较少，粗加工企业数量多，质量差且实力薄弱，自主研发能力差，长期依附价格优势，利润空间较低，市场竞争力差，多以辣椒原料出口国外。

河北省晨光生物科技集团股份有限公司是国家级农业产业化龙头企业，A股上市企业，公司成立于2000年，子（分）公司22家，主要从事辣椒精深加工，生产辣椒红、辣椒碱、辣椒油等制品，其中辣椒油树脂占国内产量的85%，辣椒红色素产销量世界第一，该产品70%用于出口，在国际市场上占有率达到80%以上，2018年销售收入达30.6亿元。

鸡泽县天下红辣椒有限公司，省级农业产业化龙头企业，成立于2003年，打造"天下红"中国驰名商标，发明清火因子专利，主要生产辣椒酱、盐渍辣椒，年生产盐渍辣椒10万吨。

---

① http://www.wdx.gov.cn/content-888888015-19493.html.

4. 湖南省辣椒企业

湖南 2018 年辣椒种植面积 172.8 万亩，辣椒播种品种以线椒、牛角椒、朝天椒为主，湖南辣椒种植集中度较低，多以散户种植为主。湖南辣椒加工有悠久的历史，产品主要有辣椒干、辣椒粉、辣椒酱、泡辣椒、剁辣椒、白辣椒和辣椒精、辣椒素、辣椒红色素等，以剁辣椒和辣椒酱最具特色。

湖南省辣椒产业在湖南经济发展中占据重要地位，并已实现从辣椒育种、种植、流通、加工为一体的全产业链经营。湖南辣椒产业链条中，辣椒育种行业在全国具有领先作用，代表性品种为湘研系列与兴蔬系列，在全国具有强高的市场占有率与影响力。据湖南省辣椒行业协会统计，全省共有辣椒加工企业 300 多家，辣椒企业品牌 1000 余个，加工产品年销售额在 100 亿元左右，全省每年辣椒加工产品总量在 100 万吨左右[①]。辣椒加工企业分布 14 个县，其中省级龙头企业 19 家。根据辣椒企业产值分类，产值上亿元的企业 12 家，产值在 8000 万元的企业 30 多家，产值在 5000 万~6000 万元的企业 50 多家。湖南辣椒加工企业均以初级加工为主，以湖南军杰食品科技有限公司、坛坛香食品科技有限公司等为代表。湖南省级辣椒龙头企业分布如图 8 - 3 所示。

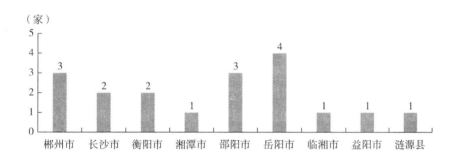

图 8 - 3　湖南省级辣椒龙头企业分布

资料来源：湖南省政府官方网站。

湖南加工辣椒已形成了一批在全国有影响的公司和品牌。湖南沅江辣妹子食品有限公司，辣椒产品年产值 2.2 亿万元，"辣妹子"成为湖南著名商标；湖南坛坛香调料食品有限公司，辣椒加工年产值超过 1.7 亿元，"坛坛乡"湖南著名商标；湖南军杰食品科技有限公司，年产值超过 1.6 亿元，"军杰"湖南著名商标；湖南省湘军永丰辣酱公司，主要产品为湖南另一特色辣椒酱，品牌为"永丰辣酱"，获中国地理标志；汝城鑫利食品有限公司年烘干 5000 吨辣椒、制作 7000 吨辣椒酱，年产值在 1.2 亿元左右（见表 8 - 4）。

湖南省辣椒加工企业约 80% 以剁椒加工为主，且主要集中在长沙市。由于辣椒需求量大，剁椒原料近 90% 需要外地采购，对湖南剁椒产业形成制约。且剁辣椒产品生产设备技术要求不高，进入门槛低，使得行业内部竞争严重，利润率较低。

① 张西露. 湖南省辣椒行业协会第二届会员大会召开［J］. 辣椒杂志，2011，9（4）：49.

表8-4 湖南主要辣椒加工企业

序号	单位名称	生产地点	年产值（亿元）
1	湖南坛坛香食品科技有限公司	长沙	1.7
2	湖南辣之源食品有限公司	长沙	1.5
3	湖南华康食品有限责任公司	湘阴	1.6
4	湖南家家红食品有限公司	长沙	1.6
5	湖南洞庭辣妹子食品有限公司	沅江	2.2
6	湖南湘楚情食品有限公司	长沙	1.1
7	娄底百雄堂食品有限公司	娄底	1.3
8	长沙贺福记食品有限公司	长沙	1.1
9	湖南军杰食品科技有限公司	隆回	1.6
10	湖南省湘大王农业科技发展有限公司	长沙	1.5
11	湖南津山口福食品有限公司	桃源	1.3
12	汝城县鑫利食品有限公司	郴州	1.2

辣妹子食品股份有限公司位于湖南省益阳市，注册资金8400万元，公司成立于1998年，公司占地面积200亩，是全国最大的辣椒酱生产基地，"辣妹子"品牌被评为中国著名商标，辣椒酱在同类产品中市场营销排名第一，产品出口十几个国家，是湖南省省级农业产业化龙头企业。

湖南军杰食品科技有限公司，注册资金8000万元，公司成立于2013年，公司占地面积157亩，主要从事辣椒制品加工，生产辣椒系列产品如泡椒、剁椒、辣椒酱，休闲食品42种，年产辣椒系列产品12万吨，畅销22个省份并远销海外，年销售收入6.3亿元，"军杰"荣获湖南著名商标，是一家大型剁椒加工企业。

5. 河南省辣椒企业

河南省是辣椒种植大省，2018年河南省辣椒种植面积近360.46万亩，种植面积全国排名第二，主要以三樱椒、朝天椒、小辣椒、益都红等辣椒为主，多数干制辣椒直接以原料方式在辣椒生产基地进行交易。河南省辣椒种植面积广泛，但是辣椒龙头企业发展速度较缓。2018年河南省有省级辣椒龙头企业16家，规模在5000万元以上的非省级龙头辣椒企业9家，规模在1000万~5000万元的辣椒企业26家（见图8-4）。

河南省辣椒企业仍以初级加工为主，其中省级龙头企业12家；精深加工企业中，省级龙头企业有4家。在辣椒种植业与育种业，企业规模偏小，育种企业规模均小于5000万元。

河南柘城是全国知名辣椒种植基地与辣椒交易市场，拥有以传奇、北科为首的市级育种企业16家，市级农业专业合作社35家，以春海、辣德鲜为首的市级辣椒加工龙头企业26家。柘城主要以合作社方式，收购辣椒原料直接进行交易，辣椒加工企业的带动能力不强。

河南省霞光农业高科技股份有限公司位于河南省南阳市，该公司成立于2011年，是一家专业从事提取天然色素与功能性食品添加剂等产品的高科技企业，主要产品包括辣椒红色素、辣椒油树脂等，年产辣椒红 2600 吨、辣椒精 2200 吨，实现收入 6.9 亿元。

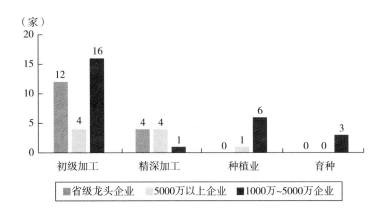

图 8 - 4　河南省辣椒龙头企业类型

资料来源：根据河南省农业产业化龙头企业名单整理。

仲景食品股份有限公司位于河南省南阳市，注册资金 7500 万元，公司成立于 2002 年，是国家高新技术企业，拥有自主专利 10 项，主要从事调味品与食品配料生产，萃取辣椒油树脂与辣椒红素等香辛调味品的研发，开发香菇酱、蓝莓酱、辣椒酱以及麻辣食品。

虽然河南省辣椒加工企业实力无法与贵州、山东等地抗衡，但却拥有我国最大的辣味休闲食品加工企业。漯河市平平食品有限责任公司创建于 1999 年，是我国最知名的辣味休闲食品行业的龙头企业，打造"卫龙"系列全国知名品牌，年营收 35 亿元，是辣条品类休闲零食的开创者。

6. 四川省辣椒企业

四川省辣椒种植面积 7.75 万公顷，占全国辣椒种植面积的 5.2%，主要种植菜椒、线椒、朝天椒等类型辣椒，全省年消耗鲜辣椒十几万吨，干辣椒的年消耗量为 20 万～30 万吨。四川省是辣椒消费大省，虽然辣椒种植面积不高，但在消费市场的强劲带动下，辣椒产业发展状况良好，培育国家级龙头企业 8 家、省级龙头企业 9 家。四川辣椒加工形式主要是豆瓣酱、泡辣椒和深加工鲜辣椒，年加工 50 万吨，产辣椒豆瓣酱 60 万吨以上，产值 20 亿元。四川省辣椒加工企业分类如图 8 - 5 所示。

四川省 8 家辣椒产业国家级农业产业化龙头企业均为初级加工类型，仅威远宏源生物发展有限公司 1 家精深加工企业，年提取辣椒红色素 250 吨、辣椒素 120 吨[①]。四川省辣椒企业主要以初级加工企业为主，其产品以豆瓣酱、火锅底料与酱腌菜制作为主，其中酱腌菜企业 7 家，包括四川李记酱菜调味品有限公司、成都市盈宇食品有限公司等加工企

---

① 张方. 成都平原辣椒产业分析与发展对策思考［J］. 农业与技术, 2018, 38 (2): 154 - 155.

业，四川省郫县豆瓣股份有限公司作为郫县豆瓣龙头企业，在豆瓣酱行业具有领先地位。四川加工的辣椒豆瓣酱以郫县豆瓣酱和资阳临江寺豆瓣酱知名度最高，郫县年加工鲜椒21万吨，年产豆瓣酱27万吨，年产值8亿元，占四川豆瓣酱的50%，其中郫县鹃城豆瓣酱公司的规模最大。

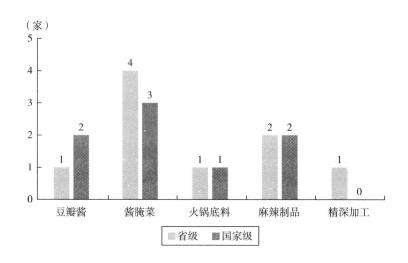

图 8 - 5　四川省辣椒加工企业分类

资料来源：四川省省级农业产业化龙头企业名单。

四川自贡百味斋食品有限公司，注册资金13792.25万元，2001年成立，主要产品涵盖火锅底料系列、休闲菜系列、炖菜系列、汤料系列、蘸料系列、礼品盒等九大系列百多种单品，服务于相关餐饮企业，主要为提供四季火锅底料、四川特产冒菜底料、麻辣烫浓缩调料剂等产品。

四川味聚特食品有限公司，注册资金5690万元，2003年成立，生产销售蔬菜制品（泡菜、酱腌菜、酸菜）、食用菌类和藻类（海带、木耳、食用菌制品）、调味品、火锅底料、罐头食品、食用油、芝麻油、肉制品、豆类制品；购销农副产品，设计进出口业务。

7. 重庆市辣椒企业

重庆市加工型辣椒种植面积常年维持在50万亩左右，重庆辣椒主产县石柱县辣椒种植面积30万亩，重庆辣椒品质优良，是重庆火锅与川菜必不可少的调味品。重庆市辣椒与花椒调味品加工企业近400家，培育国家级龙头企业4家、市级龙头企业27家，具有一定规模的辣椒餐饮企业54家。其辣椒主要用于火锅底料与调味品的生产加工，火锅调料的市场占有率为80%，是重庆重要的经济产业。重庆国家级、市级辣椒初级加工企业类型如图8-6所示。

重庆市辣椒产业有4家国家级龙头企业，均为辣椒的初级加工企业，包括五斗米、周君记火锅和小天鹅3家火锅企业与重庆市涪陵辣妹子集团公司1家辣椒调味品加工企业。重庆市级辣椒企业中，包括2家育种企业、2家种植企业，还有初级加工企业23家，目前重庆无辣椒精深加工企业。随着重庆火锅的兴起，重庆市级辣椒加工企业中有 13 家从事重庆火锅底料生产，包括重庆"周君记""德庄""桥头"是中国十大火锅底料加工品牌，火锅产业发展势头强。麻辣休闲食品与豆瓣酱料生产企业也占有一定数量。

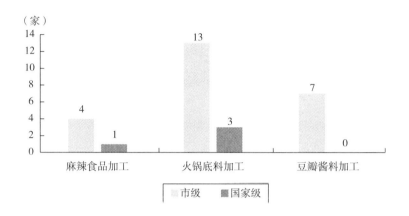

图 8 - 6　重庆国家级、市级辣椒初级加工企业类型

资料来源：根据重庆市农业产业重点龙头企业名单统计。

重庆红干辣椒种植主要集中在石柱县，辣椒基地 30 亩，年产鲜辣椒 28 万吨，拥有辣椒专业合作社 36 家、国家级龙头企业 1 家、市级龙头企业 3 家、县级龙头企业 7 家，培育"石柱红"市级著名商标。

重庆的辣椒加工企业以火锅底料生产为特色。重庆市周君记火锅食品有限公司，创建于 1993 年，占地 40 余亩，拥有 2 个市级著名商标、1 个重庆市名牌产品，国家级重点龙头企业，是一家集科研、设计、生产、加工、销售为一体的专业火锅底料与复合调料生产企业。重庆小天鹅百福食品有限公司，成立于 1995 年，厂房面积 9000 平方米，年产各类调味品 3000 吨，主要研制适合各地风味的火锅底料，是一家拥有 30 多年经验的重庆火锅老字号。

重庆市涪陵辣妹子集团公司，创建于 1998 年，资产总额 3 亿元，旗下 4 家公司，主要研发榨菜、泡菜、调味品、佐餐食品的生产加工，年生产能力 5 万吨，拥有"辣妹子"中国驰名商标与中国名牌产品称号。

（三）我国辣椒产品知名品牌

各地辣椒产业的发展也形成了大量辣椒企业知名品牌与地域品牌，在京东、淘宝、买购网等网络购物平台带动下，根据产品销量与消费者评价，每年均会对辣椒酱、干辣椒等产品进行品牌排名。

1. 干辣椒知名品牌

干辣椒加工属于辣椒初级加工，进入门槛低，企业数量多，行业竞争激烈，根据我国 B2B 电子商务采购搜索专业搜索引擎马可波罗网站的搜索结果显示，我国干辣椒知名品牌包括三川半、东奥食品等9家，企业规模较大，产品类型丰富，网络营销成为其新兴营销渠道。干辣椒最受欢迎的品牌如表8-5所示。

表8-5 干辣椒最受欢迎的品牌

排名	品牌	公司	简介
1	三川半	云南鑫辉农业技术开发有限公司	该公司以龙头山辣椒、小红蒜、小黄姜、鲁甸青花椒、核桃和夏季蔬菜为主要原料，以打造"三川半"系列品牌产品为开发对象
2	东奥食品	兴化市东奥食品有限公司	公司成立于1998年，为脱水蔬菜，调味品加工出口企业，厂址位于苏中腹部，郑板桥故里兴化
3	咕咕鲜	丽水市咕咕鲜生物科技有限公司	公司主要经营代用茶研发，食用农产品，保健食品批发、零售，中草药收购、销售，在天猫、京东有旗舰店，通过网络平台进行销售
4	马劳模	安徽省绩溪县劳模实业有限公司	安徽省绩溪县劳模实业集团是一家集徽菜、农特产品、生物科技、功能性健康食品、休闲旅游产品、旅游资源开发和销售为一体的综合性省级农业产业化龙头企业
5	神农峡	湖北神农峡生态农业发展有限公司	公司成立于2012年，位于湖北省十堰市，主要经营项目包括农林特产品、旅游产品加工销售，餐饮，住宿，种养殖，旅游项目投资等
6	森嘉食品	厦门市森嘉食品有限公司	公司成立于2004年，总部位于厦门，是一家集绿色农产品种植、保鲜、加工及绿色食品研发、销售为一体的生产型和进出口贸易公司
7	吾悦	安徽吾悦食品有限公司	公司成立于2013年，是一家集蔬菜干制品、菌菇山珍干货、花茶干果销售为一体的山林食养品牌企业
8	溢色溢香	德清穗丰农业科技有限公司	公司是蓝莓鲜果、蓝莓酱、脱水蔬菜等产品专业生产加工贸易公司，拥有完整、科学的质量管理体系。德清穗丰农业科技有限公司的诚信、实力和产品质量获得业界的认可
9	臻农	陕西臻农商贸有限公司	公司是一家集采集、包装、开发、生产、销售为一体的现代化新农业产品贸易公司

资料来源：马可波罗网（http：//b2b. makepolo. com/pinpai/t68392. html）。

2. 鲜辣椒十大品牌

我国鲜辣椒销售以农产品批发市场为主，但随着生鲜电商平台的兴起，出现了东升农场等鲜辣椒知名品牌，并将广西七彩椒、云南小米辣等销往全国。根据买购网CNPP大数据平台系统整理各大电商平台的产品数据信息，依据产品的生产日期、存储方式、产地、价格销量、品牌知名度、用户口碑评价等各项数据列出鲜辣椒知名品牌。通过电商平台数据信息可以发现，鲜辣椒知名品牌主要在广西、云南等省区，并以七彩椒、小米椒、彩椒等特色辣椒销售为主。鲜辣椒知名品牌如表8-6所示。

表 8-6 鲜辣椒知名品牌（排名不分先后）

品牌名称	企业	销售渠道	产品特点
东升农场	广州东升农场有限公司	天猫东升旗舰店	无公害青圆椒、青尖椒，新鲜配送
村村喜	广西北流市丰锐农业有限公司	天猫村村喜旗舰店	广西特产新鲜七彩椒、五彩椒、泡椒、灯笼椒、剁椒、五色生辣椒
讯丰	广西迅丰水果公司	天猫迅丰水果旗舰店	广西五彩椒
俏之野	广西早木逢春农牧有限公司	天猫俏之野旗舰店	广西特辣小米椒现摘现发
可米庄园	楚雄可米庄园商贸有限公司	天猫可米庄园旗舰店	云南新鲜小米椒
鲜味岭	四川乐山鲜味岭食品有限公司	天猫鲜味岭旗舰店	四川新鲜小米椒
探味君	广西探味君旗舰店	天猫探味君旗舰店	广西特产新鲜五彩椒
蔬洋	山东寿光德康商贸有限公司	天猫蔬洋旗舰店	新鲜大红辣椒，制酱专用
壹香	壹香（上海）电子商务有限公司	天猫壹香旗舰店	红、黄灯笼椒，彩椒
四季飞扬	云南盟策电子商务有限公司	天猫四季飞扬旗舰店	云南新鲜小米辣

资料来源：买购网（https://www.maigoo.com/product/specs_5003.html）。

3. 辣椒酱十大品牌

2018 年，我国辣椒酱市场规模达到 320 亿元。根据《2018 年中国辣椒酱行业分析报告》估计，我国整个辣椒酱行业市场规模增速仍在 7% 以上，到 2020 年底，辣椒酱行业市场将达 400 亿元。买购网收集了辣椒酱行业超过 80 个品牌信息及 70828 个网友的投票作为参考，综合分析了辣椒酱行业品牌的知名度、员工数量、企业资产规模与经营情况等各项实力数据，评选出 2018～2019 年辣椒酱行业十大知名品牌（见表 8-7）。老干妈仍在辣椒酱知名品牌中排名第一，但随着消费者需求的日益多元化，李锦记、辣妹子、虎邦等品牌也日益受到消费者认可。

表 8-7 2018～2019 年辣椒酱十大知名品牌

排名	品牌名称	企业	网络销售渠道	产品特点
1	老干妈	贵阳南明老干妈风味食品有限公司	天猫旗舰店京东自营店	油制辣椒
2	李锦记	李锦记销售有限公司	天猫旗舰店 京东旗舰店 京东自营店	香港百年中式酱料品牌
3	花桥	桂林花桥食品有限公司	天猫旗舰店	桂林三宝之一
4	茂德公	广东茂德公食品集团有限公司	天猫旗舰店 京东自营店	南派香辣酱典范
5	辣妹子	辣妹子食品股份有限公司	天猫旗舰店 京东自营店	湘菜之辣
6	吉香居	四川省吉香居食品有限公司	天猫旗舰店 京东自营店	榨菜、泡菜

排名	品牌名称	企业	网络销售渠道	产品特点
7	海天	佛山市海天调味食品股份有限公司	天猫旗舰店 京东自营店	招牌拌饭酱
8	饭扫光	四川饭扫光食品集团股份有限公司	天猫旗舰店 京东旗舰店 京东自营店	饭扫光系列
9	虎邦	中椒英潮辣业发展有限公司	天猫旗舰店 京东旗舰店 京东自营店	小杯酱
10	清净园	大象（北京）食品有限公司	天猫旗舰店 京东自营店	韩式辣酱

资料来源：买购网（https://www.maigoo.com/product/specs_5003.html）。

第二节　辣椒育种企业与单位现状

我国省级以上从事辣椒育种的科研单位达到 28 家（不包括高等学校），在所有蔬菜作物中排名第一[①]，专业从事辣椒品种选育的企业 200 多家，辣椒育种研究居世界前列。"十二五"以来，我国辣椒遗传育种获得长足进展，目前生产上的辣椒品种已完成了 3~4 代的更新，90% 以上是一代杂种，国内品种超过 80%，形成了中椒、兴蔬、湘研、京研、苏椒、沈椒、农望、永利等著名品牌[②]。

（一）我国登记辣椒品种数量

自 2017 年 5 月《非主要农作物品种登记办法》实施以来，蔬菜品种登记 9047 个，其中辣椒 2283 个，占蔬菜总登记量的 25.2%。辣椒新品种登记量排名前十的省（市）依次是河南 443 个、山东 285 个、四川 231 个、安徽 204 个、甘肃 170 个、江苏 158 个、北京 136 个、湖南 112 个、江西 96 个、辽宁 77 个。

辣椒新品种中，线椒、羊角椒、螺丝椒占主要份额，包括湖南省蔬菜研究所培育的博辣系列、四川省农业科学院园艺研究所培育的川腾系列、深圳市永利种业有限公司培育的辣丰系列等；干制辣椒新品种以如重庆市农业科学院蔬菜研究所培育的艳红 425、艳椒 426，贵州省辣椒研究所育成的黔辣 7 号，云南省农业科学院育成的文辣 5 号等为代表。

---

① 徐东辉，方智远. 中国蔬菜育种科研机构及平台建设概况 [J]. 中国蔬菜，2013（21）：1-5.
② 王立浩，张正海，曹亚从，张宝玺. "十二五"我国辣椒遗传育种研究进展及展望 [J]. 中国蔬菜，2016（1）：1-7.

（二）我国主要辣椒育种企业

我国蔬菜种子企业超过 5000 家，其中辣椒种子企业超过 1000 家，但蔬菜种子企业普遍存在企业规模小、市场占有率低与科研力量弱等问题。根据表 8 - 8，辣椒品种登记量排名前十的单位中，河南占 4 家、四川占 2 家，其余江苏、江西、湖南、山东、北京各 1 家。

湖南省湘研系列辣椒品种在全国市场占有率最高时达到 80%。1985 年由湖南省蔬菜研究所推出的湘研 1 号杂交辣椒被推广至全国各地，菜农收益提高 4～5 倍；湘辣 4 号是我国第一个大面积推广的杂交线椒品种；并推出我国第一个机械化采用的杂交辣椒品种——博辣红牛。

青州市天成农业发展有限公司先后选育推广适合北方种植的海花 3 号、海丰 5 号、硕丰 9 号、中椒 5 号、中椒 7 号、中椒 107 号、华甜系列、海丰 14、威狮一号、117、155、圣保罗、喜洋洋等一系列国内顶尖的甜辣椒品种，其中 2004 年推出的"威狮一号"连续 6 年占北方秋延保护地市场的 80%，2012 年喜洋洋成为秋延主栽品种，连续 5 年占北方秋延辣椒的 90% 以上。

表 8 - 8　2017～2019 年辣椒品种登记数量排名前十的单位　　　　　单位：家

单位名称	地区	登记品种数量
镇江市镇研种业有限公司	江苏	79
绵阳市棉蔬种业科技有限公司	四川	76
江西农望高科技有限公司	江西	73
四川海迈种业有限公司	四川	64
青岛明山农产种苗有限公司	山东	61
洛阳市诚研种业有限公司	河南	54
京研益农（北京）种业科技有限公司 北京市农林科学院蔬菜研究中心	北京	51
湖南湘研种业有限公司	湖南	50
郑州郑研种苗科技有限公司	河南	44
河南鼎优农业科技有限公司	河南	44
河南豫艺种业科技发展有限公司	河南	44

资料来源：王立浩，马艳青，张宝玺. 我国辣椒品种市场需求与育种趋势［J］. 中国蔬菜，2019（8）：1 - 4.

（三）辣椒品种品牌地区分布

1. 加工型辣椒品种分布

我国辣椒种植区域广，不同地区选择不同辣椒品种。加工型辣椒品种选择上，河南、河北、安徽、江苏露地栽培以朝天椒为主，常见辣椒品种为艳红、艳美；线椒种植种则以辛香 8 号、辣丰 3 号、博辣艳丽为主；泡椒品种以好农 11 号、农大 301 类型，安徽、江苏薄皮泡椒以苏椒5号类型为主。四川、重庆、贵州、云南、湖南等地朝天椒品种主要为石柱红系列、遵椒系列、艳红425、湘研712、博辣天玉等；线椒主要为辣丰3号、博辣艳丽、博辣新红秀、长辣7号、辛香8号、湘辣17号、湘辣18号等。西北地区加工辣椒种植中，新疆以铁皮椒、板椒、线椒为主，主要品种有红龙13号、红龙18号、博辣红牛、8819等；陕西线椒主要品种有8819、博辣新红秀等。东北产区吉林等地干辣椒品种以金塔类型为主。

2. 鲜辣椒品种分布

山东、河北、辽宁等省份设施与露地秋延等辣椒种植区域品种以大果型牛角椒、黄皮椒、厚皮甜椒为主，主要品种为喜洋洋、陆帅、红方、黄贵人、奥黛丽、中椒1615、中椒107等，种植面积仍呈增长趋势。新疆地区大果型螺丝椒以陇椒、猪大肠系列为代表。近年来，新兴的麻辣椒在辽宁地区有一定的种植面积，品种以沈椒系列为主。广东、广西、海南、云南、福建等地南菜北运省份鲜辣椒主要辣椒类型为牛角椒、黄皮尖椒、青皮尖椒等，主要品种有茂青系列、惠青系列、辣丰3号、博辣15号、改良苏椒5号等；甜椒主要有中椒105号、中椒0808等。

第三节　中国辣椒加工企业现状

（一）辣椒初级加工企业

1. 辣椒初加工企业概况

农产品初加工指对收获的各种农新产品进行去籽、净化、分类、晒干、剥皮、沤软或大批包装以提供初级市场的服务活动。辣椒初加工环节包括辣椒采收后去把、晾晒、烘干、分级、切段、研磨、腌制（盐/糖）等加工环节。我国辣椒初级加工企业数量占比最多，如重庆石柱县便有从事辣椒收购、烘干的合作社35家，山东金乡，贵州遵义市、铜仁市均批准辣椒初加工项目或设立辣椒初加工点，实现辣椒采收、分级、包装服务，提高产品销售价格。辣椒初加工一般以农业合作社与收购商为主体，作为典型的劳动密集型行业，多集中于辣椒产区。

辣椒初加工环节，为避免机械作业对辣椒的损伤，辣椒去把、分级仍以人工为主。目前初加工环节中辣椒干制环节机械化、规模化发展较快，除进行自然干燥调控技术创新外，还出现微波干燥、空气源热泵干燥等新型方式，并开发辣椒粉等洁净小包装产品，直接进入销售市场。

2. 辣椒深加工企业概况

辣椒深加工是相对辣椒初加工概念而言的，指对辣椒产品进行深度加工制作以体现其效益最大化的生产环节。辣椒深加工以辣椒油为起点，分为发酵辣椒制品与非发酵辣椒制品，产品形态包括辣椒酱、辣椒汁、辣椒油、辣椒膏制品。

根据各省农业产业化龙头企业名录以及规模以上企业名录，可以发现辣椒深加工企业以贵州省为龙头，共有市级以上辣椒加工企业 99 家，其中 3 家国家级龙头企业。重庆辣椒深加工企业 85 家，其中国家级龙头企业 4 家、市级龙头企业 27 家。四川辣椒深加工企业 53 家，其中国家级龙头企业 8 家。河南辣椒加工企业 70 家，其中省级龙头企业 16 家。山东辣椒深加工企业 46 家，其中国家级龙头企业 3 家。河北辣椒深加工企业 66 家，其中省级龙头企业 16 家、市级 23 家。湖南辣椒深加工企业 29 家，其中省级龙头企业 19 家。虽然各辣椒主产省区均发展辣椒深加工产业，并涌现出老干妈、辣妹子、湘君府等知名加工企业，但目前尚无辣椒加工类上市公司。

（二）辣椒精深加工企业

辣椒精深加工是指以辣椒提取物为主要加工形式，改变辣椒的形态与性质，主要产品形式包括辣椒精、辣椒素、辣椒红色素等。我国辣椒精深加工产业发展迅速，目前在建和已投入使用的精深加工企业约 20 家，河北、新疆在辣椒深加工中处于领先地位。

河北晨光生物是我国 A 股上市企业，其生产的辣椒红素在国际市场上占有率达到 80%。晨光生物以辣椒红色素、辣椒油树脂（辣椒精），晨光生物在新疆莎车、喀什、克拉玛依成立了 3 家子公司，在印度成立了 2 家子公司，是一家跨国经营食品添加剂企业。2018 年公司主导产品辣椒红销售量 3000 多吨，同比增长 31%，稳居世界第一；辣椒油树脂（即辣椒精）销售量增长 38%，市场份额继续扩大。

新疆是我国色素辣椒主要产区，建有辣椒红色素加工厂 7 家，已投产 5 家，年产红辣素 2000 吨左右，成品辣椒红色素 600 吨左右，产量占全国 50% 以上；新疆隆平高科弘安天然色素有限公司建成 1000 吨红色素生产线，未来新疆将是我国辣椒精深加工产业重点产区。

其他省份也在积极发展辣椒精深加工，湖南龙山馥生科技有限公司是一家新建的辣椒红色素加工企业。江西省建成吉安市横诚天然香料油提炼厂、江西省吉水县康神天然药用油提炼厂、江西国红生物科技有限公司进行辣椒精深加工产品研发。四川辣椒精深加工厂家有威远宏源生物发展有限公司，年产辣椒红色素 250 吨、辣椒素 120 吨，年产值 8100 万元。山东省中椒英潮也从事辣椒精深加工，包括辣椒红色素与辣椒油树脂等产品。河南省辣椒精深加工企业有郑州雪麦龙食品香料有限公司、河南中大恒源生物科技股份有限公司、仲景食品股份有限公司、南阳泰瑞生物科技股份有限公司、河南省霞光农业高科技股份有限公司 5 家企业。

第四节　中国辣椒餐饮企业现状

辣椒自明代传入中国以来，短短 400 多年的时间，已给中国的饮食带来革命性的影响，不仅形成以辣味为主的川菜与湘菜菜系，还产生了不拘章法的重庆江湖菜、粗犷的陕西油泼辣子、风靡全球的麻辣火锅、遍布大街小巷的重庆小面与麻辣香锅、休闲小食泡椒凤爪与辣鸭脖等以辣味为特色的餐饮，"辣味革命"并不只是一句口号，"无辣不欢"成为很多国人的饮食常态。自 2010 年以来，我国餐饮行业一直保持上升态势，其中以辣味为特色的火锅、川菜更是增长迅速。而最近将"不吃辣"称为"社交绝症"的戏剧性说法更是说明了以辣味为特色企业广泛的市场前景。

（一）火锅餐饮企业

随着人们收入水平的增长与消费升级的需要，人们将吃得好、吃得有特色作为新的追求，作为特色餐饮的火锅，也已成为家庭聚餐、好友聚会的首选饮食，是当前最受消费者欢迎的餐饮品类。2017 年，我国餐饮行业整体收入 3.96 万亿元，其中火锅行业收入超过 8700 亿元，占餐饮业总收入的 22%，位居第一①。

1. 火锅企业近年来增长态势

火锅行业近年来增长态势迅猛，火锅餐饮行业市场总收入由 2014 年的 3167 亿元增长至 2017 年的 4362 亿元，年均增长 12.74%。随着火锅餐饮业市场接受程度的不断提高，以及火锅企业可扩张性与高度标准化的独特业务模式，预计 2020 年中国火锅收入达到 6000 亿元。在我国火锅产业布局中，四川和广东的火锅网点数分布较多，地域类火锅中重庆火锅占比接近"半壁江山"。

我国餐饮企业中上市公司数量较少，在火锅企业中，两家上市公司为海底捞与呷哺呷哺，两家企业均为 H 股，在香港联合证券交易所上市。我国知名火锅企业海底捞，自 1994 年创立至 2019 年 6 月，海底捞已在中国 118 个城市，以及新加坡、美国、加拿大、澳大利亚等国家设立了 593 家直营门店，并于 2016 年在香港联合交易所有限公司正式挂牌上市，年营业收入从 2016 年的 78.1 亿元增至 2018 年的 169.7 亿元，年均增长 58.6%，仅 2019 年上半年公司新开业便达到 130 家。

呷哺呷哺 1998 年创立于北京，发展至今已拥有超过 800 家直营餐厅，覆盖 18 个省份的 80 多个城市，2014 年在香港联合证券交易所主板上市，被称作"连锁火锅第一股"，2014 年上市至 2018 年底，年营业收入从 22 亿元增至 47.3 亿元，年均增长 28.8%。

近年来，火锅企业除发展传统餐饮业外，还增加了火锅底料等调味品的产品研发与市场拓展。海底捞、呷哺呷哺、刘一手、德庄等知名火锅企业的火锅调味品在市场上受到广泛欢迎。随着麻辣火锅消费者认可度的提升，一份传统的重庆麻辣火锅底料大约需要 0.35 千克的各类辣椒，火锅底料发展又将进一步带动对辣椒原料的市场需求。

2. 知名火锅企业排名

2018 年中国火锅百强企业名单，上市企业海底捞排名第一，呷哺呷哺排名第七。火锅企业前十强中，以麻辣为代表的重庆火锅企业便达到 5 家，而上海鑫绪餐饮管理有限公司与黑龙江省张亮餐饮有限公司的麻辣烫也是以辣作为主要产品特色，可以发现，火锅前十强中，辣味火锅占比达到 70%。其中最具代表性的重庆火锅香且鲜，而辣味也很适中，且形式多样，可以满足消费者多样化的饮食需求。火锅企业的发展产生了对原料辣椒需求

① 智研咨询. 2019－2025 年中国火锅餐饮行业市场供需预测及投资战略研究报告［R］. 2018.

的持续增长，从而对辣椒产业，尤其是西南地区辣椒产业具有较大的带动作用。2018 年中国火锅百强企业前十位如表 8 - 9 所示。

表 8 - 9　2018 年中国火锅百强企业前十位

排名	企业名称	企业品牌	加盟店数量（个）
1	海底捞国际控股有限公司	海底捞	593
2	上海鑫绪餐饮管理有限公司	杨国福	3500
3	黑龙江省张亮餐饮有限公司	张亮	4500
4	重庆顺水鱼饮食文化有限公司	顺水鱼	500
5	重庆刘一手餐饮管理有限公司	刘一手	500
6	内蒙古小尾羊餐饮连锁股份有限公司	小尾羊	435
7	呷哺呷哺餐饮管理有限公司	呷哺呷哺	800
8	重庆朝天门餐饮控股集团有限公司	朝天门	600
9	重庆秦妈餐饮管理有限公司	秦妈	400
10	江苏品尚餐饮连锁管理有限公司	品尚豆捞	—

资料来源：智研咨询.2019 - 2025 年中国火锅餐饮行业市场供需预测及投资战略研究报告［R］.2018.

3. 火锅中常用的辣椒

不同企业的火锅底料用料均有所差异，从而形式风格多样，差异化竞争的火锅产业格局。"麻辣为主，多味并存"为特色重庆火锅，常用到的干辣椒达到 40 多种，其中最为常用的辣椒包括天鹰椒、印度椒、石柱红、灯笼椒、子弹头、二荆条、新一代、七星椒 8 种（见表 8 - 10）。重庆石柱县的石柱红是重庆火锅必备底料辣椒之一。

表 8 - 10　火锅中常用的辣椒

排名	辣椒名称	特点	产地
1	天鹰椒	常规辣，味香且辣度知中，价格较低	河南、河北
2	印度椒	高辣度，用于提高辣味	印度
3	石柱红	辣度知中，颜色鲜红，香味浓郁，重庆火锅必备底料辣椒	重庆
4	灯笼椒	辣度低、味道浓郁、耐煮不烂，具有装饰作用	贵州
5	子弹头	表皮光滑，状如子弹，火锅常用辣椒，价格高于天鹰椒	贵州
6	二荆条	肉厚且粗长，颜色暗深，特别香，色泽好，辣味柔和且回甜，辣椒粉可用于干料碟	四川
7	新一代	味道好，产量大，性价比好，近年来用量增加	河南内黄
8	七星椒	国内最辣的辣椒之一，但价格高	四川威远

资料来源：根据火锅企业相关资料整理。

（二）川渝菜系企业

川菜作为我国的八大菜系之一，2017 年川菜营业收入已占餐饮业总收入的 22%，已成为名副其实的八大菜系之首。渝菜作为重庆菜系，与川菜均以麻辣鲜香为特色，因此一并进行分析。

1. 川菜行业市场现状

川菜口味鲜明、记忆感强，近年来一直保持强劲增长态势。2018 年成都举办的世界川菜大会中，以"让世界爱上川菜"为主题，指出海外 60 万家中餐馆中，川菜占据三分之一，年销售额达到 2500 亿美元。同样在国内市场上，2017 年川菜营业收入达到 3053亿元，占行业总收入的 7.7%，仅次于火锅、烧烤、自助餐，排名第四位。川菜店铺的数量超过 30 万家，是全国门店最多的菜系。

四川餐饮业实现收入 2487.8 亿元，川菜调味品年销售额近 600 亿元，且相对于火锅、自助餐等餐饮业，川菜劳动力需求量大，川菜产业对拉动消费、促进就业起到了积极作用。2018 年，四川省人民政府颁布《四川省促进川菜走出去三年行动方案（2018—2020年）》中提出，到 2020 年，全省餐饮业年营业额突破 3000 亿元；培育 100 家餐饮龙头企业，形成一批跨省、跨境经营的川菜品牌企业；培育现代食品工业示范基地 10 个。

2. 知名川菜菜式与品牌

2017 年 UC 大数据评选的八大菜系中热度最高的 20 款菜式中，包括四川火锅、回锅肉、麻婆豆腐、腊八豆腐、酸菜鱼、酸辣粉、水煮鱼、泡椒凤爪、水煮肉片等川菜菜品，占据了一半席位。而名列前三位的四川火锅、回锅肉、麻婆豆腐均为川菜，充分证明川菜在我国餐饮行业的受欢迎程度。

随着川菜日益受到市场欢迎，川菜馆也开始采用连锁企业形式扩大市场份额，虽然企业规模与品牌知名度尚不及知名火锅企业，但也已经出现了缪氏川菜、山巴厨子、有家川菜等知名企业。根据 2018 年中国川菜十强品牌调研结果发现，虽然川菜起源于川渝地区，但近年来上海、北京、广州等城市餐饮业发展也开始以川菜作为主打，川菜前十强企业中，一半的川菜企业来自川渝以外地区（见表 8 - 11）。2013 年成立的蜀国演义川菜餐厅已成为北京市最受欢迎的川菜馆，展现了"中国川菜新形象"。

表 8 - 11   2018 年中国川菜十强品牌

排名	企业名称	分布区域	特色
1	缪氏川菜	总部位于成都，分布于海口、广西、深圳等地	家传的制作手艺
2	山巴厨子	总部位于重庆，全国分布 500 多家门店	传统养生文化下的精品现代川菜
3	有滋有味农家川菜	总部位于上海，直营与加盟店 150 家	农家味道
4	有家川菜	总部位于上海，面向全国	以家庭聚餐为主
5	嫩芽川菜	总部位于重庆，全国加盟	重庆重口味川菜
6	蜀福来川菜	总部位于广州，加盟店 60 余家	火锅与干锅

续表

排名	企业名称	分布区域	特色
7	巴国布衣	总部位于成都，门店120家	成都名菜
8	老酒川菜馆	总部位于石家庄，全国加盟	正宗川菜为主，综合冀菜为辅
9	舌舞川香川菜	总部位于成都，门店60家	四川名小吃汇聚
10	蜀国演义	总部位于北京，全国加盟	美食与休闲娱乐良好地结合

资料来源：根据网络公开评选数据整理。

3. 川菜对辣椒的需求

早在康熙年间，辣椒便已作为食品在贵州省食用，而最初的辣椒也是"不登大雅之堂"的穷人食品。改革开放以来，随着劳动力的迁移，以"毛血旺""麻辣烫"等江湖菜为代表的川菜在全国开始大范围流行，改变各地居民口味的同时，也直接带来对辣椒产品的需求。川菜讲究"二香三椒三料，七滋八味九杂"，其中三椒即为辣椒、胡椒、花椒，川菜中最常用的辣椒为二荆条、子弹头、七星椒、小米辣等，并通过各种制作方法形成麻辣、糊辣、鲜辣、香辣、糟辣、酸辣六种不同辣味。虽然对川菜一年辣椒具体用量无法进行精确估计，但随着川菜企业的扩张，对辣椒的需求仍在增长。随着城乡居民收入水平的提高，饮食需求更加多元化，川菜企业必须更加规模化、精细化与标准化，实现产业的提质升级。

（三）辣味快餐企业

人们生活节奏加快催生了快餐行业与小吃行业的发展，辣椒作为快捷刺激和短促节奏的一种增强剂，与小吃完美结合产生了麻辣小龙虾、麻辣香锅、重庆小面、酸辣粉、冷锅串串、糊辣汤、麻辣烫、重庆鸡公煲，等等。麻辣小吃行业市场容量巨大，已成为影响人们食辣口味的又一重要推手。

1. 小龙虾产业

近年来，随着消费者需求的持续增长，小龙虾产业迅速发展，小龙虾已形成集种苗繁育、养殖、加工、餐饮于一体的产业链条。小龙虾产值从2015年的不足1000亿元增长至2018年的3690亿元，且产业链条中75%的产值来自餐饮消费。小龙虾销售中麻辣、十三香、蒜蓉是小龙虾销售的经典口味，带动了辣椒、葱、姜、蒜等辛辣类蔬菜产业发展。从麻辣小龙虾门店数量来看，小龙虾实现了线上线下同步增长，2018年新增门店14万余家，增长近70%，门店数量达到34万家。其中，北京、上海、广州、深圳、重庆门店数量均超过3000家[1]，随着外卖行业兴起，小龙虾作为消夏休闲小吃首选，各门店纷纷入美团、饿了么等餐饮平台。2018年俄罗斯足球世界杯期间，小龙虾还陪同中国球迷走出

---

[1] 农业农村部渔业渔政管理局，全国水产技术推广总站，中国水产学，中国水产流通与加工协会等. 中国小龙虾产业发展报告（2019）［R］. 2019.

国门，成功进入俄罗斯国际市场。

2018年，小龙虾的消费渠道除传统的门店、中高端品牌餐饮业外，互联网销售火速升温。2018年通过美团平台的小龙虾外卖订单是2017年的2.6倍，交易额是2017年的4.3倍。全国小龙虾餐饮企业品牌包括虾皇、洪湖渔家、龙庆湖、太明龙虾、热辣生活、小周龙虾、乐滋滋龙虾、渔家姑娘、堕落虾、海浩、阿青龙虾等，但小龙虾餐饮企业品牌化、规模化经营力度不高，缺乏在全国具有影响的小龙虾企业品牌。

小龙虾的经典口味麻辣小龙虾还包括微辣、中辣、高辣等不同口味，麻辣小龙虾用的辣椒包括野山椒、天鹰椒、子弹头、新一代、灯笼椒、二荆条等不同类型，经营者会根据自己的配方选择适合的种类。一家小龙虾门店一年干辣椒用量约为200~400千克，按全国34万家门店测算，年干辣椒需求量为7万~14万吨，成为干辣椒市场的重要需求主体。

2. 重庆小面产业

重庆是"中国小面之都"，各地的重庆小面均以重庆小面风味为基础。重庆市2018年有重庆小面馆8.4万家，按每家店每天卖出150碗面计算，重庆的小面店每天卖出1260万碗面，年产值可达300亿元。而实际中，一些知名度较大、地理位置优越的面馆每天可卖出1000碗以上。自2013年起，重庆小面走出重庆进入全国各地，目前在全国已超过40万家门面。每年有1万~2万人进入重庆小面培训学校学习小面技艺。

网络评选出的重庆小面十强为：包包白专业牛肉面、陈祖面、彩电面、朱儿面、花市豌杂面、裤带面、胖妹面庄、三姐儿猫面、十八梯眼镜面、秦云老太婆摊摊面。曾被《舌尖上的中国》专题报导的"秦云老太婆摊摊面"在重庆有190家加盟店，全国1400多家，单店日销量最高时可达到4000碗，位于重庆小面榜首。重庆小面的味道主要依靠各种佐料调味，其中辣椒一香、二辣、三提色是重庆小面成功的关键所在。正宗重庆小面选择辣椒主要为重庆石柱辣椒，一家重庆小面店年干辣椒需求量为50~100千克，按照最低值50千克计算，全国40万家重庆小面门店年干辣椒需求量至少2万吨，大约为10万亩辣椒产量。重庆小面产业成为重庆辣椒产业发展的重要需求力量。

3. 辣味快餐行业前景

辣味小吃的快速流行最初源于移民人口的带动，当辣味小吃增加到一定规模时，又可以带动一定区域辣味菜肴的流行。辣椒带有先天的突出性标志特征，是当前配方调料最流行的配料。辣味小吃行业具有菜单简化、操作规范、食材统一、配方调味的特点，既能通过中央厨房降低经营成本，又可以通过特有的调味配方保证味道的独一性，使得辣味快餐和汉堡包、永和豆浆、炸鸡排一样成为全国性餐食，并对老北京豆汁、老上海馄饨和老广州的粥铺形成一定的替代。以小龙虾为例，早在20世纪90年代，长沙口味虾就是当地居民非常流行的夜市小吃，但直到2015年，才逐渐在全国范围内流行，并呈现出爆发式增长态势。随着我国食辣群体数量的持续增长，辣椒已成功实现了去地域化，成功突破了川、渝、黔、湘地方限制，辣味快餐行业将和汉堡包一样成为全国乃至全球的流行食品。

（四）辣味休闲食品

休闲食品是指在闲暇时光消费及食用的食品，也称作零食，主要包括炒货坚果、休闲卤制品、糖果蜜饯、面包糕点、膨化食品及饼干等。近两年，跟随着韩国火鸡面的热潮，辣味休闲食品成为人们最爱的零食口味，市场占有率持续增长。

1. 辣味休闲食品的类型

随着消费者购买力的不断增强，休闲食品的市场规模也不断递增，预计到2020年，休闲食品总销售额将达到1482亿元。在网络评选的中国休闲食品十大风味中，辣味超越原味，成为名列第一的主流口味。传统辣味休闲食品为肉类与海鲜，如辣鸭脖、泡椒凤爪、香辣鱿鱼等，随着辣味的渗透，豆制品与蔬菜食品也开始推出辣味系列，卫龙辣条已成为全民性休闲食品。辣味休闲食品近年来线上销售份额占比已达到27%[①]，肉干和卤味是最大的辣味休闲食品。同时，辣味口感还渗透到饼干、薯片等其他零食中。2017年，箭牌推出彩虹糖的新口味——甜辣味，乐事薯片推出飘香麻辣锅味薯片，好丽友推出辣味妙脆角，上好仕也推出宫保鸡丁薯片、咪咪麻辣小龙虾味虾条等辣味食品。辣味休闲食品的类型与代表企业如表8－12所示。

表8－12 辣味休闲食品的类型与代表企业

产品类型	代表产品	代表企业
肉类辣味休闲食品	肉干、肉脯、肉丝、鸭制品、牛板筋、凤爪、鱼仔	周黑鸭
海鲜辣味休闲食品	鱿鱼、蟹肉、熏鱼	良品铺子
豆制品、面制品	豆干、豆皮、素肉、辣条	卫龙
蔬菜制品	海带丝、笋类、菇类、藕片	百草味、盐津铺子
其他	薯片、海苔、锅巴、干脆面	乐事

2. 辣味休闲食品主要企业

辣味休闲食品中有四家上市公司，绝味食品（603517）2016年在上海A股市场主板上市；周黑鸭（HK1458）2017年在香港联合证券交易所上市；友有食品（603697）2019年5月在上海A股市场主板上市；涪陵榨菜（002507）2010年在深圳证券交易所主板上市。除这些上市公司之外，还有称作辣味休闲食品领导品牌的卫龙食品，以及蜀道香、海欣、好味屋等辣味休闲食品加工企业。

以鸭制品为主要的两家休闲食品领军企业绝味食品与周黑鸭均以辣鸭脖作为主打产品。绝味食品公司休闲卤制食品主要分为两类：一类是以鸭、鸡、猪等禽畜为原料的休闲卤制肉制品；另一类是以毛豆、萝卜、花生等为原料的休闲卤制素食品，绝味食品在全国共开设了10598家门店，覆盖全国31个省市自治区，营业收入从2016年底的32.74亿元

---

① 阿里数据。

增至2018年底的43.68亿元，年均增长16.7%，2018年企业净利润6.41亿元，同比增长27.69%。周黑鸭产品主要包括鸭及鸭副产品、卤制红肉、卤制蔬菜产品及其他卤制家禽2016年营业收入28.2亿元，2017年达到32.5亿元，但2018年营业收入略有下降，为32.1亿元。

目前国内共有规模不等的泡椒凤爪生产企业600多家，主要集中在川渝地区，河北、广西、湖南也有较多分布，产业集群效应明显，属于完全竞争的市场。重庆泡椒凤爪输出量占全国总输出量的50%以上，主要包括有友、奇爽等品牌。友有食品以泡椒凤爪为主打产品，2018年营业收入11.2亿元，净利润1.78亿元，其中泡椒凤爪产品销量从2016年的2.26万吨增长至2018年的2.84万吨，年均增长12.8%，2018年泡椒凤爪营业收入8.97亿元，占营业收入比例的81.63%。

卫龙创办于1999年，总部位于河南漯河，以调味面制品与豆制品为市场主打，包括大面筋、小面筋、亲嘴烧、亲嘴条、烧、大辣棒、小辣棒、火药辣条、杂粮时代、大刀辣条等系列产品。2014年卫龙食品便入驻天猫、京东、1号店等电商平台，开始进入线上销售，为迎合消费者需求，不断推出新产品，2018年端午节推出辣条粽子成为当前爆款产品。2015年卫龙食品作为网红食品开始迅速增长，营业收入从2015年的5亿元增至2018年的接近30亿元，年均增长167%。

涪陵榨菜早在2010年便已成功上市，主要经营榨菜产品和其他佐餐开胃菜，2018年营业收入19.14%，同比增长25.92%，净利润6.62亿元，同比增长59.78%。2018年，中国台湾某政论类节目中，一位嘉宾提出"大陆吃不起榨菜的说法"，使涪陵榨菜一时成为网络热点，对销量上升有一定带动作用。

从周黑鸭、涪陵榨菜、友有凤爪到卫龙辣条，都是以"辣"为主打，市场上辣味消费习惯正在形成，辣味休闲食品具有广阔的市场空间。

3. 辣味休闲食品对辣椒的需求

辣味休闲食品的调味品中干辣椒必不可少，不同类型辣椒形成的美味休闲食品有不同的口感。周黑鸭以重庆石柱辣椒作为主要辣椒用料，由于石柱辣椒辣度高、香浓，久煮不烂，适于卤制；而涪陵榨菜则以河北产区鸡泽羊角椒作用主要辣椒用料，因其辣椒低、色泽好，不影响榨菜本身口味；泡椒凤爪生产则需要云南以主产区的小米辣作为主要原料。随着休闲食品日益代餐化、礼品化、特殊化的发展趋势，而辣味休闲食品在新一代消费者带动下有着巨大的商机。

第九章 中国辣椒产业存在问题分析

第一节 中国辣椒育种与市场需求仍有差距

我国辣椒育种经历了"六五"抗病毒育种，"七五"优质、多抗（抗 TMV、CMV）、丰产育种，"八五"抗病毒病、疫病育种，"九五"多抗（抗病毒病、疫病）、丰产育种，"十五"与"十一五"专用品种与分子技术应用的发展①，辣椒新品种在丰产性、抗病性、抗逆性等方面已取得较大成绩，虽然所育成辣椒品种基本满足生产需要，但专有加工型辣椒品种培育仍与市场需求存在差距。

（一）当前国产辣椒品种存在的主要问题

1. 辣椒种子企业产品同质化问题突出

受环境因素、人工定向选择等影响辣椒育种中可利用的优势基因日益集中于少数种质上，受遗传基础狭窄的限制，虽然每年辣椒企业选育出大量的辣椒新品种，但在类型与特征上无突破性进展，辣椒存在品种类型雷同、缺乏创新性、产权保护不利等问题，甚至出现同名异物、同物异名的现象。这一问题在鲜辣椒种子市场尤为突出，如绿皮羊角、甜椒、线椒等，市场上同一新品种可能有数百家公司同时进行销售。

2. 新育成的加工型辣椒品种较少

目前我国加工型辣椒的主导品种多为地方品种，干辣椒品种中 85% 为提纯复壮选育的地方品种②，如益都红、天鹰椒、8819 线椒、丘北线椒、贵州朝天椒等，而河南、山东等地加工型辣椒主导品种以三樱椒品种为主。虽然我国干制型辣椒种植面积较大且产区较为集中，但不育系杂交一代品种仍以京辣 2 号、湘辣系列为主，新育成的加工型杂交一代辣椒品种较少，缺乏适于加工的辣椒专用品种和适于干鲜两用的专用品种。

3. 地方常规品种品质退化情况严重

我国地方常规品种发展受品种退化、生产成本上升等因素影响，部分地区种植面积呈

---

① 耿三省，陈斌等. 我国辣椒育种动态及市场品种分布概况［J］. 辣椒杂志，2011，9（3）.
② 姚明华，尹延旭等. 中国加工辣椒育种现状与发展对策［J］. 湖北农业科学，2015（6）.

下降态势。例如，河北省望都县、鸡泽县传统的羊角椒，常规品种种植过程中，农户自留辣椒种子进行培育，导致辣椒品质参差不齐，且连续重茬种植导致辣椒病害加重，影响椒农种植积极性。

（二）国外辣椒育种技术发展现状

发达国家对辣椒种质资源特性较为重视，并通过传统与现代育种技术的结合，选育出新的辣椒品种进入我国市场，2013 年我国进口辣椒种子量为 10～15 吨[①]。中国市场上的国外辣椒品种，一类是欧洲长季节甜辣椒品种，另一类是韩国与东南亚地区的朝天椒、干辣椒类品种，国外品种耐低温弱光、连续坐果能力强、抗病性强的优势与国内品种形成竞争。

1. 国际辣椒品种培育目标的多样性

我国辣椒新品种培育仍以高产、抗病为主要目标，而国外育种更重视广适性、专用性、对多种病害的复合抗性以及商品品质。荷兰、韩国等发达国家适合温室长季节栽培的甜椒、辣椒育种历史悠久，积累了一批优良的材料和品种，在低温弱光耐性与果实均一性等方面优于国内品种。国外抗病资源与抗病机理研究也早于国内，对复合抗性、持久抗性材料积累较多。

2. 生物技术在国外辣椒品种培育应用

虽然我国辣椒生物育种技术发展迅速，但发达国家的大型育种公司和研究院通过建立了分子育种自动化分析体系和平台进行整合分析与数字化育种，使辣椒育种进入了一个新的发展阶段。研究单位和公司已由单个目标基因标记向多个目标基因同时标记筛选技术发展，由单纯前景性状标记向基于全基因组的前景与性状同时标记选择发展。

3. 国外合作机制与知识产权保护

发达国家的种子企业、高等院校与研究机构分工明确，高等院校主要从事种业基础研究，科研机构从事应用基础研究、种质创新与生物技术研究，种子企业主要从事商业化育种。种子企业拥有专业的科研团队，为满足产业发展需求而进行商业化育种工作，也会委托高等院校与科研机构进行辣椒品种培育方面的研究[②]。发达国家对知识产权的保护极为重视，在种子管理过程中的执法职责、程度以及执法部门的合作等较为明确，国内常见的亲本窃取、盗购种子以及"盗版"品种的行为将受到严格惩处。

（三）国际辣椒品种在中国市场主导产区

目前除陕西线椒 8819、贵州遵义子弹头、云南丘北线椒等常规品种主导本地市场外，东北地区露地甜椒仍以国产品种为主，早熟、中熟的泡椒（苏椒 5 号、湘研 806 等）与线椒（湘辣 7 号、辛香 8 号等）主导我国南方市场。而荷兰、韩国、日本等国际辣椒品种对山东、广西等地市场占有率较高。

————————

① 段韫丹，司智霞. 2013 年我国蔬菜种子进品情况分析［J］. 中国蔬菜，2015（2）.

② 王立浩，方智远，杜永臣等. 我国蔬菜种业发展战略研究［J］. 中国工程科学，2016，18（1）.

1. 华北、东北国际辣椒品种占有情况

华北温室甜椒、彩椒品种以荷兰品种为主，代表品种包括红罗丹、红英达、世纪红等，该区域以山东寿光为中心。东北温室、大棚以及秋延后拱棚种植的牛角形、宽羊角形辣椒主导品种来自日本、印度尼西亚和荷兰，代表品种包括宝禄、威狮等，国产品种市场份额很少。山东胶州、辽宁北票、新疆库尔勒、内蒙古开鲁等出口基地的干辣椒品种以韩国品种为主导，包括金塔、新统一、九龙13、金品红等，国内益都红也占一定的市场份额。

2. 华南地区国际辣椒品种占有情况

华南地区鲜椒主要出口东南亚及欧美市场，是我国重要的鲜椒出口基地。广东、广西、海南、云南、福建等鲜椒出口基地的彩椒、厚皮甜椒、红尖椒等鲜椒品种的国外主导品种以红丰404等类型为主。

3. 华中地区国际辣椒品种占有情况

华中地区是我国加工型辣椒的重要产区，河南柘城县三樱椒是我国"三樱椒"之乡，品种最初来自日本。韩国"大宇3号"的簇生朝天椒也是辣椒主导品种。河北望都、冀县也种植天鹰椒常规品种，河北、河南、山西种植的新一代辣椒也是由三樱椒品种选育而来的。

（四）我国与国际辣椒育种的差异

我国辣椒育种以市场为导向，同质化竞争激烈，近年来对保护育种重视不够，导致保护地长季节辣椒品种多从国外进口，本国一些常规辣椒品种退货严重，不利于本国辣椒产业的发展。

1. 生物技术在育种中应用程度不同

荷兰、韩国、法国、日本、美国等发达国家的种子公司辣椒分子育种工作开展较早，并已应用于抗疫病、抗病毒以及品质育种。而我国分子育种起步较晚，在"十五"期间开发了一部分与重要性状相连锁的分子标记，但受限于成本高、操作复杂，在育种实践应用上仍较少，无法在生产中普及。

2. 种质创新工作重视力度不同

我国辣椒育种仍以引种、系统选育、配制组合作为主攻方向，虽然有助于提高品种培育的效率，但实际上难以解决复杂的遗传问题。而国外育种机构和专家会花费20年的时间，利用轮回选择的方法，创新出耐低温弱光、抗逆、抗病的育种材料，并育成抗逆的辣椒品种。国内从事原创育种的研发人员较少，辣椒品种同质化严重，很难实现育成抗逆性有突破的品种，新品种的研发和推广未能完全满足市场的需要①。

3. 种质资源搜集、引进研究深度不同

我国辣椒育种发展迅速，种子公司已超过1000家，每年进入辣椒市场的新品种数以千计，但新品种在果实形态、抗病性上具有较大的相似性，其主要原因在于育种材料缺

乏，抗病基因单一，遗传背景较窄。荷兰、韩国等育种公司规模较大，能够在辣椒种质资源搜集与利用方面投入力度大，并对不同品种的优质与抗病基因进行鉴别和利用，满足辣椒产业多样化发展的需要。此外，我国知识产权保护不力，导致维权成本过高，使得企业与科研单位不愿支付高额成本进行产权保护，也不愿在原始创新中投入过多资源。

第二节　中国辣椒单产不高且价格波动性大

虽然我国是辣椒生产大国，但辣椒单产低于美国、墨西哥等国家，近年来随着印度辣椒种植技术的提高，辣椒单产大幅度上升，给中国辣椒生产带来一定冲击。此外，我国市场上辣椒价格波动幅度较大，"辣翻天"与辣椒销售难交错发生，使辣椒种植户承担较大的生产与经营风险。

（一）我国鲜辣椒单产低于发达国家水平

1. 我国鲜辣椒单产低于欧美发达国家水平

我国是辣椒生产大国，鲜辣椒种植面积与产量均排名全球第一。根据 FAO 统计数据，我国鲜辣椒单产从 1995 年的每公顷 18.2 吨增长至 2017 年的每公顷 23.4 吨，22 年间累计增长 28.6%，年均增长仅 1.3%。而 2017 年，鲜辣椒单产最高的英国达到每公顷 242 吨，德国为每公顷 130.7 吨，西班牙为每公顷 62.3 吨，法国为每公顷 46.87 吨，美国为每公顷 36.9 吨，中国单产排名第 8 位，略高于墨西哥单产水平，印度鲜辣椒单产最低。部分鲜辣椒生产国辣椒单产比较如图 9-1 所示。

辣椒单产低，在国际市场上同等价格水平下，必影响辣椒种植户的收益水平。虽然近年来我国在鲜辣椒育种、田间管理方面均取得较大进步，但相对于欧美发达国家辣椒种植水平仍有较大差距。

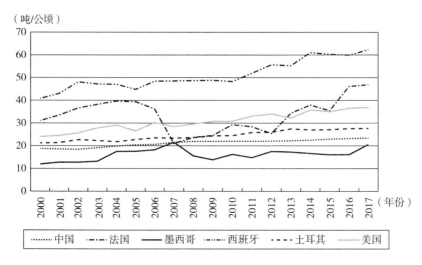

图 9-1　部分鲜辣椒生产国辣椒单产比较

资料来源：FAO 农产品数据库。

2. 我国干辣椒单产近年来并未增长

虽然鲜辣椒单产较低，但我国干辣椒单产水平处于全球领先地位，远高于全球干辣椒种植第一大国——印度。中国干辣椒产量在 2000 年时便达到 403.8 千克/亩，单产是印度辣椒单产的 5.15 倍。但我国干辣椒产量自 2014 年达到 449.53 千克/亩的最高值后，2015～2017 年回落至 440 千克/亩的单产水平。2018 年受自然灾害、病虫害等因素影响，干辣椒产量下降至不到 400 千克/亩。与之相对应，近年来，印度干辣椒单产持续上升，自 2000 年的 78.4 千克/亩增至 2017 年的 166.35 千克/亩，单产增长 112.2%，与中国差距逐渐缩小（见图 9-2）。

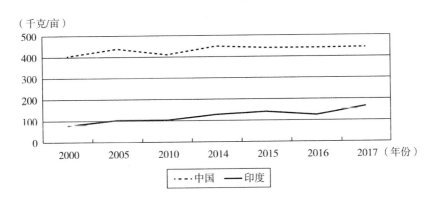

图 9-2 中国与印度干辣椒单产比较

资料来源：FAO 农产品数据库。

（二）干鲜辣椒市场价格波动频繁

1. 鲜辣椒年度、月度、地区间价格差异大，有滞销现象

根据全国农产品信息网与商务部统计数据，2004～2018 年，辣椒价格呈现螺旋式上升态势，而且有明显的波峰与波谷。波峰出现在每年 1～2 月，波谷在 6～8 月。自 2016 年开始，鲜辣椒连续 4 年价格上涨，从 2016 年的 6.04 元/千克增至 2019 年的 7.41 元/千克，但仍未达到 2013 年 7.89 元/千克的最高价格水平。

鲜辣椒在全国各省区价格水平存在较大差异，从各省区平均价格来看，新疆、辽宁、山东、江苏价格相对较低，重庆、浙江价格较高。2019 年 7 月 11 日，全国辣椒平均价格 5 元/千克，新疆价格仅 1.8 元/千克，同期浙江省价格为 6.85 元/公斤。虽然鲜辣椒价格总体水平呈现上升趋势，但由于不耐存储，使得当辣椒集中上市且销路不畅时，价格大幅下跌甚至出现滞销。2019 年 9 月底，河北省崇礼彩椒出现滞销，曾经誉为"椒中贵族"的彩椒滞销量达到 4 万吨，在地方主管部门积极协调下，才以 3 元/千克"爱心收购价"进行销售。

2. 干辣椒品种、月度价格差异显著，年度价格呈上升态势

干辣椒耐存储的特性使得干辣椒市场价格不仅受市场供求关系影响，也容易出现市场操纵情况。辣椒还不同其他蔬菜产品，辣椒单根据果形可以分为 34 个类型①，同一果形辣椒还有多个品种，如朝天椒便有天鹰椒、艳椒、石柱红、新一代等不同品种，不同的干辣椒具有不同的用途，使得市场价格变化形势更加难以把握。

我国干辣椒包括三樱椒、满天星、灯笼椒、艳椒、二荆条、大条椒、七星椒和子弹头等品种，仅山东胶州辣椒市场交易的辣椒共 54 个品类产品，因此很难根据一种辣椒价格涨跌判断整个市场。为此，依照股票交易指数的计算方便，我国先后推出了武城英潮辣椒价格指数与中国遵义朝天椒（干辣椒）批发价格指数。遵义朝天椒（干辣椒）批发价格指数由中国经济信息社与农业农村部信息中心、贵州省农业农村厅、遵义市人民政府共同编制并发布②。近年来，干辣椒价格一直处于高位，尤其 2019 年，干辣椒价格呈现"辣翻天"态势，重庆石柱红单价超过 30 元/千克，天鹰椒价格在 20 元/千克以上。根据中国遵义朝天椒批发价格指数，与 2018 年 11 月 22 日相比，2019 年 9 月 13 日，指数从基期 1000 点增至 1432.25 点，整体呈现高位运行态势（见图 9 - 3）。而艳椒指数达到 1615.93。但遵义锥形椒和樱桃形椒的价格指数在 2019 年呈现下降趋势，说明不同类型辣椒存在较大价格差异（见图 9 - 4）。

干辣椒价格在不同月度、不同品种之间的差异，既增加了辣椒经销商的不确定性，也使农户辣椒种植风险增大。但总体来看，我国干辣椒价格近年来处于增长态势。同时考虑到国际与国内市场对干辣椒需求量的增加以及相对稳定的种植面积，未来干辣椒价格总体应为上升态势。

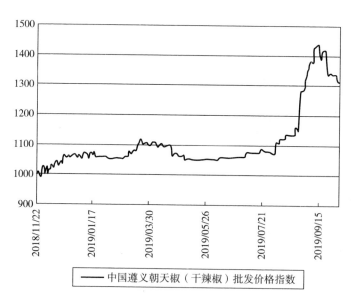

图 9 - 3　遵义朝天椒批发价格指数

① 丁洁. 蔬菜图说——辣椒的故事［M］. 上海：上海科学技术出版社，2018.
② 根据编制规则，指数以 2018 年 10 月 23 日至 11 月 22 日为基期，以 1000 点为基点，以该时间段内各类型、各品种朝天椒（干辣椒）的成交均价为基期价格进行计算，旨在客观反映遵义朝天椒（干辣椒）的批发价格走势，为生产种植、政府监管、贸易决策提供有效参考。

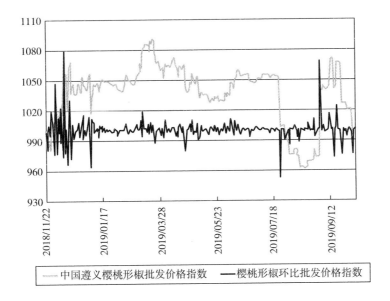

图9-4　遵义樱桃形椒批发价格指数

资料来源：中国金融信息网（http：//index.xinhua08.com/jgzs/chaotianjiao.shtml）。

（三）部分传统产区辣椒种植面积下降

辣椒市场需求量的增长带来辣椒种植面积不断增加。目前我国辣椒种植面积达到3200万亩，但辣椒面积中鲜辣椒种植面积增长较快，干辣椒种植面积增长慢于鲜辣椒面积增长态势。传统辣椒种植产区陕西、河北等地干辣椒种植面积大幅缩减。辣椒作为劳动密集型作物，机械化步伐较慢，在农业规模化、农村城镇化进程中，辣椒作为典型劳动密集型作物，人们种植积极性下降。辣椒不得不"上山下乡入边疆"，向山区或相对偏远地区，或者向边疆地区扩展。望都曾是北方重要的辣椒产区，高峰期年辣椒种植面积近5万亩，但2015年以后，一方面缘于农村劳动力价格的持续上升，另一方面由于辣椒疫病问题，使辣椒种植面积大幅下降，传统望都红羊角椒在2018年种植面积仅2000亩。陕西省也存在同样的问题，由于干辣椒经济效益相对较低，且农村劳动力不足等问题，使陕西本地秦椒种植减少。青海线椒种植面积也从20万亩减少至15万亩，且均为农户分散种植。

虽然传统产区辣椒种植面积下降，但我国干鲜辣椒种植面积仍保持增长。新疆、内蒙古已成为我国最大的加工辣椒产区。

第三节　辣椒产业化与现代化水平有待提升

虽然辣椒产业在我国蔬菜产业中产业链条最长，加工企业数量最多，但针对于当前国际国内市场竞争态势以及国际市场辣椒产业发展来看，我国辣椒产业仍存在龙头企业带动能力不强、辣椒专业化生产能力低、低端产品重复竞争等问题。

（一）辣椒产业扶持政策力度不大

虽然辣椒产业在产业扶贫、农民增收方面有重要作用，但当前各级政府主管部门对自主发展辣椒产业的农户和辣椒产业相关农业经营主体的扶持政策尚未形成统一体系，未形成规模种植、品牌经营、产业发展的政策框架，也缺乏对椒农的金融保险扶持政策。目前关于辣椒产业扶贫政策主要集中于县级层面，包括2017～2018年贵州省黄平县财政专项扶贫资金、扶贫子基金等支持荸荠、生姜、辣椒、大蒜产业基地建设，重庆石柱县辣椒规模化种植土地整理补贴500元/亩等，保定市启动"望都县太行山农业创新驿站"对望都辣椒提供技术服务、市场开拓等技术服务。但对于辣椒产业发展急需的特色农机研发补贴、购置补贴以及辣椒价格保险等金融服务尚未形成规模的政策支持体系，影响椒农种植辣椒积极性。此外，辣椒产业发展急需辣椒育种、栽培技术推广等科技创新服务，但相关科研经费投入较少，2016年，贵州省辣椒产业科研经费不足100万元，产业投入经费不到500万元，国家特色蔬菜产业体系成立于2016年，开始进行辣椒、大葱、大蒜、莲藕等辛辣与水生蔬菜研发，河北省蔬菜产业体系2018年才设立辣椒岗位，科技研发和技术推广经费的严重不足，制约辣椒产业效益提升。

（二）产业化经营主体带动能力不强

农业产业化要求以市场为导向，对农业支柱产业和主导产品进行区域化布局、专业化生产、企业化管理，实现产供销、贸工农一体化经营。辣椒产业在产业进程中，区域化布局实现难度较大，各地干摘辣椒、鲜摘辣椒、菜椒、色素辣椒等受市场价格因素影响，种植面积与区域布局不稳定。此外，我国加工型辣椒专业化生产能力低，农业合作社、家庭农场等新型农业经营主体仍以种植为主，很少能够实现产、供、销一体化，辣椒种植盲目跟风，存在无序种植现象。这些上述问题产生的主要原因还是在于产业化龙头企业等经营主体带动能力不强，初加工企业多，深加工企业规模小，市场竞争能力不强，以自身实力带动农户互惠互利的能力较弱，也难以形成紧密的利益连接机制。宝鸡市目前仅德有邻企业与农户签订辣椒种植合同的基地2000亩，其他均为自主种植，即使知名辣椒加工企业如老干妈，也以全国辣椒市场采购为主。

（三）加工型辣椒生产能力无法满足市场需求

辣椒加工业，尤其是深加工与精深加工产业对辣椒专有品种要求较高。消费者对辣椒深加工产品要求的不断提升以及国际与国内市场辣椒提取物需求的巨大潜力要求加工型辣椒专业化、规模化、标化化生产。加工辣椒在品质、质量指标与鲜辣椒具有较大区别，要求辣椒素或辣椒红素含量高、果实颜色鲜艳、干物质高、适合长期存储等，目前加工型辣椒主要存在的问题表现在：一是加工品种的适应性不够，商品椒的品质有待进一步提升，加工专用型辣椒品种加工特性与品质评价工作仍未完善，影响优良品种推广；二是常规种仍占较大比例，存在品种退化问题；三是专用加工型品种不足，辣椒素、辣椒红素等精深加工要求原料价格低，供应时间长，目前专用加工品种缺乏，特别是高辣度和高色素品种缺乏，优质原料不足；四是成熟期一致、适宜区域实现机械化采收品种缺乏[①]；五是加工辣椒存在质量安全问题，如过敏源污染（辣椒与花生套种的耕种方式，容易产生过敏源污染）、农药残留等。各类因素制约下，加工型辣椒专业化生产能力提升难度加大。

（四）辣椒加工过程综合利用程度低

进入 21 世纪以来，世界辣椒贸易呈现出快速发展趋势，辣椒及其制品的国际贸易数量逐年提高，国际市场上辣椒红色素、辣椒碱等辣椒深加工产品的需求缺口较大。但当前我国辣椒加工业发展中，仍以食品产业作为主要方向，辣椒出口也以原材料出口为主，辣椒多元化功能性产品开发滞后，在医药、化妆品、化工产品领域开发尚未全面展开。辣椒加工过程产生的辣椒等外品以及皮渣、籽、把等副产物产生率高达30%～50%，但目前综合利用程度低，多作为废弃物直接扔掉，或用作饲料或肥料，价值未充分体现。由于对副产物营养成分及功能性成分评价工作不完善，导致辣椒籽中有丰富的蛋白质、膳食纤维等营养成分未被充分认识；另外，由于辣椒加工企业生物活性成分提取技术相对落后，如传统溶剂提取法会带来溶剂残留等安全问题，并且提取效率低，产品品质和安全性得不到保障。

第四节 辣椒产业品牌建设区域不平衡

品牌是辣椒产业相关企业的无形资产，当前市场竞争实质上就是产品品牌的竞争，品牌影响力越大，企业市场前景越广阔。但我国辣椒产业虽然知名企业众多，也形成大量辣椒知名品牌，却存在宣传推介不足、企业恶性竞争的现象。

（一）部分辣椒种植大省辣椒品牌知名度低

目前辣椒产业品牌知名度较高的企业集中于西南产区，以贵州、重庆为代表。而湖南、山东、陕西、甘肃、新疆等产区虽然也建有大量辣椒加工企业，但产品知名度与影响力均难以与赣渝地区竞争。湖南省辣椒种植面积达 150 万亩，培育出 200 余份地方优势品种，辣椒加工企业近 1000 家，产品超过 100 种，还有独特的湖湘辣椒文化，但辣椒产品知名品牌主要以辣妹子为代表，全国知名辣椒品牌较少。山东金乡种植 40 万亩辣椒，同样面临加工企业规模小、带动能力不足的问题。河南、陕西也面临同样的困境，辣椒加工企业规模小、品牌知名度低，使得辣椒产品主要以大宗产品形式进行外销，产业链增值收益被外省企业获得。

（二）辣椒区域品牌宣传推介与运作滞后

品牌农业是中国未来农业发展的主要方向之一，目前辣椒产业宣传推介与品牌运作较

① 黄任中. 我国干制辣椒产业发展现状［R］. 山东德州辣椒产业高层论坛，2019.

为成功的以辣味休闲食品与辣椒餐饮行业为主，其中重庆德庄、刘一手、小龙坎已成为全国性连锁企业。辣椒酱等加工产品通过媒体广告、促销等运作方式，也实现了品牌创建与市场知名度的扩大。但辣椒区域品牌宣传方面，成功案例较少。目前区域品牌成功的典型案例仅樟树港辣椒实现较高的品牌溢价，最高价达到 300 元/千克以上，最低价也超过 100 元/千克，但目前仅在天猫平台便有 26 家旗舰店的 80 余种鲜辣椒产品进行销售，价格与产品标识、包装均不统一，为消费者产品甄别与选择带来难度。而重庆石柱辣椒、云南丘北辣椒、宝鸡秦椒等特色鲜明的地域品牌，目前仍以农产品市场与企业收购作为主产销售途径，在地方品牌创建中，一是缺乏政策性引导，品牌创建仍以企业品牌为主，没有将辣椒地域品牌打造成地方名片；二是以传统农产品市场为主的销售渠道使辣椒难以品牌化，而相关部门在辣椒品牌推介中以参加农产品展销会形式为主，举办辣椒节、录制电视宣传片、公开市场上信息发布等有待增加。

（三）存在企业相互压价、以次充好现象

我国目前有将近 50 余个辣椒地理保护标志产品，虽然国家对地方优质品种实施了产品保护，但很多县市未对辣椒进行商标注册，也没有通过主流媒体完全提高产品知名度。以"宝鸡辣椒"为例，由于未进行商标注册，外省市大量辣椒产品以"宝鸡辣椒"名义在市场上进行销售，影响到本地辣椒销量与市场价格[①]；另外，宝鸡辣椒制定的生产技术标准，在生产过程中无法做到监督农户严格执行，在销售过程中，由于缺乏统一的组织管理，产品标准不统一，收购方压价收购，在产品外销时，销售企业又竞相压价进行销售，而由于宝鸡辣椒成本较高，本地加工企业为了降低成本，大量采购新疆辣椒进行加工，使得宝鸡辣椒虽然品质优良，收益水平却相对下降，农户种植面积大幅减少，影响本地辣椒产业发展。

第五节　辣椒栽培技术与机械化水平落后

辣椒产业的基础首先还是应实现辣椒"种得好"，然后再是"卖得好""加工好"。由于我国辣椒产业规模化种植程度低，标准化栽培技术与机械化推广难度大，制约辣椒产量与质量水平的提升。

（一）辣椒生产标准化技术与规范推广应用率低

我国辣椒种植仍以农户分散种植为主，种植不规范、技术水平落后、产品质量不高等问题普遍存在。未来辣椒产业将以规模化、标准化、绿色化为发展趋势，要求建立标准化种植基地，统一管理，为辣椒存储与加工提供标准化产品。标准化生产技术方面，涉及辣

---

① 梁宏卫，刘紫垠等．"宝鸡辣椒"国家地理标志产品保护的做法及经验思考 ［J］．安徽农学通报，2017（11）：38－39．

椒种植生产标准、病虫害综合防治标准以及产后处理标准等，目前这些标准的制定、修订缺乏系统性和综合性。在辣椒栽培方面，缺乏配套的栽培技术研发，也缺乏对标准化种植技术的宣传，再加工农业科技推广人才的缺乏，对分散农户进行培训难以实现，使农民难以实现对辣椒的规范化种植与标准化生产。从而导致一方面辣椒种植的质量标准不高，产量也不稳定，另一方面加工型辣椒对专有品种要求较高，而产品质量参差不齐也影响到辣椒产业链条延伸。

（二）辣椒产业机械化种植水平低

辣椒属于劳动密集型作物，育苗、移栽、定植、打叉、采收、分级等环节都需大量人工。在西南干辣椒产区，辣椒种植中，仅辣椒采摘的人工成本便接近总成本的50%，而在北方产区，三樱椒干辣椒人工去把的价格已达到2元/千克，辣椒种植密度大，亩株数在10000株以上，人工移栽作业强度大，效率低，尤其是规模化辣椒种植主体，在辣椒移栽、采收中，用工难、用工贵成为最主要的制约因素。我国大宗农产品机械化水平发展较快，但对于蔬菜产业，由于种植规模小、种植模式不统一、产品鲜活易损等问题，使得蔬菜机械化水平较为滞后。目前蔬菜机械水平较高的作物以胡萝卜、马铃薯等根茎类作物为主，大葱机械化水平发展较快，但大蒜、辣椒等农艺复杂，采收标准要求较高的蔬菜产品，机械化水平仍处于起步阶段。对辣椒而言，目前机械化操作的重点集中于移栽与采收环节。但辣椒种植模式复杂，标准化程度低，有1.2米一膜四行模式、1.4米一膜四行模式、2.05米一膜六行模式，还有麦椒套作、蒜椒套作等不同模式，导致机械设施难度大、成本高。在辣椒采收环节，由于不同种植模式对采收机械要求显著不同，因此，目前采收主要以整株切割，打捆，然后再由人工去把、分级。此外，农业机械的购买费用、折旧费、作业成本、保养费、维修费、配套人工操作费用等费用在推广前期可能在成本降低方面不占优势，且采收作业中辣椒损伤率远高于人工作业，使得在小规模农户中推广受到制约。

（三）部分地区辣椒栽培品种混杂退化严重

辣椒栽培品种混杂与退化问题是制约产业规模化、标准化发展的另一瓶颈。首先，一般情况下，一块地可能会种植多个品种，从而容易产生天然杂交的情况，辣椒为常异交作物，自然杂交率约为10%，在种植中自然产生大量品种间杂交种子，由于杂交种子不稳定，从而导致辣椒良种的分离退化，也使地方品种间存在一定差异。如鸡泽传统羊角椒，由于各家各户单独留种进行种植，使得鸡泽辣椒个体与个体均存在差异。其次，地方品种退化问题严重，地方品种虽具有非常明显的地方特色，但品种退化严重，产量低，抗性也差，云南丘北辣椒、小米辣，遵义虾子辣椒、青海与陕西线椒等都面临品种退化问题，影响了特色优质辣椒的发展。

（四）辣椒病虫害防治难度较大

辣椒种植中常见的有害生物有700多种，需要进行防治的有30~50种①。近年来，各类病虫害对辣椒产量影响较大，尤其是传统产区常规辣椒种，因为病害与虫害的大量发生，导致种植户或者减少种植面积，或者加大化学药品应用，对辣椒产量与质量产生较大影响。

（1）辣椒主要虫害对产量影响。

辣椒常见的虫害有白粉虱、蓟马、斑潜蝇、红蜘蛛、螨类、棉铃虫、烟青虫、甜菜夜蛾等，在害虫防治中，害虫也逐渐进行种群演替，由体型大向体型小演变，由咀嚼式口器向刺吸式口器演变，向栖息于叶面向栖息隐蔽且不易接触农药演变，并且发生代数增多，繁殖力显著提高，使得害虫数量增长速度极快，且耐药性不断提高。一般害虫在北方冬季无法存活，但随着设施蔬菜发展，害虫也实现了全国范围内周年繁殖，对辣椒产业带来较大危害。预测辣椒果实蝇将在2020年由于导致辣椒产量下降、质量下降与防治成本投入增加所造成损失将达到49亿元②。

（2）辣椒主要病害对产量的影响。

辣椒常见病害有50多种，包括辣椒炭疽病、灰霉病、叶斑病、疫病、猝倒病、病毒病等，在辣椒传统主产区，由于多年连续单一种植，各种病症交叉、重叠发生，辣椒免疫力下降，严重影响了辣椒的产量，一些地区出现"辣椒病害越来越多，产量越来越低"的现象。以青海线辣椒种植为例，疫病、炭疽病等病害对线辣椒造成的损失排在首位，大部分田块的感病株率为15%~30%，严重的田块超过50%，产量和效益的损失一般为20%~30%，甚至在个别年份出现绝收现象③。而同样作为重要传统辣椒产区的河北省望都县，受辣椒炭疽病等病害影响，传统品种羊角椒种植规模不断减少。

① 罗晨教授在山东德州辣椒产业高层论坛上的报告——《辣椒上主要害虫的发生和防治》。
② 康德琳，孙宏禹等．基于@RISK辣椒果实蝇对我国辣椒产业的潜在经济损失评估［J］．应用昆虫学报，2019（3）：500-507.
③ 李全辉，韩睿等．青海线辣椒生产状况及发展对策［J］．中国园艺文摘，2018（6）：61-62.

第十章 中国辣椒产业形势展望与发展建议

第一节 中国辣椒产业发展形势展望

在我国农业供给侧结构性改革背景下，辣椒以其种类多样化、口味多元化、产品丰富化的特性在满足消费者日益增长的多样化、功能化需求方面面临重大发展机遇。预计未来五年内，辣椒贸易量将持续增长，整体价格水平仍将上升，电子商务等营销新业态将快速发展，成为推动辣椒产业发展的新动能。

（一）加工型辣椒生产规模将进一步扩大

随着辣椒加工业发展，国际国内市场对辣椒的需求持续增长，我国加工型辣椒仍有广阔的市场空间。尤其自 2018 年以来，辣椒市场价格进入上升通道，农户的种植积极性明显提高。与此同时，辣椒作为贵州、新疆等地重要的特色农业产业，在政策引导与经济效益驱动下，种植面积也在进一步提升。山东省蒜椒套作模式成效显著，金乡不仅成为我国大蒜主产区，辣椒种植面积也显著扩大。河北省虽然前些年辣椒种植面积不断减少，但自 2018 年起，辣椒种植面积明显上升，受农业供给侧结构性改革方案指导，河北省要大幅缩减玉米种植面积，而麦椒套种既解决小麦收获后农田闲置问题，又大大提高种植效益，成为河北省农业主推改革方向。

（二）辣椒交易价格将呈波动上升态势

受辣椒成本持续上升推动以及消费者对高端功能性蔬菜消费需求增加的影响，辣椒的市场价格尤其是功能性辣椒的市场价格仍有较大提升空间。目前，国内鲜辣椒价格水平远低于国际市场，澳大利亚鲜辣椒售价折合人民币约为 150 元/千克、远高于澳大利亚西兰花、黄瓜等大宗蔬菜价格，说明在国际市场上辣椒增值空间较大。另外，随着辣椒精深加工能力的扩大，加工型辣椒产销衔接将更为紧密，将减少辣椒卖难或滞销的情况。但鲜辣椒由于集中上市、集中销售，容易受季节性市场供求波动形势影响，但受成本上升的推动，价格也将呈现上升态势。

（三）辣椒种植与初加工机械化水平将大幅提升

辣椒产业生产作业环节多，工艺复杂，属于典型劳动密集型产业，人工成本占到总成本的50%以上。受农村劳动力普遍缺乏且年龄偏高制约，效益提升难度大，机械化是破解"用工难、用工贵"的关键路径。目前，我国辣椒与葱姜蒜类蔬菜施肥环节机械化水平仅为40%左右，植保和移栽环节机械化作业水平不足10%。但随着新疆产区辣椒全程机械化的推广与辣椒适度规模经营的发展趋势，加工型辣椒的全程机械化将逐渐成为主导方向。

（四）电子商务等营销新模式将发挥重要作用

随着辣椒产业"上山下乡，开拓边疆"，当前的辣椒主产区多位于相对偏远、落后地区，传统批发市场流通渠道环节冗长、交易成本高的问题比大宗蔬菜更为严重。加快完善辣椒产业（尤其是鲜辣椒）产销对接体系，既有助于推动产业提档升级，也是农业供给侧结构性改革的客观需要。其中，以微商、电商平台店铺、生鲜平台等为代表的电子商务将成为辣椒产业快速发展的营销方式。目前，淘宝网站销售的樟树港辣椒达到80余种，广西珠子椒达到90余种，此外，还有各类网红辣椒酱等辣椒制品，贵州虾子镇推出的辣椒全席、河南柘城的辣椒丰收节等营销创新对产业发展起到了较好的宣传推介作用。未来农超对接、网络营销、体验式营销、记忆营销和展示营销将在辣椒销售中发挥重要作用。

（五）干鲜辣椒出口贸易将继续增长

近年来，世界辛辣类蔬菜种植规模呈稳定增长态势，2010～2017年世界鲜辣椒种植面积增长了6.14%，干辣椒种植面积增长了12.12%，鲜、干辣椒产量增长率分别为21.6%和49.79%。目前全球食辣人群超过20%，辣椒国际贸易量已超过咖啡和茶叶，年交易额超过300亿美元，成为印度、墨西哥、西班牙重要的出口农作物。辣椒的食用价值、药用价值不断被国际消费者认可，辣椒酱等加工制品在国际市场上的需求量持续增长，随着我国"一带一路"倡议对沿线国家贸易推动作用的增强，将进一步带动我国辣椒产品的出口创汇。

（六）辣椒产业三产融合发展步伐将加快

辣椒不仅加工潜力大，还具有较强的观赏价值、生态价值、文化价值等，三产融合将是辣椒产业未来重要的发展方向。我国辣椒文化的迅速传播，甚至有了"辣椒革命"的说法，川味、湘味、黔味、滇味均以辣为特色，辣椒产业三产融合不仅体现在火锅、麻辣香锅、重庆小面、辣椒宴、鸡公煲、酸菜鱼等餐饮领域，河南柘城等辣椒主产区举办的辣椒节，以及河北省望都县的辣椒文化博物馆、贵州遵义辣椒博览园均为辣椒产业三产融合起到良好示范作用。

第二节　推进中国辣椒产业发展的对策建议

辣椒产业应遵循"品质引领、市场导向、品牌号召、三产融合"的产业发展方向，建议以国家级与省级辣椒特色优势区创建为抓手，通过加大产业政策支持、完善科技支撑体系、加快规模化生产基地与专业流通市场建设、树立区域与企业品牌等途径，促进辣椒产业高质量发展。

（一）加大辣椒产业政策支持力度

我国除贵州遵义、重庆石柱、河南柘城等少数将辣椒作为本地支柱产业的地区外，其他产区辣椒产业支持政策较少。一方面，政府应在自然灾害风险保障、价格风险转移以及蔬菜结构调整方面制定扶植政策，并按照"政府支持、主体运营"的原则，引导经营主体进行规模化、专业化生产。另一方面，政府应发挥龙头企业与农户间的纽带作用，鼓励龙头企业与农户建立合理、长期、稳定的利益连接机制，在降低工商资本农业投资风险的同时，保证农户收益。

（二）完善辣椒科技研发与推广体系

辣椒产业在良种良法、病害防治、功能肥料、低毒农药、分等分级、检测加工、包装物流等方面的生产技术规范有待进一步完善。未来科技研发与推广应重点关注以下领域：一是专门化、专用化品种的研发，如色素辣椒等产品研发，加强与市场需求有效对接；二是大力推广绿色生产技术，并通过功能性食品与绿色食品提高市场价格；三是加大辣椒生产机械研发支持，实现标准种植、机械采收、降低成本；四是开展辣椒高值化加工技术研发与示范，避免低端竞争，提升辣椒产业链条增值空间。

（三）加快标准化生产加工基地建设步伐

辣椒产业（尤其是加工辣椒）区域化、规模发展提高了对标准化生产、加工基地的建设要求。应通过标准化基地田间工程与集约化育苗、田间制干等生产基地设施建设，实行辣椒种植过程中统一农资供应、统一管理以及作业环节的标准化，大力推进机械化与集约化生产，降低农户作业强度与生产风险，实现产品的标准化与优质化。例如，新疆沙湾县安集海为中心的加工辣椒绿色、无公害生产加工基地，种植面积4.6万亩，通过冷冻保鲜库、精量播种机、采收机、移栽机等机械与设施应用，单产达430千克/亩，并与多家企业实行订单种植。

（四）加大辣椒优势产区机械化推广示范

示范引领是机械化成功推广的有效途径，应通过地方优势机械化生产技术的研发、试验、示范，辐射影响全国其他产区。例如，选择贵州遵义朝天椒、河南柘城三樱椒、新疆色素辣椒等特色优势区作为重点示范区域，对种植基地进行机械化作业的实验与示范，培养农机作业队伍与农业机械和社会服务主体，逐步提高机械化作业面积。另外，加强区域间蔬菜机械制造与科研合作，加快辣椒机械推广力度，提高规模化经营生产效率。

（五）加强地方文化与区域品牌营销融合

辣椒种植具有鲜明的地域特征，在品牌宣传与推广过程中，除借助传统的农业嘉年华、展销会、"互联网＋"等手段外，与地方文化的有机结合是打造高知名度蔬菜品牌的有效途径。历史文化之根是打造区域品牌的源头活水，通过辣椒产业与地方文化在历史、文学、古今人物、民俗餐饮等领域的结合点，打造辣椒区域品牌推广的点睛之笔，实现"产业链相加、价值链相乘、供应链相通"的三链重构格局。

（六）加快辣椒功能性产品与出口产品研发速度

当前辣椒产业同质化有可能导致同一时期同类产品大量上市，导致辣椒价格大跌或卖难情况。为此应调整产品结构，扩大专门化、专用化产品生产规模，加大功能性食品与出口食品研发，实现错位发展，寻找市场突破点。富硒辣椒、降糖辣椒等鲜食产品，以及去火辣椒酱等功能性产品的市场前景广阔，当前国际市场上辣椒精、辣椒红素等精深加工产品市场空间巨大，河北藁城华田公司专业进行辣椒出口，便通过与农户签订最低收购价格方式进行出口专用型天鹰椒种植，取得良好成效。

第二篇　区域布局篇

第十一章　贵州辣椒

——打造辣椒"硅谷"[①]

第一节　贵州辣椒产业发展现状

（一）辣椒种植规模全国最大

辣椒是贵州省的主要农作物，是山区农民增收致富的主要经济作物。辣椒产业是贵州省农业产业中的特色产业，在贵州农业经济发展中产业优势明显，贡献巨大。贵州省辣椒种植面积465.8万亩，是中国辣椒种植面积最大的省份，总产617万吨，位居全国第三。贵州省辣椒主产区主要有六盘水、安顺、毕节、贵阳、黔东南州、黔南州、铜仁、黔西南州和遵义九大地区。2017年贵州各地州市辣椒亩产量、亩产值如图11-1所示。

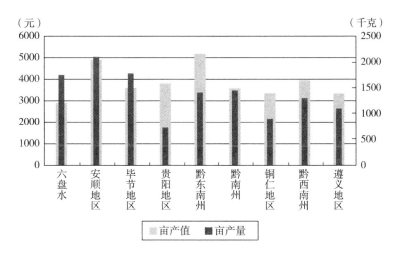

图 11 - 1　2017 年贵州各地州市辣椒亩产量、亩产值

①　本章供稿：国家特色蔬菜产业技术体系遵义试验站胡明文研究员、产业经济岗位乔立娟副教授、博士研究生刘鑫。

全省辣椒鲜椒单产平均水平为 1374.74 千克/亩，从地区单产水平看，安顺地区、毕节地区和六盘水的单产水平较高，分别为 2160.43 千克/亩、1742.31 千克/亩和 1664.04 千克/亩，其他地区单产水平低于 1550 千克/亩，其中遵义地区、铜仁地区及贵阳地区单产水平最低，分别仅为 1168.81 千克/亩、987.37 千克/亩和 601.38 千克/亩。全省总产值为 940067.61 万元，平均为 3630.75 元/亩，从地区单产值水平看，黔东南州和安顺地区的单产值较高，分别为 5252.44 元/亩、4902.00 元/亩，其他地区单产值水平低于 4500 元/亩，其中铜仁地区、遵义地区和六盘水的单产值最低，分别仅为 3392.79 元/亩、3367.48 元/亩和 3047.82 元/亩。

（二）全省辣椒产区分布面积广

贵州辣椒生产基地主要以加工型辣椒生产为主，主要有黔北—黔东北、黔西北、黔中—黔西南、黔南—黔东南四大产区，总面积在 300 万亩左右。由表 11-1 可知，贵州省辣椒种植地区分布以遵义地区分布面积最大，为 97.96 万亩，占全省总面积的 38.73%，其次依次为毕节地区、黔南州、铜仁地区、黔东南州、黔西南州、安顺地区，其中贵阳地区和六盘水的种植面积较小，均不足 10 万亩（见表 11-1）。

表 11-1　贵州各地州市种植面积分布　　　　　　　单位：万亩

地州市	总种植面积	本地品种种植面积	外来品种种植面积
六盘水	5.71	5.00	0.71
安顺地区	10.76	2.80	7.96
毕节地区	46.06	37.89	8.17
贵阳地区	9.09	0.80	8.28
黔东南州	12.93	8.80	4.13
黔南州	45.75	7.22	38.54
铜仁地区	19.24	5.94	13.30
黔西南州	11.43	9.60	1.83
遵义地区	97.96	63.51	34.45
合计	252.93	141.55	117.37

从地方品种和外来品种种植面积分布看（见图 11-2），贵州省本地辣椒品种 141.55 万亩，外来辣椒品种 117.37 亩，本地品种占比 54.67%。本地品种种植面积最大的地州市是遵义地区，为 63.51 万亩，其后依次为毕节地区、黔西南州、黔东南州、黔南州、铜仁地区、六盘水地区、安顺地区和贵阳地区。外来品种种植面积最大的地州市是黔南州，为 38.54 万亩；其次依次为遵义地区、铜仁地区、贵阳地区、毕节地区、安顺地区、黔东南州、黔西南州和六盘水。

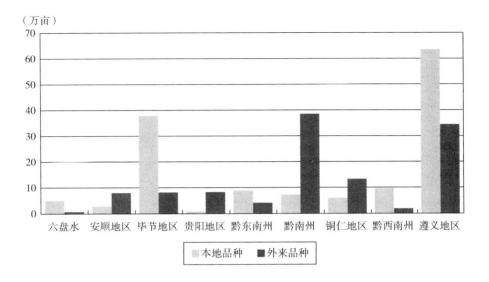

图 11 - 2 贵州省各地州市本地和外来品种辣椒种植面积

（三）辣椒品种类型多样化

贵州辣椒得益于贵州高原特殊的地理位置、气候和良好的生态环境，并经过长期的培育，形成了诸如贵阳花溪辣椒、遵义虾子朝天椒、毕节大方线椒、黔南独山皱椒、黔西南小牛角形平板椒等具有地方特色的辣椒品种，也自育了黔辣、黔椒、贵椒、遵辣等系列辣度适中、色泽鲜红、香气浓郁、营养成分含量高、籽肉比例适中的辣椒品种。

目前贵州辣椒品种主要有三种类型：一是鲜食辣椒，主要品种有辛香二号、红辣 8 号、黔椒 5 号、辣丰 3 号、湘研 19 号、黔椒 2 号、湘研 13 号、黔椒 3 号。二是干鲜兼用型辣椒，主要品种有长辣 7 号、黔椒 4 号、黔椒 8 号、川优 19 号、辛香 8 号、博辣 8 号。三是制干辣椒，主要品种有大方线椒、遵义朝天椒、绥阳子弹头、艳椒 425、泰国艳红 F1。除此之外，还有多种观赏性辣椒及特色辣椒。

与此同时，随着市场和加工领域的拓展，育种技术的提高及外向型夏秋蔬菜基地建设的加快，一些适宜贵州地区生长、应用的国内外杂交品种也逐步被引入和推广。国内引进品种主要来自湖南、江西的系列品种，其次是广东、安徽、四川、浙江、河南、江苏品种。如湖南的湘研系列、湘冠系列、新辣、博辣、兴蔬、长研系列等品种，江西的辛香、春辣等系列品种，深圳的辣丰系列品种，杭州的韩玉系列品种等。国外引进品种主要来自韩国、泰国，如泰国的正椒系列品种，韩国的单生、天宇、天升等系列品种，引进品种中种植面积较大的主要是加工型品种。

（四）企业加工规模大

贵州辣椒采摘后的处理方式主要有两种，一种是农民自行种植的部分，主要由农民自己晒干或者利用烤烟烘房烘成制干辣椒，另一种是辣椒生产基地种植的部分，主要由加工企业进行收购，对生产的辣椒制干，并将产品进行简单分级和粗包装，制成加工产品，以粗加工为主，如糟辣椒、油辣椒、辣椒面、胡辣椒、辣椒干、泡酸辣、泡椒、辣椒酱等，其中油辣椒产品已占全国市场份额67%，深加工产品较少。辣椒加工产品主要销往北京、重庆、广东、湖南、湖北、上海、河南、成都等，以及北美、欧洲等国际市场。现有从事辣椒加工的相关企业119家（见表11-2），主要分布在遵义、毕节和黔南州地区，年加工规模达220万吨，产值达50亿元以上。

表11-2　贵州省辣椒加工企业数量与规模　　　　　单位：家，吨，万元

地州市	加工企业数量	加工规模	产值
六盘水	6	2286.00	2410.00
安顺地区	12	11170.00	6692.00
毕节地区	24	16294.00	65935.20
贵阳地区	7	10216910.00	229229.60
黔东南州	11	20784.50	29678.00
黔南州	21	15526.40	23819.64
铜仁地区	13	6601.00	7403.00
黔西南州	5	14000.00	27200.00
遵义地区	20	107784.43	112387.52
合计	119	10411356.33	504754.96

资料来源：2018年遵义国际辣椒博览会。

第二节　贵州辣椒产业竞争力分析

（一）区域竞争力

贵州属典型的喀斯特地貌，自然资源优势明显。贵州省以山地为主，丘陵、盆地、峡谷交错分布，河网密集，高山峡谷纵横，山地和丘陵占全省总面积的92.5%，森林覆盖率达55.3%，空气质量优良率超过95%，具有种植辣椒的优越地质环境条件。贵州省地处亚热带湿润季风气候带，立体气候明显，气候温和，雨量充沛，具有适宜各类辣椒生长的环境条件。生态条件优越，天然隔离条件好，辣椒病虫害不易传播且易于防治；农村施肥以农家肥为主，化肥农药施用量只有全国平均水平的三分之一，农业生产污染面源较少，得天独厚的自然条件优势，为优质加工型辣椒和无公害、绿色、有机辣椒种植提供了良好条件。

贵州省辣椒的种植规模全国第一，区域规模优势显著。贵州辣椒占全国辣椒总种植面积的12%，在2017年辣椒种植面积达到500万亩，覆盖了100万户农户，预计到2020年贵州辣椒种植面积将扩大到700万亩，产区优势更加突出。

（二）产品竞争力

贵州优越的地质条件和生态环境，形成了独特的贵州高品质辣椒，如绥阳小米椒、虾子小辣椒、大方线椒、黄平线椒、独山皱椒等，在国内外市场受到广泛认可。因此，贵州辣椒品质优异，干制、加工、鲜食皆可，特别适于加工成食品、调味品，也可以用于提取色素和辣椒素等，用途十分广泛。遵义县、绥阳县干制小辣椒脂肪含量 15% 以上；大方皱皮线椒色价高，香味成分含量高，辣椒素含量中到高，外形整齐美观，营养丰富，品质可与世界名椒印度皱皮小羊角椒媲美。

（三）企业竞争力

贵州辣椒加工业发展迅速，加工规模全国第一，已初步形成一批各具特色的辣椒食品加工企业群。现有辣椒加工企业 120 余家，具有一定规模的有 30 多家，主要加工制品有油辣椒、发酵辣椒和辣椒风味食品等。辣椒加工业已逐步实现工业化，目前省内加工消耗的辣椒量约占总量的 50% 以上。其中，贵州油辣椒的市场占有率为 60%，位居全国第一，其中贵州老干妈是油辣椒行业领军企业，年销售额 46 亿元。辣椒加工业的崛起有力地推动了菜籽油、黄豆、肉类、玻璃、纸箱等地方相关配套产业的发展，起到了推动面大，促进农民增收致富的作用。另外，辣椒红素、辣椒碱、辣椒油树脂的深加工产品开发已经起步，辣椒加工业潜力还很大。

（四）品牌竞争力

贵州辣椒品种资源丰富，特色突出，栽培历史悠久，产品远销国内外各主要城市。随着辣椒产业的发展壮大，遵义市辣椒已成为农业部名牌产品和贵州省名优辣椒，并成功塑造了"农产品定点批发市场""中国优质辣椒生产区""全国辣椒生产十强县"及"中国消费者协会质量信得过产品"等多个品牌，树立了良好的产业形象。其中，2009 年"虾子辣椒"通过国家质监总局地理标志保护认定审查，同时荣获"多彩贵州 100 强"品牌。虾子辣椒具有"香辣协调、油润色红"的特点，依托虾子辣椒鲜、香、辣的独特品质，虾子羊肉粉、小米辣子鸡、八节滩鱼等各种名优小吃远近闻名。

辣椒加工产品品牌有老干妈、贵三红等。贵阳南明老干妈风味食品有限责任公司已发展成为国家级重点龙头企业和贵州省辣椒加工的支柱产业，是国内最大的辣椒加工企业，目前公司已经形成日产量 300 万瓶辣椒制品的生产能力，该品牌产品远近闻名、远销国外，2017 年产值已达 44.47 亿元。贵三红公司是贵州省农业产业化经营龙头企业，也是贵州省规模最大的发酵泡椒加工企业。公司自 1998 年成立至今，已拥有行业内最先进的全自动辣椒加工生产线 8 条，产品包括泡辣椒、油辣椒、剁辣椒、干辣椒、辣椒面、休闲礼品六大系列百余个规格。2016 年，贵三红公司在遵义市新蒲新区征地 120 亩，进一步扩建现代化标准厂房，是贵州省加大改造传统工艺，提升辣椒规模化、工业化能力的一个典型代表。

如今，贵州省已形成老干妈、贵三红、乡下妹、苗姑娘、贵州一代食品等一批在行业内有影响力的加工企业，主要加工产品共50余个，产品销往世界各地，推动了贵州省辣椒加工业的发展。

（五）市场竞争力

辣椒产品在国内外市场有着巨大市场需求，而贵州省辣椒产品集散规模全国第一。目前，贵州已经形成了以黔北遵义虾子、绥阳洋川、黔南独山基长、黔西北大方、金沙辣椒批发市场为主的红椒和辣椒干批发市场体系，各主产区也形成了不同规模和规格的干、鲜辣椒产地市场。其中以"买全国、卖全国"而著名的遵义虾子辣椒批发市场是我国农业部定点批发市场，也是我国最大的辣椒专业批发市场。干辣椒年交易量40余万吨，占全国的1/3，年交易额60亿元。市场日最大交易量可达400吨。贵州辣椒及其制品在国内外具有良好声誉，并占有较大的市场份额。产品销往重庆、四川、湖南、湖北等30多个省份及日本、韩国、缅甸、尼泊尔、印度等10多个国家，对贵州辣椒产业的发展起到了重要的推动作用。

在贵州辣椒产业发展的过程中，市场体系建设发挥了重要的作用。在市场建设的推动下，贵州已发展成为全国最重要的干辣椒产地和集散地之一，干辣椒通过各辣椒市场销往国内20多个省（市、区），并出口俄罗斯、东南亚、美国等多个国家和地区，其中虾子辣椒市场占地636亩，已发展成为全国最大的辣椒专业市场之一，居西南地区之首，市场内建有中国辣椒城网站电子信息中心、电子结算中心、质量检测中心、防盗检测系统等设施，具有集散价格形成供需调节信息传递和综合服务等五大功能，初步实现了辣椒网上交易，在辣椒产业发展中发挥了龙头带动作用。在虾子辣椒市场的带动下，周边地区产地市场不断完善，市场网络基本形成。

在贵州辣椒市场体系中，除虾子、洋川等专业辣椒批发市场外，还有辣椒集散市场，数量达30多个，辣椒专业批发市场与众多辣椒集散市场，共同构成了贵州辣椒批发市场网络体系。同时，在省内大多数农产品综合批发市场，如贵阳五里冲农产品综合批发市场、关岭农产品批发市场等，都经营辣椒销售业务，这些市场在贵州辣椒产业发展中也发挥了重要作用。

第三节　贵州辣椒产业存在的问题

（一）生产基地分散，单位面积产量低

近年来，虽然贵州省辣椒种植规模在不断扩大，标准化生产水平不断提高，但同发达地区相比相对滞后。首先是受贵州特殊地理环境的影响，基地建设布局分散、规模小，无法发挥基地的规模优势；辣椒种植区主要是旱坡地，排灌、交通等基础设施建设滞后，抵御自然灾害能力薄弱，"靠天收"的瓶颈无力改变；辣椒生产期间经常遭遇干旱、暴雨、

冰雹等灾害性天气，严重影响辣椒产业的发展。其次是种植技术水平不高，多数基地种植不够科学，管理不够规范，规模化的种植基地少，集约化程度不高，统一的标准化和规范化操作推进慢，产品质量和单产不高，经济效益不明显。

（二）加工产品单一，深加工产品缺乏

贵州辣椒加工企业虽然取得了长足的发展，但大多数企业规模较小，实力较弱，牌子多而杂，加工产品类型较单一，且科技含量低，附加值不高，管理落后等问题没有得到彻底改变。贵州辣椒加工量仅占总产量的12%左右，以辣椒干为主出口外销。现有的辣椒销售仍以鲜椒或干辣椒销售为主，缺乏稳定的优质原料基地，配套原料生产基地规模小、品种杂、档次低、烘干工艺设备落后，难以实现规模化、标准化的干制品加工。加工业从整体上看仍然处于初级产品加工阶段，主要进行粗加工，如泡辣椒、发酵辣椒、油辣椒、辣椒风味食品等传统产品，且产品雷同、科技含量低、附加值不高。精深加工产品如辣椒碱、辣椒精、辣椒红色素等才刚刚起步，发展明显滞后。此外，辣椒加工企业与基地之间联系松散，分散的原料基地在品种、品质、规格等方面不适应辣椒加工业发展，产业链衔接不好，多数辣椒加工企业与科研院所结合不够紧密，产品自主研发能力弱，且资金投入不足，新工艺、新材料、新技术的应用较少，缺乏升级换代产品，难以适应大市场竞争。

（三）机械化程度低，生产成本较高

贵州省辣椒种植的物质成本和人工成本虽然与湖南、湖北、云南等辣椒主产省区相比具有一定优势，但是与新疆、河南等农业机械化发达的产区相比，农业机械化水平较低，造成生产成本相对过高。据有关统计，2013年全国农作物耕种收综合机械化水平达到59%，其中新疆、黑龙江、天津等平原地区达到80%以上。南方12个典型丘陵山区省份中，浙江、江西达到50%以上，有6个省份在40%以下，而贵州小于20%。当前，贵州辣椒正是由于生产成本过高，造成了价格偏高的局面，与新疆、河南等机械化实现程度较高的省份相比，在价格上明显不具备竞争优势。

（四）新品种选育与推广不足，技术水平落后

贵州省辣椒种植户知识水平较低，很多中年农民不能自主地学习、掌握和运用新知识、新技术、新成果，直接影响了农业科技成果的转化程度，导致贵州辣椒整体种植水平落后，单产较低，科技种植水平参差不齐；管理粗放，农民延续多年的种植习惯，随意性大，耕作粗放，规范化程度低。贵州省辣椒栽培用种的方式导致一些优良地方品种的混杂与退化。既影响农民收入的增加，也对贵州名椒品牌造成了一定的冲击。辣椒在长期的栽培中，连作现象比较普遍，加上不注重品种的提纯复壮，品种种性退化较为严重，既影响了产品品质，也制约着单位面积产量的提高，导致经济效益偏低。近年来，辣椒品种在选育方面有一定的成果，但生产上得到一定推广的品种主要是韩国辣椒品种、湖南的湘研系列辣椒品种和重庆的艳椒系列品种。

第四节 贵州辣椒产业发展对策

（一）加强基地化、规模化、规范化发展

根据辣椒产品细分市场变化趋势，充分发挥各地环境资源优势，培育以县级区域为主的特色辣椒产业，构建全国辣椒产业差异化协调发展总格局。推动辣椒产业的基地化建设，形成结构合理、种植规范、特点突出、管理科学、设施完善的现代化园区，并延伸基地产业链条，发展基地产业化。适度扩大种植面积，发展集中连片园区，提高种辣椒科技含量，重点突出发展产椒大县与产椒大镇。规划发展 3~5 个种椒面积 45 万亩以上的产椒基地大县，1~15 个种椒面积 15 万亩的产椒基地县，形成一批种椒面积 5000 公顷以上的产椒县。并规划发展一个主要基地，推出一个主打品种，形成固定的品牌。如遵义县的虾子朝天椒、绥阳县的绥阳小米椒、大方县的大方线椒、独山县的皱皮椒等。另外，根据需要进一步增强辣椒基地办公室的职能，建立辣椒基地网站，加大技术推广力度，加强对椒农的培训。加大投入，建立一批辣椒种植标准化园区，建立基地辣椒育苗、精选、干制、贮藏设施，构建基地物资供给系统与交通系统等配套设施，不断满足辣椒基地产业化发展的要求。

（二）大力发展精深加工，提升企业整体实力

发展辣椒特色优势产业，要深入推进辣椒产业供给侧结构性改革，加强新品种培育，执行标准化生产，做大做强精深加工，努力走出一条辣椒产业高质量发展的道路。

首先，需要对现有资源进行整合，加大科技投入，开发新产品，重点围绕提升辣椒附加值，大力创新推广产品采后商品化处理技术、保鲜储藏延时销售增值技术、辣椒精深加工技术。推进产储加融合发展，提高产品商品价值和产业延伸价值，提升贵州辣椒加工企业的整体实力，科技实力和市场竞争力，充分发展辣椒加工产业化。

其次，贵州辣椒加工企业的发展，需要进一步落实扶强去弱、扶优去劣，搞好整合资源；需要进一步加大对企业的科技投入，汇集地方特色，开展创新。从油辣椒、酸辣椒、酱辣椒、泡辣椒等传统的简单加工发展到更精深的辣椒食品加工，从仅供食用发展到其他方面用途，如将辣椒用于化妆品原料、海船防蚀涂料、电缆塑胶护套的防鼠咬添加剂，发挥其医药价值、军事价值等，并最终形成辣椒产品的系列化生产。

最后，需要进一步落实品牌战略，注重品牌的保护与开发。例如，贵阳：乌当百宜平面椒、花溪党武辣椒；遵义：虾子辣椒、绥阳小米辣、湄潭珠子椒；毕节：毕节线椒、大方皱椒；黔南：独山拉岭辣椒、福泉皱椒；黔东南：黄平线椒；等等。

（三）加大生产设施投入，提高生产效率

轻简化、机械化是辣椒产业发展的关键性因素和必然趋势，是实现生产成本大幅度降

低、缓解当前矛盾的有效途径之一。探索适宜于贵州地势、环境条件的辣椒栽培轻简省力化技术及相关配套设施，实现辣椒栽培技术向着轻便化、省力化、机械化的方向发展，对缓解当前存在的突出矛盾，提高效率，促进贵州辣椒产业的持续发展具有较为现实的意义。重点研发并推广一批山地辣椒轻简化栽培技术、山地通用机械、山地辣椒生产专用机械以及有利于实现节本增效、省工省力的配套设施。开展农机与农艺融合创新，有利于提高机械化水平，推进辣椒产业节本增效和规模经营增效。

（四）加大新品种选育和推广，加强科技投入和技术创新

重点开展高品质品种、适宜轻简化和机械化栽培品种和设施化栽培品种的选育，选育出优质、高产、抗病、适应市场需求的优良品种。抓好良种推广工作，按照计划实行种子统一供给，提高和确保种植质量，进一步提高良种覆盖率。抓好培育壮苗、规范化种植、地膜覆盖栽培、无公害生产、病虫害防治等关键技术措施的推广，提高辣椒单产。同时注重对贵州特色地方品种资源的保护提纯与开发利用。发展辣椒种子产业，加入省内选育品种和地方品种的推广应用力度。建立"科研机构＋制种基地＋种子推广公司＋辣椒生产基地"四位一体的辣椒种业生产体系。

第十二章　云南辣椒

——加工型辣椒外销大省[①]

云南是全国辣椒三大主产区之一，以丘北辣椒、云南小米辣、朝天椒为代表的辣椒产业已成为云南独具特色的一大产业，2017年种植面积达220多万亩，云南辣椒的种植面积、产值和效益均居蔬菜作物之首，在云南农业和农村经济发展中起到重要作用，已成为促进山区广大农民增收致富的主要经济作物。

第一节　云南辣椒产业发展现状

（一）辣椒品种分布与种植规模

2017年云南省辣椒种植面积220万亩，占全省蔬菜种植面积的14.1%，其中干辣椒、小米辣、朝天椒、酱制型辣椒种植面积达206万亩，占全省辣椒种植面积的90%以上，占全省蔬菜种植面积的13%（见表12-1）。云南大部分辣椒用于外销和出口，总产值约72亿元，其中农业产值56亿元，加工产值16亿元（新增部分），培育了一大批专门从事辣椒产品加工的企业，加工产品除满足国内市场外，还常年出口美、日、韩、墨西哥、新加坡、东南亚等国家和地区。

表12-1　云南省辣椒种植品种与规模　　　　　　　　单位：万亩，%

辣椒品种	面积	占蔬菜作物的比重
干制辣椒	100	6.3
加工辣椒（小米辣、朝天椒、美人椒）	106	6.7
鲜食辣椒	14	1.1

资料来源：国家特色蔬菜产业体系昆明试验站实报调研。

---

① 本章供稿：国家特色蔬菜产业体系昆明试验站龙洪进研究员、产业经济岗位乔立娟副教授。

（二）不同品种辣椒种植规模情况

云南辣椒主要以外销为主，总产量的约 70% 用于外销，而且主要用于干制和加工，也有部分鲜食外销，但总体占的比重都不大。云南的干制辣椒品种主要是丘北辣椒，该品种的种植面积占全省干辣椒种植面积的 85% 以上（见表 12 - 2）。朝天椒品种主要是艳美、艳红等国外进口品种，朝天椒约 60% 用于鲜食，20% 用于泡制，20% 用于制成干辣椒。小米辣品种主要是云南小米辣，主要用于泡制。其他用于泡制的品种主要是美人椒类型，还有少量线椒类型品种用于泡制。

表 12 - 2　2017 年云南辣椒品种结构　　　　　　　　　单位：万亩

作物	面积
干辣椒	90
云南小米辣	35
朝天椒	60
美人椒	8
魔鬼椒	10
鲜食辣椒	14
合计	217

资料来源：国家特色蔬菜产业体系昆明试验站实报调研。

云南小米辣由于栽培的适应区域窄，基本只适合在云南种植，故云南小米辣的供应占了全国小米辣市场 90% 以上的份额，全国各地需求的云南小米辣基本上都是由云南供应，云南小米辣主要用于泡制加工；魔鬼椒主要由云南本省的企业收购加工用于提取辣椒素；其他几种类型大约 70% 用于外销，其中朝天椒约 60% 用于鲜食，20% 用于干制，20% 用于泡制加工；美人椒约 90% 用于泡制加工。种植区域的分布上，文山州占云南辣椒种植面积的 50% 左右，其他主要还有曲靖市、红河州、楚雄州等地。

辣椒百科：云南丘北辣椒

产地：云南丘北县特产，始种植于明朝末年，已有350余年历史，1999年丘北县被评为"中国辣椒之乡"，丘北辣椒也是国家农业部认证的地理标志产品，也是我国重要的出口辣椒品种。

辣度：中辣型。

椒型：果实指形，果长5~13厘米，果径0.4~1.2厘米，老熟后果皮呈紫红色。按果实着生状态可分为吊把椒、朝天椒、芒果椒3个品种。

口感：丘北辣椒品质香辣，辣而不烈，营养丰富，是公认的最好的食用辣椒之一。

资料来源：张德纯. 云南丘北辣椒［J］. 中国蔬菜，2018（7）.

（三）云南辣椒流通与加工发展现状

云南辣椒的销售主要是专业合作社、加工企业、种植大户、批发交易市场内从事辣椒收购销售的经纪人等。除少数加工企业外，从事辣椒经营销售的企业规模都不大，大部分辣椒产品还是靠专业合作社、中间商等进行销售。云南省文山州砚山县的"稼依辣椒城"是云南最大的辣椒交易市场，文山州还建有5个专业辣椒交易市场。云南辣椒的加工企业主要分布在文山州的砚山、红河州的建水、玉溪市的通海和江川县、楚雄州等州县，丘北、易门、会泽、富源等县有少量加工企业。目前云南省内有一定规模的企业主要有：以加工泡椒为主的云南宏斌绿色食品有限公司（主要产品是泡制小米辣，位于玉溪江川县）、云南马大泡清真食品有限公司（楚雄）、以加工干制辣椒产品为主兼顾泡椒产品的的丘北县达平食品有限责任公司、文山彝品香食品有限公司（砚山）、以提取辣椒素和辣椒红色素等深加工为主的云南宏绿辣素有限公司（昆明和砚山）、云南立达尔生物科技有限公司（砚山）等。

（四）辣椒主要加工产品

云南鲜椒加工产品主要是盐渍泡制，分为泡椒和剁椒两类，加工用的品种主要是云南小米辣、朝天椒和美人椒类型。泡椒是云南辣椒加工优势产品，省内最大的泡椒加工企业宏斌公司2017年产值达到3.5亿元。

云南干辣椒加工产品主要有成品干辣椒、香辣圈、呼辣圈、油辣椒、风味豆豉、香椿酥、蘸水、辣椒面等30余个辣椒产品。深加工产品主要是辣椒素，其次是辣椒红色素。云南目前辣椒发酵产品很少。

（五）辣椒育种与品种推广

云南省农科院园艺所通过多年的辣椒育种工作，选育出了大批辣椒新品种，选育的"云椒系列"有云干辣椒1-6号、云椒2号、云辣素1号、云辣1号，朝天椒CT117、CT106，小米辣晶翠等。文山州农科院选育的文辣3号、文辣5号。云南农大园艺学院2012年登记丘椒1号、丘北早椒1号、迷你辣椒1号。昆明市农科院昆椒三号、昆椒四号、昆椒五号、昆椒六号。砚山县蔬菜所选育的砚金1号。

云南省干辣椒品种主要是传统地方品种丘北辣椒，种植面积占全省干辣椒种植面积的85%以上，约77万亩。朝天椒品种主要是艳红、艳美等泰国进口品种，占全省朝天椒面积的80%以上，约48万亩。小米辣品种主要是云南小米辣，占全省小米辣面积的95%以上，约33万亩。美人椒类型品种主要是红天湖101，占全省的美人椒类型品种的70%以上，有5万多亩。鲜椒类型品种很杂，目前没有大面积栽培的主栽品种。此外，文辣3号、文辣5号每年推广应用近5万亩。云干辣椒3号每年推广应用2万亩，朝天椒CT117每年推广1万亩。

第二节　云南辣椒市场价格分析

云南的丘北辣椒和云南小米辣因品质优良，且都是具有特色的地方品种类型，因此其价格受全国的影响较小。

（一）2017年市场价格形势优于往年

云南辣椒2017年的市场收购价普遍优于历年平均水平，且持续时间更长。鲜椒走货量占云南全年的50%~60%。文山稼依辣椒市场艳红干辣椒2017年起步价19.00~20.00元/千克，最低时在16.00元/千克；丘北辣椒价格连年基本稳定保持在18~20元/千克；魔鬼椒供应量明显大于往年，烘干带把货价格为30.00元/千克左右。虽然云南省2017年度艳红类型单生朝天椒的种植面积进一步扩大，受炭疽病影响产量下滑，导致朝天椒价格上涨。

（二）丘北辣椒市场价格基本稳定

在品种结构上，丘北辣椒类型干辣椒仍然是种植面积最大的，但近几年种植面积一直在大幅下滑，2017年同比下降10万亩左右，主要原因一是丘北辣椒近几年在自然风干过程中大量褪色、霉烂造成种植效益的显著下降，二是丘北辣椒由于产量低，效益一直不高，从而受到了种植效益相对更高的朝天椒和云南小米辣的冲击。但尽管如此，丘北辣椒类型干辣椒的价格近几年都保持基本稳定，一般都在18~20元/千克。

（三）云南小米辣价格处于相对低位

云南小米辣由于前几年一些厂商的囤货行为造成价格大幅上涨，刺激了2014年和2015年种植面积的大幅增加，从而造成2015~2017年的价格大幅下滑，种植面积从2015年后连年缩减。因此，2017年的小米辣价格仍保持在低位，种植面积也仍然较少，约35万亩，但由于受面积连续下降及原有囤货已基本消耗完毕的双重影响，2017年的价格较2016年适当上升，鲜椒收购价在3.5~4元/千克。云南小米辣基本都是云南本地的企业收购加工后再销往全国各地。

（四）魔鬼椒类辣椒价格涨势较快

受提取辣椒素的加工企业的推动，魔鬼椒类高辣度干辣椒收购价格维持在 30 元/千克高价。云南 2017 年用于深加工提取辣椒素的魔鬼椒类品种的种植面积上升明显，从 2016 年的 2 万~3 万亩增加到 2017 年的近 10 万亩。但魔鬼椒抗病性差，极晚熟，栽培难度大，适应范围窄，故总产量并不高，大面积的干辣椒产量未超过 100 千克/亩。

（五）美人椒等鲜食辣椒价格稳定

2017 年度，云南省用于泡制的美人椒类型品种的比例也有所上升，种植面积增加 2 万~3 万亩，所生产的辣椒经粗加工后大量销往四川、重庆、湖南等地。其他鲜食类型的品种如羊角椒、牛角椒、线椒以及甜椒类型品种常年保持在 14 万亩左右，因这些类型的品种十分繁杂，每个品种类型种植的面积都不大，市场价格受供求变化影响，波动不大。

第三节　云南辣椒产业存在的主要问题

（一）辣椒加工企业产品同质化现象严重

目前云南的辣椒加工企业总体来说规模都较小，仅有少数几个有一定规模的企业。一方面，企业研发能力薄弱，资金投入不足，生产工艺落后，新材料、新技术的应用较少，缺乏升级换代产品，缺乏具有核心竞争力的产品，科技含量不高。这些情况，造成了云南缺乏在全国具有影响力的知名品牌。另一方面，除少数企业外，辣椒加工企业与基地之间联系松散，大部分企业都不愿在发展原料基地上投入太多，而是采取到市场上收购的方式，导致原料质量不稳定、供应不稳定、价格不稳定，难以适应加工业的发展。

（二）辣椒干制技术落后，产品损耗严重

目前云南的干辣椒大部分都采用整株拔起后在屋檐下自然风干的方式，极少采用机械化人工烘干。由于辣椒红色素是见光后极易分解的物质，在自然风干过程中由于各种因素的影响，导致褪色、霉烂的比例高达 50%，少部分地方如丘北县甚至高达 80%，对干制辣椒的生产和加工造成了十分严重的影响。

（三）专用型的辣椒品种缺乏

首先，用于泡制的朝天椒专用型品种较为缺乏。目前用于泡制的朝天椒都是使用鲜食型的朝天椒品种如艳红、艳美等，这些品种本来的主要用途为鲜食，并非加工专用，因而泡制品质也不十分理想。

其次，缺乏用于提取辣椒素和辣椒红色素的深加工专用型品种。

最后，目前尚无理想的泡制和酱制型专用品种，生产上栽培的品种基本都是外引种，

这些外引种本来的用途主要是鲜食，并非加工专用，因而具有针对性不强的问题，无法完全满足加工的特殊需求。例如，酱制品种要求鲜红色、含水量低、发酵后皮肉不分离、具香味；泡制品种要求长期泡制后仍然保持良好的脆感和适度的辣味、皮肉不分离、橙红色、外观光滑、光泽度好，且市场要求长度 18 厘米、宽度 2 厘米左右的美人椒类型品种。

（四）辣椒传统地方品种品质退化，病害严重

干制辣椒主栽品种丘北辣椒和云南小米辣皆为传统地方品种，产量低，抗性差，混杂退化严重，适应性弱，目前基本上靠农民自繁自育留种，至今仍无任何品种能够取代这些传统的主栽品种[①]。在辣椒生产上也普遍存在农民技术力量薄弱、种植粗放、施肥不科学、防病不及时、管理不到位、种植不规范等现象。产业化配套技术落后，管理很不完善等种种原因造成单产较低，大大影响了农民的收入，同时也严重制约辣椒产业的进一步发展。

第四节　云南辣椒产业发展对策建议

（一）政府应加大对辣椒加工企业的扶持力度

辣椒加工业是辣椒产业发展的重要推动力量，政府应在人才、新产品研发和市场开拓能力方面对辣椒加工企业进行扶持。一是要支持企业进行技术提升改造。支持企业技术改造，开发新产品，多样化发展方便食品、休闲食品、速冻食品、保健食品等。要抓住云南开展食品产业"增品种、提品质、创品牌"专项行动之机，开发云南辣椒产业"原字号""老字号"特色食品，推广工业化、规模化生产。二是要改善龙头企业仓储、保鲜、烘干、清选、分级、包装等设施装备的条件，提升农产品初精深加工的整体水平。落实用地、用电、融资、物流、服务等政策，取消不合理的收费项目，降低企业成本。三是要坚持质量优先，突出优质、安全、绿色导向，加强生产过程的管控，强化产地环境保护和源头治理，推行辣椒生产规范化，生产记录制度化。建立农产品全程追溯制度，确保产品质量和食品安全。

（二）突出全产业链研究，实现产业效益最大化

政府相关职能部门要按照"科技创新、产研结合、合理布局、建立品牌"的指导思想，做好从种植规划到品种推广、加工、经营、市场、销售的协调服务工作，支持建立"农科教产学研"一体化辣椒产业技术推广联盟，支持新型农业经营主体创新科技服务机制，加强新品种、新技术、新模式、新机制的综合应用和良种、良法、良制、良灌、良壤、良机的配套运用。要推进辣椒产业向绿色高产、高效创建、物联网、智慧农业等农业

①　龙洪进．云南辣椒育种现状与思考［J］．辣椒杂志，2009（4）．

现代化的方向迈进。要建立辣椒科技创新激励机制，使科技人员和经营主体在科技成果的转化运用中受益，从而提高双方合作的积极性和可续性。

（三）推进辣椒产品流通和电子商务发展

一是要围绕辣椒特色产业布局和辣椒产品走出去的主导思想，改造提升辣椒产品批发市场、骨干市场、节点市场，完善公益性辣椒产品市场体系，推广"生产基地＋加工企业＋商超销售"等模式，推进"互联网＋特色辣椒产业"建设，促进新型辣椒经营主体、加工流通企业与电商企业全面对接融合。二是要把辣椒产业与休闲旅游产业融合发展，开展农村产业融合发展的试点示范，建设农村产业融合发展示范园。三是要把辣椒产品研发、加工、销售市场定准，立足国内，拓展国外，进军国外，根据不同消费市场、消费对象、消费层次，满足消费需求。产品既要有质的保证，又要有量的扩张，要不断扩大消费市场和消费群体，不断创新消费模式，扩大产品影响力和竞争力。

第十三章　重庆辣椒

——小辣椒的"吃久战"①

重庆是我国集中辣椒消费区与调味品重要产区。重庆麻辣火锅从底料到消费，每锅约需消耗0.3625千克辣椒，市场需求量大。据不完全统计，重庆年消费干辣椒17万~20万吨，重庆辣椒布局中干辣椒型品种占65%，泡椒类型品种占15%，酱制品种占20%左右。加工型辣椒是重庆地方特色优势农产品，具有种植效益高、产业链条长的特点，在重庆市农业供给侧结构调整中，辣椒成为山区农业产业调整与精准扶贫的首选产业。

第一节　重庆辣椒产业发展现状

（一）重庆辣椒特点与优势

重庆以干辣椒种植与加工为主，主要种植品种为朝天椒（以艳椒425、石柱1号等品种为主）和长尖椒（艳椒11号、石椒5号等）。与北方市场辣椒相比，重庆辣椒价格相对较高，2018年8月17日重庆石柱1号干辣椒售价达到14元/斤，同期河南柘城三樱椒（精品）市场价格5.4元/斤，献县辣椒交易市场冷库三樱椒价格3.8元/斤。虽然重庆辣椒不具备价格优势，但品质优势显著。

重庆辣椒优势体现在：①辣味重、油分含量高，香味浓、籽粒少、光泽度好。每克辣椒的辣椒素含量达到3.71~4.22毫克，每千克辣椒辣椒红素含量为25.6~31.1毫克，脂肪含量达14.4%~15%，比河南新一代辣椒高8%。②干物质含量高，达到90.1%，较河南新一代辣椒（水分含量20%~25%）指标高10%~20%。③重庆干辣椒皮薄肉厚，耐熬煮而皮不烂，广泛用于调味品、火锅底料、卤菜加工等领域。武汉周黑鸭所需辣椒主要以重庆石柱县石柱1号辣椒为主。

---

① 本章供稿：国家特色蔬菜产业体系加工用干辣椒品种改良岗位专家黄任中研究员、产业经济岗位乔立娟副教授。

（二）重庆辣椒种植面积与布局

近年来，重庆干辣椒基地面积增长较快，2000 年辣椒种植面积为 2.5 万亩，至 2008 年增长至 30 万亩，2015 年辣椒种植达到 50 万亩，已成为山区农民增收致富的"红色产业"。由于加工型辣椒与鲜食辣椒和大宗蔬菜相比其比较优势不足，近两年辣椒种植面积有所下降，2017 年回落到 42 万亩，重庆近郊巴南区、渝西大足区、永川区等经济较发达地区种植面积明显减少。但采后加工衔接较好，加工企业布局较多的区县如石柱县、綦江区基地面积稳定。重庆石柱县辣椒种植面积在 30 万亩左右。

在生产与加工基地布局上，重庆市制定了"十一五""十二五"产业发展规划，综合考虑市场需求与重庆立体生态，对辣椒产业进行科学布局。将重庆南部、东南部区域的石柱、武隆、巫溪、黔江等海拔 400～1000 米的低山、中山区域建立辣椒生产基地，以海拔 500～900 米作为最适区域重点发展。同时在辣椒生产基地布局辣椒初加工企业，围绕重庆特有的火锅产业、辣椒酱与方便食品，重点发展辣椒干、泡辣椒等产品。

在重庆辣椒品种布局上，以"优势产业布局到优势产区"为思路，综合自然资源、产业基地、加工能力、市场需求等因素，在海拔 400～800 米交通不便区域布局重点发展辛辣类干辣椒类型品种，为火锅底料加工、辣椒干提供原料；在海拔 900～1000 米区域，重点发展泡椒及酱制类型品种，为豆瓣加工提供半辛辣产品。

（三）辣椒制品加工业发展迅速

重庆辣椒、花椒调味品加工企业超过 400 家，综合产值达 90 亿元[①]。重庆辣椒制品以火锅底料为主要特色，在全国火锅底料市场占有率达到 80%，重庆"红九九""周君记""德庄""桥头"等火锅底料、调料生产企业年产值上亿元。重庆辣椒种植基地的辣椒加工业发展势头迅猛，"武隆加工辣椒""石柱辣椒""綦江辣椒"被注册为国家地理标志商标。石柱县还引进了重庆德庄、小天鹅百福食品为代表的本地辣椒初加工企业，辣椒产地加工能力大幅提升。

重庆地区辣椒加工企业的原料需求增长迅速，基地 85% 的调味品原料和 70% 的加工品用以满足本地市场加工企业需求。本地辣椒供给无法满足本地加工企业与市场消费需求，需要从贵州、河南、河北等调入辣椒原料。

（四）辣椒种植成本收益情况

重庆山区辣椒种植机械化水平低、灌溉条件差，且需要多次采收（石柱辣椒需采收 9 次），使得劳动力投入成为重庆辣椒最大投入，一亩地平均需要投入 34 个劳动力，按 50 元/天的平均劳动力成本计算，每亩劳动力投入 1700 元。新疆、河南等地辣椒一次性采收或采收 5 次的情况下，劳动力投入减少 10%～20%。以 2018 年石柱县石柱 1 号种植成本

---

① 黄任中，黄启中，张世才等．重庆加工型辣椒产业发展现状及建议［J］．辣椒杂志，2018（1）：4-7．

为例：每亩需种苗 2200 株，自己育苗需 50 元，购买种苗需 200 元；地膜 4 千克，约 60 元；肥料需 200 元；农药 80 元；土地流转费用每亩 400~500 元；劳动力 1700 元左右。如果是农户自己种植，不考虑人工成本与土地租金，每亩投入 390 元；如果采用流转土地进行规模化种植，则成本合计 2490~2740 元/亩。因为在高山种植，雨水灌溉，因此无机械作业与灌溉费用。

重庆辣椒产量相对较低，平均约 1000 千克/亩。为保证椒农收益，实行"政府监管，行业协会定价"的最低保护价制度，通过对比全国各地价格以及当地椒农种植成本与产量定价，并以"合作社有利润、农民有收益"为目标，由专业合作社进行统一收购。因为品种不同与产量差异，不同辣椒类型与品种收购价格也有差异，并随市场价格波动进行调整。2016 年重庆长尖椒收购价 2.2 元/千克，朝天椒类型艳椒 425 收购价 3 元/千克，石辣 1 号 3.6~3.7 元/千克（石辣 1 号产量略低于艳椒 425）。2018 年重庆石辣 1 号收购价 4.2 元/千克，艳椒 425 收购价 3.6 元/千克。在 2018 年的价格水平下，石辣 1 号鲜椒亩产量约为 780 千克，每亩辣椒可收入 3276 元，农户自己种植收益水平可超过 2500 元/亩；规模化经营大户亩收益接近 1000 元。较好地激发了农户种植热情，保证了重庆加工型辣椒的原料供应。

第二节　石柱县辣椒生产模式创新

自 2000 年以来，重庆石柱县将辣椒产业作为农业产业结构调整首选产业，种植面积从 2001 年的 0.5 万亩扩大到 2010 年的 30 万亩并保持稳定，年产值达 10 亿元。石柱县通过"专业合作社主导，政府监督的价格统筹机制"，在促进辣椒产业发展中起到了重要的推动作用。

（一）政府"有形之手"与市场"无形之手"结合

石柱县辣椒产业发展初期，政府部门发挥了推动作用，促进了石柱辣椒种植面积的跨越式发展。其中政府作为辣椒生产第一责任人，承担了种植、收购、效益等责任。自 2010 年开始，石柱辣椒进入成熟阶段，政府逐步退出，由专业合作社负责生产收购，辣椒行业协会负责协调，政府负责监督与提供相应服务[1]。政府主要职责包括：①全县统一规划布局，确定辣椒发展的适宜区域与重点发展辣椒品种，以差异化满足不同市场与加工企业需求。②支持基地硬件建设，对于超过 50 亩的种植大户提供每亩 500 元的现金补贴，用于土地整治与开发，实现"田方正、土肥沃、旱能灌、涝能排、机械进出方便"的高标准农田要求。③政府出台政策支持合作社与加工企业新建烘干线、冷藏库等设施，补助资金在其投入的 50% 以上，并对销售网点建设与广告投入提供项目与资金支持。④探索以产量兑现补助到合作社的产后补助新模式，引导椒农落实技术、提高产量、提高效益。

---

① 黄任中，黄启中，葛文东等. 重庆石柱县稳定辣椒生产基地的模式与机制［J］. 中国蔬菜，2017（3）：30-32.

（二）专业合作社引导基地生产与销售

辣椒市场价格的波动导致"椒贱伤农"等问题时有发生，且石柱县地处山区，交通不便，单一农户无法对接市场。因此，石柱县成立了 36 个辣椒专业合作社，全县 2.8 万户椒农加入合作社，由合作社承担全县的辣椒生产。合作社通过与乡（镇）政府签订辣椒基地建设合同，在全县建立了 106 个辣椒种植基地。2015 年 36 个合作社承担的辣椒基地面积达到 30 万亩，有效解决了"谁来种"的问题；同时确定了种植辣椒的 4 个大类与 14 个品种，解决了"种什么"的问题。石柱县采用"谁投资、谁收购、谁受益"的原则，由合作社统一对基地进行收购，解决了"卖椒难"的问题。同时合作社统一组织鲜椒收购与初加工，并提供鲜红椒、干辣椒、盐渍椒给加工企业和市场，完善了辣椒种植—加工—销售产业链条。同时专业合作社聘请技术人员负责基地的技术指导与培训，解决"怎么种"的问题，并执行统一良种、统一投入品（化肥、农膜、农药）、统一供苗、统一规范、统一采摘标准的"五统一"生产模式，保证产品质量。

（三）形成最低收购价与统一收购价格统筹机制

农业生产也是以利润最大化作为主要目标，为避免由于市场行情波动导致价格下跌，石柱县辣椒专业合作社与农户签订协议时明确了不同品种的最低收购价，当市场价格低于市场价时，合作社必须以保护价收购，以保证椒农获得投入的最低收益。此外，为了兼顾椒农、合作社、企业的三方利益，石柱县统一了辣椒收购价，并要求各合作社必须将所负责基地的辣椒收完收净，从而最大程度保证椒农利益，稳定辣椒基地生产。

辣椒统一收购价的制定由石柱县辣椒行业协会制定。协会在辣椒收购前组织合作社、椒农代表、加工企业到品种相似的地区考察种植规模与市场行情，并参考网络辣椒价格信息，在对当前辣椒市场预判基础上，协商制定不同类型品种的辣椒收购价格，并将收购价格向全县椒农、合作社与企业进行公布。当全国辣椒市场价格变动超过 0.2 元/千克时，协会则统一调整产地保护价与收购价。以艳椒 425 为例，2010 年保护价为 1.6 元/千克，统一收购价为 3.2 ~ 3.6 元/千克；2014 年保护价为 1.8 元/千克，统一收购价为 3.6 ~ 4.2 元/千克。同时要求合作社将辣椒收完收净，对于尾期辣椒合理确定收购价格，如果合作社拒收，则由行业协会提供惩罚。但自 2009 年以来，由于辣椒价格一直处于上升态势，石柱县从未启动辣椒最低保护价政策。

石柱县产业管理部门每年出资 200 万元作为辣椒产业发展基金，作为辣椒产业风险基金。当辣椒行情低迷时，启动风险基金支持最低保护价收购工作；当合作社按照最低收购价出现较大亏损时，启动风险基金以贴息方式提供补助。2014 年由于统一收购价使合作社辣椒销售亏损，政府补助合作社贷款利息的 70%，共计 65 万元。石柱县辣椒产品展示和齐心合作社辣椒烘干流水线如图 13 – 1 所示。

（a）　　　　　　　　　　　　（b）

图 13 – 1　石柱县辣椒产品展示和齐心合作社辣椒烘干流水线

第三节　重庆辣椒新品种推广经验

重庆辣椒产业的发展得益于加工型辣椒艳椒 425 的成功推广。艳椒 425 是重庆农业科学院选育的单生朝天椒新品种，2014 年获得植物新品种权，现在已成为西南地区朝天椒主栽品种。

（一）针对地方产业需求开发新品种

重庆以山区为主，加工型辣椒适合山区发展，经济效益高。但 2000 年以前，重庆加工型辣椒因为生产投入大、人工干制等原因，当时的辣椒品种在价格与产量方面均不具备优势。培育高辣椒素以及大果形品种成为科研人员的工作目标，并经过 8 年时间培育出艳椒 425，杂交种具有高产、优质、抗病，且辣度高、果实长、单果大，易于采收，不仅适宜干制，还可加工泡椒。[①] 艳椒 425 不仅增加了辣椒产量，由于果实较大，还大大节省了采摘成本，产品的高辣椒素更适宜重庆火锅产业及加工要求。

（二）加强消费市场宣传与引导

传统朝天椒果长 5 厘米左右，艳椒 425 果长达到 9 厘米，在最初推广阶段并未得到种植户与加工企业认可，销售时被压价收购，市场价格较低。为此，科研与技术推广人员采用以下策略：①在生产基地加强试验示范，将艳椒 425 长势强、易采收、抗旱耐日灼、易于管理的特点进行充分展示，增加椒农对产品的认可度。②向一线加工企业深入宣传艳椒425 的高辣度特性，强调高辣椒素对提高烧烤干制辣椒商品性的作用，使艳椒 425 在贵州市场得到广泛认可。③加强对消费市场的宣传与引导，通过产品宣传，使消费市场认可长朝天椒类型品种，从而使艳椒 425 成为国内外朝天椒育种方向。

（三）实行优势产区布局，进行基地化推广

根据"优势产业布局优势产区"的思路，根据自然资源、加工能力、市场需求和政

---

① 钟建国，黄任中等 . 加工型辣椒艳椒 425 成功推广的经验与启示［J］. 中国蔬菜，2017（2）：11 – 13.

策支持等因素，选择海拔 600~1200 米山区作为适宜区域，以重庆山区、贵州黔北地区作为艳椒 425 重点推广领域，并辐射带动河南、云南、湖南、福建、新疆等生态相似产区示范推广。与此同时，依托辣椒专业合作社或种植大户，促进规模化基地建设，并建成石柱县、綦江县、遵义市等干辣椒专业化生产基地，形成优势产区，提升新品种推广力度。

（四）良法配套，发挥增产增收潜能

通过良种繁育、安全高效栽培、加工技术研究，充分发挥新品种增产增收潜能。通过育苗、地膜覆盖、配方施肥等技术研究与示范，解决用种量大等问题，并推广单株栽培、稀植、间套作等技术解决连作障碍问题。针对重庆山区及西南地区辣椒收获期阴雨天气多、自然干制易霉变的问题，推广机械化干制辣椒技术，并在辣椒基地进行广泛推广，有效解决了干制辣椒加工的瓶颈问题。

第四节 重庆辣椒产业经验借鉴

（一）优势产业布局优势产区

产业扶贫是目前我国贫困地区精准扶贫的主要抓手，但往往由于扶贫产业过于集中或技术水平有限，导致或是产品集中上市产生滞销问题，或是受自然资源等因素影响，产量与质量无法达到预期水平。重庆辣椒产业发展以"优势产业布局优势产区"为引领，既能够保证辣椒产品的质量，又能够实现规模化种植，为产业化发展提供原料来源。并根据加工企业的原料需求，在生态优势区布局不同类型加工型辣椒品种，实现"适度规模，错位发展"。

（二）价格机制与政府协调相结合

辣椒产业发展需要政府机构的大力推动，政府部门"有形之手"对辣椒产业进行品种区域规划，以差异化发展防止单个品种生产过剩的滞销风险，并对辣椒种植基地硬件建设与辣椒烘干设施提供资金支持；同时实行专业合作社缴纳市场风险保证金、财政配套等额资金建立辣椒产业风险基金，对市场价格下跌后的合作社损失提供补偿，从而稳定辣椒种植面积。市场"无形之手"作用于合作社加工辣椒销售过程，通过"无形之手"引领，确定辣椒统一收购价，保证椒农收益与合作社利润。

（三）品种研发推广促进产业发展

根据市场需要与当地实际情况研发辣椒新品种，一方面通过成功的良法配套技术进行试验示范获得椒农认可，另一方面与加工企业进行对接，协助企业提高辣椒加工能力与新产品研发能力，促进加工企业发展，并实现产业增值。艳椒 425 与石辣 1 号等品种的成功推广，对打造重庆辣椒品种品牌、加工原料品牌与辣椒制品品牌起到重要推动作用。

第十四章 河北辣椒

——特色优势区引领[①]

河北辣椒种植历史悠久，鸡泽县与望都县是久负盛名的辣椒产区，冀县、定州、崇礼也是辣椒重要产区，辣椒品种特色突出，菜用鲜食辣椒与加工红椒全省种植面积近100万亩，年产值72亿元，辣椒加工企业数量多，加工能力强、带动辣椒产业发展。

第一节　河北省辣椒产业发展现状

（一）辣椒种植产区特色明显

河北省辣椒产区集中于鸡泽、望都、冀州、崇礼等地。在加工型辣椒种植领域，传统辣椒种植"一泽三都"中的鸡泽县和望都县均隶属河北省，是闻名全国、在北方具有重要影响的辣椒传统产区。衡水市冀州区发展外贸出口型辣椒基地，已经具备较大规模。鸡泽辣椒、望都辣椒和冀州辣椒均被国家有关部门认定为地理标志产品。张家口万全区及周边在鲜椒酱加工企业带动下，通过产业扶贫、订单生产方式，正在形成新型辣椒产区。河北省还是甜椒的主要生产基地，其中河北省张家口市崇礼县是我国最大的越夏彩椒生产基地。2016年，崇礼县红旗营乡、石嘴子乡、西湾子镇、驿马图乡四大彩椒片区共种植彩椒2.5万亩，年产量12万吨，经济收入4亿多元，成为当地农民脱贫致富的重要作物。

鸡泽县以羊角椒为主，种植面积8万亩左右，年产16万吨左右；望都县以羊角椒和天鹰椒为主，种植面积3.8万亩，年产3.36万吨左右，已形成"两园三区四基地"（两园：辣椒产业园、辣椒物流园；三区：加工区、种植区、观光区；四基地：高岭、郭村、双庙、崔庄）的产业格局；冀州区以天鹰椒为主，常年种植10.2万亩，年产干辣椒2.5万吨；以万全为核心的产区以金塔和卡罗娜等国外引进品种为主，带动阳原、蔚县、尚义等县种植规模逐年跃升，2017年达到7000多亩，年产鲜椒1.3万吨。

---

① 本章供稿：国家特色蔬菜产业体系石家庄试验站严慧玲副研究员、唐山综合试验站孙逊研究员、产业经济岗位乔立娟副教授。

（二）辣椒企业加工能力较强

河北省辣椒加工企业数量多，规模大，是产业发展的重要推动力量。2018 年，望都县与鸡泽县共有加工企业 251 家，其中国家级高新技术企业 2 家，省级龙头 6 家，市级重点龙头 16 家，10 余家企业获得外贸出口权，年加工鲜椒 76 万吨，加工产品 200 多种，涉及辣椒酱、盐渍辣椒、剁辣椒、辣椒粉、辣椒圈等，远销俄罗斯、日本、东南亚、非洲、墨西哥等 20 多个国家。张家口万全区的河北亚雄现代农业股份有限公司开发生产"坝上鲜"鲜辣酱，年产 2000 万瓶，广受城乡居民欢迎，市场成长性强劲。邯郸市曲周河北晨光生物科技集团股份有限公司每年辣椒提取物产量逾 5000 吨，占世界辣椒提取物总产量的一半以上，辣椒红色素产销量世界第一，辣椒精占国内市场份额的 85%。

（三）辣椒产业科研能力突出

河北省是传统辣椒生产大省，近年来，已形成由河北省农科院经济作物研究所、河北农业大学、河北省蔬菜产业创新体系为主的从事辣椒研究的科研单位与团队，承担辣椒品种选育、生产技术指导与品种推广等工作。由于甜椒以及青椒等以鲜椒上市为目的，农民收益水平较高，因此鲜辣椒育种研究较多。河北省干辣椒生产以常规品种为主，望都、鸡泽、冀州等传统特色产区生产上仍以传统品种为种植习惯，对干辣椒品种的育种研究相对较少，传统品种退化严重。为此，2016 年，河北鸡泽成立院士工作站，与邹学校院士合作进行传统品种选优、提纯复壮工作。望都县以保定市太行驿站工作为依托，与河北农业大学辣椒产业团队联合，进行地方品种的提纯复壮，并与当地加工企业基地合作进行示范推广。为促进辣椒产业发展，望都县 2018 年 4 月成立了全国首家辣椒产业协同创新共同体，为全国辣椒产业提供信息交流与合作平台。

第二节　鸡泽县辣椒特优区组织模式创新

（一）河北省鸡泽县辣椒产业化联合体的成立

近年来，辣椒产业受品种退化、病虫害增多以及人工成本持续上升等因素影响，辣椒种植效益下降，辣椒种植规模呈现缩减态势，其中望都县辣椒种植面积已从 2005 年近 5 万亩下降到 2018 年近 1 万亩。为提高辣椒种植收益，激励辣椒种植户种植热情，河北省辣椒加工龙头企业联合辣椒种植专业合作社、家庭农场与农资企业成立了鸡泽县辣椒产业化联合体、晨光天然提取物产业化联合体，按照"公司 + 基地 + 合作社（家庭农场）+ 农户"的经营模式，以合作社、家庭农场、农业公司为主体，与广大椒农订立协议形式，建立了清晰、稳定、合理的利益联结机制，龙头企业积极向合作社、家庭农场输送现代生产要素和经营模式，合作社和家庭农场承担联合体辣椒产品的种植、供销等专业化、社会化服务，以土地入股、带动种植、协助销售、提供就业等多种方式带动椒农经营，在稳定辣椒生产、提高椒农收益方面发挥了纽带作用。

（二）鸡泽县辣椒产业化联合体成员构成

鸡泽县辣椒产业化联合体由鸡泽县天下红辣椒有限公司、鸡泽县湘君府味业有限责任公司2家省级农业产业化重点龙头企业发起，联合河北蕾邦种业有限公司、河北联合农化有限公司、邯郸市鼎宝种植有限公司和鸡泽县隆富垚种养有限公司4家上下游企业和鸡泽县万亩红辣椒专业合作社、鸡泽县朔叶种养农民专业合作社、鸡泽县金发辣椒专业合作社、鸡泽县红满天农民专业合作社、鸡泽县存安种养农民专业合作社、鸡泽县依迪种养农民专业合作社、鸡泽县宏大农作物种植专业合作社、鸡泽县爱优种养农民专业合作社、鸡泽县鼎禾裕蔬菜种植专业合作社、鸡泽县建忠辣椒专业合作社、鸡泽县文轩种养农民专业合作社、鸡泽县玉银种养农民专业合作社等12家专业合作社及鸡泽县慧聪家庭农场共19个成员，于2014年8月共同创建了鸡泽县辣椒产业化联合体。

（三）鸡泽县辣椒产业化联合体运行特色

鸡泽县辣椒产业化联合体按照"公司＋基地＋合作社（家庭农场）＋农户"的经营模式，通过合同方式与农民建立了紧密的产销关系，公司与农户之间形成了种植、加工、销售、服务为一体的辣椒生产体系。运行特色体现在：①充分发挥合作社在规模化生产、集约化经营等方面的优势，依托龙头企业成立鸡泽辣椒产业化联合体，实现互补共赢。②突出产销对接，实现风险防控。市场信息经由龙头企业判别后，转化为辣椒生产决策，再沿产业链反向传导至辣椒种植环节，有计划地进行种植生产和产品收购，使处于产业链上游的种植主体规避了盲目种植辣椒面临的风险，也为核心企业本身原料供应奠定了良好基础，实现了互信互利、合作共赢。③积极引导辣椒种植走向高端化，实现错位发展，提升产品价值，避开了常规竞争压力，同时联合体按照引进一批、试验一批、成功一批、推广一批的原则，有计划、有针对性地引进了富硒辣椒、降糖辣椒等一批国际高端品种进行试种，达到拓展辣椒功能、开拓高端市场、防控风险、提升收益的双重效果。

> **富硒辣椒**
>
> 硒元素具有抗氧化作用，适量补充能够防止器官老化与病变，可以延缓衰老、抗癌防癌、减轻放化疗副作用。富硒辣椒中的硒含量可以有效防癌抗癌，对提高视力也有明显作用，并对心脏肌体有保护和修复作用，开发富硒辣椒产品是菜农增收和居民受益的有效途径。新疆2017年发现958万亩富硒土，为当地天然富硒辣椒种植提供土地保障，其他地区也通过含硒营养液与基质等进行富硒辣椒种植。
>
> **降糖辣椒**
>
> 降糖辣椒最初由韩国开发并引入我国，由于含有的降糖成分AGL具有明显的降糖效果，且没有副作用，使糖尿病患者可以不吃药或少吃药，在全世界受到关注。鸡泽降糖辣椒目前仍处于开发期，未来市场前景广阔。

（四） 鸡泽县辣椒产业化联合体推动作用

鸡泽县辣椒产业化联合体联合 19 个成员单位，公司依托县农技推广单位，与邯郸市辣椒食品工程技术中心和邯郸市羊角红辣椒研究所等农业科研院所建有技术合作关系，科研和推广人员达到 39 人，"三品一标"认证面积占全县辣椒种植面积的 100%，农业生产规模效益明显，所生产的鸡泽辣椒较外地同类辣椒价格每斤高出近 1 倍，联合体成员和全县椒农也从品牌提升中实现了增收。截至 2016 年，农业经营主体销售收入超过 6 亿元，带动农户 19831 户，带动农户年均增收 4200 万元。其中，核心龙头企业年产值 4.2 亿元，带动农户 7100 户，带动农民增收 1813 万元。目前，鸡泽辣椒较外地同类辣椒普遍每斤高出近 1 倍，联合体成员和全县椒农也从品牌提升中实现了增收，一般农户年均可增收 2000 多元，增强了联合体合作社成员的获得感，提高了对未来发展的预期值。

第三节 河北省辣椒产业存在的问题

近年来，受种植成本上升、品种退化、病害频发与市场价格不稳定等因素影响，河北省辣椒种植面积呈下降趋势，必将对产业发展产生不利影响。

（一） 人工成本较高，降低辣椒种植效益

河北省人工成本近年来呈现持续上升态势，辣椒种植雇工费用已达到 150 元/天，远高于西南重庆地区 50 元/天与贵州地区 60 元/天的雇工费用，也高于山东地区的人工成本。与此同时，河北省辣椒多采用与小麦或洋葱间作的方式生产，由于轻简化技术缺乏，机械化生产程度低，难以进行机械化生产，导致辣椒产业从栽培生产到加工环节均需大量人工，生产成本逐年提高，生产效益逐年下降。此外，辣椒连作造成土传病害、土壤盐渍化严重，无害化综合防治措施缺乏使农民对土传病害的防治措施盲目，使得辣椒产量下降，品质也受到影响。

（二） 种植品种混乱，辣椒种植风险增大

鸡泽、望都等优势产区农户仍以常规种为主，导致辣椒品质参差不齐且加工辣椒传统品种退化严重，本地农家品种抗性差、品质不稳定、产量下降，引进品种混乱，缺乏适合当地特色的专用品种。近年来，华北地区雾霾、冰雹、高温等气象灾害频发，但与之相配套的耐低温弱光、耐高温高湿、抗病毒病品种的抗逆抗病高效专用品种缺乏，导致农户进行辣椒种植受到辣椒炭疽病害与各类自然灾害影响，辣椒种植收益不稳定且呈现逐年下降态势。

（三） 种植面积下降，无法满足企业需求

产生问题的主要原因：一是由于辣椒自身特性，辣椒品种退化和病虫害现象严重，使

其种植规模处于较低水平，导致产量下降；二是由于自然因素，全球气候变暖，望都本地昼夜温差变小，水肥条件逐年变化等直接影响辣椒产量和品质；三是以农户为单位的传统落后种植模式，造成辣椒品种更新换代缓慢，提纯复壮能力较弱，阻碍辣椒种植规模化进程。辣椒种植面积已从 2015 年的 120 万亩下降至 2018 年的不足 100 万亩，干辣椒种植减少情况尤为明显。目前全省干辣椒种植面积不足 20 万亩，传统优势产区地位将受到影响。与之相对，鸡泽与望都辣椒因其优良品质，是重庆涪陵榨菜的重要配料，拥有较好的市场前景，但目前本省辣椒难以满足加工企业需求。

第四节　河北省辣椒产业发展建议

（一）加强辣椒生产基地建设，适当扩大生产规模

望都县与鸡泽县作为传统辣椒生产大县，加工企业群体较大且集中，竞争力较强，效益突出。鸡泽县辣椒加工企业 130 家，全县年产鲜红辣椒 16 万吨，但企业年加工辣椒量达到 60 万吨，44 万吨均为采购外地辣椒，鸡泽辣椒近 75% 来自外地市场。任何一个农业产业化项目都要有基地，种植基地是发展的基础，没有基地，辣椒产业化就不能构成一个完整的产业链，就会形成产业发展瓶颈，致使企业生存艰难。相关政府部门应制定辣椒产业发展规划和具体的扶持政策，充分调动广大种植户积极性，同时避免盲目扩大种植面积的粗放型发展模式。通过合作经营、引入工商资本以及组建产业化联合体的方式，建立利益共享、风险分担的经营机制，形成经济利益共同体，实现双赢。

（二）积极筹建京津冀核心辣椒交易市场

辣椒专业市场是购销双方交易的平台，是辣椒价格的风向标、集散地。不仅能有效解决农民群众的"卖难"问题，还能解决辣椒加工企业的"买难"问题，并使辣椒价格与国内外市场保持同步，极大地增加农民的种椒收入，促进辣椒产业更好更快发展。应依托传统辣椒之都的影响力，以望都与鸡泽辣椒集散地与交易市场为基础，京津冀协同发展与雄安新区建设的历史机遇，河北省近 2000 名专业辣椒经销人和经纪人为骨干，建设区域性规模化的辣椒交易市场，推动辣椒产业可持续发展。

（三）优化辣椒品种结构，降低种植风险

针对河北省辣椒产业存在的问题，从抗病抗逆高效品种筛选及传统品种提纯复壮、轻简化栽培技术是产业急需的技术支持。①应组建专门的品种科研团队，开展传统品种提纯复壮，保持望都、鸡泽辣椒品种特性持续稳定，增强品种的抗病性，扩大本地传统品种生产规模，提高传统品种比重，保持地理标志产品特色。②在辣椒主产区建立品种试验基地，大力开展加工型品种培育、引进、筛选和示范推广工作，重点筛选高色素、高辣素的

专用品种，扩大种植规模，为企业提供合格的产品原料。③在辣椒生产集中产区建设集约化育苗场，加快优良品种推广，提高秧苗质量，降低种植户风险。④研发辣椒与洋葱、辣椒与甘蓝等一年两作模式及配套关键技术，包括适宜品种、定植收获时期、植株调整、水肥一体化、绿色控害等技术，提高单位面积种植效益。

第十五章　新疆辣椒

——制干辣椒种植基地[①]

第一节　新疆辣椒产业发展现状

（一）辣椒规模稳定化

近年来，随着新疆农业产业结构的调整，以制干辣椒为主的辣椒产业异军突起，成为新疆特色农业产业中的又一红色产业，也是仅次于加工番茄的第二大蔬菜作物，播种面积、产量及单产逐年增加。2010 年新疆辣椒种植面积 85 万亩，产量 184.54 万吨；2016 年种植面积达到 104 万亩，占全国辣椒种植面积的 8.69%，产量达到 289.02 万吨，单产达到每亩 2774 千克（见表 15 – 1）。

表 15 –1　新疆辣椒产业发展情况　　单位：万亩，万吨，千克/亩

年份	面积	产量	单产
2010	85.815	184.54	2150.440
2011	101.700	239.51	2355.064
2012	115.005	302.85	2633.364
2013	99.555	275.23	2764.602
2014	90.780	235.47	2593.853
2015	97.755	264.51	2705.846
2016	104.175	289.02	2774.370

目前新疆辣椒种植面积基本维持在 100 万亩左右，主要以工业辣椒种植为主，工业辣椒产量占辣椒总产量的 74.13%，直接带动近十万农户参与辣椒的种植，吸引了 300 多家国内外企业和个体户从事工业干辣椒的经营。农民种植辣椒一般每亩投入成本 1000 ～

[①]　本章供稿：国家特色蔬菜产业体系乌鲁木齐综合试验站杨生保研究员、产业经济岗位白丽副教授。

1800 元，产值 2000～4500 元，一般每亩纯收入在 800 元以上，高产可达 2000～3000 元，户均年纯收入 2 万～3 万元，种植大户可达几十至上百万元。

（二）产区分布集中化

新疆的辣椒种植分布非常集中，主要分布在天山以南的巴州及天山以北的昌吉州、伊犁州和塔城地区。随着辣椒产业的迅速发展，南疆巴州环焉耆盆地形成了以博湖县、焉耆县为主的制干及色素辣椒种植区，该区域年种植辣椒面积基本维持在 50 万亩（地方 35 万亩，农二师 15 万亩）左右，占新疆总产量的近 50%。北疆昌吉州形成了以玛纳斯县、呼图壁县为主的色素辣椒种植区，以昌吉市、阜康市为主的鲜食辣椒种植区，以奇台县、吉木萨尔县为主的加工辣椒种植区；塔城地区以沙湾县的安集海镇为主，干辣椒种植面积达 5 万亩，占全镇耕地面积的 54%，获得"中国辣椒之乡"的美称，乌苏县，阿克苏地区乌什县、拜城县和农一师团场也均有种植；伊犁州形成了以伊宁市、察布查尔县为主的鲜食辣椒种植区（见表 15-2）。

表 15-2　2016 年新疆各辣椒产地种植产量　　　　　单位：万吨,%

主产县区	辣椒总产量	辣椒产量占比	辣椒用途	所属州、地区
和硕县	334171	11.56	制干 色素辣椒	巴音郭楞 蒙古自治州
博湖县	292839	10.13		
回族自治县	292602	10.12		
和静县	218653	7.57		
沙湾县	179600	6.21	制干	塔城
阜康市	33903	1.17	鲜食	昌吉回族 自治州
奇台县	14579	0.50	制干	
昌吉市	11120	0.38	色素辣椒	
伊宁市	34529	1.19	鲜食	伊犁州
察布查尔县	15183	0.53		
生产建设兵团	1016812	35.18	鲜食、工业辣椒	

（三）栽培品种多样化

目前新疆辣椒品种类型主要有两种类型：一是食用辣椒。主要有线椒、尖椒、朝天椒等。二是工业辣椒（色素辣椒），主要品种有铁板椒、美国红等。花皮、手拣花皮、大花通货、小花通货、干货等都是这些辣椒交易时的市场用语。

新疆辣椒品种最主要的类型为：线椒、羊角椒（板椒）和甜椒（铁皮椒）。南疆主要以墨西哥甜椒为主，北疆主要以红安系列的羊角椒和螺丝椒为主，其他品种均有种植但面积不是很大。现阶段焉耆盆地辣椒种植面积略有增加，铁板椒种植面积扩大较快，但金塔、线椒种植面积相应减少。石河子主要种植区域、安集海镇是辣椒重要产区，种植面积基本持平，铁板椒、猪大肠等种植面积略有增加。

（1）线椒：生产上，线椒品种多为常规种，目前主栽品种为红安系列、陕椒系列、丰力1号、航天4号、丰力红冠、博辣红牛等。主要分布在焉耆垦区、阿克苏地区和喀什地区，是北疆地区的主要种植类型。主要种植模式以宽膜平铺机械直播滴灌种植为主。每亩种植密度1500~2200株，其平均干辣椒产量450~500千克。这些品种均为国内自主选育，但亲本来源不详。

（2）板椒（羊角椒）：目前以韩国杂交品种为主，主栽品种大将、顶上、红龙系列等，是新疆制干辣椒主栽类型，主要分布在南疆盆地，北疆地区已开始大面积种植。种植模式以穴盘育苗移栽和机械精量点播方式为主。每亩种植密度4000~6000穴，每穴双株，其平均干辣椒产量400~500千克。品种来源不详。

（3）铁皮椒（甜椒）：原种从美国和墨西哥引进，现多为引进品种的自留种后代，主要分布在南疆焉耆垦区、喀什地区，焉耆垦区为最大产区。种植模式以穴盘育苗移栽和机械精量点播方式为主。每亩种植密度3700~4500穴，每穴双株，其平均干辣椒产量350~400千克。

（四）生产过程机械化

新疆地区在规模化生产的基础上，通过开展机械育苗移栽、收获、烘干等技术推广，几乎实现了辣椒生产的全程机械化，大大提高了生产效率，实现了节本增收。

辣椒机械化移栽。新疆辣椒移栽技术实现了由人工向机械转变，极大地提升了辣椒种植效率。辣椒苗通过移栽机，棵棵精准地移栽到地穴中，部分合作社实现了从铺膜到移栽全部使用GPS导航作业。机械化移栽使得辣椒成熟期早了，产量也高了，色度和辣度都有较大提高。

辣椒机械化采收。新疆机械研究院经过3年攻关，研制完成了自走式不对行辣椒收获机，实现辣椒机械化收获技术的突破，其整机原理、结构及工作方式在我国尚属首例，机具一次作业即可完成采摘、输送、集箱、装车，机具的适应性和工作效率较高，可满足不同种植农艺的收获要求。传统的人工采摘，每人每天只能采摘七八分地。一台收获机一天的工作量相当于40人的工作量，外加装车等环节的成本节约每亩可为农户节省开支300元左右，一台机具一个收获季节就为农户节省近40万元采收开支。

第二节 新疆辣椒产业竞争力分析

（一）自然资源优势

新疆位于我国西部边陲，地处北纬32°22′~49°33′，东经73°21′~96°21′，面积166万平方千米，约占全国总面积的1/6，是我国行政面积最大的省区，拥有广袤的土地，农作物种植集中连片，特别适合农产品规模化生产。

新疆远离海洋，属干旱、半干旱气候。由于降水稀少，很少云层覆盖，全年日照时数达 2550～3500 小时，年总辐射量达 5000～6490 兆毫耳/平方米，仅次于青藏高原位于全国第二。同时，由于地域跨度大，区域气候差别明显，以天山为气候分界线，北疆属中温带，无霜期在 150～160 天；南疆属暖温带，无霜期在 200～220 天。丰富的光热、土地资源，完备的水利设施及成熟的滴灌技术，对发展辣椒产业十分有利。

（二）规模优势

我国辣椒生产主要分布在贵州、河南、湖南、云南、江西、四川、重庆、河北、山东、广东、海南、吉林、辽宁、黑龙江、山西、陕西等地区，其中鲜食辣椒主要产区有海南、广东、云南、四川、重庆等省（市），干辣椒种植区域集中在山东、河南、河北、新疆、湖南、湖北、四川、重庆、贵州等省（市、区），新疆在干辣椒和加工辣椒方面规模优势明显。

在加工辣椒方面，新疆焉耆盆地的和硕、和静、焉耆和博湖县，昌吉州的玛纳斯县、呼图壁县、塔城地区的沙湾县，以及兵团部分地区是加工辣椒色素的重要种植基地。其他省份，如陕西凤翔有 1 万公顷线辣椒规模，河北鸡泽县年种植加工辣椒 5333 公顷，四川的西充、南部等县都是成都豆瓣酱加工原料的种植基地。相比之下，新疆加工辣椒具有绝对的规模优势。

在干辣椒方面，云南是我国制干辣椒最大的生产区，制干辣椒种植面积 6.67 万公顷，贵州、陕西、河南制干辣椒种植面积均在 4 万公顷左右，内蒙古制干辣椒种植面积 2.7 万公顷，其次是新疆制干辣椒，种植面积 2.67 万公顷，其中沙湾县的安集海镇 3400 公顷，博湖县、焉耆县均有制干辣椒种植，主要品种有铁板椒、美国红、金塔等。

（三）产品质量竞争力

新疆因其独特的自然气候条件，辣椒生长具有周期长、无霜期长，产量高、质量好，其产品具有肉厚、个大、口感好、色价高的优点。新疆干燥少雨的气候条件，减少了病虫害对辣椒的危害，病虫害发生的种类和程度明显少于内地其他产区，是很多检疫病害的无疫区；新疆几乎没有工业污染，空气质量优良，灌溉水源是天山雪水；加之土地农药残留少，有害污染物含量低，新疆辣椒以绿色、有机辣椒著称全国。目前新疆正在积极申报绿色认证，筹划建设千亩高标准生产基地，申报有机色素辣椒基地。由于大规模收获时节集中在 9 月，炎热干燥的戈壁滩是辣椒天然的脱水加工厂，晾晒出来的辣椒色泽鲜亮、口感浓郁。

新疆辣椒产品享誉国际市场，成为美国、韩国和日本的抢手货，出口数量逐年增加。种植的色素椒及制干辣椒不仅产量高，而且红色素含量高，生产的辣椒干、辣椒酱、辣椒籽等初级产品主要销往东南亚，而主要用于食品添加剂的深加工产品辣椒红色素，已出口到日本。

（四）成本收益竞争力

在栽培环节，新疆采用膜下微滴灌技术。新疆拥有广袤的土地，常年少雨干旱，为了节水，新疆地区创造性地将地膜技术和滴灌技术相结合，发明了适合高蒸发地区的膜下滴灌技术。使用膜下滴灌，铺膜、点播、滴管带铺设机械化一次完成，每亩只有300元左右的投入，而且土壤不板结，团粒不破坏，也不长草，节省了劳力费、机力费，种植成本大大降低。以前一个人管理20亩地都很费劲，现在一个人可以完全管理120亩。同时，由于水肥一体化有利于生长期的水肥调控，种植收益也明显提高。

采收环节中，采用机械化采收。每亩地300~400元的机械采收（每台采收机可日工作20小时，夜间可以作业，日采收面积200亩，相当于40个人/20吨的作业量），采收效率大大提高，与每亩地800~1000元的人工采收成本比较，成本明显降低。

新疆辣椒生产过程中的高产栽培模式和全程机械化，加上科学合理的轮作倒茬，大大降低了生产成本，提高了单产收入。总体来看，鲜食辣椒产量由每亩1500~2000千克，提高到2500~3500千克，高的可达4000千克以上。辣椒每亩平均效益普遍超过1500元；色素辣椒每亩产干辣椒450~500千克，比过去增产100千克以上，每亩平均效益高达1650元。

（五）加工企业竞争力

新疆辣椒制品初级加工发展迅速，尤其是以和硕丁丁食品、九天红制品及西尔丹食品等为典型代表，成为新疆市场的主打产品。其所产辣椒制品主要包括辣椒干、辣椒籽、辣椒粉、辣椒酱、辣椒丝、辣椒粒、辣椒精、油辣椒等。其产品在新疆市场具有较高的市场占有率和知名度，同时，西出国门，在独联体国家销售势头良好。辣椒制粉制粒粗加工厂已有10余家。

新疆工业制干辣椒也经历了从无到有，从北到南，逐步发展壮大的过程。新疆工业制干辣椒与内地干辣椒相比具有产量高、品质好、色价高、供期长的特点，已成为内地辣椒食品生产厂家和色素加工企业的首选原料。

但以辣椒碱和辣椒红素为代表的、产品附加值高的辣椒深加工企业太少，且主要以外地企业落户新疆辣椒产区为主，以生产辣椒碱和辣椒红素为主的本地企业正处在起步与发展阶段，竞争力较弱。

（六）产品品牌竞争力

近几年，新疆各地区辣椒产区积极进行绿色产品认证、无公害认证。新疆伊犁大辣椒以其肉厚、个大、味辣、品质优的特点曾获昆明世界园艺博览会金奖，产品远销长江三角洲地区；焉耆盆地种植的焉耆大辣椒因其品质好远销巴基斯坦等中亚国家；品牌做得较好的当数塔城地区沙湾县，由安集海自产的"老岳母""神内"等品牌辣椒远近闻名，国内外有一定规模销量。但从总体来看，新疆辣椒产品品牌竞争力较弱，品牌建设中存在突出问题：生产者和经营者的品牌意识薄弱；辣椒产品同质性强、品牌差异化定位难；辣椒品牌建设缺乏科学规划，宣传力度不够；缺乏辣椒品牌建设管理人才；消费者对品牌认知度、接受度不足。

（七）市场价格竞争力

虽然新疆辣椒具有成本上的绝对优势，但是价格上缺乏竞争力。从2017年全国各产区的价格对比来看，浙江辣椒年均价格最高为9.42元/千克，其次是重庆辣椒5.57元/千克、湖南辣椒5.53元/千克、云南辣椒5.02元/千克、河南4.94元/千克，新疆辣椒年均价格为4.79元/千克，新疆辣椒甚至低于全国平均价格水平（见图15-1）。新疆辣椒价格竞争力不足的原因主要是新疆辣椒缺乏自主品牌，新疆辣椒主要作为工业原料走出新疆，附加值太低。生产高品质的辣椒晒干后批量销往山东、陕西、河北等地，在新疆辣椒盛产的7~9月，每千克售价不足2元。

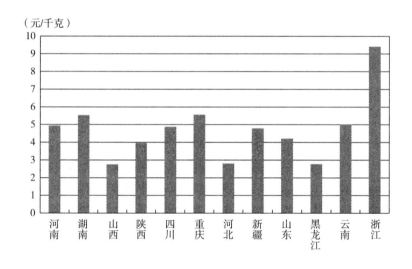

图15-1 2017年新疆与主要省份辣椒年均价格比较

（八）产品营销竞争力

新疆非常重视建设专业化市场，是全国重要的辣椒交易集散地之一。以沙湾县为例，先后建成了安集海镇辣椒批发市场、沙湾县农贸市场辣椒交易区，年交易额达到2.3亿元。辣椒批发市场就有3家，全镇有6家辣椒专业合作社、400多名辣椒经纪人，并常年保持与疆外22个省市的600多人的辣椒经纪人队伍联系。建成的总投资7200万元、门面392户的大型辣椒批发市场，是目前全疆最大的辣椒专业批发市场。

但新疆生产的辣椒主要作为原料销往外地，且市场营销能力不足。由于贮藏保鲜技术及运输条件相对落后，难以将鲜椒运输到加工地，所以目前辣椒产地初加工以干制为主，精深加工以干辣椒复水加工为主，缺少鲜椒类制品。产品销售主要靠经纪人田间地头收购，缺少龙头企业、合作社等产业化组织，销售模式单一，营销链条短。

第三节 新疆辣椒产业存在的问题

（一）育种技术落后，品种退化严重

在育种技术手段方面，国外发达国家农作物育种工作已经全面进入了高通量分子育种阶段，跨国种业公司品种推陈出新速度优于国内。而新疆还仍然停留在常规育种阶段，仅有极少数科研院所刚刚开始涉足分子育种，但也难以实现精确科学定向选育和将多个优良性状基因聚合。

新疆加工辣椒种植品种近80%是常规种，种植户自留种现象严重，杂交品种的亲本主要通过引进品种的分离纯化，同质化严重。而且自留种的时间相对较长，导致制种纯度下降，容易退化，甚至失去了原有品种的特性，在高温干旱季节，还容易多发生病毒病、疫病等病害。

（二）种植盲目跟从，缺乏组织性

辣椒生产盲目跟从，不同农作物轮换种植频繁。如果辣椒价格连年上涨，能为辣椒种植户带来丰厚收益，便会刺激了辣椒生产极速扩增，一些地方政府和农民，无视当地气候特点，在对品种、技术、市场均不了解的情况下，盲目扩大种植。但如果辣椒市场行情不好，农户则又纷纷退出生产，转而种植其他作物。因此，种植面积的多少完全由市场调节，而市场又存在极大的不确定性，为辣椒产业的健康发展带来了极大隐患，新疆辣椒生产需要龙头组织和有效引导。

（三）产品精深加工滞后，市场无序竞争

新疆辣椒加工业仍处于初级阶段，以制酱、制粉、制粒为主，辣椒产品主要以干辣椒和原料形式销售，产品附加值低。辣椒的精深加工完全依赖外来企业，本地龙头企业缺乏强势带动能力，由于缺乏组织管理，外来辣椒加工贸易企业无序竞争，致使流通秩序混乱。产品紧缺的年份竞相哄抬物价，过剩年份则相互压级压价，对企业和种植户都造成了很大伤害。

（四）副产物产生率高，综合利用程度低

辣椒加工过程产生的辣椒等外品以及皮渣、籽、把等副产物综合利用程度低，多作为废弃物直接扔掉，或用作饲料、肥料，价值未充分体现。造成这种浪费的主要原因是：对副产物营养成分及功能性成分评价工作不完善，如辣椒籽中有丰富的蛋白质、膳食纤维等营养成分未被利用；而生物活性成分提取技术相对落后，例如传统溶剂提取法会带来溶剂残留等安全问题，并且提取效率低，产品品质和安全性得不到保障。

第四节　新疆辣椒产业发展对策

（一）加大新品种的选育和引进

支持科研单位与龙头企业积极开展新品种选育、引进、推广工作，提高自主创新能力，加快品种的更新换代；充分利用新疆辣椒品种资源的优势，以优质高产为目标，加强地方特色辣椒品种的提纯复壮工作；围绕辣椒深加工对专用型辣椒原料的需求，加大新品种选育、引进、推广工作的力度，研究开发辣椒专用品种，提高辣椒单位面积产量和品质。

（二）加强标准化、规范化基地建设

首先，制定标准化基地建设规范，使新疆辣椒生产从基地建设、种子、育苗、栽培技术、病虫害防治、采收、制干、分级等辣椒关键生产环节都有规范的技术标准，为辣椒及其制品生产的各个环节把好产品质量安全关提供可靠的科学依据。其次，在辣椒生产优势区域积极打造辣椒生产的特优产区，培育一批辣椒专业村、专业乡（镇）、专业县（市），进一步发挥规模效益。同时，通过加强对专业乡、专业县的科技服务体系建设，提高生产技术水平，推行规范化管理，对农户进行技术培训和生产指导。

（三）培育壮大龙头企业，提升产业化经营

把培育壮大龙头企业、专业合作社作为推动辣椒产业发展重中之重的工作来抓。借鉴先进省份的经验，各级政府通过贷款贴息、减免税收、信贷扶持等优惠政策，扶持兴办一批以精深加工为主的辣椒加工企业，增扩企业科技开发项目，加大资金投入力度，增强龙头企业的产业加工能力和辐射带动作用。

鼓励生产加工企业、运销大户、生产专业户，组建产业化联合体，提高辣椒生产经营者的组织化程度，建立长效合作机制。利益联结机制是产业化组织模式运行的核心问题，是建立有效运转、高效协同的产业化组织模式的关键。只有龙头与农户之间建立了"利益共享、风险共担"的有效机制，双方均成为产业化经营的受益者，才能使双方更加积极主动地参与到产业化经营中来。

（四）大力发展精深加工，提高产业的总体效益

辣椒精深加工可使辣椒增值数倍，特别是辣椒红素、辣椒碱等新产品加工增值明显。辣椒红色素作为天然色素，广泛应用于医药、食品加工业，目前国际市场年需要量在8000吨以上，而全球辣椒红色素年生产量仅2000吨左右，开发潜力巨大。辣椒碱是一种天然的植物碱，是从辣椒的成熟果实中提取得到的一种成分，主要用于医药、军工等方面。在医药方面，由于辣椒碱具有镇痛、止痒的功效，被广泛应用于治疗关节炎、肌肉疼

痛、背痛、运动扭伤和带状疱疹后遗留神经痛等疾病。在军工方面，辣椒碱主要用于催泪弹的制造。和辣椒红素一样，辣椒碱的生产量与市场的需要量相比，存在很大缺口，具有很大的开发空间

要做大做强新疆辣椒产业，就必须加强辣椒深加工技术的研究、引进和消化，大力发展精深加工，开发新产品，变以原料外销为主为以本地加工为主，实现加工增值。新疆辣椒产业应进一步开发辣椒营养成分、辣椒碱、辣椒红素以及辣椒籽油的功能及作用，深度挖掘辣椒深加工在医疗行业和辣椒酱生物制药方面的应用与发展，开发相应的功能食品、化妆品、化工产品。通过精深加工以及高效综合利用，使得辣椒深加工在多个领域中得到应用，延长产业链，提高辣椒的附加值。

（五）多渠道加大市场营销，努力打造知名品牌

进一步完善辣椒产地市场的服务功能，加强辣椒流通体系建设，鼓励发展辣椒营销大户、生产营销专业合作社、农村经纪人队伍等流通组织，进一步开拓国内外市场，建立长期稳定的产品市场和流通渠道。①进一步完善产地批发市场体系。在辣椒主产区和集散地，分层次抓好一批地方性、区域性批发市场建设，打造具有较强辐射功能的专业性批发市场，改造升级传统批发市场，重点培育一批综合性产品交易市场，优化辣椒批发市场网点布局。②发展农产品物流业，尤其是冷链物流业，不断延伸市场销售半径，使鲜辣椒食品快速送达销地市场，扩大各地市场的可选择范围。③依托大型批发市场、辣椒专业市场及大型超市的农贸市场，设立市场报价点，建立价格追踪体系，做好市场价格风险评估预警。④积极推行"品牌创建"工程，开展"三品"（无公害农产品、绿色产品和有机产品）认证和商标注册，建立有影响力的区域品牌和集团品牌，提高品牌认知度、品牌美誉度、满意度，并利用品牌效益，加快新疆辣椒产品走向国际化，逐步提高品牌在国内外市场的占有率。

第十六章　河南辣椒

——干辣椒产量全国第一①

河南省辣椒种植历史悠久，已成为全国最大的辣椒产区之一。河南辣椒产量高、产区分布广、产业链条长，已成为当地蔬菜产业中的重点支柱。

第一节　河南辣椒产业现状

（一）河南省辣椒产量全国第一

河南省是我国辣椒种植大省，2016 年河南省辣椒种植面积有 330 万亩，辣椒产量达到 590 万吨，其中露地种植 270 万亩，产量 450 万吨。按国际贸易分类，干辣椒种植 230 万亩，鲜辣椒种植约 100 万亩，分别占总种植面积的 71.2%、28.8%。河省辣椒种植以簇生朝天椒为主，其中柘城县是全国知名的三樱椒之乡。由于河南辣椒是老干妈等知名辣椒制品的主要货源地，带动了朝天椒红色产业基地的发展，形成了"小辣椒、大产业""小辣椒、大发展"的产业格局。在河南省柘城、内黄、临颍、西华等朝天椒主产区，朝天椒已经成为当地的主要经济作物和重要经济来源。产品主要销往湖南、四川、湖北等辣椒消费大省，还有部分走出国门，远销东南亚等地。

（二）产区分布范围广，发展稳定

河南省朝天椒种植面积大、产区分布范围广，分布在河南省东南西北各个方向。河南省辣椒生产主要集中在周口、商丘、开封、许昌、漯河、安阳、南阳、洛阳、濮阳等市，种植面积超过 1 万亩的县包括内黄县、临颍县、西华县、扶沟县、杞县、柘城县、太康县、滑县、商丘梁园区等。河南柘城县是豫东地区种植面积最广、范围最大的朝天椒主产区，以盛产三樱椒而闻名全国，三樱椒种植面积达 45 万亩，年产干辣椒 12 万吨，是全国辣椒生产百强县，被誉为"中国三樱椒之乡"。河南内黄县、临颍县辣椒种植面积均已达

---

① 本章供稿：国家特色蔬菜产业体系郑州综合试验站姚秋菊研究员、产业经济岗位乔立娟副教授、研究生赵泽阳。

到 30 万亩①，年产干辣椒 10 万吨，成为当地的支柱产业之一。

（三）辣椒品质实现标准化

河南省近年来加大了辣椒品质标准化建设力度。以柘城县为例，河南柘城县坚持以"三品一标"为引领，以技术创新为支撑，大力实施科技兴椒、质量兴椒战略。柘城县与农业科研院所合作，成立了中国农科院全国特色蔬菜技术体系综合试验站、中国科协全国辣椒生产与加工技术交流中心、河南省农科院朝天椒创新基地。柘城县利用科技力量，加强品种的研发和培育。截至目前，柘城县利用辣椒科技创新力量和雄厚的品种繁育能力，制定了河南省首个《三樱椒生产种植技术标准化体系》，建立了省级辣椒及制品检验检测中心。柘城县辣椒种植实现了标准化生产、品牌化提升，从而显著提升了辣椒产值和附加值。

（四）辣椒产业实现链条化

河南辣椒产业发展中，柘城县在辣椒规模化种植的基础上，前拓后延，不断拉长产业链条，提高经济效益。采取公司 + 农户、基地连市场等模式，深入推进规模化经营、产业化生产，形成了种子繁育、规模种植、冷链运输、精深加工、市场营销、电子商务的全链条集约式发展格局。育出北科种业、传奇种业等良种繁育企业 16 家，跃国农民专业合作社、亚东农民专业合社等省市级合作社 35 家，白师傅清真食品、春海辣椒等省市级农业产业化龙头企业 26 家，拥有 30 家冷藏企业，共建成冷库 60 座，冷藏容量达到 10 万吨。规划面积 2.5 平方千米、总投资 20 亿元的中原辣椒大市场及农产品物流园区正在建设，五洲国际集团、香港李锦记食品有限公司、河南万邦（柘城）农产品冷链物流园、河南韩邦食品、河南吨椒食品等 12 家企业已经入驻。另外，柘城县还有 12 家辣椒企业，于2017 年成功在中原股权交易中心集中挂牌，这必将进一步提升柘城县以及河南省辣椒产业全链条发展档次和水平。

（五）辣椒种植风险最小化

河南柘城县大力加强市场建设和管理，建立辣椒供求及价格信息公共发布平台，组建辣椒产业发展协会，建立辣椒生产技术服务专家团，构建"专家团队 + 农技指导员 + 科技示范户"的农技推广机制。设立了"两个专项基金"，即与中原银行合作社设立规模 10 亿元的辣椒产业发展基金，解决种植企业融资难的问题；县财政设立 5000 万元的企业挂牌上市奖励基金，支持 12 家辣椒企业在中原股权交易中心集中挂牌，2017 年 9 月又有 10 家辣椒企业集中挂牌。大力推行辣椒种植保险和价格指数保险，确保农民种植辣椒路上零风险，让农民可以放心大胆地去种植辣椒。

---

① 苏鹤. 河南辣椒产销情况及建议［J］. 河南农业，2018（5）：10 - 11.

第二节　河南辣椒产业竞争力

（一）区域竞争力

河南省处于我国北亚热带和暖温带的过渡区，气候具有明显的过渡性特征，光能、热量、水分资源较为丰富，农业气候资源潜力较大。河南省特殊的自然地理位置适宜辣椒生长，在河南发展辣椒产业具有较好的自然资源基础。此外，河南省地处中原，是内陆交通运输最发达的省份。随着国家"一带一路"倡议的贯彻执行，河南正在谋划建设的"米"字形高铁、郑州航空港、经济综合实验区、国际陆港、郑欧班列、跨境 E 贸易等将使河南的区位和交通优势更加明显，为河南辣椒产业发展提供了良好的发展机遇和前景。

河南省辣椒种植已经实现规模化，其中柘城县耕地流转率达到 40% 以上，采取"公司 + 基地""合作社 + 基地"等形式，鼓励种植大户和种植企业带领群众种植辣椒。政府加大支持力度，实施辣椒种植"百千万"工程，即培育 100 个种植专业村、建立 10 个千亩良种繁育基地、发展 20 个万亩高效示范园区。目前，河南柘城县培育种椒专业村 106 个，建立了千亩良种繁育基地 8 个，发展了万亩高效示范园区 15 个，辣椒质量安全示范区面积达 300 万亩，全县辣椒种植面积常年稳定在 40 万亩左右。全县共有 10 万椒农从事辣椒种植、加工、营销，2500 名辣椒经纪人活跃在大江南北的辣椒市场，农村 1.26 万户贫困户依靠辣椒产业实现了脱贫致富。

（二）成本竞争力

河南是全国辣椒种植产量最高的地区，近年来辣椒销售价格与其他蔬菜相比相对稳定，且簇生朝天椒一次性采摘，成本相对较低，种植效益较高。以 2017 年辣椒种植为例，设施青椒产量 4500 ~ 5500 千克/亩，收购价格 2 ~ 4 元/千克，露地青椒 3500 ~ 4500 千克/亩，收购价格 2.8 ~ 3.2 元/千克；三樱椒鲜椒产量 6000 斤/亩，折合干辣椒 800 斤/亩，其中鲜椒收购价 2 ~ 3 元/千克，干辣椒收购价 10 ~ 12 元/千克。鲜辣椒与干辣椒亩收益均高于 6000 元/亩，纯收入在 2000 ~ 3000 元/亩，种植效益高于粮食作物，且风险水平低于其他蔬菜，成本竞争力较强。

（三）企业竞争力

河南主要辣椒种植区柘城县，初步形成了从良种培育、规模种植、冷藏物流、精深加工、市场交易等较为齐全的产业链条。拥有北科种业、传奇种业等国内知名良种繁育企业 16 家，跃国农民专业合作社、亚东农民专业合作社等国家和省市级辣椒合作社 35 家，宇琪冷藏、伟峰冷藏等冷藏企业 30 家、冷库 60 座，冷藏量 10 万吨，辣德鲜食品、春海辣椒等省市级农业产业化龙头企业 26 家，引进香港李锦记、万邦农产品冷链物流、韩邦辣味源、中原吨椒食品等 12 家知名企业。

柘城辣椒育种企业"北科""吨椒""奥农"等品牌被评为"河南省著名商标","红满天9号"成为央视"上榜品牌"。成功培育出"八月红""状元红""吨椒王"等38个优质朝天椒品种,种子纯度达到99%,在全国6大辣椒主产区推广种植260万亩,占全国三樱椒种子市场的70%以上,成为国内具有较强影响力的朝天椒制种繁育基地。

(四)市场竞争力

河南省柘城县辣椒交易市场是华北地区影响力最大的辣椒交易市场,市场占地300亩,年交易干辣椒60万吨,交易额突破70亿元,出口创汇2亿美元。在16个重点产辣椒的乡镇建立交易中心,形成了"1+16"的城乡市场体系。市场辐射30多个省、自治区、直辖市,成为全国重要的辣椒交易集散地和价格形成中心。河南省各个辣椒片区都形成了固定的销售市场和冷库,特别是柘城县,可以说是中原地区最大的一个朝天椒流通市场,其朝天椒价格是国内朝天椒价格的晴雨表,形成了"全国辣椒进柘城,柘城辣椒卖全球"的局面。

第三节 河南辣椒产业存在的问题

(一)龙头企业数量少,产品精深加工滞后

龙头企业是农业产业化的核心,河南省围绕辣椒产业,引来了一些良种繁育企业、辣椒合作社、冷藏企业、农业产业化龙头企业,但是农业龙头企业大多数规模不够大、管理水平低、产业链条短、整体实力不强、带动能力较弱。

河南的辣椒精深加工企业较少,经营粗放,绝大多数原产品或半成品外销,产品附加值低。大部分公司仅对辣椒进行了挑拣、分级和包装,涉及辣椒的深加工领域较少。清丰县龙香红、源丰食品有限公司等辣椒加工企业,大多数处于粗加工阶段,以量取胜,靠数量扩张为主,产品科技含量和附加值低,效益不高,企业品牌意识不足。柘城、濮阳等地区也有一些辣椒食品加工企业,但规模都不是太大。随着科技进步,辣椒红色素和辣椒碱是辣椒深加工的高科技产品,应用领域日益拓展,但河南在这方面的深加工上基本没有开展,其他系列深加工,如辣椒止痛外敷剂、减肥美容剂等还有待开发。

(二)组织管理粗放,辣椒品种科技含量低

目前,河南省辣椒生产大多数仍以分散种植为主,辣椒病虫害防治用药方面得不到有效彻底的监控,致使部分种植户辣椒质量安全隐患依然存在。零星的散户较多,造成种植区域散乱、规模小、不便于管理,不按技术操作规程管理,在采摘过程中不按品种、色泽、成熟度等进行分级、分类,从而严重影响辣椒的品种纯度和品质。部分椒农缺乏标准化意识,种植品质交叉,生产布局分散,部分地块滥用化肥、农药,加上技术推广的力度不够,育苗移栽、加压滴灌、测土配方、无公害生产等先进技术无法运用到辣椒种植中

去。收获后农户储存条件差异很大，对收储后的管理不到位。有些地区辣椒收获晾晒期阴雨寡照天气较多，霉变现象时有发生。多数椒种植户是自留种种植的，出现品种老化、退化，抗病害能力差，品质下降，产量降低，影响河南辣椒整体效益的提升。

（三）基础设施滞后，机械化水平有待提高

辣椒种植基地水、电、路、沟渠等基础设施建设滞后，农田水利项目建设不足，农户仍然用柴油机器抽水灌溉，大大增加了生产成本，保鲜库与烘干设备缺乏，使辣椒存放时间变短，易发生腐烂与霉变。而河南辣椒种植模式为辣椒与小麦套作，辣椒育苗、移栽、采收全部为人工作业，田间管理、晾晒、分拣等基本上也是人工作业，生产效率较低，人工投入量大，随着农村劳动力价格的持续上升，将对辣椒产业生产规模的扩大带来一定影响。

第四节　河南辣椒产业发展对策

（一）把握市场，加强生产基地建设

随着河南省辣椒生产规模的不断扩大和辣椒市场的形成，在抓好流通服务的同时，必须进一步抓好市场体系建设，要根据辣椒的市场需求搞好市场规划，多方争取建设资金，建造专业市场，通过市场常年收购，带动全省辣椒产业的发展。

首先，立足临颍、柘城等示范县的地理及气候特点，统筹推进布局区域化、经营规模化、生产标准化、发展产业化，大力发展朝天椒等优势特色蔬菜，提升基地规模与生产水平。其次，科学编制用地规划，按照基本农田、设施农业、建设用地合理划分功能区，实行分类管理、分批供地。积极利用城乡建设用地增减挂钩政策，加大农村集体建设用地复垦力度，优先确保先导区设施农业和建设用地的需求。最后，加快推进农村土地确权工作，规范农村土地流转试点，深化集体耕地改革，促进三樱椒规模化种植和产业化发展。

（二）扶持新型主体，壮大龙头企业

龙头企业是产业发展的领军者，首先，应积极扶持辣椒产业龙头企业、专业合作社、种植大户、家庭农场等新型经营主体，建立保险保障机制，规避生产销售风险，规范市场经营秩序，积极引导新型经营主体形成理念先进、管理规范、运行良好的生产经营形态。其次，联合科研单位、推广机构合作成立协作组织，加强辣椒精深加工技术研究开发，加大对龙头企业政策扶持力度，鼓励龙头企业向产业链上下游延伸，示范带动河南省辣椒产业结构调整，提高产业综合效益，促进辣椒产业化进程。

（三）转变农户思想观念，强化辣椒品牌意识

加强领导，广泛宣传，提高广大干部群众对发展辣椒产业重要性的认识，把辣椒产业

作为农业增效、农民增收的重点工程来抓。提高农民、乡村基层干部等的思想认识，主动进取，扎扎实实搞好辣椒产业。积极培育有素质、有文化、有情怀的辣椒种植户，改善辣椒品种质量，提升产量和经济效益，优化种植业结构。政府应大力支持辣椒品牌的发展，积极支持优势特色蔬菜基地开展"三品一标"申报和品牌创建，促进辣椒品牌快速成长，提高产品市场竞争力。促进产品升级，打造知名品牌，关键是要进一步提升产品品质和档次，营造辣椒文化，激发创业热情，引导并扶持企业、专业组织、营销大户、经济能人等积极"走出去"，提高市场开发能力，打造河南省辣椒知名品牌。

第十七章　山东辣椒

——"双辣"产业基础雄厚[①]

山东是我国大蒜主产省份，金乡是我国大蒜之乡，有"世界大蒜看中国，中国大蒜看金乡"的说法。近年来，为填补大蒜交易淡季的市场空白，金乡县大力推广大蒜辣椒套种，使辣椒种植面积大幅度增长，"蒜退椒进"，双辣产业推动山东特色农业发展。

第一节　山东辣椒产业发展现状

（一）辣椒种植规模及主要产区

随着山东省产业结构调整的不断深入，山东加工型辣椒露地种植面积得到快速发展，产量、品质稳步提升，现已成为山东省几个辣椒主产区脱贫致富的重要途径。2017 年，山东省辣椒总种植面积 150 万亩，其中德州 40 万亩，济宁 60 万亩，菏泽 20 万亩，其他地市 30 万亩。

辣椒种植大县金乡也是我国主要的大蒜种植基地，种植大蒜 60 万亩，辣椒 40 万亩，辣椒已成为继大蒜之后的朝阳产业。德州武城县常年辣椒种植面积 15 万亩左右，鲜椒产量 35 万吨左右，被中国特产经济开发中心和中国果蔬专家评审委员会命名为"中国辣椒第一城""中国辣椒之乡"。

> ### "双辣之乡"——山东金乡
>
> 　　山东省金乡县继获得"中国大蒜之乡"后又获得"中国辣椒之乡"称号，成为我国首个"双辣之乡"。在"大蒜—辣椒"间作栽培模式带动下（见图 17 - 1），经过多年的发展，金乡县辣椒已形成规模化种植。2013 年，金乡县种植辣椒面积 8000 公顷；2014 年翻了一番，达到了近 1.8 万公顷；2015 年发展到 2.3 万公顷，2016 年扩大到

　　① 本章供稿：国家特色蔬菜产业体系济宁综合试验站任艳云研究员、张龙平研究员，德州综合试验站贺洪军研究员、张自昆研究员、李腾飞研究员，产业经济岗位乔立娟副教授。

2.7万公顷，2017年种植面积达3万公顷。仅仅5年时间，金乡县辣椒种植面积跃居全国县级首位。

图 17-1　金乡辣椒大蒜套种和金乡大蒜辣椒国际交易市场

（二）山东辣椒交易概况

山东辣椒交易加工中心主要集中在德州武城、济宁金乡、青岛胶州以及德州杨安镇。山东省辣椒专业交易市场与龙头企业对辣椒产业发展起到了重要的推动作用。农业产业化国家重点省龙头企业中椒英潮辣业发展有限公司2015年开始启动辣椒产品的线上交易，探索辣椒作为快消品的网络营销模式，2018年9月又正式发布"中国武城·英潮"辣椒价格指数，系统涵盖山东（德州武城、济宁金乡、青岛胶州）、辽宁、河南、新疆、甘肃、内蒙古等辣椒产地与交易市场，采样规格包括武城英潮红、新疆金塔、内蒙古板椒等19个品种，对山东以及全国的辣椒市场产生影响。

第二节　山东主要辣椒交易市场

（一）德州武城辣椒交易市场

武城县大力发展辣椒特色产业，投资1.5亿元建成了"买全国、卖全国、连国外"的"中国武城辣椒城"，市场占地面积达600亩，拥有交易区、加工区、服务区等七大功能区，相继引进青岛多元、韩国亚星、澳泰龙等国内外龙头企业36家，形成集收购、研发、加工、销售于一体的产业化格局。目前，德州市武城县辣椒产品畅销全国各地并出口韩国、日本、东南亚等国家和地区，武城县辣椒价格成为北方辣椒交易重要的风向标。

（二）济宁市金乡县辣椒交易市场

金乡拥有全国最大的大蒜交易市场，在每年5～9月的大蒜交易旺季结束后，"蒜退椒进"，辣椒开始进入市场交易，使之夏有大蒜、冬春有辣椒。旺季全国各地上百家采购商每天交易量达到 300 多吨，已成为鲁西南最大的调味品交易市场。在综合利用金乡国际大蒜交易市场的同时，规范与建设后戴楼、周集、张寨辣椒销售与专业批发市场。

（三）青岛胶州辣椒交易市场

青岛市胶州市虽不是辣椒主产区，却是全国最大的辣椒加工出口集散地，辣椒从新疆、河南、河北、甘肃、内蒙古、辽宁等地通过铁路、公路运输到胶州，然后经过加工再通过海运出口到亚欧等国家和地区。胶州市借助辣椒产业发展之力，围绕辣椒及衍生产品，发展辣椒调味品仓储物流、现货期货交易、创业研发、文化创意和总部基地等产业，发展建设中国首个辣椒特色小镇。

（四）德州杨安辣椒交易市场

德州市杨安镇不是辣椒主产区，却是全国最大的调味品加工出口集散地，有"中国调味品第一镇"之美誉。全镇拥有飞达、乐家客、庞大、乐畅、神厨、云海等调味品加工企业 213 家，其中规模以上企业 52 家。产品涉及辣椒、香辛料等调味品和脱水蔬菜、方便面料（酱）包等 12 大系列 200 多个品种，畅销 30 多个省、市、自治区，并出口 70 多个国家和地区，是全国乃至全球最大的香辛料供应基地。

第三节　山东加工型辣椒产业发展优势

（一）优良品种助力产业发展

随着加工辣椒产业的发展，一些抗性强、产量高的杂交辣椒品种逐步走向市场，在辣椒产区保留地方优良品种的同时，杂交辣椒品种得到产区的广泛认可。根据山东省辣椒种植区域分布广，辣椒种植品种类型多样化的特点，促使辣椒育种类型多元化，加上在德州由德州市农业科学研究院和中椒英潮辣业发展有限公司联合选育的"德红 1 号""英潮红 4 号"是加工型辣椒主导品种。根据不同的区域、不同的气候、不同的栽培模式、不同的辣椒消费习惯、市场多样化的因素，从而对辣椒育种提出市场划分更细、产量更高以及抗性、适应性更强的要求，从而为加工型辣椒产业发展助力。

（二）辣椒加工企业竞争力强

山东省储藏加工企业的迅速发展，将推动辣椒产业持续增长。济宁市食品工业开发区规范打造了辣椒产业园，宏大食品、齐盛食品、鑫德顺食品等一批辣椒加工项目相继建成投产。仅金乡县便拥有 33 家"双辣"生产加工企业，卜集镇的辣椒烘干企业、鸡黍镇盐渍剁椒企业也蓬勃发展。济宁市辣椒加工产品已出口到韩国、泰国、越南等多个国家和地区，辣椒原果及酱制品销往四川、湖南、湖北、重庆等地，深受广大消费者青睐。胶州市作为重要的辣椒集散地，有辣椒加工企业 365 家，其中 72 家具有出口权，25 家年销售收入过亿元，6 家成为省级龙头企业，相关从业者约 4000 人。德州中椒英潮辣业发展有限公司作为国家级龙头企业，在辣椒产品深加工与精深加工领域发展迅速。

（三）辣椒新型农业经营主体增长迅速

以山东省金乡县为例，至 2016 年，全县有辣椒专业合作社 100 多家，入社农户 10 万余户，加工企业的入驻为农户提供了新供销一条龙服务①，解决辣椒种植户的卖难问题。成立于 2012 年的金乡辣椒流通信息协会由 10 余位辣椒种植、销售专业户发起，现有会员 109 人，协会通过"基地种植＋优良品种＋技术指导＋统一加工销售"的运作模式组织基地农户统一种植、统一分拣、统一销售，拉动辣椒种植户效益增长。

---

① 申海防，张姝燕等．金乡县蒜椒双辣产业发展与思考［J］．基层农技推广，2016（12）．

第十八章　四川辣椒

——线椒、泡椒市场主力[1]

四川辣椒最早记载约为康熙年间"湖广填四川"五十年后，乾隆十四年（1749）的《大邑县志》，辣椒记载晚于湖南约半个世纪，湖南移民对辣椒在四川的传播具有一定影响[2]。以麻辣为代表的川菜已成为我国的四大地方风味流派之一，不仅丰富国人的饮食文化，也带动了四川辣椒产业的发展。

第一节　四川辣椒产业发展现状

（一）四川辣椒市场供给现状

四川是我国加工辣椒的主要省份，产业应定位在以加工辣椒为主，特别近几年，四川丘陵地区土地整理面积扩大，适度规模地块越来越多，适合加工辣椒适度规模化发展。根据国家特色蔬菜产业体系西南片区调研数据，四川辣椒种植面积为130万亩，产量约195万吨（鲜椒或鲜红椒），平均产量1.5吨/亩。四川种植的鲜食型朝天椒基本能满足本省需求，但由于有一部分用于外销，因此面积有所扩大。菜椒由于主做鲜菜食用，做泡辣椒原料所占比例不如线椒、朝天椒大，因此种植面积变化不大（见图18-1）。

辣椒百科：二荆条辣椒

图 18-1　二荆条辣椒

---

① 本章供稿：国家特色蔬菜产业体系成都综合试验站常伟研究员、产业经济岗位乔立娟副教授。
② 侯官响. 辣椒传入中国与湘川菜系的形成 [J]. 楚龙师范学院学报，2018（3）.

产地：二荆条属于中辣型辣椒，产自四川、贵州等地。二荆条辣椒幼果绿色，成熟系深红色，光泽好，单果重 5～8 克，香辣可口，辣味适中，油分较重。二荆条是正宗川菜、豆瓣及榨菜不可或缺的重要原料。

辣度：中辣型，且二荆条的辣味与普通辣椒的辣味不同，其特点在于辣度适中且非常香。

椒型：二荆条椒角细长，椒尖有"J"形弯钩，长度通常在 10 厘米以上。

口感：口感辣度适中，油分重，香辣可口。

资料来源：中国辣椒网。

（二）四川辣椒市场需求分析

四川省是我国辣椒主要的消费大省，尤以郫县豆瓣、火锅、川菜等用量最大，其中需求量最大的是极辣的朝天干辣椒和干线椒，尤其是朝天干辣椒。随着川菜在全国范围为广大老百姓所接受和喜爱，四川火锅、川菜发展迅猛，对辣椒等蔬菜原料的需求与日俱增。但是，随着四川农村劳动力老龄化加剧，从事农业生产的劳动力逐渐减少、新技术应用率降低，导致辣椒病虫害发生较重、产量低、效益差，农民种植积极性不高，从而影响了辣椒产业的稳定发展，辣椒区域种植面积变化较大。再加上郫县豆瓣等加工企业规模的不断扩大，对辣椒原料的需求也在不断增加，就出现了供不应求的局面。近年来，由于河南、贵州、云南等省干辣椒及朝天椒面积和产量的扩大和增加，其价格也低于四川产的干辣椒，于是四川需求的干辣椒转为河南、贵州供应。此外，加工企业还从新疆、内蒙古、山西、陕西、河北、山东等省收购辣椒原料。

（三）四川辣椒品种布局现状

四川辣椒以菜椒、线椒、朝天椒为其主栽种类，其中菜椒面积占 30%～40%，产区主要分布于城镇周围，多是就地生产、就地销售，少部分外销。四川最大的本地生产销售的产区是成都市各郊县；线椒占总面积的 50% 左右，其中的 80% 主要用于加工辣椒豆瓣酱，部分做泡菜。线椒主产区主要分布于四川盆地内的丘陵地区，如南充市的西充县、南部县，资阳市的雁江区、简阳县、乐至县、安岳县，绵阳市的三台县、盐亭县、梓潼县，德阳市的中江县、旌阳区，内江市的资中县，遂宁市的市中区、射洪县，广元市的剑阁县，凉山州的盐源县，成都市的双流县等。

四川朝天椒约占总面积的 10%，主产于食得最辣的川南地区，如内江市的威远县、东兴区，自贡市，宜宾市的宜宾县、珙县等县、市、区，多是就地生产，就地消费，部分鲜椒供应成都、重庆餐馆和市场。

（四）四川辣椒生产经营主体

四川辣椒的经营主体是农业专业合作社、种植大户、家庭农场等，辣椒销售主要是从事辣椒收购销售的经纪人或者农业公司。从事辣椒批发的市场有：成都龙泉驿聚和国际蔬菜批发市场，成都双流白家农产品中心批发市场，成都五块石农产品批发中心干辣椒批发市场，成都郫县豆瓣辣椒批发市场以及各辣椒产区的批发市场。四川辣椒加工业以郫县豆瓣为代表，郫县豆瓣企业近百家，年需求鲜辣椒在 50 万吨以上，可覆盖近 30 万亩辣椒种植面积，再加上川菜、火锅、泡辣椒等传统产业对辣椒原料的需求，四川整个食品产业对辣椒原料的需求在 60 万吨左右，可覆盖 40 万～50 万亩辣椒种植面积。

第二节　四川主要辣椒品种培育与推广

（一）四川辣椒品种培育

四川省辣椒品种培育单位包括四川省农科院、川椒种业等科研机构与企业单位，四川农科院园艺所选育的有川腾 1～10 号、川辣 2 号、红冠 1 号、红冠 2 号等。其中，四川农科院园艺所选育的川辣 2 号、川腾 1 号、川腾 2 号、川腾 3 号、川腾 4 号、川腾 5 号、川腾 8 号，都通过了四川省省级审定，其中川腾 6 号通过了国家品种鉴定。四川省川椒种业科技有限责任公司选育的干鲜 2 号，通过了四川省省级审定。川椒 B 特早、川椒 301、川椒 3 号通过国家农作物品种审定，川椒 A 特早、干辣椒 1 号、新尖椒 1 号、朝地椒 1 号通过四川农作物品种审定，川椒子弹头通过贵州省认定。

（二）四川辣椒品种推广

加工型线椒品种主要是二荆条，川椒系列品种如干辣椒 5 号、川优 19，川腾系列品种如川腾 6 号等，其中川椒系列品种每年在云贵川三省种植有 10 多万亩。四川省川椒种业科技有限责任公司选育的川优 19 号是早中熟深绿色线椒新品种，一般亩产鲜椒 3000 千克。特别适合剁椒、泡椒和豆瓣加工用。

鲜食型线椒有川优 16 号、川优 18 号，每年在云贵川三省应用 5 万亩。泡椒主要是特大川椒，薄皮 1 号每年有 1 万亩。川椒圆锥尖、川椒珠子椒各 1 万亩。朝地椒 1 号 1 万亩。四川省朝天椒主栽品种：威远新店七星椒、韩国系列、泰国系列品种。

第三节　四川辣椒产业存在的问题

四川虽然是辣椒种植大省，但辣椒种植仍以小农户为主体，种植规模小，品种选择没有针对性，产品销售无组织和管理[①]，并且受土地与水资源制约，辣椒产业发展存在诸多问题。

---

① 张方. 成都平原辣椒产业分析与发展对策思考［J］. 农业经济，2018（38）.

（一）产业发展缺乏总体规划

产业发展缺乏统筹规划，总体种植管理较为粗放，种植技术落后，优良品种应用总体偏低，集约化程度不高，产品质量和单产不高，经济效益不明显。多数生产基地的基础设施不健全，排灌、道路等基础设施不完善，抵御自然灾害的能力较弱。在辣椒专业市场建设方面，四川省大多数市场的基础设施建设都较差，市场发育不健全，尤其是服务功能较弱，多数交易市场都难以提供市场需求、价格、市场趋势等信息服务，产品交易缺乏有组织的协调。

（二）加工企业总体规模偏小

四川省辣椒加工企业总体来说规模都较小，品牌知名度不高。加工产品同质化现象严重，企业技术力量薄弱，产品创新能力不强，资金投入不足，生产工艺落后，缺乏升级换代产品，缺乏具有核心竞争力的产品，科技含量不高。四川郫县有200多家豆瓣酱加工企业，虽然数量较多，但规模相对较小。四川最大的豆瓣酱加工企业——丹丹调味品有限公司年加工辣椒量约2万吨，对比贵州老干妈的辣椒需求量与品种知名度，差距明显。

（三）劳动力水平与栽培技术制约

成都平原是辣椒种植的优势产区，但四川省外出务工人员众多，农户、辣椒种植户的总体综合素质偏低，中老年农民学习和接受以及运用新知识、新技术的能力比较弱，年轻农民大多外出打工，不愿从事农业生产，这直接影响了农业科技成果的推广转化。受劳动力素质偏低因素影响，四川省在辣椒栽培技术方面，绿色、安全、高产的标准化栽培技术仍需进一步推广与普及。

第四节　四川辣椒产业发展建议

（一）以川菜为载体发扬辣椒文化

川菜已成为我国饮食类非物质文化遗产，通过建立川菜非遗保护名录体系、川菜非遗代表性传承人体系、川菜节庆活动、川菜项目的保护和开发等活动[①]，发扬四川辣椒文化，并通过郫县豆瓣传统制作技艺、陈麻婆豆腐制作技艺等饮食技术规范的传承，进一步将食辣文化渗透到全国各地，将饮食文化、传统美食与产业发展相结合，利用味觉记忆实现辣椒种植、加工、餐饮、观光的一体化发展，实现辣椒产业的三产融合发展。

---

① 杜莉，张茜. 川菜的历史演变与非物质文化遗产保护发展［J］. 农业考察，2014（4）.

（二）以市场为需求推广辣椒品种

在辣椒品种培育与推广领域，应以辣椒种子企业为主体，按照市场需求确立辣椒新品种开发及引进产品特性、引进目标、引进标准，通过对外省甚至外国的辣椒新品种专业的适应性试验，研发培育更好的辣椒品种。另外，应加大科研单位与企业的沟通，分析各自的特色和优势，加大辣椒知识产权的保护力度，实现种业间的良性竞争。

（三）以政府为推动培育加工企业

政府应出台扶持政策，推动辣椒种子及加工企业做大做强，并通过企业来带动农户，从而实现辣椒产业产前、产中、产后的全产业链发展。政府政策扶持应有所侧重，产前应引导辣椒种子企业对辣椒进行提纯复壮，不断提升品质，通过对辣椒专业合作社、家庭农场等新型经营主体进行扶持；产中引导加工企业与农户采取"公司＋农户""公司＋农村专业合作社＋农户"的模式进行对接，辣椒产业规模化、标准化种植；产后环节应对辣椒专业市场进行提档升级，发挥区域辣椒价格中心作用，同时积极引导加工企业拓展辣椒线上线下销售渠道，帮助企业做大做强。

第十九章 甘肃辣椒

——加工辣椒优势显著[①]

甘肃省大部分地区光热资源丰富，昼夜温差大，污染程度低，有利于优质辣椒的生产。随着甘肃省对农业产业结构的调整、集约化生产水平的提高以及种植辣椒的比较效益较高，辣椒栽培面积不断扩大，现已成为甘肃省重要蔬菜作物之一，同时也成为增加农民收入，促进农村经济发展的优势作物。

第一节 甘肃辣椒产业总体概况

（一）甘肃省辣椒产业总体规模

2018 年甘肃省辣椒种植面积 80 万亩，产量 175 万吨；由于甘肃省地理位置狭长，气候条件复杂，栽培辣椒种类较多。主要以鲜食辣椒类型为主，播种面积 62 万亩，栽培方式有日光温室、塑料大棚、露地种植；栽培品种以羊角椒、牛角椒为主，主要有陇椒 2号、陇椒 5 号、航椒 5 号、航椒 8 号、天椒 5 号、37～94、日本长剑等品种。

（二）甘肃省加工辣椒规模

甘肃省加工辣椒种植面积 18 万亩，产量约 40 万吨，年产值 6 亿元；河西地区的酒泉市（金塔县 4.3 万亩、肃州区 1.0 万亩、敦煌市 0.9 万亩）、金昌市（金川区 2.0 万亩、永昌县 2.6 万亩）、张掖市（高台县 1.2 万亩）、武威市（民勤县 0.8 万亩）以种植加工类型的羊角椒为主，面积约 15 万亩；天水市（甘谷县 1.8 万亩、武山县 0.8 万亩）、陇南市以种植干制线辣椒为主，面积约 3 万亩。栽培方式以露地栽培为主，亩产量 2500～3000 千克，售价 1.5～2.0 元/千克，亩产值 4500～6000 元。较近年来单价提高 0.3～0.5元/千克，增幅达 15%。

---

① 本章供稿：国家特色蔬菜产业体系兰州综合试验站张玉鑫副研究员、产业经济岗位乔立娟副教授。

（三）甘肃省当前农业支持政策

2018 年 2 月，甘肃省人民政府办公厅发布了《甘肃省培育壮大特色农业产业助推脱贫攻坚实施意见》（甘政办发〔2018〕20 号），以带动脱贫攻坚作用大的牛、羊、菜、果、薯、药六大特色农业产业为重点，突出优势产区，狠抓提质增效，适当扩大规模，创新体制机制，实现"户有增收项目、村有致富产业（产品）"目标，切实发挥产业扶贫在脱贫攻坚中的作用。甘肃农牧厅公布了《甘肃省蔬菜产业精准扶贫三年行动工作方案》，方案详细列出 2018～2020 年全省 58 个贫困县（区）466 个乡（镇）（深度贫困县 19 个）适应发展蔬菜产业，其中包括有辣椒产业及区域。但没有制定专门以加工辣椒产业为主的相关政策。

第二节　辣椒生产销售情况

（一）主要栽培品种

河西地区栽培品种由以前常规种美国红逐步向杂交种转变，种植的主要品种有：红源6 号、红源 10 号、德圆 13、德圆 29 等杂交种；产品主要用于加工制酱；企业或合作社采用栽培方式以平畦膜下滴灌为主，农户多以平畦覆膜大水漫灌为主。天水、陇南地区种植品种以天线 3 号、七寸红、甘谷线椒为主，其特点是果实细长，皱纹均匀，色泽鲜红，品味好；产品主要生产辣椒面、丝、丁、片、油等。栽培方式主要以起垄地膜栽培为主。亩产量 2000～2500 千克，售价 1.5～2.0 元/千克，亩产值 3000～5000 元。

（二）辣椒加工企业概况

甘肃省在武威等加工辣椒的主要生产基地已建成了 50 多家加工企业，年生产能力约 15 万吨。生产基地经营组织模式以"合作社＋基地＋农户""企业＋基地＋农户"等为主。主要加工产品为辣椒干、辣椒酱、辣椒粉，生产的辣椒干的价格为每吨 1 万～1.2 万元，辣椒酱的价格为每吨 0.6 万～0.8 万元，辣椒粉的价格每吨为 2.5 万～2.8 万元。有些生产设备先进的企业如金昌的双丰辣业有限责任公司，尝试辣椒油、辣红素等深加工产品的生产，生产的辣红素的价格为每吨 30 万元，其利润比辣椒酱、辣椒干高很多。这些企业生产的加工产品国内主要销往山东、四川、广东等省，国外主要销往韩国、日本等国。

第三节　辣椒种植成本收益测算

（一）农户成本收益情况

农户种植规模一般在 1～20 亩，采用常规品种、直播的种植方式，平均成本在1600～

1800元/亩，其中物质与服务费用600~800元（种子费用100元、肥料160~320元、农药60元、农膜80元、机械作业费100~120元、灌溉费用80~150元）、人工成本1000元；亩收入2500~3000元/亩，纯收益在900~1200元/亩。采用杂交种、育苗移栽的种植方式，平均成本在3000~3500元/亩，其中物质与服务费用1280元（种子费用700元、肥料300元、农药50元、农膜60元、机械作业费100元、灌溉费用80~100元）、人工成本1400~2500元；亩收入5000~6000元/亩，纯收益在2000~2500元/亩。

（二）种植大户成本收益情况

种植大户规模一般在100~500亩，通常采用杂交种、育苗移栽的种植方式，平均成本在3000~4000元/亩，其中物质与服务费用1200~1400元（种子费用700元、肥料150~300元、农药60~80元、农膜60元、机械作业费100~140元、灌溉方费用90~200元）、人工成本1200~1800元、土地成本600~1000元；亩收入4000~5000元/亩，纯收益约1000元/亩。

（三）合作社成本收益情况

合作社规模一般在800~3000亩，通常采用杂交种、育苗移栽的种植方式，平均成本在3000~4000元/亩，其中物质与服务费用1200~1400元（种子费用700元、肥料150~300元、农药60~80元、农膜60元、机械作业费100~140元、灌溉费用90~200元）、人工成本1200~1800元、土地成本600~1000元；亩收入4000~5000元/亩，纯收益在1000元/亩左右（见表19-1）。

表19-1 甘肃省不同规模主体种植辣椒成本收益测算[①]　　单位：亩，元，%

	小规模农户		种植大户	合作社
种植规模	1~20		20~500	500~3000
种植品种	常规品种	杂交品种	杂交品种	杂交品种
种植方式	直播	育苗移栽	育苗移栽	育苗移栽
种植成本	1600~1800	3000~3500	3000~4000	3000~4000
其中：				
物质与服务费用	600~800	1280	1200~1400	1200~1400
人工成本	1000	1400~2500	1200~1800	1200~1800
土地成本	0	0	600~1000	600~1000
亩收入	2500~3000	5000~6000	4000~5000	4000~5000
纯收益	900~1200	2000~2500	1000	1000
平均成本利润率	61	69	28.6	28.6

---

① 成本收益以亩（667m²）为单位，成本利润率＝平均亩纯收益/平均亩总成本。

第四节　甘肃省辣椒产业存在的问题分析

近年来，在加工辣椒产业化发展过程中，尽管在政策引导和栽培种植等方面做了大量工作，但由于品种退化、栽培技术落后、栽培模式单一、加工水平落后等因素制约了加工辣椒产业效益的提升。此外，春季干旱、大风等自然灾害造成出苗难的问题以及辣椒疫病、根腐病、白粉病、蚜虫、烟青虫等病虫害也给辣椒产业发展带来不利影响。

（一）品种结构单一，杂种化水平低

总体上，甘肃省加工辣椒栽培品种比较单一，杂种化程度偏低。河西地区农户以种植美国红为主，天水地区以天线3号、七寸红、甘谷线椒为主，这些品种均为常规品种，播种面积达80%以上，这些常规品种抗病性差，产量低，影响加工品质。

（二）栽培技术相对落后，机械化水平低

以露地栽培、直播为主，种子是农户自留或产品加工后的"副产品"，品种退化现象严重。栽培密度大、耗种量大、管理粗放，易造成田间通风透光不良，品种的增产潜力不能充分发挥，同时容易引发病害。施肥不科学，大多数农户只重视氮肥的使用，没有考虑磷、钾肥的合理搭配，生产上缺乏辣椒专用肥，造成施肥没有按辣椒的需肥规律进行。多采用大水漫灌，造成疫病、根腐病多有发生，严重影响产量和品质。种植、灌溉、采收多以人工为主，机械应用较少，人工成本占总成本30%~40%。

（三）加工企业不足，生产工艺落后

近年来，甘肃辣椒加工企业在逐渐增多，但大型企业少，小型企业众多。小型加工企业加工方式原始，大部分产品只是进行简单的粗加工，附加值低。企业技术创新能力弱，加工技术落后，多数辣椒加工企业与科研院所结合不够紧密，产品自主研发能力弱，且资金投入不足，新工艺、新材料、新技术的应用较少，缺乏升级换代产品。

（四）专业合作社规模小、流通体系不健全

以加工辣椒产业为主的合作社数量少、规模小，且与农户和市场链接程度低。订单农业较少，农民效益风险较大，种植面积不稳定。缺乏辣椒产品专业市场和展示平台，缺少专门的辣椒营销组织和人才；市场信息闭塞，物流不畅；政府管理缺失，对市场缺少监管，造成市场鱼目混珠，以次充好，压价出售，严重扰乱了市场秩序，损害了辣椒种植者的利益。

第五节　甘肃省辣椒产业发展的趋势与建议

（一）辣椒产业新趋势

河西地区充足的光热资源和良好的自然条件非常适合辣椒生长，其常年少雨干旱的天气配合浇灌栽培模式，既利于制干辣椒生长期的水肥调控，也在辣椒采收期，降雨量少，气候干燥，形成了一个天然的晾晒场地。生产的制干辣椒产量高、品质好、色价高、供期长，已成为很多辣椒食品生产厂家和色素加工企业的首选原料。加工辣椒效益相对稳定，其收益是小麦、玉米等作物的 2~3 倍。近年来，通过土地流转政策的实施，种植加工辣椒的大户逐渐增多、规模化种植逐步增加。用工难、工价高问题较为凸显，对新品种、机械化种植技术需求迫切。

天水、陇南地区发展设施高效农业，露地栽培的加工辣椒种植效益相对较低，农户不愿种植，被迫辣椒"进沟上山"，在次适宜区发展，次适宜区栽培立地条件较差，时空降水不均，栽培风险较大，且加工后劲不足，导致辣椒规模种植难以形成。

（二）促进辣椒产业发展的建议

首先，加大科研经费投入和新品种的选育推广力度。甘肃省多年来一直开展鲜食辣椒杂种优势育种工作，但加工辣椒选育工作滞后；应针对制干辣椒的育种目标，确立育种方向，培育出新的优良加工型辣椒品种。另外，积极从国内外引进筛选出适宜性、丰产性、抗病性好的品种，加快品种更新换代。当前主栽品种美国红及线三种性退化，纯度低、产量下降、抗病性极差，应积极开展提纯复壮工作，以缓解新旧品种的替代矛盾。

其次，应加快栽培技术的研究与应用。①推广育苗移栽技术。目前，加工辣椒主要为露地栽培，大部分进行直播栽培。直播栽培用种量大，每 667 平方米用种量达到 1.5~2.0 千克。直播栽培不利于优良杂交品种的推广，难以提高产量和品质。因此，生产上需大力推广育苗移栽技术，提高产品质量和产值。②推广高垄栽培技术，甘肃省制干辣椒栽培中大多数采用平畦栽培，栽培密度大，单株产量低，田间病害严重，特别是辣椒疫病、根腐病、白粉病发生较重，严重影响辣椒产量和加工品质。因此需推广高垄栽培，合理密植，减少病害发生。③研究和推广平衡施肥技术，根据辣椒的需肥规律及田间土壤营养成分测定分析，研究出各地合理的氮、磷、钾元素配方比例及微量元素含量，制定当地辣椒平衡施肥技术方案，同时培训农民掌握平衡施肥技术，提高辣椒的质量，增强市场占有率。④推广机械化种植技术。研究推广适宜加工辣椒播种、移栽、采收的机械化关键技术与装备，提高机械化水平，减少人工成本，节本增效。

最后，建立健全市场运行机制，完善产后销售渠道。进一步开拓和规范营销市场，增强辣椒生产基地的法律意识，使市场行为合理化、合法化，使"订单农业"充分发挥其积极作用。制定相关优惠政策，吸引外地客商投资，特别在制干辣椒生产区建立深加工企业，在当地形成"加工企业＋基地＋农户"的生产链，创建制干辣椒产业品牌，提高产品附加值，增加农民收入。同时，应加强信息系统建设，建立健全信息服务网络，关注市场动向，引导农户、企业获取更多利润。

第二十章 陕西辣椒

——舌尖上的秦椒[①]

陕西省具有种植辣椒、葱、姜、蒜、韭菜等辛辣蔬菜作物的传统，其中辣椒种植面积最大[②]。陕西省传统线椒也称作秦椒，色鲜味浓、肉厚油大，素有"椒中之王"之称，是陕西省走俏国内外市场的名特优农产品，是农民增收的重要经济作物之一，近年来，随着辣椒种植逐步向贫困地区转移，辣椒产业在扶贫工作中发挥重要作用。秦椒文化是陕西辣椒产业发展的一大特色，20世纪90年代张艺谋电影《秋菊打官司》使得秦椒在全国产生广泛影响，而各类影视作品与美食节目关于油泼面的描述使得陕西线椒成为当地重要的文化符号。

第一节 陕西辣椒产业总体概况

（一）陕西辣椒产业总体规模

从20世纪70年代开始，在陕西省关中地区形成了具有一定规模的线辣椒产业，当时的线辣椒以制干为主，部分用于出口，曾经作为陕西省一种重要的出口农产品。此后辣椒种植面积持续扩大，在1994～1995年种植面积达到最高峰，全省年种植线辣椒150万亩左右，主要分布在渭南、咸阳、宝鸡、铜川等地。此后，辣椒种植面积开始逐渐下降，2017年陕西省线辣椒种植（包括露地、日光温室、大中小棚等）面积约为50万亩，在些传统辣椒种植县市已失去原有产业优势。

陕西省传统线辣椒总体上属于加工辣椒原料的生产，价格相对稳定且利润空间有限，加上线辣椒生产属于劳动密集型产业，随着劳动力价格的上涨，交通、信息、经济相对比较发达的地区，线辣椒种植面积在缩小，而经济欠发达地区的面积在扩大。目前陕西省关中地区露地线辣椒面积相对较大的地区有凤翔县、陇县、千阳县、眉县、麟游县、岐山

① 本章供稿：国家特色蔬菜产业体系宝鸡综合试验站张会亚研究员、辛鑫高级农艺师，产业经济岗位乔立娟副教授。

② 感谢陕西辛辣蔬菜产业技术体系赵尊练首席团队提供的辣椒产业资料。

县、扶风县、周至县、兴平市、富平县等，设施线辣椒面积较大的地区有兴平市、临渭区、三原县等。

(二) 陕西辣椒类型与分布

陕西省以种植线辣椒为主，关中地区的线辣椒生产是当地一项重要产业。陕西省也有少量制干用朝天椒种植，同时也种植羊角椒、牛角椒、灯笼椒等鲜辣椒，菜用的羊角椒、牛角椒、灯笼椒主要分布在蔬菜生产区域，露地栽培的菜用羊角椒，除了定边县、靖边县、榆阳区有规模化种植外，设施栽培的羊角型辣椒（包括少量甜椒）在陕西省设施蔬菜生产区域均有种植，其栽培时期随着市场、气候、栽培模式的不同而不同。近年来，渭南市秋延后鲜辣椒受市场效益良好因素带动，种植面积持续扩大，渭南地区种植面积已达到 5 万亩以上，其中蒲城县规模已达到 1 万亩以上。榆林全市 2017 年辣椒种植面积 9 万亩左右，以鲜食菜椒（羊角椒型）为主。

(三) 陕西辣椒种植品种变化

陕西省在线辣椒育种、栽培技术、植保技术等研究方面处于国内先进水平，部分领域处于国内领先水平。先后育成并推广面积较大的品种有：西农 20 号线辣椒、8212、8819、陕椒 2001、陕椒 2006 等，陕西省自己培育的品种最高时覆盖陕西省产区面积达到 90% 以上，并推广到国内其他线辣椒产区。其中 8819 是新中国成立以来国内推广面积最大的线辣椒品种，曾获得陕西省科技进步一等奖，8212 曾经获得国家科技进步三等奖，陕椒 2006 等的推广获得陕西省农业科技成果推广一等奖。

随着陕西省线辣椒市场的变化和栽培形式的多样化，陕西省传统的线辣椒正在从品种上产生分化，从线辣椒鼎盛时期几乎全部为常规品种转变到目前杂交种约占整个产业的50%。线辣椒杂交品种多为辣丰系列、红秀系列、湘研系列、辛香系列品种，品种有辣丰24、辛香 8 号等，宝鸡地区的陇县、千阳仍以陕椒、宝椒系列为主。

(四) 陕西省辣椒加工业现状

传统陕西线辣椒以制干为主，由于新疆线辣椒产业规模的持续发展以及新疆在线辣椒制干方面得天独厚的自然优势，陕西省线辣椒制干的比例逐年缩小，产品从制干向制酱的转变，而用于制酱或制作"剁椒"的比例逐年增加，预计目前陕西省线辣椒用于制干的比例为 15% 左右。陕西省辣椒加工制品中，油泼辣椒系列产品具有一定的市场影响力，但与贵州、重庆等辣椒加工业相对发达省市比较，陕西省辣椒加工业相对落后。辣椒加工企业主要以作坊形式经营，生产油泼辣椒、辣椒酱、辣椒干等加工产品。

近年来，受陕西线辣椒种植面积下降、产量减少的影响，陕西椒干原料紧俏的问题就显得十分突出，为此，新疆椒干便很快以低廉价位进入陕西市场，并以秦椒名义进行贸易，较低的价格优势对陕西本地辣椒种植形成了较强的竞争力。为此，陕西大多数辣椒贸易加工企业，由于陕西本地辣椒种植面积猛降，原料紧缺，只好舍近求远，在异地新疆、山西等地建立辣椒原料生产基地，据调查，近年陕西从新疆辣椒产区调运的辣椒干，已占到新疆生产总量的80%左右。

（五）陕西辣椒产业扶贫现状

发展特色产业是提高贫困地区自我发展能力、实现贫困人口脱贫致富的根本举措。从1998年开始，宝鸡市北部长城沿线风沙滩区就开始发展辣椒产业，按照"基地规模化、布局区域化、生产标准化、经营集约化、市场品牌化、产品绿色化"的发展思路和"一乡一业、一村一品"的发展要求稳步扩大规模，形成以"无公害生产、综合技术推广"为内容的标准化生产格局，建成2万亩无公害标准化生产示范基地，20个蔬菜专业合作社，1个工厂化育苗中心和6个专业化蔬菜育苗点以及10多个蔬菜冷藏保鲜及市场销售的农业公司及5个蔬菜商标。目前北部风沙滩区的辣椒产业已成为农民脱贫致富奔小康的支柱产业，占农户家庭总收入的30%～40%。

第二节　陕西辣椒产业存在的问题分析

（一）市场辣椒品种类型多，农户甄选难度大

随着陕西省辣椒种植结构的调整，陕西省传统的线辣椒正在从品种上产生分化，杂交品种大量增加。鲜食类辣椒的品种和种子主要来自国内其他省（区），目前总体品种类型较多，有许多品种引入陕西后未安排试验，具有一定的盲目性，已经造成损失或导致投诉的情况每年都有发生。另外，由于辣椒杂交种（特别是线辣椒等果型较小的辣椒类型）价格较高，在某些产区自留F2代种子的现象比较多，影响了产业的潜力。

（二）辣椒连作障碍与病虫害严重

一方面，受辣椒连年种植影响，陕西省辣椒连作障碍问题普遍存在，其主要的危害是产量降低、外观品质下降、病虫害加重。陕西省关中西部线辣椒老产区的连作障碍问题尤为突出。

另一方面，病虫害也是影响辣椒质量与产量的重要因素。目前陕西省线辣椒主产区的主要病害为小叶病和炭疽病，小叶病已经影响线辣椒产业多年，小叶病的发展与解决对策近年来一直处于相持状态。炭疽病近些年呈现逐年加重的趋势，少数区域造成的损失高达80%～90%，需要引起高度重视。设施栽培的羊角椒类型，疫病、白粉病对产业威胁较大。陕西省辣椒的主要虫害是蛀果类害虫。

（三）辣椒种植成本持续上升，机械化水平低

陕西省传统线辣椒属于加工辣椒原料的生产，价格相对稳定且利润空间有限，加上线辣椒生产属于劳动密集型产业，随着劳动力价格的上涨，交通、信息、经济相对比较发达

的地区，辣椒的效益空间受到挤压，种植面积呈显著缩小态势，特别是果实相对较小的线辣椒、朝天椒等问题比较突出。机械化成为制约辣椒产业发展的重要瓶颈，为此解决辣椒的集中育苗、机械化定植、机械化管理等问题十分迫切。

（四）线辣椒单产低，种植面积下降

随着线辣椒种植向贫困边远地区转移，由于生产条件差，基础设施落后，劳动力素质低，产业规模小而分散，管理水平粗放，抵御自然灾害能力不强，辣椒种植产量很难提升。从单产水平看，宝鸡干辣椒亩产量一般在 150~200 千克，但新疆干辣椒亩产量可达 300~400 千克，宝鸡干辣椒产量仅为新疆产量的一半，使本地线辣椒种植面积锐减，贸易加工企业在新疆、内蒙古等地建设辣椒种植基地。同时外省的朝天椒、板椒等也以低廉价位销售进入陕西秦椒市场。

第三节　陕西辣椒产业发展对策建议

（一）加大辣椒新品种、新技术推广示范

随着辣椒产业的不断发展，优质、高产、抗病性强的杂交品种需求越来越强烈，对辣椒杂交种选育、制种技术、栽培技术提出更高的要求。发展辣椒产业应突出"陕西辣椒"特色，实现常规育种与杂交育种相结合，辅助于分子标记等生物技术手段，引进优良种质资源及先进育种技术，选育出真正具有陕西辣椒特点，适宜本地栽培、辣农认可、企业欢迎的优质、高产、高效、低耗对路品种的线辣椒新品种。

近年来，消费市场需求变化，对干辣椒的品质要求更高：一是优质、抗病、丰产，且保持地方常规品种的特有香味、辣味、易风干的辣椒新品种；二是适用于深加工产业的高辣椒红色素、高辣椒素（辣度强）优良品种；三是由于规模化、专业化、人工成本提高，适宜机械化采收的干辣椒品种。加强对抗病性和抗逆性品种的选育工作，同时加强与企业的联系，选育加工专用型品种，促进辣椒加工产品向专业化、精品化和高端化方向发展。

（二）创新辣椒栽培模式和栽培技术

目前，农村剩余劳动力多以妇女和老者居多，渴求劳动简单、操作简便、见效快捷的适用技术。因此，要跟踪农业科技最前沿，对新品种、新技术、新材料等进行整合、集成，使先进技术"傻瓜化"，农民一看就懂、一学就会，简便实用，从根本上解决农技推广"最后一公里"瓶颈的问题。通过在山区发展地膜辣椒；在川源地区示范推广麦茬辣椒、甜瓜辣椒间套，试验研究辣椒机械移栽、机械采收等新模式，提高机械化作业水平，节本增效；通过品种、肥料、轮作、管理等综合措施减少农药使用量，确保农产品质量安全。实现良种良法配套，农机农艺结合，降低生产成本，使辣椒在产量、品质、抗病性、抗逆性等方面得到广泛提高，实现辣椒高产、优质、多抗之目标。

（三）壮大辣椒精深加工企业

辣椒有"红色药材"和"保健良药"之称，是世界消费者非常嗜好的一种功能性蔬菜及调味品。陕西辣椒属于加工辣椒类，但陕西省辣椒加工较为薄弱，长期以来以销售原料或者初加工品为主，加工产业有很大的发展空间和潜力。为此，应借鉴学习外地先进、成功的经验，立足区域资源优势，面对国内外大市场，制定优惠政策，吸引全国著名辣椒加工企业来陕西投资发展；重点培养和扶助集生产辣椒碱、红色素、辣椒油等产品于一体的深加工龙头企业，顺应市场发展的需要，延伸辣椒产业链条，提高辣椒产品附加值。

第二十一章　湖南辣椒

——三湘"辣文化"特色显著[①]

湖南人饮食"无辣不欢"，辣椒是湘菜的灵魂，经过30多年的发展，湖南已成为辣椒育种强省和生产、消费大省，辣椒在湖南省不仅是一种经济作物，还是湖南文化的独特风情，不仅在湖南经济发展中具有独特地位，在湖南文化中，更代表湖南人勇往直前、不畏艰辛的奋斗精神。随着我国经济结构进入调整阶段，湖南辣椒产业也面临供给侧改革和升级增效等问题，应从错位发展辣椒产业、突出湖南辣椒产品特色、大力推进育种产业等方面带动辣椒产业发展。

第一节　湖南辣椒产业发展现状

（一）湖南省辣椒播种面积与总产量

据湖南省农业委员会经济作物处统计，2016 年湖南省辣椒生产面积 170 万亩，总产量在 300 万吨左右，居湖南省蔬菜作物第一位。124 个县区中，辣椒种植面积超过 3 万亩的有 20 个县区，2 万~3 万亩的有 15 个县区，1 万~2 万亩的有 28 个县区（见表 21 - 1）。说明湖南各地都有种植辣椒的习惯，但种植规模不大。

表 21 - 1　湖南省主要辣椒生产基地县年播种面积　　　　单位：万亩

产地	面积	产地	面积	产地	面积	产地	面积
汝城县	5.5	宁乡市	4.7	常宁市	3.2	凤凰县	3.3
安乡县	5.5	洞口县	4.6	慈利县	3.2	花垣县	3.2
泸溪县	5.3	浏阳市	3.5	沅江市	3.2	桃源县	3.1
汉寿县	5.3	安化县	3.4	攸县	3.1	醴陵市	3.1
永顺县	5.1	双峰县	3.3	永定区	3.1	君山区	3.1

资料来源：湖南省农业委员会经济作物处调研数据。

---

① 本章供稿：国家特色蔬菜产业体系种子种苗生产技术岗位专家戴雄泽副研究员、首席办杨莎助理研究员，产业经济岗位乔立娟副教授。

（二）湖南辣椒主要产区布局情况

通过湖南省辣椒主产县情况介绍可以发现，湖南省辣椒主产县（市、区）有20个，辣椒广泛种植的同时，产业布局较为分散，目前的辣椒产业布局可以分为优势产区、地方特色辣椒产区、规模经营主体以及农户零散种植四种模式。

辣椒优势生产区：以长株潭城市群为消费主体的鲜食辣椒生产区、湘南特色小米椒和湘北地区设施辣椒。如汝城县5.5万亩特色小米椒，泸溪县5.3万亩，永顺县5.1万亩，宁乡市4.7万亩，洞口县4.6万亩，君山区3.1万亩和安乡县、汉寿县的大棚秋延后辣椒，面积在5万亩左右。

地方特色辣椒生产区：湖南有较多的县域特色辣椒品种，果实以加工为主。如临武的大冲辣椒、桃源七星椒、慈利七姊妹、衡东黄贡椒、嘉禾三味椒等，每个地方品种种植面积在0.3万～1.5万亩。

规模化蔬菜生产经营主体：辣椒做为湖南的第一大蔬菜产业和特色蔬菜，一般蔬菜生产经营主体都会种植7%左右的辣椒，面积在10万亩左右。

农户零散种植：由于湖南人喜爱辣椒，农村居民每家都种植30～50株辣椒，自己消费为主，是湖南辣椒生产方式之一。

（三）湖南辣椒市场需求现状

湖南省是辣椒加工与消费大省。湖南人喜爱辣椒，辣椒的消费有炒食（油淋辣椒、泡椒炒肉）、菜品调味（辣椒粉、剁辣椒、泡辣椒、豆豉辣椒）、辣味品（辣椒萝卜、口味蛇、临武鸭）三种主要形式。湖南现有人口6700万人，年消费辣椒在420万吨左右。辣椒消费量包括居民鲜辣椒消费、加工干辣椒消费以及辣椒加工企业消费三大消费主力。按人均年消费30千克鲜椒估算，湖南省需要鲜辣椒200多万吨；按人均年消费加工辣椒10千克估算，需要鲜辣椒70多万吨；按人均年消费干辣椒（辣椒粉）1千克估算，需要鲜椒30多万吨。[①] 辣椒加工企业，年需要120万吨鲜辣椒作为加工原料。

（四）湖南省辣椒供给现状

湖南省年产鲜椒总产量在300万吨左右，其中秋延后栽培15万亩，产量37.5万吨左右。辣椒上市期在4～11月，集中在5～7月，秋延后栽培上市期在当年10月～次年1月。湖南本地辣椒不能满足市场需求，只在集中上市的5～7月有部分外销，其他时间主要靠外省调入。

马王堆蔬菜交易量约占全省蔬菜批发市场交易总量的80%，是湖南省辣椒的主要交易市场，也是外地辣椒进入湖南后的一级批发市场。根据长沙市马王堆蔬菜批发市场

---

① 估算依据：以湖南省6700万人计算，年消费干辣椒6700千克，每千克干辣椒需要4～5千克鲜辣椒加工而成，因此干辣椒消费中对鲜辣椒总量需要6700×5=33500（千克）=33.5（吨）。

2012～2018 年辣椒月交易量统计数据可以发现，2012 年开始外省调入量逐年增加，2017 年鲜辣椒交易量 54.6 万吨。由于生产季节的原因，湖南鲜食辣椒 10 月到次年 4 月主要靠外调，调入产地有两广、海南、安徽等省；6～8 月为湖南上市旺季，10～12 月秋延后辣椒集中上市，交易量有部分为省内基地生产；估计全省调入量达 60 万～70 万吨。加工辣椒原料不经过交易市场，由加工企业直接从河北、山西、山东、河南等省辣椒生产基地调入，估计年调入量在 100 万吨左右（见表 21 - 2）。

表 21 - 2　长沙市马王堆蔬菜批发市场辣椒交易量　　　　单位：吨/月

年份　　月份	1 月	2 月	3 月	4 月	5 月	6 月	7 月	8 月	9 月	10 月	11 月	12 月
2012	—	—	—	—	20363	27942	24010	25858	29691	23857	21813	29581
2013	17657	9173	11321	12846	30364	18098	10387	15290	20868	15185	22328	22941
2014	21496	13781	22907	26241	31039	18159	12285	20373	22711	20847	25191	21844
2015	24571	17723	17983	24486	24477	18136	13180	20444	21733	22723	23644	26288
2016	21514	16307	18676	24064	23395	22983	21644	43151	41858	36136	42784	38235
2017	42086	26586	35908	42718	49197	35960	41214	67431	61357	48403	52626	42275
2018	45417	36559	42389	52712	52459	25759	25918	42504	39608	—	—	—

资料来源：马王堆蔬菜批发市场调研。

（五）湖南特色辣椒地方品种

醴陵玻璃椒。晚熟，老熟果朱红色，晒干后皮薄透明发亮，辣味香，平均单果重 6 克，制干率约 30%；抗性较强、耐热、耐旱；适宜山区栽培，种植面积 5000 亩左右。醴陵玻璃椒于 2017 年申请了地理标志产品。

湘阴樟树港辣椒。早熟，耐低温和弱光，早期辣椒有特殊的清香味，高品质，价格是普通辣椒的 10 倍以上，成为湖南高档辣椒产品的代表，常年种植面积 3000 亩左右。湘阴樟树港辣椒 2017 年申请地理标志。

临武大冲辣椒。晚熟，辣椒辣味醇厚、品质优良、颜色鲜艳、皮薄肉厚、味道辛香，为临武县辣椒加工的主要品牌，也是临武瞬华鸭主要配料。仅在平均海拔 800 多米的大冲乡种植，种植面积 1.1 万亩。

汝城小米椒。目前主要品种有黄色小米椒和红色朝天椒、线椒等，产品突出特点是果实颜色鲜艳、味辣，用于鲜食和加工成干辣椒、剁辣椒等。主要在延寿瑶族乡种植，面积近万亩。

桃源七星椒。特点为晚熟，味辣，主要用于加工纯辣酱、辣豆腐乳、辣竹笋、辣野生山菌、辣大蔸萝卜、辣野葵、辣盐菜、辣椿绽芽、玉米杂辣椒、糯米杂辣椒等鲁胡子系列产品。主要产于牛车河乡山区，种植面积 8000 多亩。

洞溪七姊妹。晚熟。果实外形细小匀称，颜色大红、油亮，辣味厚重，以传统原始工艺生产剁辣椒、石磨辣酱、辣椒干、辣椒粉、泡辣椒等产品。一般种植在海拔 500～800 米的山区，种植面积 2000 多亩。洞溪七姊妹辣椒为地理标志保护产品。

衡东黄贡椒。中晚熟。成熟果实黄（橙黄）色、鲜亮，皮薄肉厚，辣度猛烈，兼具极甜、极辣、极脆特点，辣椒主要用于加工剁辣椒。种植面积 1.0 万亩。

嘉禾三味椒。晚熟。辣味强，椒蒂部分辣而带水果香，椒嘴部分味甘甜，因其具有辣、香、甜三味而得名，已推出了三味干辣椒、三味剁辣椒、三味椒大头菜、三味椒狗肉香肠、三味椒湘嘉鱼等系列产品。目前种植面积在 1 万亩左右。

溆浦大址坊辣椒。辣椒色泽光亮红润、香辣爽口、有嚼劲，久煮不烂，主要用于加工成干辣椒和白辣椒。溆浦县山区的油洋乡为主要种植基地，种植面积在 5000 亩左右。

泸溪玻璃椒。中熟。果实鲜红、光亮，辣味适中。皮薄肉后，加干制后椒皮似玻璃般透明、有香味。主要用于鲜椒加工和干制。产区在海拔 500～800 米的山地，常年种植面积 5 万亩左右。

第二节　湖南辣椒产业优势与特色

（一）湖南是辣椒育种强省

1684 年宝庆志记载"海椒"，为湖南最早辣椒记载文献。辣椒与湖南人的精神有机结合，经过 300 多年的发展，成就了湖南辣椒育种的优势地位。辣椒育种有以邹学校院士为首的团队，国家现代农业产业技术体系辣椒相关岗位专家 3 人，全省从事辣椒育种科技人员有 30 多人。以湖南省蔬菜研究所为龙头，有上市公司隆平高湘研种业有限公司、株洲市农业科学院、长沙市蔬菜研究所、常德市农业科学院、衡阳市蔬菜研究所等多家科研单位从事辣椒育种研究。近 30 年选育了辣椒品种 100 多个，培养了"湘研""兴蔬"全国知名品牌，湖南辣椒新品种选育推动了我国辣椒产业的发展。辣椒育种技术优势，辣椒新类型如线椒育种的开启与应用，带动了线椒类型的快速发展；辣椒雄性不育系的研究，选育了全国第一个通过审定的不育系 9704A，引领了我国辣椒雄性不育系在育种中的应用。由于湖南在辣椒育种中的优势，单一蔬菜作物辣椒育种 4 次获得国家科技进步二等奖、3 次获得湖南省科技进步一等奖，这是对湖南辣椒育种优势的肯定。

（二）湖南是辣椒生产、消费和加工大省

首先，湖南是辣椒生产大省。由于辣椒辛辣、除湿、开胃的作用与高温、潮湿湖南的气候和湖南人的性格的有机结合，造就了湖南人"怕不辣"的饮食特点，悠久的农耕文化使湖南人形成了种植辣椒的习惯。山区、平原甚至都市居民，只要种植蔬菜，都会想办法种植辣椒，这应该是湖南成为辣椒生产大省的主要原因和第一大优势。

其次，湖南还是辣椒消费大省。湖南人嗜辣，每一个来到湖南的嘉宾也都会尝试吃辣

椒。消费辣椒湖南与其他省的区别在于，除辣味要强外，消费产品形式多样。鲜辣椒做菜，主要做辣椒炒肉、擂辣椒、蒸辣椒、辣椒炒豆豉和虎皮辣椒等，辣椒当菜吃。加工辣椒做配菜，如泡辣椒（盐渍辣椒）、白辣椒等与肉类食物搭配炒食，辣椒当菜吃。辣椒做调料：剁辣椒、辣椒酱、辣椒粉、干辣椒等当作调料，增加菜品的辣味和增色等。"宁可三日无粮，不可一日无辣"，辣椒消费市场空间大，这是湖南辣椒产业的市场优势。

最后，湖南还是辣椒加工大省。随着"湘菜"在全国的快速推广，独具特色的剁辣椒成为老干妈制品外的第二大辣椒加工产品。湖南的剁辣椒加工技术引领全国，剁辣椒产品成为湖南辣椒的第一张名片。泡辣椒（盐渍辣椒）、白辣椒具有明显的地方特色，是湘菜中极具个性的菜系。辣椒萝卜、腐乳和豆豉辣椒等其他辣味制品，明显张扬了湖南的辣椒文化。

（三）湖南具有较多的特色地方品种

湖南辣椒品种资源丰富，传统的地方品种在我国辣椒新品种选育中发挥了重要作用，如伏地尖、21号牛角椒和湘潭迟斑椒成为我国辣椒三大骨干亲本。目前还有很多的地方品种，由于其独特的品质，还将在辣椒产业错位发展、提质增效方面发挥重要作用。醴陵、攸县和泸溪玻璃椒，老熟果朱红色，晒干后皮薄透明发亮，辣味香，在干辣椒中特色突出。湘阴樟树港辣椒，具有特殊的清香味、口感品质好，带动高档辣椒产品市场拓展。临武大冲辣椒、桃源七星椒、洞溪七姊妹和嘉禾三味椒，山区种植，辣味强，有香味，是当地加工辣椒的主要原料，加工产品具有强烈的地方特色。衡东黄贡椒，成熟果实黄（橙黄）色、皮薄肉厚，辣兼具甜、脆，主要用于加工剁辣椒。

（四）湖南具有深厚的辣椒文化

辣椒赋予了湖南人激情和味道，"辣子"成为湖南人的代名词，体现出了我们湖南人性强悍、敢担当、讲真话、做实事的精神。在我国5000年文明史中，湖南人一直表现平淡和沉寂。有识之士寥若晨星。然而近300年来，湖南人在中国的政治、军事、文艺、学术各领域异军突起，造就了"惟楚有材，于斯为盛"的湖南人现象。第一批人才以陶澍为祖先，贺长龄、魏源等湘籍经世派，发出了"问苍茫大地，谁主沉浮"的先声。第二批以曾国藩为统帅，胡林翼、左宗棠为首领的政治军事人才，"无湘不成军"，湘军的声威与霸气，恰于辣椒的冲劲。第三批则在维新运动与辛亥革命前后，以谭嗣同、唐才常、蔡锷、黄兴等为代表的文人与武将，留下"我自横刀向天笑，去留肝胆两昆仑"的悲壮和"若道中华国果亡，除非湖南人死尽"的决绝与倔强。第四批以毛泽东为代表的中华人民共和国的缔造者们，如刘少奇、彭德怀、贺龙、罗荣桓等，"为有牺牲多壮志，敢教日月换新天"体现了一代伟人的气魄与坚强。辣椒入湘300多年与湖南人近300多年的觉醒，很好地诠释了"不吃辣椒不革命"。

300多年的食辣历史，培养出了湖南人浓烈而深厚的辣椒情结，可以毫不夸张地说，湘人"不可一日无此君"。"有朋友自远方来，不亦乐乎"，宾主聚宴、点菜下单，无论是否食辣，都绕不开"辣椒"，尝辣体现出湖南人热情好客之道。"青枝绿叶果儿长，辛辣甘甜任人尝。红装虽艳性刚直，亭亭玉立斗地艳阳。"文人墨客用辣椒作画写诗，展现湖南人刚烈性格。"不怕辣，辣不怕，怕不辣，看四座佳宾，敢尝辣椒皆好汉；好酒喝，酒好喝，喝好酒，愿八方贵客，莫辞酒醉是英雄"，湖南人的侠义勇气跃然纸上。"穿红着绿占据东南西北，统领荤素贯辣春夏秋冬"解读了湖南人对辣椒的嗜好。

第三节　湖南辣椒产业制约因素

（一）种植辣椒比较效益下降

近年来我国辣椒种植面积一直在增长，2016 年达 3200 万亩，产量达 6400 万吨，人均年消费辣椒 50 多千克，充分说明供应已达到饱和状态，导致辣椒近 5 年价格变化不大，甚至部分年份辣椒价格呈现了下降趋势。此外，近年来由于劳动力和生产资料价格上涨，我国蔬菜生产成本以年 17% 左右增长，劳动力成本年增长达 28%（国家特色蔬菜产业技术体系 2017）。辣椒价格近下降，生产成本上升，种植利润快速下降，严重影响了农民种植积极性。

（二）辣椒种植单产低

湖南辣椒种植面积大，但平均产量较低，在市场竞争中处于不利的地位。辣椒单产低主要有以下几方面原因：首先，受气候资源限制，湖南省适宜辣椒生长的时期短。辣椒适宜生长温度为 25℃～30℃。湖南 4 月以前多雨，温度一般低于 25℃；5 月一出太阳，温度超过 30℃，不利辣椒生长。其次，适宜湖南种植的品种少。目前选育的品种较少适应高温和干旱，湖南种植辣椒一般在 7 月底结束，采收期不到 3 个月；大棚种植品种少，产量一般在 2.5 吨/亩左右。最后，湖南省辣椒以分散化种植为主，栽培技术落后。零散露地种植面积大，规模种植面积较小，传统栽培占主导地位。

（三）辣椒种植需要劳动力较多

湖南种植辣椒，整个生育长达 8～10 个月，需要大量的劳动力。如冬季育苗期长达 4～6 个月，管理人工多；大田栽培，如施肥、灌（排）水、除草和打药比较费工；辣椒分批采收，需要大量的劳动力，一个工作日采收线椒 80 千克左右或朝天椒 40 公斤，如果采收红椒，采收量只有青椒的 50% 左右。目前从事农业生产的劳动力多为 60 岁以上的老人和少量中年妇女，随着农村城镇化进程，农村"空心"化已成为必然，劳动力的缺乏将制约辣椒产业的规模化发展。

（四）产品质量提升困难大

随着人们生活水平的提高和国家持续发展战略，蔬菜产业"大肥大药大水"的粗放式生产方式已过时，绿色生产将是我国现代农业发展的必然之路。辣椒绿色生产有两大基本要素：首先是建立辣椒绿色生产技术，如育苗技术、肥水管理技术和病虫害综合防控技术等；其次是生产基地的规模化，但由于辣椒生长期长，多数时间在不适环境中生长，病虫害严重，另外管理和多次采收需要大量的劳动力等多种原因，湖南省单一种植辣椒规模不大，一般生产企业或公司种植面积在 20 ~ 30 亩，绿色标准化技术推广应用难度大。因此，造成辣椒产品质量提升困难大。

（五）加工企业多，知名品牌少

在蔬菜作物中，辣椒的产业链较长，加工占的比重较大。但湖南省辣椒加工整体规模大，企业规模小，年销售收入上亿元的加工企业只有 12 家，如最大的加工企业辣妹子年销售收入仅 2.2 亿元，年收入超过 5000 万元企业的总和约占全省辣椒加工业 30% 左右，以年销售 1000 万元的企业为多。辣椒加工技术传统、粗放和落后，加工设施较为简陋，产品以干辣椒、辣椒粉、泡制、剁椒、油辣椒、辣椒酱等为主，产品附加值不高。辣椒加工产品在全国有影响力的品牌少。全省几乎每个市都有辣椒加工企业，在区域内品牌有特色，但不突出。有的县同一特色加工产品企业多，企业之间的竞争多以价格作为手段。辣椒深加工产品如辣椒素和辣椒红素虽然有少量企业在生产，但生产成本高，产品不能满足国内市场需求。

第四节　湖南辣椒产业发展的对策建议

（一）强化辣椒育种地位

"一粒种子改变一个世界"，突显了优良种子在农业产业中的核心地位。湖南属亚热带季风气候，四季分明，冬季寒冷、春季潮湿、夏季高温、秋季干燥，适宜辣椒生长的时期不长，但这种气候条件特别适宜对辣椒资源抗病和抗逆性的鉴定与筛选。湖南近 300 年的辣椒种植，驯化出了多种多样的特色地方品种资源，建立了我国保存材料最多的辣椒资源库。湖南有省级和市蔬菜研究所与上市公司多家单位从事辣椒育种工作，拥有邹学校院士领衔的辣椒育种团队，有引领世界辣椒育种的先进技术。因此湖南要在我国辣椒产业中发挥重要作用，则要加强辣椒育种技术和新品种选育研究，强化辣椒育种的领先地位。

（二）错位发展辣椒产业

湖南有种植辣椒的习惯、巨大消费市场和加工产业，辣椒成为第一大蔬菜作物。辣椒产业转型升级、提质增效关键在于以市场为导向，错位发展。鲜食辣椒与加工辣椒生产区域的错位发展，鲜食辣椒以本地生产为主，加工辣椒以全国优势产区和湖南山区生产为主。辣椒栽培方式和上市季节的错位发展，适当发展设施辣椒生产，保障辣椒产品的质量与周年均衡供应。企业错位生产，不同的企业选择不同的生产方式如露地、早春和秋延后大棚、避雨防虫栽培，在不同季节上市。品种类型的错位发展，生产企业发挥环境优势与品种优势，种植不同的辣椒类型，满足市场对辣椒产品个性需求。

（三）突出辣椒产品特色

湖南辣椒产品的特色就是"香辣"，因此各生产企业在生产辣椒时除突出"辣"的特点外，还应该发挥本产区的优势特色。鲜食辣椒，湘阴樟树港辣椒特色是"早、清香、口感好"；常德、岳阳的辣椒突出"外观美、品质优"的特点；汝城辣椒突出"小、辣"特色。加工辣椒，获得地理标志的地方产品突出本地特色，打造高品质产品，满足部分高品味消费者的市场需求。

（四）打造辣椒产品的品牌

"品牌"具有双层意义，对消费者而言，品牌意味品质和精神享受；对企业而言，品牌意味品质保障和利润收益。随着现代农业的发展和人们生活水平的提高，品牌建设将是产品进入市场的基本条件。湖南辣椒企业很多，小品牌不少，但有影响力的驰名商标很少。湖南辣椒产业的发展，大的品牌建设将是当务之急。以在全国有影响力的剁辣椒产品为基础，打造一个有影响力的湖南公共加工品牌，扩大湖南加工辣椒在全国的影响力。打造区域公共品牌，将特色相同、产地相近的品牌进行整合，企业之间可用小品牌突出个性。

第二十二章 内蒙古辣椒

——新兴优势产区 [1]

内蒙古辣（甜）椒的播种面积达到 100 万亩，辣椒 80 万亩，脱水椒 12 万亩，设施甜椒 8 万亩左右，甜（辣）椒生产已成为内蒙古地区的主导产业之一，分布在全自治区的 12 个盟市，是农业增效、农民增收的主要途径。内蒙古红干辣椒以其色泽好、椒形好、香味浓、辣度高等优势而闻名，很大一部分销往日本、韩国等国际市场，是北部最大的红辣椒集散地。

第一节 内蒙古辣椒产业发展现状

（一）产业规模及布局

目前，内蒙古辣（甜）椒的播种面积达到 100 万亩，建设脱水加工企业 150 多家，已成为重要的农业支柱产业之一。内蒙古 12 个盟市均有辣椒种植，其中通辽市、巴彦淖尔市、包头市、鄂尔多斯市、赤峰市是主要产区，且近年种植规模持续增长。

内蒙古通辽市是目前国内生产红干辣椒的主要产区。全市红干辣椒种植面积达到 50 万亩，成为全国最大的红干辣椒基地贸易市场及销售集散地之一，被誉为"中国红干辣椒之都"。其中开鲁县，种植的辣椒品种总数在 40 个左右。通辽市鲜干辣椒价格为 0.85 ~1 元/斤，红干辣椒价格为 4.5 ~ 5.5 元/斤。红干辣椒在通辽市开鲁县已经形成产业，成为主要的出口创汇产品。该市种植的红干辣椒，以它独特的色泽、味醇、香辣可口的优良品质，远销到韩国、日本、新加坡、泰国、马来西亚、俄罗斯等国家和国内 21 个省、市、自治区，产品市场前景十分广阔。

内蒙古巴彦淖尔市辣椒植种面积达到 20 万亩。脱水椒种植 12 万亩，是我国最大的脱水椒生产加工基地，主要栽培品种是茄门椒，北星八号等，脱水椒价格为 0.4 ~ 0.6 元/斤、辣椒价格与通辽市差不多。是我国最大脱水椒生产基地，全市现有脱水加工企业 120 家，脱水菜产品销往全国各地，通过订单出口欧洲及东南亚，出口量占全国的 18% 左右，

---

① 本章供稿：国家特色蔬菜产业体系包头试验站高振江研究员、产业经济岗位乔立娟副教授。

已成为该市特色农业的拳头产品。

内蒙古包头市、鄂尔多斯市是生产鲜椒、干辣椒的主要产区。产品集中上市时间正值南方淡季，栽培面积达到 4 万亩，种植的主要品种有法杂系列、北星七号、农大 40 等，产品主要销往北京、天津、上海及南方地区。其中内蒙古托克托县辣椒，由于该辣椒品种风味独特，种植面积逐年增加，目前种植面积达到 1 万亩。沙尔沁辣椒申请了国家地理标志。鄂托克前旗发展迅速达到 8 万亩左右，是重要的朝天椒生产基地。

内蒙古赤峰市主要以生产设施甜椒为主，栽培面积达到 7 万亩，价格为 2 元/斤，产品主要销往北京等地区。

（二）主要种植品种

内蒙古辣椒种植主要以红干辣椒为主，主要分布在通辽市的科尔沁区、开鲁县、科左中旗、奈曼旗，主要品种有北京红、美国红、益都红、金川系列，其中通辽县种植鲁红系列、北京红系列、红龙系列、金塔系列和益都系列、六寸红、望都椒、千斤红等 40 个辣椒品种。内蒙古巴彦淖尔市是全国最大的脱水青椒、红椒生产加工基地，主要种植品种为鲁椒、保银、艳椒等。

鲜椒主要分布在赤峰，种植品种主要为保加利亚尖椒和茄门以及当地传统品种的牛角椒、甜椒、羊角椒。鲜椒种植分露地栽培和设施栽培两种模式。露地牛角椒的商品菜生产品种以本地生产的常规牛角椒品种为主，羊角椒以保加利亚椒－2（蒙椒 4 号）和银川羊角椒为主，科尔沁尖椒、新疆羊角椒、小尖辣椒也有少量种植；露地甜椒种植品种有茄门、麻辣三道筋、农大 40、农牧永久、茄门、内椒 2 号、北星 3 号。温室大棚的栽培品种选择抗病高产优质的杂交品种，有赤峰市农科所选育的赤研 15 号、亮剑品种，内蒙古农科院选育的北星 7 号及国外的厚皮甜椒或牛角椒品种。

第二节 内蒙古辣椒产业优势

（一）丰富的土地资源

内蒙古具有独特的区位优势，横跨东北、华北、西北，毗邻八省区，交通便利。内蒙古土地资源较为丰富，占全国总面积的 12.3%，东西狭长，地域辽阔，东西直线距离 2400 千米，南北距离 1700 千米。2017 年，内蒙古耕地 1.37 亿亩，其中基本农田 9330 万亩，是全国耕地保有量过亿亩的 4 个省区之一，人均耕地面积 5.48 亩，是全国人均耕地面积的 3.7 倍，利于辣椒规模化集中连片种植。内蒙古土质肥沃，地势平坦，土层深厚，保水保肥力强，具有良好的生产性能，加上当地病虫害少，对辣椒生长极为有利。

（二）自然环境优越

内蒙古自然气候条件适宜辣椒生长，光热资源丰富，年日照时数 2600～3400 小时，

10℃以上有效积温达2000℃~3100℃；无霜期100~165天，昼夜温差大，非常有利于作物营养物质的积累，辣椒品质好，色价高。且内蒙古生态环境优越，农业生态环境污染轻，辣椒主产区工业较少，大气和水源污染少。内蒙古相对于长城以南地区，夏季气温凉爽，光照充足①，病虫害较轻，可保证辣椒色素、干物质、辣度的要求，有利于高品质辣椒种植。

（三）规模化高效生产

近年来，通过辣椒规模化高效生产技术示范推广项目引领，新型规模化农业经营主体带动，内蒙古辣椒规模化高效生产技术示范推广速度加快，产业竞争力逐步提升。内蒙古辣椒种植户已由原来分散化种植向规模化发展，并形成种苗培育、种植、收购与初级加工产业化发展模式。随着新型农业经营主体带动作用的提升，订单农业成为辣椒产销合作重要形式。位于巴彦淖尔市的致睿农林科技公司，2020年通过万亩辣椒种植基地及配套初加工项目种植朝天椒10000亩，配套58个育苗大棚，40个筛选机、40个收购点与2个加工厂，并通过统一种苗、统一农资、统一管理、统一收购与签订最低收购价的"四统一，一保障"方式保障产品质量，降低市场风险，同时创新性采用"企业＋村委会＋农户"的管理方式，发挥村干部积极作用，鼓励村民参与辣椒种植。良好的规模效应与产品质量保证，使老干妈企业2019年与公司签订了2000亩的辣椒收购合同，2020年增加到10000亩。公司带动1000多户农户合同种植8000亩辣椒，年产值5400万元，户均增收3.72万元。

第三节　内蒙古辣椒产业发展存在的问题

（一）种植品种无法满足加工需求

内蒙古辣椒传统产区多年来自留种种植方式使得辣椒品种退化混杂，更新换代滞后，专用加工型辣椒面积不大，无法满足辣椒加工企业对产品质量与数量的要求。如巴彦淖尔市种植的茄门椒，已有30年的历史，更新换代滞后。多年来，农民的生产用种一是从商品田中不作商品出售的上层红果中留种；二是脱水蔬菜企业从收购的红椒中把果皮作为脱水原料，籽种也留种，使甜椒品种严重退化混杂，植株生长不齐，果实大小不均，各种病害发生严重，产量低，加工的初级产品档次低。

（二）无霜期短影响辣椒转红

辣椒转色期对于水分、光照、温度等因素非常敏感，内蒙古地区无霜期为100~145天，无霜期短，气候因素影响辣椒红素和天然乙烯的形成，导致辣椒后期转红慢，出现转

---

① 王秀芝．内蒙古辣椒产业现状及发展对策［J］．辣椒杂志，2006（4）．

色期间着色不良的花脸果，使辣椒商品性大大降低。此外，辣椒上色慢，将错过较佳销售旺季，果实品质也不好，影响农户种植收益。2020年度内蒙古夏季雨水较多，气温低，辣椒转红慢，农户如果是卖青辣椒产量不受影响，但是红辣椒必须充分成熟，如果收购方对辣椒有色价要求，商品性部分达不到要求。

（三）辣椒产业机械化程度低

内蒙古辣椒种植户规模一般在10~15亩，种植大户超过50亩，也有较多种植面积超过千亩的合作社或者公司基地规模化种植对移栽、采收、剪把等机械需求大，但当前内蒙古辣椒产业机械化水平相对较低，特别是采收机械缺乏，还是以人工采收为主，影响辣椒产业标准化种植技术推广与生产效率提升。尤其是加工型鲜椒仍采用人工多次采收与摘把的方式，在采收环节成本上升2元/千克，辣椒种植收益空间被挤压。

（四）人力资源缺乏

辣椒种植是典型的劳动密集型，播种、移栽、田间管理、采收均需要大量劳动，一般情况下一亩地朝天椒移栽、管理、采摘环节需要用工费用700~1300元/亩，而鲜椒种植与采收环节人工成本将在2000元/亩左右，近年来，农村青壮年外出务工，留守在农村的多为体力弱的老人、小孩和妇女，"用工难、用工贵"成为制约产业发展的重要瓶颈。

第四节 内蒙古辣椒产业发展对策建议

（一）加强优良品种引育和推广

针对内蒙古辣椒专用加工品种供给不足以及辣椒转色期慢的问题，加大辣椒良种引育和推广，引进和筛选适应内蒙古产区的国内外育种实力较强的科研单位辣椒优质抗病品种、专用型加工品种与早熟品种。如推广从定制到全红120天的早熟品种，实现辣椒转红快与一次性采收。针对加工型专用辣椒供求不匹配问题，引进艳椒、石辣等高辣品种，以及便于机械化采收的色素辣椒。

（二）加快辣椒全程机械化示范推广

从辣椒育种、播种、移栽、田间管理、收获等环节进行全程机械化示范与推广，增加高架自走式喷雾机、喷雾无人机等施药机械应用范围，示范推广自动移栽机与采收机，提升农机化综合水平，减少劳动力投入，降低辣椒种植成本。

（三）增加科技投入，规范种植格局

辣椒主产区存在品种多、乱、杂，缺乏主导品种，椒农种植随意性强的问题，导致由于椒形、颜色、果肉厚度等因素严重影响着产品的标准化与质量提升。因此，首先应加大

辣椒科研投入，强化品种选育、病虫害防控、绿色生产与信息平台建设领域支持。选育出符合当地种植的优良品种，并推广配套高产优质栽培技术，实现单一品种规模化种植，并针对各地气候与自然资源优势，确定地方优势主打品种，为辣椒产业化发展奠定基础。

（四）加大辣椒区域品牌推介力度

内蒙古辣椒具有得天独厚的自然条件，作为当地农业新兴支柱产业，应加大对辣椒区域品牌与企业品牌的宣传推介，建立健全产、加、销一体化服务体系和产地保护制度，打造辣椒区域公用品牌与企业知名品牌，提高内蒙古辣椒的知名度与信誉，保证辣椒质量与特色，提升辣椒产品附加值。如巴彦淖尔市推出"天赋河套"区域农产品公用品牌，提出"天下黄河，唯富一套；天赋河套，世界共享"的优质农产品品牌定位，致睿农林科技发展公司申请"天赋河套·红之源"辣椒企业品牌，与老干妈签订销售协议，成功建立品牌知名度。

第三篇　辣椒文化与区域品牌篇

第二十三章　中国辣椒文化与产业发展

辣椒自明代传入中国以来，仅仅 400 年时间，不仅深深地改变了中国的饮食文化，辣椒还塑造了多样的历史文化、语言文化与医学文化，并成为我国民俗文化的重要组成部分。"辣妹子"成为湖南女孩的代名词，西北农村会在门口悬挂红辣椒辟邪，而 1765 年刊行的《本草纲目拾遗》便出现了关于辣椒医疗作用的记载，可以说，辣椒文化有力推动了辣椒产业的"三产融合"。

第一节　辣椒历史文化

我国的辣椒大约于 16 世纪中后期由葡萄牙航海者带到中国，但在辣椒进入中国的前 100 年中，是作为观赏植物记载于花草图谱中①。随着辣椒进入中国居民的饮食并迅速传播，辣椒已成为一种鲜明的文化符号，不仅充满文学艺术色彩，还流传了大量名人逸事。

（一）辣椒与历史名人

提到与辣椒有关的名人，首先必须提到毛泽东主席"不吃辣椒不革命"的名言。毛主席将红红的辣椒与红色革命联系起来，将辣椒的火辣与革命的热情相结合，感染了一代又一代的革命者。毛主席一生嗜爱辣椒，还有一段专门的论断："吃辣椒多少能反映一个人的斗争精神，革命者都爱吃辣椒。我们家乡湖南出辣椒，爱吃辣椒的人也多，所以出产的革命者也不少，如黄兴、陈天华及红军中的彭德怀、罗荣桓、王震、贺龙等。而在世界上爱吃辛辣食物的国家，往往盛产革命者，如法国、西班牙、俄国等等。"1949 年，苏共中央特派政治局委员米高扬来西柏坡期间，毛主席还和米高扬进行了一次吃辣椒比赛，并以辣椒为隐喻，说明中国革命有自身的特点，应该选择自己的革命路线。

晚清名臣曾国藩是湖南人，曾率领湘军打败了太平天国。曾国藩也嗜爱食用辣椒。据曾国藩的女儿曾纪芬回忆，曾国藩常常亲自主持儿辈们的吃辣椒比赛与媳妇女儿的做辣椒酱比赛，对最能食辣者给予奖励，辣椒酱则以取材最辣者为最优。

文坛巨匠鲁迅在夜晚写作时，也习惯用辣椒祛寒。鲁迅先生在江南水师学堂读书时，

---

① 曹雨. 中国食辣史：辣椒中国的四百年［M］. 北京：北京联合出版公司，2019.

由于成绩优异获得了学校奖励的一枚金质奖章，他立即把奖章拿到南京鼓楼街头卖掉，然后买了几本书，又买了一串红辣椒，每当晚上读书时，他习惯摘下一颗辣椒直接嚼，辣得额头冒汗，既祛寒又能提神，坚持读书。晚年鲁迅身体不好，食欲不振，也习惯吃辣椒以增强食欲。

被誉为"三百年来中国美术史上艺术巅峰"的齐白石，也是餐餐都要食用辣椒，湖南名菜"辣椒炒肉"更是齐白石的最爱。嗜食辣椒，也形成了他泼辣、火辣、老辣的艺术风格。齐白石把辣椒首次请进了中国画艺术的大雅之堂，齐白石的名画《白菜辣椒》，将白菜誉为菜中之王的同时，也将红艳艳的辣椒带入国人视线。

辣椒作为世界性调味品，国外也有很多名人嗜食辣椒的趣谈。美国的开国总统华盛顿就在自己的庭院中亲手种植墨西哥辣椒[①]；著名的音乐指挥家朱宾·梅达甚至在参加英国女王的宴会时也要将几只辣椒带在身上佐餐；美国著名的拓荒者基特·卡森生前的最后一句话是"我只希望我有时间多吃一碗辣椒"。

（二）辣椒相关文学作品

关于辣椒进入文学作品中，较早的明代戏剧大师汤显祖，在其代表作《牡丹亭》第二十三出"冥判"中，"末"与"净"对唱了四十余种花，其中有一句便是"辣椒花，把阴热窄"，可见当时仍然将辣椒作为观赏花卉。而四大名著之《红楼梦》，主人公王熙凤便被称作"凤辣子"，说明在清代，南方已开始食用辣椒，而"辣"不仅表示王熙凤做事泼辣，也暗示其心狠手辣。当代著名作家贾平凹描述关中风情，曾写道："八百里秦川黄土飞扬，三千万儿女高吼秦腔，端一碗捞面喜气洋洋，没放辣子嘟嘟囔囔。"

在湖南民间流传着一副对联，上联是"不怕辣，辣不怕，怕不辣，看四座佳宾，敢尝辣味皆好汉"；下联是"好喝酒，酒好喝，喝好酒，愿八方贵客，莫辞酒醉是英雄"。长沙山河剁椒厂曾发起全省范围内的辣椒文化征联活动，评选出的最优对联为："穿红着绿占据东南西北，统领荤素贯辣春夏秋冬。"概括了辣椒在生产与饮食中的普遍性与重要性[②]。湖南作家蒋祖恒 2003 年出版的《辣椒湖南》中，有一首《辣椒铭》："祖籍南美异地，客居湘土丘陵。经度纬度百千度，落地便生根。翠绿丛中点点红。一辣惊旧梦，再辣长精神。三百年来味相同，辣热潇湘土，辣荡洞庭波。无退缩之先例，无变异之孽种。春椒碧如玉，秋椒火熊熊。尖角朝天刺，声声呐喊雄。大家云：不辣不革命，无湘不成军！"将辣椒与潇湘文化完美结合。

（三）辣椒相关影视作品

在影视作品中出现了大量以辣椒为道具或题材的佳作。几乎所有关于川湘地区或人物的相关影视作品，均会在餐桌上出现辣椒这一食物，而近年来，《爱情麻辣烫》《龙虾刑

① 高原. 辣椒文化趣谈 [J]. 园林, 1996（6）: 25.
② 爱纳. "辣"出一片新天地 [J]. 辣椒杂志, 2008（2）: 45–46.

警》，尤其是《舌尖上的中国》中关于辣味餐饮的介绍对辣椒产业的推广起到了积极作用。20 世纪 90 年代，一首《辣妹子》将湘女食辣、火辣、泼辣展现得淋漓尽致，至今"辣妹子辣"仍广为传唱。根据作家陈忠实的代表作《白鹿原》改编的同名电视剧一经播出，剧中油泼辣子的细节一再重现，一时带动了油泼面的风靡。而影视作品中，辣椒作为重要参加者，贯穿作品始终并作为重要推动的首推张艺谋导演的作品《秋菊打官司》，起因便是主人公因为在辣椒田里违约盖晾房引发冲突，而剧中秋菊推着小车卖辣椒，再用卖辣椒的钱去打官司的情节中，辣椒都起到了重要作用。

第二节　辣椒民俗文化

辣椒在我国，已经不仅仅是食物，更是一种文化符号，国人偏爱红色，而红艳艳的辣椒便成为丰收的象征、喜庆的象征，而"辣"也开始作为一个人做事果断、干脆的代名词，北方甚至有"吃不得辣，当不得家"的说法。

（一）关丁"辣"的俗语

1. "辣"的词义变化

在辣椒广泛流行之前，我国已经有"辣"这个词，当时作为一种味道与"辛"字合用，现在仍有"辛辣类蔬菜"的提法。《说文》中认为，有刺激性味道称为"辛"，而辣则是"辛"得厉害，尖锐而强烈的感觉。在辣椒传入中国之前，"辣"便组成"辣手""狠辣""毒辣"等词语，多用于贬义。而在辣椒进入中国之后，尤其随着辣椒成为大众饮食不可或缺的一部分后，"辣"开始用于形容果断、勇敢、爽朗，词义开始向褒义转变。"辣妹子"不再是形容心狠手辣的女人，而是性格爽朗、办事果断的女性。

2. "辣"的成语与歇后语

关于"辣"的俗语，衍生出"辣椒命，姜桂性"，"三个辣椒，打个棉袄"，"葱辣眼、蒜辣心，辣椒辣两头"，"辣椒无补，两头受苦"，并用"四川人不怕辣，贵州人辣不怕，湖南人怕不辣"形容各省人吃辣的水平，云南人有句话"不吃辣子，不过日子"。

此外，还有大量关于辣椒的歇后语，包括"丈二的房檐挂辣椒——叫人够不着""炸煳的辣椒拌醋糖——苦辣酸甜咸样样全""三九天吃辣椒——嘴辣心热""猴子吃辣椒——抓耳挠腮""穿了串子的辣椒——挂了""辣椒树上结茄子——红得发紫"，等等，说明辣椒与人们生活之密切。

（二）关于"辣"的风俗

在门口悬挂装饰物是我国各地的传统习俗，如清明插柳条、重阳挂艾草等，在北方乡村地区，将红辣椒串串挂在门口也成了标志性风俗。北方地区姑娘出嫁时会在手中攥把辣椒，也会给新人包辣椒饺子，发挥辣椒避神煞、驱鬼邪的作用。

1. 我国南方辣椒习俗

南方食辣地区以湘、鄂、川、黔为代表，湖南民俗"三支辣椒一盘菜"，贵州民俗"贵州一怪，辣椒是菜"，此外，人们也相信红艳艳的辣椒具有辟邪的作用，因此湘、鄂一带少族民族地区会悬挂一串辣椒辟邪，现在也会在家里悬挂辣椒形状的装饰物。

辣椒在南方地区的婚庆、生育的庆祝活动中扮演重要角色。一些地方会在婴儿第一次理胎发时，将婴儿胎发包在红布里做成辣椒的形状，认为这样可以保护孩子的平安。鄂西土家族的习俗中，鲜红的辣椒是年轻人爱恋的象征，土家族情歌中便有"要学海椒红到老，莫学花椒黑良心"的词语，而在婚礼结束时，主人会将一碗辣椒炒猪干用红纸包好，让客人带回家给孩子吃，让孩子感受喜庆的氛围①。云南白族在举行婚礼时，有"撒辣椒"的婚姻风俗。因为白族语言中"辣""麻"与"亲热""富贵"谐音，因此会在婚礼中撒辣椒以求吉祥。当新郎新娘进入新房时，人们会将辣椒面撒入火盆中，辣味四溢。在宴席的酒肉中，也会加入适量的辣椒面和花椒面，使菜肴又辣又麻。在浙江吴兴的婚嫁风俗中，男子若是在洞房花烛夜想要对自己的妻子表示承诺和心意，就必须吃一碗用吴兴当地最辣的辣椒做调料的面，辣得满头大汗以示忠贞。

2. 我国北方辣椒习俗

我国北方地区也形成了独特的辣椒习俗。北方农村地区，家家门口悬挂一串红辣椒已成为标志，还出现了"丈二的房檐挂辣椒——叫人够不着"的歇后语。晋南运城、临汾地区有一句口头语："光吃辣椒不吃菜，凳子不坐蹲起来。"陕西十大怪就有"油泼辣子一道菜"。七月十二为甘肃陇中汉族节日，时值辣椒、茄子等蔬菜成熟，有"七月十二，辣椒茄儿"的说法。陕西省兴平一带会将辣椒图案绣在儿童的鞋子上，以"秦椒"谐音"勤""脚"，期盼孩子勤劳有为。

我国辣椒特色优势区河北省鸡泽县在几百年辣椒种植传统下，也形成了独特的辣椒风俗。在鸡泽农村地区，结婚时新娘手中都攥把辣椒，如遇十字路口或神庙之地，掷几个辣椒，据说能避神煞，保一路平安。大年初一，村民会邀请刚结婚的新人来家中吃饭，此时主人会将几个辣椒饺子混于新人吃饭的碗中，新媳妇如果吃到辣椒饺子，虽然会辣得满脸通红，但也预示着将来的生活红红火火。大年初二，新郎第一次回岳父家拜年时，也常会吃到辣椒饺子，增加新婚的乐趣。此外，鸡泽农村地区也习惯在门口挂双瓣椒以驱鬼邪，双瓣辣椒几亩地或几十亩地才能见到一枚，椒农将其挂在门口保家宅平安。盖房上梁时，鸡泽人在上梁时会在梁柱上挂一串红辣椒，祈求日子红火富裕。

第三节　辣椒餐饮文化

辣椒成为我国饮食中的一分子，最早始于贵州，由于辣椒最早在南方山区广泛食用，"穷人的副食"成为辣椒的最初身份。随着辣椒进入川渝地区，毛血旺、万州烤鱼等因为

① 金毅. 土家族的辣椒习俗 [J]. 民俗研究，1993（4）：51.

食材廉价、制作便捷，与淮扬菜、粤菜等"官府菜"相对应，称作"江湖菜""庶民菜"①。随着辣椒的迅速流行，已经不再是阶级与廉价的象征，并取代甜、酸，成为真正的国人口味。

（一）咸辣——陕西地区

陕西是西北地区食用辣椒的主要代表，该地区的辣椒称作"秦椒"，辣椒种植始于雍正时期，以线椒为主。陕西人爱吃辣椒，但与湖南人和四川人有显著差异，首先陕西人吃辣不直接吃辣椒，而是喜欢油泼辣子这类香辣味的食品，其次是陕西人吃辣更多的是让辣味入菜，更重视辣的口感，而不是单纯地追求辣。陕西食用辣椒往往是单独一味，不与其他调味料同时食用，以辣椒粉的形态加工成油泼辣子、油泼面等，陕西人口味偏咸，吃辣椒以咸辣为特色。

辣椒进入陕西关中地区后，迅速地实现了与面食的完美结合，出现了油泼面、馒头夹辣椒油、大饼蘸辣椒等吃法。陕西人将辣椒作为菜食用，尤其关中地区，饭菜中没有菜、没有油、没有肉可以，但不能没有辣子。关中地区甚至有"有了辣子不吃菜"的说法，而此说法的来源，关中人曾戏谑道，是由于吃不起辣子的人才吃炒菜。陕西食用辣椒，以辣椒粉形态为主，一方面利于保存，另一方面适宜搭配烩面片、烩菜、煎饼、凉皮、泡馍等多种主食，从而将辣椒引入以面食为主的北方饮食体系。

（二）麻辣——川渝地区

川渝地区讲究麻辣，无辣不成菜，麻辣鲜香，辣中佐以花椒使其香味更为别致。近年来，川菜广为流行，有"吃在中国，味在四川"的美誉。辣椒最早在长江下游种植，进入四川时间较晚，因此四川食用辣椒也晚于其他地区，但却迅速成为四川饮食的重要组成。

1. 辣椒与川菜产生

1909年傅崇矩《成都通览》中对成都及周边小镇小吃菜肴进行归纳整理，并介绍了四川家庭食用的鱼辣子、泡大海椒、辣子酱、胡豆瓣等辣制调味品②，以及麻辣海参、麻辣鱼翅、麻婆豆腐等麻辣味菜肴。川菜大师蓝光鉴指出，"川菜实际上是集南北烹饪高手所做的各地方名菜精华融入四川味，以四川人喜吃的味道出之"，其中"麻辣"是主要味道③。

最早的川菜，"只麻不辣"，当辣椒传入四川后，花椒与辣椒结合之下，形成川菜麻辣兼备的格局。传统的四川菜肴还分为上河帮川菜、下河帮川菜与小河帮川菜。上河帮川菜也称蓉菜，指以成都、绵阳为中心的蓉派川菜，多传统菜品，口味相对清淡；下河帮川

① 曹雨. 中国食辣史——辣椒在中国人的四百年［M］. 北京：北京联合出版社，2019.
② 钱伶俐，惠富平. 你所不知道的辣椒文化［J］. 生命世界，2018（12）：82-91.
③ 何星，张艳萍，何攀. 旅游发展背景下传统川菜饮食文化资源开发现状研究［J］. 阿坝师范学院学报，2018（9）：89-93.

菜也称渝菜、渝派，以重庆和达州菜为主，特点是家常菜，亲民，比较麻辣，多创新；小河帮川菜则是以川南自贡为中心的盐帮菜，特点是味厚，味重，味丰①。川菜的复合味型有 20 多种，其中与辣椒有关的味道有 13 种，包括干香辣型（干辣椒）、清香辣型（鲜青椒）、油香辣型（拌红油）、酸辣味型（泡海椒）、麻辣味型（加花椒）、煳辣味型（加煳辣椒）、椒麻味型（加胡椒）、冲香辣型（加芥末）、芳香辣型（加姜葱蒜）、酱香辣型（加郫县豆瓣）、甜香辣型（加甜酱）等。

2. 川菜对辣椒的推广

纪录片《舌尖上的中国》关于川菜的介绍中，说道："在川菜中，无论是主料、辅料还是作调味料，辣椒都是宠儿，它给川菜烙上了鲜明的印记……"上河帮川菜中首选的辣椒为二荆条，由于二荆条辣椒素含量高，油分大，可以去腥提香，既可鲜食，也可用于制作四川泡椒，又可干制用于加工辣椒粉。随着泡椒与豆瓣酱在川菜中的使用，鱼香味成为重要饮食口味，而鱼香肉丝、鱼香茄子等已成为最精典的菜品。川菜既是路边随处可见的民间菜，又可登堂作为高档饭店的精致菜品，对全民食辣具有重要的推动作用。

（三）酸辣——贵州地区

贵州是我国较早开始食用辣椒的地区，康熙六十年（1721 年）的《思州府志》所写"海椒，俗名辣火，土苗用以代盐"，是关于我国居民食用辣椒的比较早的记载②。贵州人喜爱酸辣，辣椒用盐水或卤水腌泡，泡制出的辣椒酸香脆嫩。传统贵州辣椒饮食，以"酸辣"为主要特色，贵州人最喜欢的就是酸汤，不仅是白菜也会煮酸汤，鱼也会做酸汤，牛肉也会做酸汤，贵州的酸汤辣椒与四川麻辣烫类似，只是将"麻"替换为"酸"。贵州几乎所有菜肴均有辣椒，遵义国际辣椒博览会推出辣椒宴，介绍了辣椒几十种做法，包括遵义酢辣椒、布依阴辣角、花溪泥鳅辣椒、瓢红椒、糟辣椒、煳辣椒等。

贵州人被称作"最会吃辣椒"，以老干妈为代表的油辣椒也是其中重要的代表。关于贵州辣椒，在《舌尖上的中国 3》中说："贵州人做饭，先打蘸水，新摘的朝天椒切碎拌入调料，吃的就是那份鲜辣……干辣椒用炭火烤煳捣碎，降低辣味的同时，还有一份煳香。"贵州独有的煳辣椒分为油煳辣椒和素煳辣椒。油煳辣椒是将辣椒切节，用油炸香，再加以调料制作，撒些盐也可下酒。素煳辣椒是将干红辣椒在木炭火灰中烧、烘、焙、煳，然后用手搓细或用擂钵舂细成面而成。以煳辣椒制作的糍粑辣椒为主要调料的名菜宫保鸡丁是贵州菜的典型代表。

（四）鲜辣——云南地区

云南也是我国重要的辣椒产区，当地涮涮辣是我国最辣的辣椒。云南人不仅将辣椒与

① 杨辉. 上河帮和小河帮川菜饮食文化差异性比较研究 [J]. 经济师，2017（10）：188 – 190.
② 江玉祥. 辣椒再考——《华阳国志》中西蜀文化历史传承的一个事例分析 [J]. 四川烹饪高等专科学校学报，2012（6）：10 – 16.

过桥米线等特色美食结合，还将辣与当地盛产的鲜花、水果、菌菇等结合起来。虽然云南吃辣，"麻不过四川，辣不过贵州"，但通过"辣"与"鲜"的融合，使"鲜辣"成为当地特色。

水果与辣椒的结合是云南的一大特色。云南四季如春，市场上各种水果种类齐全，水果在云南也作为菜肴食用，可用于煮汤，做凉拌菜，更多的是将水果和辣椒面拌在一起吃，再加上一些酱油，颇受当地人喜爱。每年4月前后，云南人喜欢蘸着辣椒面吃酸木瓜，将木瓜先用盐水浸泡一下，然后再放上白糖、香醋，最后再加上辣椒面搅拌均匀食用。芒果辣椒也是云南特色食品之一，将云南本地青芒果剥皮之后加入盐与辣椒粉进行腌制，放置一段时间后开始食用，味道又酸又脆又咸又辣又香，五味俱全。此外，云南人食用菠萝、草莓、李子等水果时均有加入辣椒调味的习惯。

云南四季鲜花盛开，为此出现很多鲜花制作的美食，如广受欢迎的鲜花饼，鲜花与辣椒结合也是当地一大特色。云南特色美食——黑三剁由猪肉馅、青红椒与玫瑰酱制作而成。云南特色辣椒炒干巴菌由红辣椒与干巴菌爆炒而成，味道既辣又鲜，成为当地一大特色。

（五）纯辣——湖南地区

湖南地区，不分男女老幼，普遍嗜辣。湖南、湖北地区更多的是保有辣椒原始的鲜辣、纯辣，一般不需要别的调料来冲淡辣味，对辣椒食材的要求较高。湖南菜也称湘菜，是我国八大菜系之一，辣味菜是湘菜的特色部分，湘菜中的辣分为酸辣、麻辣、油辣、香辣、脆辣、鲜辣、苦辣几种，但与川菜不同，湘菜辣味忌糖，更多表现为纯辣，其辣味更为酣畅淋漓。分为官府湘菜与民间湘菜两种。官府湘菜代表菜品以组庵湘菜为代表，如组庵豆腐、组庵鱼翅等，口味相对清淡，但也有剁椒鱼头等以辣为主打的菜品；民间湘菜则以辣为主要特色，代表菜品有辣椒炒肉、湘西外婆菜、吉首酸肉、牛肉粉等。

以长沙、衡阳、湘潭为中心的湘江流域，特点是制作精细，油重色浓，代表菜品有"海参盆蒸""腊味合蒸""麻辣仔鸡"等。洞庭湖区域以烹制河鲜、家禽和家畜见长，特点是芡大油厚，以炖菜见长。湘西山区擅长制作山珍野味、烟熏腊肉和各种腌肉，常以柴炭做燃料，口味咸辣，代表菜有"湘西酸肉""炒血鸭"等。

湖南地区，侗族人最能吃辣，一日三餐离不开辣椒炒菜调味。侗族人制作辣椒的方法繁多，包括干辣子、酸辣子、腌辣子、糟辣子、辣子粉、蜂辣子、火爆辣子等[1]。蜂辣子指辣椒生长晚期，仍有不少尚未成熟的小辣椒，侗族人将其摘下放在锅里煮几分钟再晒干，吃时再用油炸，此时辣椒状如蜂蛹，因此称作蜂辣子。

---

① 蒋国经. 侗家丰富多彩的辣椒文化［J］. 档案时空，2008（1）：40－41.

第四节　辣椒医学文化

辣椒能够进入中国人的饮食，这应归功于辣椒药用价值的发现。民间地区一直认为辣椒有"上火"与"祛湿"的功能，《本草纲目拾遗》也提出"辣茄性热而散，亦能祛水湿"，从而使辣椒还成为灿烂的中医文化的一分子。

（一）辣椒中医药用价值

我国中医典型多有对辣椒入药的记载，其中姚可成《食物本草》对辣椒的描述："味辛，温，无毒。"《本草纲目拾遗》提到"辣椒入心、脾二经"。辣椒入药的药方也多有记载，其中《医药汇编》有对辣椒治疗痢疾的药方，"治痢疾水泻，辣茄一个为丸，清晨热豆腐皮裹，吞下"。但辣椒更多用于外用治疗腰腿痛、外科炎症、冻疮等，《本草纲目拾遗》有"剥辣茄皮，贴上"治疗冻疮的方法记载。

《全国中草药汇编》中对辣椒的描述为："辣椒果性辛热，温中散寒，健胃消食，用于胃寒疼痛，胃肠胀气，消化不良；外用治冻疮，风湿痛，腰肌痛。辣椒根活血消肿，外用治冻疮。"可供药用的辣椒包括天椒、簇生朝天椒、长辣椒等凡果实尖长而辣者，青辣椒与形圆而辣者均不可药用。

《中药大辞典》指辣椒的药用作用为：①对消化系统的作用，辣椒含有辣椒酊或辣椒碱，内服可作健胃剂，有促进食欲、改善消化的作用；②抗菌及杀虫作用，辣椒碱对蜡样芽孢杆菌及枯草杆菌有显著抑制作用；③发赤作用，外用作为涂擦剂对皮肤有发赤作用，促进局部血液循环；④对循环系统的作用，辣椒碱或辣椒制剂可反射性地引起血压上升，对脉搏无明显影响。辣椒治疗外科炎症，可"取老红辣椒焙焦研末，撒于患处，每日1次；或用油调成糊剂局部外敷，每日1~2次。临床治疗腮腺炎、蜂窝织炎、多发性疖肿等共557例，用药2~10天不等，均有效果"。

（二）辣椒食疗作用

辣椒可促进血液循环，对于改善女性怕冷、冻伤、血管性头痛等症状，增进脑细胞活性等具有一定功效，因此辣椒也具有一定的食疗功效。

1. 辣椒的食疗价值

辣椒中含有维生素A、B族维生素、维生素C、维生素E、维生素K、胡萝卜素、叶酸等维生素，还含有辣椒碱、二氢辣椒碱等辣味成分，吃辣椒产生的刺激感所带来的痛觉，让身体不得不分泌大量内啡肽来抵制，而内啡肽又会让人产生愉悦的感觉，从而起到减缓压力的作用。

辣椒的食疗功效，总结起来，表现在以下方面：一是开胃暖胃，表现在增进食欲、温暖脾胃、促进血液循环，因此当因受寒出现腹泻、肚子疼等症状时，吃辣椒可以缓解；二是减肥美容，辣椒素能加速脂肪分解，丰富的膳食纤维也有一定的降血脂作用，辣椒能加快新陈代谢，改善皮肤状况，民间川渝出美女、湘女多情也与当地女性食用辣椒习惯有一定关系；三是保护心脏，辣椒可以降低胆固醇、低密度脂蛋白、三酸甘油酯含量，促进血液循环，预防心脏病和中风；四是抵抗癌症，辣椒素能加快癌细胞的死亡，而不损害健康细胞；五是降低血糖，对于Ⅰ型糖尿病的某些症状，辣椒素可起到减轻的作用，河北省鸡泽县种植降糖辣椒，降糖辣椒每顿150克（五六个辣椒），在吃饭时食用，饭后两小时会有明显的降血糖功效，目前在市场上受到广泛关注。

2. 辣椒食疗方法

生辣椒中含有大量辣椒素，可能对口腔和胃肠道黏膜产生刺激，因此，辣椒发挥食疗效果，最好加热烹制后食用。

制作辣椒菜肴时，建议与糖和醋一起调味，一方面甜能遮盖并干扰辣味，另一方面酸可以中和碱性的辣椒素。常见的食用方法有荷包青椒，以青椒、豆豉为主料，对慢性关节炎、维生素C缺乏症、疰夏、厌食症有疗效。辣椒炒螺蛳以红尖椒和螺蛳为原料，对风湿性关节炎、肥大性关节炎、慢性关节炎有疗效。青椒肚片以猪肚、青椒、玉兰片为原料，对贫血、慢性胃炎、溃疡性结肠炎、十二指肠球部溃疡有疗效。麻辣豆腐肉末以豆腐、猪瘦肉、辣椒粉为原料，对风湿性关节炎、高血脂症、类风湿关节炎、强直性脊柱炎、肥胖症均有疗效①。

---

① 辣椒的家常食疗菜谱，https：//shipu. 51240. com/lajiaodejiachangshiliaocaipu_ _ shipuchaxun/.

第二十四章 中国辣椒区域品牌

农产品品牌建设是提高农产品附加值、增加经营主体收入、推进农业转型升级、实现乡村振兴的重要抓手。辣椒产业作为我国最大的蔬菜产业，在完成全国性产业布局的基础上，应以规模化、品牌化、绿色化为未来的发展方向，促进产业做大做强。辣椒产业品牌化发展方向一是区域品牌培育，打造如虾子辣椒、鸡泽辣椒、柘城辣椒等区域优势品牌；二是打造贵州老干妈等名优企业品牌。辣椒产业品牌建设中，贵州省强化辣椒质量、品牌建设，既有遵义朝天椒区域品牌，也拥有全国最大的辣椒加工企业老干妈，在品牌建设中起到引领作用。

辣椒生产受地理环境与自然资源影响较大，因此形成多样化的辣椒产品分布，本书介绍了30个农业农村部批准的辣椒之乡以及注册的辣椒地理标志产品，涵盖东北、华北、华中、华南、西南、西北地区，其中西南与西北地区辣椒区域品牌与种植面积均位于全国前列。2008～2016年，共有50个县（市）申请辣椒地理标志保护，也成为辣椒区域品牌的重要构成。华南地区受人们饮食习惯与传统种植习惯影响，目前辣椒区域品牌数量较少，但广西、海南等地已建立了具有一定影响力的区域品牌。

第一节 东北地区辣椒区域品牌建设

东北三省均有辣椒的生产与种植，辽宁的辣椒播种面积在3.3万公顷左右，其中的北票市的播种面积达到1.9万公顷，法库县的播种面积在1.3万公顷左右，是辽宁的主要辣椒产区。吉林的辣椒播种主要集中在洮南市，播种面积达到3.5公顷，以北京红与金塔为主，主要出口韩国。黑龙江省肇东市与兰西县辣椒播种面积约1万公顷。

（一）辽宁北票红干辣椒

北票市坐落于辽西朝阳市，是辽宁辣椒的主要产区。北票属半干旱季风气候，年光照时数为2700～3000小时，年有效积温3400℃～3700℃，年降雨量481.5毫米，无霜期130天左右，生理辐射量69.5千卡/平方厘米，与西藏前藏地区持平。光照时数长，昼夜温差大，适宜裸地栽培辣椒。北票辣椒种植的品种主要包括金塔、园艺5号、益都红、天鹰椒等，产品的特点主要有色泽深红、味浓、肉厚、外形周正、品质较高，其红干辣椒色价含量在 15～17 色价，高于其他辣椒产区 3～5 个色价，其他营养成分也高于其他辣椒产区[①]。北票辣椒深受国内外市场的欢迎，已形成了东北地区最大红干辣椒集散地——马友营辣椒批发市场、辣椒深加工企业以及 26 个辣椒生产重点乡镇的辣椒产业链，出口地包括日本、韩国、欧美、俄罗斯等地区。

北票市辣椒产业始于 1989 年，1996 年开始在全市大面积种植，2000 年种植面积达到 2.5 万亩，2004 年 11 月，北票市荣获"全国辣椒产业十强县（市）特别奖"。北票红干辣椒 2012 年获得农业农村部农产品地理标志登记。北票市生产的红干辣椒包括露地种植的大椒和小椒两个系列的辣椒，农产品地理标志地域保护范围为北票市的五间房镇等 29 个乡镇场，260 个行政村，地理坐标为东经 120°15′～121°18′，北纬 41°23′～42°17′。

2004 年成立的北票市辣椒协会依托北票市辣椒研究开发中心，通过抓技术、搞培训、强服务为工作重点，有力促进了北票市辣椒品种改良、技术引进与产品质量，有力促进了辣椒产业发展。北票市辣椒协会利用本地资源优势建立试验示范区，不断引进深受市场喜爱的新品种的同时精心打造区域品牌，完善辣椒销售市场布局。就辣椒的销售方面，形成了众所周知的红干辣椒产品集散地，提高了北票辣椒的知名度。

（二）辽宁法库辣椒

沈阳法库县是"中国辣椒之乡""中国辣椒百强县"，2013 年申请成为地理标志产品。全县辣椒种植面积 1.3 万公顷，红干辣椒的年产量在 5 万吨以上，种植的品种主要包括六寸红、三樱椒、辣妹子、红霸天、红太阳等。法库辣椒粗纤维少、糖分高、辣度适中、红色素含量丰富，受国内外市场的欢迎，远销欧美日韩等国家和地区。

法库县的辣椒生产地以秀水河镇为主，成立诸多专业合作社，打造辣椒的生产基地，联合注册了"秀水河子牌"辣椒，打造区域共有品牌，并通过提高现代农业产业基地建设标准，建立出口安全示范区，为法库区域品牌建设提供保障。

（三）吉林洮南辣椒

吉林省洮南县位于吉林北部，温带大陆性季风气候，光照充足、雨热同期、土质肥沃，适合辣椒生长。洮南县辣椒种植可以追溯到 20 世纪 70 年代，2003 年福顺镇被授予"中国辣椒之乡"的荣誉称号，2008 年洮南辣椒获得农业农村部农产品地理标志批准的辣椒种植品种主要包括龟顶红、天升、富强、天宇 3 号、福顺红、金塔、益都红等。生产的洮南辣椒形状为羊角形和长锥形、个头均匀、皮厚、色素与维生素的含量显著，深受国际市场的欢迎，尤其是韩国，韩国辣椒进口量的 80% 来自洮南。

洮南辣椒作为洮南特产，在 1971 年以洮南特产参加"广交会"免检出口坦桑尼亚、斯里兰卡等国家。1999～2002 年被评为"吉林品牌农产品"，2003 年福顺镇辣椒生产基地获得无公害农产品管理部门的认证，2008 年洮南辣椒荣获国家地理标志保护产品，洮

---

① 张继强. 北票辣椒产业的发展及建议 [J]. 现代农业，2011（7）：88.

南辣椒为地理标志证明商标。农产品地理标志地域保护范围吉林省西北部、白城市南部，地理坐标为：东经120°38′~121°20′，北纬45°2′~46°1′。

2011年政府推动辣椒产业整改开展标准化生产、品牌化经营、建立合作社、打造交易市场，开展辣椒合作。2011年种植面积达到15万亩左右，形成了一定规模的辣椒专业种植基地并建立了福顺辣椒集散交易市场。2016年，洮南辣椒产量达到7万吨，年产值近7.5亿元，辣椒加工企业120多个，实现产值10亿元，推动辣椒产业的进一步发展。

为打造区域品牌，实现"红遍全国，辣遍全球"的目标，当地政府出台多项政策促进辣椒产业作为特色种植业发展，福顺镇辣椒加工园内辣椒加工企业的集聚带动了区域品牌的发展。洮南县已形成龙头带动基地，基地带动农户，订单式加工服务为一体的产业链条，洮南市在地域保护范围内，统一质量与生产技术要求，统一包装、标识与分级贮藏技术规范，通过农产品地理标志的统一推广与营销，扩大洮南辣椒的市场影响力。

（四）肇东辣椒

黑龙江肇东位于松嫩平原的中部，地势平坦开阔，属于寒温带地区，夏季短促但日照充分，年积温为2772℃，是少有的绿色农业区。截至2017年，辣椒的种植面积为9万亩，产量为20万吨，主要种植品种包括金塔、朝天椒、尖椒、辣妹子等，产地包括里木店镇、五站镇、涝洲镇、黎明镇、肇东镇等，播种的方式受地域气候影响采取大棚种植为主。夏季的鲜椒主要供应哈尔滨与大庆等市场，秋季红辣椒可采用冷藏储存技术保鲜以销往其他城市。

2016年政府扶持蔬菜产业发展，为农户提供无息建设冷库的优惠政策，截至2018年，冷库建设面积达5.5万平方米。2017年政府召开辣椒生产技术培训会，提高辣椒种植技术，增加辣椒产量，达到科学合理的种植栽培。该地辣椒主要以鲜销或冷藏过季返销等低附加值产业为主。实现经济增长的主要途径还是需要以"绿色产业之城，寒地黑土之都"为载体，加强品牌宣传，以寒地绿色有机种植为依托，提高自身品质，拓宽销售市场，充分发挥肇东的资源优势与品牌效应，加强辣椒产业的开发与建设。

（五）兰西辣椒

兰西县位于松嫩平原的中部，寒温带大陆性季风气候，处于绥化市寒地黑土特色农业物产之乡的核心地带，通过黑龙江省无公害产地集体认证。辣椒的种植地主要集中在榆林、康荣、兰西镇、红光、北安、奋斗5个乡镇。2018年辣椒的播种面积维持在3万亩，产量为12万吨，主要种植牛角尖椒、椒霸圆椒、吉塔红椒、金塔红椒等品种，种植的牛角椒果肉厚、果形长度长、皮色亮、口感好等特点。在国内市场广受欢迎，主要销往哈尔滨、北京、山东等地。

兰西县是绥化市蔬菜种植基地的重要产区，是国家专项投资中重点扶持地区。2017年，兰西县被评为标准化绿色蔬菜生产基地，是"全国（蔬菜）绿色高产高效创建示范县"，拥有金融财政的支持并且为农业基础设施建造予以政策保障。不管是自然地理条件还是政策方面，都为辣椒产业的发展奠定了基础。

兰西以"寒地黑土"绿色菜园核心区为定位，以"做强现代农业、实现富民强县"为目标。兰西不断地开发"名、优、特、新"的产品，引进精细加工企业，加大宣传增加品牌竞争能力，提高生产加工技术，打造品牌效益，促进规模化、产业化、现代化的辣椒产业发展。

第二节　华北地区辣椒区域品牌建设

华北地区的河北、山西、内蒙古均种植辣椒，近年来，河北省干辣椒种植面积呈现下降趋势，但鲜辣椒种植面积持续扩张。2016 年以前，京津市场冬春季节鲜辣椒主要来自南方市场，随着河北、山西、山东等地青椒、甜椒种植面积扩大，目前北方地区鲜椒市场已实现自给。

（一）鸡泽辣椒

河北鸡泽位于邯郸市东北部，温带季风气候，雨热同期，四季分明，常年日照在2300 小时，年降水量400～500 毫米，造就了独特的辣椒品种——羊角椒，享有"菜中维C 之王"的美称，该品种的特点为皮薄、肉厚、色鲜、籽香、油多，因鸡泽辣椒含有丰富的辣椒素与维生素，荣获国家地理标志产品名称。鸡泽辣椒辛辣适中，营养健康，被广泛种植，鸡泽辣椒种植面积常年维持在 8 万亩左右，年产鲜红辣椒 16 万吨，带动周边辣椒种植 30 万亩，形成中国北方最大辣椒集散中心。吸引辣椒加工企业 130 余家，辣椒加工产品 200 多种，远销国内外市场，年产值可达 31.5 亿元。

在中国辣椒历史上有着"三都一泽"的俗称，其中的一泽指的就是河北鸡泽。远在隋朝时期，鸡泽辣椒就已有名气，至明清时期便成为宫廷贡品，1965 年刊登于《人民日报》，1996 年被评为"中国辣椒之乡"，也曾获有"中国特产名品""中国辣椒产业龙头县""河北省名优区域公共品牌""河北省十大地方特色蔬菜"等荣誉称号。2004 年以来，连续举办了九届"中国·鸡泽辣椒节"，录制《走马观花看椒乡》节目，促进辣椒的品牌宣传。2016 年，中国工程院院士邹学校在鸡泽挂牌院士工作站，大大提高了鸡泽辣椒产业科研能力。

在 2017 年鸡泽辣椒产业园被农业农村部评定为"全国绿色食品一二三产业融合发展示范园"。鸡泽辣椒所获的荣誉称号数不胜数，鸡泽辣椒取得的成就是几代鸡泽人民共同努力的结果。在生产方面，培育新的品种"辣椒红一号""鸡泽一号"。在加工方面，从精细加工到研发清火因子专利技术。在品牌方面，注册"天下红"中国驰名商标，打造省级"湘君府""三湘妹""湘厨"等河北著名商标。在产业方面，打造现代农业产业园的建设，推动文化观光旅游的发展，增加经济效益。近年来，该地区努力提高产品质量，增加辣椒附加值，推动第三产业的发展。借助鸡泽辣椒的优势不断创新，将鸡泽辣椒产业推向另一个高峰。

鸡泽辣椒产业的发展采取"政府推动、企业主导、农合组织、农企合作"发展模式。首先政府推动方面，县政府相继出台《大力实施品牌战略，促进县域经济发展的意见》一系列政策，建立区域公用品牌管理制度，促进科研机构的合作推广，增加涉农专项资金的投入等，为辣椒产业的发展保驾护航。其次是企业方面，以"天下红""湘君府"两家龙头产业为依托，建立"鸡泽辣椒产业联合体"吸收下游企业、合作社、家庭农场，打造多方利益联动机制。在政府的帮扶下，充分发挥主导作用，提升辣椒产量，注重辣椒质量，完善加工技术，打造区域品牌，加强市场宣传，增加辣椒知名度，巩固了鸡泽在辣椒产业中的领导地位。

（二）望都辣椒

河北省望都县被誉为"三大辣都"之一，望都的辣椒种植历史达 500 年之久。望都县位于华北平原，地势平坦，背靠太行山脉，雨量充沛，平均气温在 11℃ 左右，无霜期为 189 天，属于温带季风气候。该地区种植的辣椒紫红鲜亮、果肉厚实、味道浓香、久放不坏、营养价值高，素有"蔬菜之冠"的美誉。根据研究分析，每公斤辣椒的维生素 C 含量可达 1050 毫克。2018 年，望都辣椒种植面积 3.5 万亩，拥有辣椒加工企业 128 家，加工辣椒产品 16 万吨，辣椒制品 80 余种，年产值达 6 亿元。

从 1990 年起，望都曾举办过六届辣椒节，为辣椒文化品牌的建设奠定基础。2010 年"望都辣椒"被誉为地理标志产品。2013 年，望都县被评为国家级望都辣椒生产加工标准化示范区。2015 年又创建了国家级辣椒出口安全示范区。2018 年举办中国辣椒产业发展论坛，成立了京津冀辣椒产业协同创新共同体，进一步扩大了望都辣椒在北方市场的影响力。

望都以辣椒作为特色主导产业，建设辣椒文化博物馆，用品牌推动辣椒发展，展示辣椒文化（见图 24-1）。博物馆以辣椒为主题，陈列千种辣椒产品，将传统辣椒产业与文明结合，以创新的方式，全面介绍望都辣椒的发展历程。望都县逐渐开展科技创新作为辣椒产业发展的核心，推动无公害的标准生产技术，研发辣椒新品种，建立产学研合作机制，以农业科技成果为助力，提高辣椒产量与效益，打造自主辣椒品牌。望都辣椒协会培育出"辣都红丰""洪丽一号""辣都红九号"获得第十六届中国杨凌农业高新科技成果博览会优质产品奖。望都县委与县辣椒办不断推进辣椒行业科研资源整合，与各大高校的高端科研人士开展辣椒交流大会，构建"绿色生态县"的区域品牌，积极促进传统辣椒产业与科技经济的融合，搭建高校合作桥梁、发挥企业主导作用、打造区域特色品牌、扩宽销售市场，推动辣椒产业规模化、绿色化、品牌化发展。

（三）冀州周村辣椒

冀州周村隶属河北省衡水市，是冀州辣椒的种植中心与生产基地。冀州地区位于北温带地区，光照充足，季风气候显著，四季分明，年降水量在 400 毫米左右。冀州具备辣椒播种的适宜自然条件，采取露天播种方式，2016 年种植面积在 12 万亩左右，总产量为

图 24-1　望都辣椒博物馆

3 万吨，年产值达 2 亿元，形成华北最大的辣椒交易市场。周村种植的辣椒以天鹰椒为主，产品特点果型较小、辣度强、味道浓厚，颜色鲜亮，在 1997 年注册了"冀周辣椒"品牌商标，被评为"河北省优质名牌产品"。冀州小椒不仅畅销国内市场，同时也远销日本、韩国、东南亚等国家和地区。

　　冀州的辣椒种植历史并不长，自 1988 年起至今，仅有 30 年的播种历史。但辣椒产业发展迅猛，在 1998 年，被中国农业部评为"中国辣椒之乡"，同时连续三年成功举办"冀州辣椒节"。2012 年，施工建成华北最大的辣椒市场，2013 年，冀州天鹰椒成为国家地理标志农产品，提升冀州辣椒知名度，推动特色辣椒产业发展。与此同时，冀州周村王玉根研究出辣椒专用肥获得国家专利，为提高辣椒产量作出贡献。在 2015 年河北品牌节上，"冀州辣椒"品牌荣获"一县一品"荣誉称号。2018 年，"一村一品"特色产业基地助力精准脱贫工程在冀州周村展开，帮助贫困人口加入基地从事辣椒加工工作，为辣椒产业提供劳动力，也解决贫困户的就业问题。

　　冀州为打造现代农业发展模式，适应现代农业发展趋势，提出"质量农业""科技农业""品牌农业"的发展途径。响应国家提高农业供给侧改革要求，扩展天鹰椒无公害种植 3000 亩，巩固"冀周小椒"品牌优势，建设绿色化、品牌化的高质量辣椒生产基地。

为促进辣椒生产，政府提供专项资金，在周村建立 20 亩繁育实验基地并开拓 1600 亩的新品种示范基地，不断引进辣椒新品种，保障培育辣椒最优品种。为提高辣椒的销量，在交通方面与交易市场维护方面实现优化升级，以更好的市场形象吸引国内外投资交易，延长辣椒产业链条，发挥龙头产业的带动作用，积极吸引更多辣椒加工企业集聚，完善冀州辣椒产、加、销一体化的产业系统，提高冀州小椒在国内外市场的影响力。

（四）山西长子青椒

山西省长子县处于山西省东南部，位于盆地西侧，温差较小，属于温带半湿润大陆气候。该地光照充沛，年日照时数达 2556.5 小时，年积温为 3842.6℃，年降水量 616.9 毫米，无霜期 169 天，是山西省重要的农业种植基地。长子县盛产青辣椒，2017 年青椒种植面积 6 万亩左右，产量为 3 万吨，长子青椒以果型硕大、色泽鲜美、口感清脆等特点畅销国内市场（见图 24－2）。在 1998 年被农业农村部评为中国"青椒之乡"，建立全国重要青椒交易市场。

图 24－2　山西长子青椒

资料来源：搜狐网（http://www.sohu.com/a/126645564_395123）。

长子县素有"青椒之乡"的美誉。2004 年国家标准委员会批准长子县青椒种植基地成为国家级青椒生产标准化示范区，推动辣椒的标准化、规范化、规模化种植。在 2007 年"长子大青椒"获得农业农村部农产品地理标志登记证书，为地域特色产品的开发奠定基础。2019 年长子青椒正式纳入"全国名特优新农产品名录"特定区域的优质产品，利于推动辣椒区域品牌的建设，提升长子青椒知名度和品牌影响力。

长子县为寻求更适合的辣椒品种与耕种方式，建立"院县合作"试验示范基地 12 个，推广特色网棚种植，培育特色新品种，更换辣椒种植装备，保障青椒生产的产量与质量。为保障辣椒种植规模，政府采取辣椒补贴的方式，优化农业种植结构，发挥特色产业的经济效益以增加农民收入。为推动辣椒产销对接，山西省在韩国贸易恳谈会上签订合作项目 20 余个，其中包括与本省合作社签订供应冷冻红辣椒 20000 吨的合作协议，以及"长治神谷"品牌授权长子辣椒种植区试种红辣椒 190 亩，生产的辣椒依托该品牌统一出口韩国。为推动辣椒整体产业的发展，2019 年派出参考团赴贵州学习转农业优势为经济优势，学习产业的种植规模的扩大管理，产业与基地抱团集聚的发展模式，如何擦亮农产品区域公用品牌的名片等相关问题。推动辣椒产业改革工作的深入，提供辣椒产业增产、提质、创品牌提供精准方案措施。

（五）内蒙古开鲁红干辣椒

内蒙古开鲁县位于辽河冲积平原西部，境内地势平缓，辽河水系流经，土壤为砂性棕壤为主，地下水源丰富，自然气候属于温带半干旱季风气候，年均温 5.9℃，昼夜温差大，光照 3100 小时，光热充足，降水量 338.3 毫米，多集中在辣椒生长期内，无霜期 148 天。该自然气候生长的红干辣椒具有果型细长、颜色紫红、皮薄肉厚、辣味香浓、辣椒素含量高等特点。开鲁是我国"红干辣椒之都"，是最大的红干辣椒生产种植基地，2016 年开鲁通过国家级出口红辣椒产品质量示范区建设，推动开鲁辣椒远销俄罗斯、欧洲、东南亚等国家和地区。随着辣椒产业不断发展，至 2017 年，红干辣椒种植面积在 50 万亩左右，总产量 30 亿斤，产值 21 亿元。

推动开鲁辣椒发展，自 2001 年开始，"三鲁"红干辣椒被评为绿色名牌产品，为绿色产品发展打造概念基础。2007 年开鲁红干辣椒获得优质产品的荣誉称号并注册商标获得国家专利批准，为辣椒产品质量保障贴上更高层次标签。开鲁辣椒协会推广的"红干辣椒高产栽培技术"荣获"金桥工程"一等奖，不断提高红干辣椒产量，开鲁自主研发蒙古椒 4 号、道德红与北星系列等 10 余种辣椒种植品种，为辣椒种植环节保驾护航。以增加辣椒产业经济价值为目的，在 2013 年开鲁与金塔集团签订辣椒深加工项目，提纯辣椒色素，斥资 3.5 亿元投资辣椒碱活动，推动红干辣椒向保健品与医药方向转移。

为打响"红映开鲁，辣香天下"的红干辣椒品牌，开鲁县辣椒生产协会积极推介开鲁辣椒区域品牌。2017 年在义乌电子博览会上，开鲁参展的辣椒制品深受市场欢迎，推进开鲁辣椒品牌宣传，为辣椒产业拓宽销售渠道。开鲁建设辣椒溯源基地，打造建立东方红 1 万亩绿色标准化种植溯源示范基地，为辣椒质量鉴证提供依据。为稳固开鲁辣椒销售市场，政府斥资 2 亿元建立东北区域规模最大、设施完备的红干辣椒特色农副产品交易中心。截至 2017 年，建设冷库 21 家，扶持红干辣椒专业合作社 34 家，龙头企业 15 家，壮大辣椒产业的各个环节，不断推动辣椒产业向绿色、高端、集约转变，改善传统辣椒产业发展模式，重视高质量生产，建立现代农业发展模式，开发辣椒更高的经济价值。

第三节　华东地区辣椒区域品牌建设

华东地区的山东省、江苏省、江西省也是我国辣椒种植大省。华东地区辣椒产业发展基础好、辣椒产量高、产业链条成熟，近年来，辣椒产业发展形势良好。

（一）山东金乡辣椒

山东金乡是我国著名的"大蒜之乡"，在做强大蒜主导产业的同时，注重培育辣椒作为后续产业，近年来，金乡县蒜套辣椒发展迅速，辣椒产业已成为又一项主导产业。金乡县境内属暖温带季风型大陆性气候，四季分明，光照充足，年平均气温为13.8℃，年平均地温16.3℃，10℃以上积温4359.4℃，相对湿度年平均为68%，光照时间年平均为2384.4小时，年日照百分率54.4%。年平均降水量为780毫米，降水较为充沛，能满足辣椒生长期对水分的需求。辣椒喜温暖，金乡县夏季温度33℃~35℃，适宜辣椒生长对温度的需求。金乡县为黄泛冲积平原，土壤pH值为7.0~8.0，属弱碱性，有机质含量为6%~7%，既能有效地促进辣椒的正常生长发育，促进果实膨大发育，更有利于金乡辣椒辣椒碱的积累，提升整体质量。

金乡辣椒始于1992年，主要种植于金乡县卜集镇周集村为中心，自2012年开始，由于种植优势突出和效益明显，全县13个乡镇均有种植，面积迅速扩大到6.8万亩；2013年，随着产业化水平的提高，辣椒种植面积发展迅速，种植规模达12.3万亩；2014年，由于棉花行情的低迷，种植规模扩大到27.8万亩；2015年，由于辣椒行情的推动以及种植模式的成熟，种植规模发展到42.0万亩；2016~2018年，这3年种植面积基本稳定在45万亩左右。

为提高金乡辣椒品牌知名度，2017年金乡县辣椒协会申请了"金乡辣椒"地理标志，证明商标商品的特定品质：果实长指状，顶端渐尖且常弯曲，未成熟时绿色，成熟后成红色、橙色或紫红色，果皮薄，肉质脆，味辣。每百克含维生素C大于6毫克，每百克含碳水化合物大于3克。使用"金乡辣椒"地理标志证明商标商品的生产地域范围：金乡县的兴隆镇、司马镇、霄云镇、鸡黍镇、马庙镇、胡集镇、卜集镇、羊山镇、化雨镇、金乡街道、高河街道、王丕街道、鱼山街道、金乡经济开发区、济宁食品工业开发区、济宁化学工业开发区，地理坐标为：东经116°7′~116°30′，北纬34°52′~35°40′。

金乡县常年种植大蒜面积65万亩，冷库1400多门，库容量150万吨，全县22个大蒜专业批发市场和数百个金乡大蒜批发点，形成一个庞大的经纪人队伍与销售网络，为金乡县辣椒的贮藏和交易提供了非常有力的平台。

（二）山东武城辣椒

辣椒在武城有着悠久的种植历史，是武城的特色产业，"武城辣椒"以皮薄、肉厚、辣度适中、色鲜、味香、营养丰富而享誉古今，产品畅销全国各地并出口韩国、日本、东南亚等国家和地区，成为全县人民引以为豪的产业，主要产地为武城县老城镇、杨庄乡、李家户乡、甲马营乡、郝王庄镇、武城镇以及周边区域平原县、夏津县、德城区、河北故城等乡、镇，"武城辣椒"种植面积达 20 万亩。

"武城辣椒"据文字记载已有 460 余年的历史，在武城县志（创于明嘉靖巳酉年，经清顺治和乾隆庚午两次核查修订，今日善本为道光末编订）蔬之属十一中便有记载，记有"番椒，色红、鲜、味辣"，并且在清光绪戊申九月山东东昌府恩县乡土志中已有记载"辣椒"一词。经过世代的精心栽培，凭借武城县优良的土质和协调的水、肥、气、热以及光照条件，逐渐形成风味独特的"武城辣椒"。2011 年，武城辣椒被国家工商局正式认定为地理标志证明商标。

辣椒在武城县种植历史悠久，1984 年开始在全县推行大面积种植，为了切实把这项产业做大做强，县政府采取宣传鼓动、政策促动、行政推动、典型带动四管齐下，全力推动辣椒产业的发展，到 1995 年全县的辣椒种植面积达到 8 万亩，成为农民增收致富的重要渠道，1995 年以后辣椒种植面积突破了 6 万亩，1998 年以后，针对国际国内市场对于辣椒生产及辣椒品质的客观需求，把推行辣椒标准化种植作为辣椒产业发展的重点来抓，实行布局区域化、种植规模化、生产标准化、经营产业化，全县辣椒种植面积达 20 万亩，干辣椒产量 5000 万千克，比 1995 年，面积扩大了近 4 倍，产量增长 6 倍，农民亩产年收入超过了 2000 元。

（三）山东德州辣椒

辣椒在德州市有着悠久的种植历史，现已发展成为德州市特色产业，特别是近几年来，在德州市农业科学研究院科技支撑下，在农业产业化重点龙头企业的带动下，形成了"研发—育种—种植—加工—仓储—物流—销售—服务"的全产业链模式，辣椒产品畅销全国各地并出口韩国、日本、美国、欧盟、东南亚等国家和地区。目前，德州市干辣椒种植面积稳定在 40 万亩左右，其中种植面积最大的县区为武城县，约 20 万亩，其次是乐陵市，种植面积 10 万亩左右，平原县、夏津县、德城区、齐河县等县区种植面积共 10 万亩左右。

德州市基本气候特点是季风影响显著，四季分明、冷热干湿界限明显，春季干旱多风回暖快，夏季炎热多雨，秋季凉爽多晴天，冬季寒冷少雪多干燥，具有显著的大陆性气候特征。光照资源丰富，日照时数长，光照强度大，且多集中在作物生长发育的前中期，有利于作物进行光合作用。德州市年平均日照时数 2592 小时，日照率为 60%；年平均气温 12.9℃，平均无霜期长达 208 天，一般为 3 月 29 日至 10 月 24 日；年平均降水量为 547.5 毫米，多集中在 6~9 月。这种气候为辣椒栽培和发展提供了优越的气候条件，为德州辣椒发育及各种营养提供了重要保障。

在武城辣椒申请地理标志证明商标基础上，2018 年德州辣椒获得地理标志证明商标，使用"德州辣椒"地理标志证明商标商品的栽培范围位于：东经 115°45′~117°36′，北纬 36°24′25″~38°0′32″，分布在德州市的德城区、宁津县、乐陵市、庆云县、临邑县、陵城区、武城县、夏津县、平原县、禹城市、齐河县共 11 个县市区境内。

（四）江西永丰辣椒

江西永丰县位于吉泰盆地东部，境内多山地丘陵，河流密布，淡水资源丰富，土壤肥沃，可使用耕地面积 44630 公顷。该地属于亚热带季风气候，雨水充沛，降水量 1627.3 毫米，光热充足，气候温和，年平均气温 18℃，无霜期长达 279 天。永丰辣椒品种较为丰富，青椒、红椒、泡椒、尖椒均有种植。种植的产品质量均为上乘，是国家首批无公害蔬菜生产示范基地县，自 2000 年起，辣椒种植面积达 10 万亩，产量 30 万吨。

永丰是江西省重要的辣椒生产种植基地，辣椒种植历史悠久，在 1983 年开始发展无公害辣椒，是较早重视辣椒品质发展的地区，发展"永丰"牌无公害辣椒，并通过国家良好农业规范（GAP）认证，产品广受市场欢迎。"永丰"辣椒品牌发展取得一系列成就，无公害辣椒种植面积激增，永丰也被评为中国辣椒之乡。永丰的无公害辣椒种植技术成熟，开展的辣椒早种栽培技术也取得不小成绩，《永丰县早辣椒生产技术规程》获得"江西标准化成果一等奖"，为辣椒产业的发展未雨绸缪，缜密规划，从辣椒产业发展之初，便注重辣椒质量以占领价格优势，提早辣椒上市抢占市场先机，建造辣椒无公害绿色化形象，打造"永丰"辣椒品牌，形成高质量品牌辣椒供应地，为辣椒产业发展奠定良好基础。

永丰辣椒在 2017 年获得江西名牌产品，严格走品牌质量建设之路。依赖良好的质量品牌优势，采取"互联网"应用平台，扩宽辣椒销售渠道。依靠 26 家龙头加工企业优势，实现辣椒产销无缝对接，将一二产业紧密联系。借助丰富的旅游资源优势，打造休闲农业的度假区，将一三产业挂钩，建成特色民富展示发展地区。永丰县不断发展，承揽全国鲜活农产品定点批发市场和国家菜篮子工程信息采集点的责任，以更高标准建设现代农业科技示范区，以更新科技武装种植生产设备，以更多专项资金保障产业发展，以更好的区域品牌质量开拓广阔市场。

（五）江西余干辣椒

余干辣椒是江西省余干县的地方名优特产，2011 年 12 月 20 日，原中华人民共和国农业部批准对"余干辣椒"实施农产品地理标志登记保护。2018 年 11 月 2 日，由农业农村部农产品质量安全监管司主办、中国绿色食品发展中心承办的第四届全国农产品地理标志品牌推介会在长沙国际会展中心举办，余干辣椒荣获"国家级农产品地理标志示范样板"称号。

余干辣椒营养价值高，据江西省无公害农产品质量监督检验站测定，每 100 克余干辣椒鲜果含维生素 C 202.0 毫克，氨基酸（17 种氨基酸含量之和）1.56 克，粗纤维 4.16 克，总糖（以葡萄糖计）3.09 克，蛋白质 2.32 克；辣椒素含量为 101 毫克/千克。其中，维生素 C 和氨基酸等的含量均明显高于弄口早椒，维生素 C 的含量更是远远超过柑橘、草莓、李子、梨和苹果等人们熟知的水果，在蔬菜产品中也是名列前茅。余干辣椒具有与众不同的风味品质，即皮薄肉嫩，鲜辣爽口，辣不伤胃，嚼不留渣；具有增进血液循环，促进分泌，祛寒健胃，增加食欲和提高抵抗疾病能力的多种功效，深受消费者喜爱，"余干辣椒炒肉"是江西的一道名菜。

余干辣椒植株长势中等偏弱，株形紧凑，分枝力强；早熟，始花节位 6~7 节；叶片绿色，茎节紫色。青熟果短羊角形，绿色，老熟果红色，果面微皱，有光泽；平均果实纵径 6.6 厘米、横径 2.3 厘米，果肉厚 0.13 厘米，平均单果质量约 6.5 克。

随着设施栽培的推广，余干辣椒通过排开播种，基本上可以周年供应。春早熟栽培一般于上年 10~11 月大棚播种育苗，2~3 月大棚定植，4~8 月采收上市。秋延后栽培 6~7 月播种育苗，7~8 月大棚定植，10 月至翌年 2 月上市。

第四节　华中地区辣椒区域品牌建设

华中地区是我国辣椒产量大省，河南、湖南均为辣椒重要产区，在干辣椒与鲜辣椒生产中均具有较大优势。河南柘城已成为中国北方地区重大的三樱椒产区，湖南樟树港辣椒成为我国辣椒产业优质优价的典范。

（一）河南柘城辣椒

柘城位于河南省商丘市，在典型的冲积平原上，土层深厚，土质肥沃疏松，属于温带季风气候，四季分明，春季温度回升快，年降水量在 500~600 毫米，雨热同期，日照时数 2000 小时左右，光热充足。柘城自然气候特点十分适合三樱椒的生长，培育的果实具有大小均匀、色泽艳红、果皮鲜亮、辣度适中、味道浓香等特点。在 1999 年便被授予"中国三樱椒之乡"的荣誉称号，2010 年形成一定规模，三樱椒的种植面积维持在 40 万亩，年产干辣椒 12 万吨，成为全国最大的无公害三樱椒种植基地。

三樱椒种植历史颇久，获得诸多辣椒产业方面的荣誉。2003 年，柘城三樱椒被评为"河南名牌农产品"，为辣椒产业的发展奠定基础。2006 年，柘城被认证为"河南无公害农产品生产基地"为绿色辣椒产业发展起到推动作用。在 2007 年柘城获得国家级"无公害三樱椒生产基地"和"无公害农产品"的认证，成为农业品牌建设发展的关键一步。同年，柘城辣椒产业发展迅速，建设柘城辣椒大市场，经后期规模的扩展，现已具备交易、冷藏、加工、物流、营销等功能，为辣椒产业的营销提供更好的交易平台。经过十年发展，2017 年柘城三樱椒获国家地理标志产品保护，顺利取得国家地理标志证明商标，建成国家出口食品农产品质量安全示范区，为中国辣椒进军国际市场提供条件。2018 年举办第十三届全国辣椒产业大会，柘城辣椒也获得中国"质量之光"年度十大魅力品牌，为区域品牌建设夯实基础。基于以上辣椒发展的成果，柘城在 2018 年实现市场干辣椒交易量 60 万吨，交易额 70 亿元，成为全国最大的干辣椒交易市场，在国际上产生一定的影响力，出口近 20 个国家，创汇金额达 2 亿元，实现"柘城辣椒卖全球"的目标。

2019 年"河南省干制辣椒产业技术院士工作站试验站"与"商丘师院辣椒遗传良种

实训基地"挂牌成立，在生产培育上实现科技兴椒。县农业局推动辣椒种植技术服务，成立"辣椒种植险"，提供规模化种植补贴基金，在椒农的种植上提供保障。申请召开辣椒产业大会，吸引辣椒企业集聚，推动企业品牌与区域品牌的"双品牌"工程建设。2019 年辣椒的注册商标累计达到 385 个，中国品牌价值评价信息发布"柘城辣椒"品牌价值为 43.37 亿元，对柘城辣椒品牌发展具有里程碑的意义，也为其他地区的辣椒产业在树立区域品牌形象方面提供借鉴。同年 7 月，召开辣椒小镇项目座谈会，打造特色辣椒小镇，以旅游业的发展方式，推动辣椒品牌宣传。近年柘城辣椒的发展坚持以标准化、规模化、链条化的发展格局，打造区域品牌建设，促进辣椒产业结构优化升级。

（二）河南梁园辣椒

梁园区位于商丘东部，黄河故道的华北平原上，地势开阔，土壤肥沃，以砂质土为主，疏松性透气性强。从气候上看，梁园属于温带大陆性气候，年日照 1944 小时，平均气温 14.2℃，年降水量为 623 毫米，无霜期长达 211 天。梁园的自然环境适宜辣椒生长，种植的辣椒品种以牛角椒、羊角椒、线椒、红椒等鲜辣椒为主，以果形美、质量优、色泽艳、口感好为特点，在国内辣椒销售市场占有一席之地。梁园的地理位置也十分优越，交通便利，发展成为区域性商贸物流中心。集自然与人文优势，梁园成为重要的鲜辣椒集散中心。

辣椒种植基地的建造于 1996 年开始，以水池铺乡为主，辐射带动周边辣椒种植，辣椒产业不断发展，在 2017 年辣椒的种植面积扩展到 10 万亩，打造辣椒产业发展为梁园特色蔬菜的主导产业。河南农业厅曾在 2008 年评定梁园辣椒基地为无公害农产品生产基地，颁发"农业生产化标准化生产示范基地"的称号，其辣椒产品被评为无公害农产品，转变辣椒产业的发展方向，不断打造绿色生态辣椒品牌形象。2010 年梁园区被河南蔬菜专业委员会评为"河南名优辣椒之乡"，同年，梁园辣椒被农业农村部指定为上海世博会专用产品，为梁园辣椒的宣传奠定基础，扩大梁园辣椒的影响力。2012 年荣获"中国辣椒之乡"的称号，促进梁园辣椒的发展。2016 年被网络评选为最具影响力的"中国辣椒之乡"第三名，大大提升了梁园辣椒的知名度。

梁园成立辣椒种植协会，互帮互助，举办辣椒种植技术讲座，邀请辣椒种植专家进行指导，通过开展辣椒产业结构现场观摩会等方式，促进梁园特色辣椒产业发展。推出更加合理的种植方案，在选种方面上采用"长研"辣椒品种，在种植上采取一年三熟的耕种周期，种植方式上采用小麦套种辣椒的方式，优良的辣椒品种、短暂的辣椒生长周期、合理利用耕地资源、采取更专业的种植方式，为梁园辣椒的市场供应量提供保障。梁园不仅在辣椒传统种植生产环节上提高效率，也要在延长产业链上群策群力，推动辣椒业加工项目的开展，加强与英德市菜篮子开发有限公司的合作，提高辣椒产业附加值，开发更多辣椒隐藏的经济效益。在促进辣椒产业转型的同时，利用梁园优势，调整产业发展方向，延长辣椒产业链条，注重区域品牌建设，推动梁园辣椒规模化、专业化、绿色化、生态化发展。

（三）湖南泸溪玻璃椒

泸溪县位于湖南西部，地势以低海拔山区为主，河流众多，灌溉水源充足，土壤以紫色土为主，年均温在 16.9℃，气候温和，降水量 1326 毫米，雨水充沛，无霜期 285 天，日照 1432 小时。泸溪具有适宜的辣椒播种气候，种植的辣椒富含维生素 C 与微量元素，其颜色鲜亮透明，在 1990 年泸溪辣椒被誉为"中国湖南玻璃干辣椒"，年种植面积维持在 5 万亩，出口美国、加拿大与东南亚等 10 多个国家及地区。

泸溪辣椒种植历史悠久，种植经验丰富，在维持辣椒生产的同时开展"秋延"辣椒生产种植，在种植技术方面，采取培训会与派技术人员现场指导方式以弥补冬季销售市场短缺，取得更高经济利益。近年，泸溪辣椒发展越发重视质量与品牌。2009 年申报注册"巴斗山"牌玻璃辣椒商标，推进辣椒产业从低级产销到精美包装外售，研发更多辣椒酱、剁椒产品以延长产业链，增加辣椒经济价值。泸溪县也先后获得《国家农业部无公害生产基地证书》《湖南省绿色食品 A 级证书》，保障辣椒生产基地质量，为绿色产品的种植奠定基础。2018 年，政府加入财政投入，推出辣椒优惠政策，为兴隆场镇辣椒品牌化助力，加强绿色化生态化产品的宣传，打造优质农产品区域品牌。

（四）湖南樟树港辣椒

樟树镇位于湖南省湘阴县西南部，湘江傍境而过，与长沙市望城区毗邻。樟树镇位于南洞庭湖平原与峨形山脉交接的过渡地带，南面为铁炉湖，北面为文泾港，中为阳雀湖，其端部均与湘江相连，一江一湖两港相夹而成的小"盆地"，该区域土层深厚、土壤肥沃，富含微量元素，土壤 pH 值为 5.8～6.5，有机质含量 1.8%～2.6%，速效钾 80～110 毫克/千克，有效磷 10～15 毫克/千克，形成了适合樟树港辣椒生长和风味形成的自然生态环境。

樟树港辣椒植株矮小、分枝密集，株高 30～40 厘米，开展度 35～40 厘米，属有限分枝辣椒类型。椒果呈羊角形，青果绿色，熟果红色，果表有纵棱和皱褶，手按有韧性，果端钝圆，果长 5～8 厘米，果肩横径 1～1.5 厘米，果肉厚 0.1～0.15 厘米，果柄偏短，果顶尖可见微微凹下的小紫色花蒂印，单果重 5～8 克。樟树镇辣椒远近闻名，特点在于香、辣、不油腻，被广泛应用于湘菜食谱中。樟树镇辣椒只能在镇范围内种植，出镇栽培或移植，则色香味俱减。

2012 年，樟树港辣椒获得国家地理标志证明商标；2013 年，樟树港辣椒入选国家名优特新农产品目录；2014 年，樟树港辣椒荣获湖南省著名商标；2018 年 2 月 12 日，原中华人民共和国农业部正式批准对"樟树港辣椒"实施农产品地理标志登记保护。樟树港辣椒的地理标志保护的区域范围为岳阳市湘阴县樟树镇所辖文谊新村、龙家新村、柳庄村、兴源村、祥源村、柏金港村、金台山村、樟树港社区共计 8 个村（社区）。地理坐标为东经 112°47′11″～112°53′18″，北纬 28°32′25″～28°35′40″。樟树港辣椒内在品质指标：钾≥200 毫克/100 克、辣椒素 0.060～0.200 克/千克、二氢辣椒素 0.020～0.080 克/千克、辣椒素类物质总量 0.090 ~ 0.290 克/千克、膳食纤维 ≥ 3.0 克/100 克、抗坏血酸 ≥ 110 毫克/100 克。

受土地资源限制，樟树港辣椒种植面积并不大，2017 年，湘阴县樟树镇辣椒总种植面积达 7500 亩，产量 8000 吨，但产值达 1.5 亿元[①]。近年来，樟树港辣椒已成为高端辣椒产品代表，2015 年，樟树港辣椒市场价格达到 260 元/斤。目前樟树港辣椒通过天猫、京东等电商平台销往全国。

（五）湖南衡东黄贡椒

衡东县位于湖南东部偏南，居湘江中游的衡阳盆地与醴攸盆地之间。地形以丘陵为主，兼有平原和山地。地势东南高西北低，凤凰山雄踞于东部，四方山矗峙于南部。属亚热带季风温润气候，年平均气温 17.7℃，雨量丰沛。年均日照 1812 小时，年均气温 18.9℃，年均降雨量 1336 毫米，相对湿度为 78%，年无霜期 300 天。

衡东县三樟镇种植黄辣椒已有 1800 多年历史，三樟处于湘江河畔，地势平坦，日照时间长、昼夜温差大，湘江泥沙淤积形成带碱性、砂性的特殊土壤，富含钙、铁、镁等微量元素，非常适合黄贡椒种植。种出的黄贡椒皮薄肉厚，颜色鲜亮，兼具甜、辣、脆等特点。相传清朝嘉庆年间，衡东状元彭浚把黄辣椒带到宫廷，皇帝品尝后，钦点三樟黄辣椒为"贡椒"，故名"三樟黄贡椒"（见图 24 - 3）。三樟黄贡椒营养美味，可鲜食可干制，是衡东土菜的灵魂。2008 年，三樟镇被国家辣椒新品种推广中心和湖南省人民政府蔬菜办公室授予"中国黄椒第一乡"美誉。荣获中国第二届国际辣椒产业博览会金奖。2018 年被认定为国家农产品地理标志品牌。

图 24 - 3　湖南衡东黄贡椒

衡东县政府按照"一县一特一品牌"的思路，推动三樟黄贡椒逐步向规模化、标准化、市场化、品牌化发展，打造成衡东最具地域特色、最大种植规模、最强经济效益的地理标志

---

① 曾娟华，申圭良．"阳雀湖"做优做精樟树港辣椒品牌 [J] ．湖南农业，2018，486（6）：43.

产品，成为促进农业增效、农民致富、乡村振兴和推动县域经济发展的重力"引擎"。

近年来，衡东县依托"中国土菜名县"金字招牌、"三樟黄贡椒"国家农产品地理标志品牌，将"衡东土菜之魂"黄贡椒作为县地域特色产业大力发展。建立专业化育苗基地，并对基地育苗进行补贴；对连片种植黄贡椒面积在 30 亩以上的专业合作组织、种植大户补贴 300 元/亩，对三樟、石湾、吴集、新塘等部分乡镇种植黄贡椒的贫困户免费提供 1~2 亩辣椒苗，扩大种植面积；完善农企利益联结机制，制定最低保护收购价。目前，衡东县黄贡椒总保护面积逾 5 万亩，年总产量逾 5 万吨，年总产值逾 5 亿元，惠及农户 10 万人。

第五节　华南地区辣椒区域品牌建设

华南地区食辣消费者相对较少，尤其广东省居民，饮食习惯较为清淡，本地居民没有食辣习惯，因此辣椒种植较少。但广西、海南辣椒种植面积较大，尤其海南黄灯笼辣椒是我国高辣度的典型代表。

（一）广西南丹辣椒

广西南丹县位于云贵高原边缘处，农业种植区在海拔 900 米左右的丘陵地带，耕地面积 30.4 万亩。该地为亚热带季风气候，年均温 16.9℃，年降水量 1472 毫米，降水丰沛，日照时数在 1257 小时，光热充足，昼夜温差达 10℃左右。种植的辣椒病虫害少，农药残留低，主要种植的品种为南丹长角辣椒，该辣椒具有果型长、皮薄肉厚、颜色鲜亮、辣味浓香、油脂丰富、辣味适中等特点，2019 年发展南丹辣椒种植面积 2 万亩，预计产量 500 万千克以上，主要出口国家为马来西亚、斯里兰卡、新加坡等国。

南丹长角辣椒栽培历史源远流长，在 2013 年被评为"中国长角辣椒之乡"，2015 年长角辣椒通过国家农产品地理标志产品认证登记。由于南丹长角辣椒生长环境独特，经广西技术监督局分析鉴定出此辣椒中具有多种氨基酸与维生素，各项指标优于同类产品，因此南丹长角辣椒获得国家地理标志产品。南丹椒农为促进辣椒产业发展，共同组建辣椒专业合作社，采取"合作社 + 基地 + 农户"发展模式，为辣椒产业生产种植提供技术支持，增强辣椒经纪人的销售集聚优势，连接农户与市场实现最大生产效益，打通辣椒销售市场，开设辣椒品牌专卖店，从出售初级辣椒产品到高级加工制品，创新了辣椒经营方式，推动特色辣椒品牌宣传。

政府为开拓辣椒销售渠道，通过打造电子销售平台，举办电商培训班，组建电商服务站点与物流集散站点对区域品牌进行推介。在 2018 年开展"我为家乡代言"的电商扶贫活动，转换区域品牌宣传方式，推动南丹特色农产品走向广阔市场。推动南丹辣椒产业的发展，不仅要从销售渠道方面下功夫，也要在产品方面提质量，推动辣椒供给质量改革。为保障辣椒生产，县政府采取种植补贴政策，推进辣椒规模化与统一化生产，依靠优越的自然气候优势，生产无公害绿色辣椒，打造现代化特色农业示范区。擦亮"中国长角椒之乡"的名片,增强辣椒品牌优势,通过电商平台加大品牌宣传力度,刺激辣椒需求活性,推动辣椒产业发展。

(二) 广西天等辣椒

广西天等县位于广西西南部,以低山丘陵为主,耕地面积 46601.5 公顷,占土地面积 20%,水系丰富,灌溉水源充足。该地属于亚热带季风气候区,气候温和,平均气温 20.6℃,降水量在 1429 毫米以上,降水充沛,无霜期 340 天,土壤为棕壤较为肥沃。得天独厚的自然地理气候环境下种植的辣椒指向天空,因此,天等辣椒素有"指天椒"的俗称,指天椒具有果型娇小、色泽鲜艳、辣味浓香、肉厚籽多等特点,天等辣椒含有丰富的辣椒素、辣红素、紫红素等物质,鲜椒的辣椒红素含量达到 3.33%,干辣椒的辣椒红素含量更高达 11%,辣椒素含量高达 0.36%,有"天下第一辣"之称。天等指天椒种植已有 30 多年的历史,2017 年,天等县种植指天椒 4 万多亩,平均亩产 0.5 吨,年产量 3.5 吨以上,总产值 2 亿元以上[①]。

1983 年,天等指天椒获中国国家外经贸部"优质产品"的称号。2007 年"天等指天椒"被实施地理标志产品保护。天等县旅游资源丰富,也被誉为"天下第一辣县",通过完善辣椒工业园区的配套设施,打造核心竞争产品,加强天等辣椒品牌宣传,建立辣椒博览示范园,促进辣椒产业一二三产融合发展。2015 年开展"十里生态农业跨廊"活动,吸引更多游客在辣椒展示博览园采摘辣椒。天等县将第一产业与第三产业发展融合,举办特色观光旅游项目,推进天等椒品牌宣传,不断打造现代农业示范区。政府牵头指引辣椒产业发展方向,培育自主辣椒品牌,树立辣椒品牌形象。

(三) 海南陵水黄灯笼辣椒

黄灯笼辣椒又名黄帝椒、黄辣椒、中国辣椒,是茄科茄亚族辣椒属的植物,是辣椒的 5 个栽培种之一,因在中国海南省栽培品种颜色为金黄色而称为黄灯笼,黄灯笼椒富含辣椒素含量高,辣度可达 17 万 SHU,在世界辣椒之中位居第二位,果实味辛辣并有奇香,一般不作为鲜食,主要用于辣椒酱的加工。黄灯笼辣椒单株坐果 400 个以上,一级单果 10 克以上,亩产 2500~3000 千克,适合加工,目前采用设施栽培方式,可以达到周年均衡生产,周年均衡供应。

2017 年,"陵水黄灯笼辣椒"通过国家工商行政管理总局商标局的地理标志证明商标申请(见图 24-4)。农产品地域保护范围包括陵水县提蒙乡、群英乡、椰林镇、新村镇、英州镇、本号镇、隆广镇、三才镇、光坡镇、文罗镇、黎安镇等。海南"陵水黄灯笼辣椒"获得地理标志证明,将大大提高陵水特色农产品附加值和市场竞争力。

---

① 苏悦娟.天等指天椒地理标志产品保护分析和产业监管建议 [J].南方农业学报,2012 (11).

图 24 - 4　海南陵水黄灯笼辣椒

第六节　西南地区辣椒区域品牌建设

西南地区的四川省、贵州省、云南省与重庆市是我国传统食辣地区，也是辣椒生产大省，辣椒栽培与食用历史悠久，已形成独特的辣椒种植与饮食文化，川菜在全国的广泛传播带动了食辣群体的增长。

（一）云南丘北辣椒

丘北辣椒作为云南省文山州的地方品牌，在文山州内广泛种植，其主产地主要包括砚山县、丘北县、广南县和文山县。文山州位于云南东南部，地理环境以丘陵为主，自然气候大体上属于亚热带高原气候，年均温 15℃，年降水量 1200 毫米左右，光照充足，日温差大，利于辣椒营养物质积累，适宜辣椒种植。该地区种植出来的丘北辣椒具有果型细长、形状均匀、颜色鲜艳、辣度适中、维生素含量高等特点，农药残留较低，经进出口检验局认定为最好的食用辣椒之一（见图 24 - 5）。1999 年，丘北辣椒便被中国特产之乡委员会命名为"中国辣椒之乡"。2018 年，丘北辣椒的种植面积扩展到 80 万亩，是全国重要的辣椒生产种植基地。

丘北辣椒种植具有近 350 年的历史，1954 年便开展辣椒出口贸易活动，在 1983 年获得国家颁发的优质出口荣誉证书。因为丘北辣椒多用于出口，常年销往加拿大、美国、日本、墨西哥等 10 个地区和国家，是中国重要的辣椒集散地。2012 年"丘北辣椒"获得农产品地理标志登记保护，地理标志保护的区域范围为文山壮族苗族自治州一市（文山市）七县（丘北县、砚山县、广南县、富宁县、马关县、麻栗坡县、西畴县）共 102 个乡镇，地理坐标为东经 103°35′00″～106°12′00″，北纬 22°40′00″～24°28′00″。

图 24 - 5　云南丘北辣椒

在丘北辣椒产业发展中，转变传统辣椒出口，推进辣椒产业绿色、有机、无公害的"三品认证"，提高辣椒产品质量、培育辣椒公用品牌是发展辣椒产业的必要举措。利用政府大力扶持特色农业的机会，依靠当地辣椒种植优势，提升区域农业品牌建设，实现现代辣椒产业发展的最终目标。

（二）云南会泽乐业辣椒

会泽县位于云南省东北高原地，终年太阳高度角大，空气清新，稀薄，阳光透射率高，土质以棕壤、红壤、紫壤为主，土壤肥沃，土质疏松。会泽属于高原季风气候，气候受海拔影响显著，平均海拔 2200 米以上，年日照 2100 小时，无霜期 210 天，年平均气温12.7℃，紫外线强，光热资源丰富。该地辣椒种植品种主要以"乐业大椒""丘北小椒""云干辣椒 7 号"为主，辣椒主要分布在乐业、金钟、者海、拖车等 5 个乡镇进行种植。其中乐业辣椒果长 10 ~ 19 厘米，果肉厚 0. 1 ~ 0. 2 厘米，平均单果质量 5 ~ 12 克，果实长羊角形，果面光滑，先端渐尖、微弯，具有果型硕大、肉厚饱满、颜色鲜亮、油脂维生素含量极高等优点，2012 年被国家评为地理标志保护产品，乐业辣椒的地理标志保护的区域范围为会泽县乐业、迤车、金钟、者海、火红 5 个乡镇。地理坐标为东经 103°22′00″ ~103°37′00″，北纬 26°29′00″ ~ 26°47′00″。

会泽辣椒种植历史悠久，种植面积广泛。2019 年，会泽县辣椒种植面积扩大到 16 万亩，预计年产值 6 亿元。1983 年在北京出口成果博览会上，获得外经部颁发的荣誉证书，1989 年，会泽乐业获得国家轻工业部银奖。2007 年中国辣椒产业博览会上，获得"中国辣椒之乡"的称号，同时也被授予"中国辣椒百强县"的荣誉称谓，乐业被誉为"中国辣椒第一镇"，其乐业辣椒品牌"勇雄"牌被评为"金奖"与"特别推荐产品"，通过参与辣椒博览会，不断地拓宽辣椒市场，加强乐业辣椒的品牌宣传，提高辣椒的知名度，获得更多国内国际市场的关注。在辣椒产业的发展上，不断提升辣椒产品品质，2017年，会泽被认定为"全国无公害农产品标志推广与监督示范县"以及"全省高原特色精品农业标准化综合示范县"，为会泽提供绿色、生态、无公害的高质量产品提供保障。

会泽辣椒在品牌保护方面，推动"三品一标"认证，建立农产品质量安全中心，注册辣椒加工商标10件，敦促辣椒加工业企业走品牌经营路径，打响绿色农特品牌。推动特色辣椒产业的发展，需要维护产业链条的各个环节，注重一二三产业融合，以会泽辣椒发展的优势为积淀，发挥绿色区域品牌的力量，推动辣椒产业转型升级，增加辣椒产业附加值。

（三）重庆石柱辣椒

石柱县位于重庆市东部，长江流域南岸，以低山、丘陵为主，该地属于亚热带湿润季风气候，全年雨水丰富，日照时间短，年均温在16.5℃。优越的自然地理环境使石柱县在2019年被认定为中国特色农产品优势区，辣椒则是石柱县重要的特色农产品产业，主要种植的品种有"石柱朝天红""艳椒425""石柱红尖椒"等特色优良品种。近年来，石柱辣椒的种植面积维持在30万亩左右，全县辣椒产业实现15亿元的总产值。

石柱辣椒具有颜色鲜红、皮薄肉厚、味道香浓，辣度强等特点，2017年被评为农产品地理标志保护产品。石柱辣椒地域保护范围位于东经108°00′～108°29′，北纬29°39′～30°33′，包括重庆市石柱土家族自治县南宾镇、西沱镇、下路镇、悦崃镇、临溪镇、马武镇、王场镇、沿溪镇、龙沙镇、鱼池镇、三河镇、大歇镇、桥头镇、沙子镇、万朝镇、黄水镇、黎场乡、三星乡、六塘乡、三益乡、王家乡、河嘴乡、石家乡、中益乡、黄鹤乡、洗新乡、新乐乡共27个乡镇。

石柱辣椒从2001年的试种面积到2017年的30万亩广泛种植，实现了飞跃式发展，先后取得"中国辣椒之乡""中国调料品原辅料（辣椒）种植基地""中国辣椒百强县""重庆市火锅原辅料生产加工基地"等殊荣。辣椒种植品种方面，自主研发"石辣1号""珠丰1号""石椒5号"等品种培育，为提升辣椒产量与品质奠定基础。在生产方面，建立辣椒统一育苗工程，建立辣椒示范区，带动周围辣椒标准化、规范化、统一化种植，提高辣椒生产效益，严格遵守辣椒生产手册的标准，保障辣椒质量。在销售方面，借助"石柱红"的商标名牌产品（见图24-6），大力培育辣椒龙头产业，引进辣椒深加工产业，如重庆德庄、香水火锅等知名企业，提升辣椒就地转化能力，延长辣椒产业链条，增加辣椒经济效益的同时推动当地就业，实现精准脱贫。

为完善石柱县的辣椒产业链条，政府加强政策扶持，引导加工企业积极发展机械干辣椒生产线48条，培育当地26家辣椒加工企业，实现辣椒绿色生产，为辣椒种植生产提供助力，形成辣椒加工企业集聚效应，发挥石柱辣椒区域品牌的优势，加强辣椒产业的品牌形象的宣传，提升辣椒产品在国际市场的影响力。

图 24 - 6　重庆石柱红辣椒企业系列产品

（四）贵州绥阳子弹头辣椒

　　绥阳县位于遵义市东北方向，土壤肥沃，以黄土与红壤为主，耕地面积 41.5 万亩。该地属于亚热带季风气候，均温 15.1℃，降水量 1160 毫米，无霜期 283 天，日照时间较少为 1114.2 小时，全年气候温和，降水充沛，光热不足。该地种植的品种为朝天椒、小米辣、篡椒、圆锥椒以及自主培育的特色辣椒品种，其中以子弹头辣椒最为出名，具有果实紧致、表皮光滑、辣味浓郁、颜色鲜亮、果型娇小均匀、富含多种营养物质等特点，在 2017 年获得国家地理标志产品。

　　绥阳辣椒在 60 年代就获出口免检产品，出口马来西亚、美国、德国、日本、韩国等国家。1983 年，"黄杨小辣椒"在全国出口商品基地建设成果展览会上获得荣誉证，提升绥阳辣椒知名度。1999 年，绥阳被中国农学会特产经济专业委员组命名为"中国辣椒之乡"，自 1997 年首届中国·绥阳诗歌艺术节暨辣椒节后，在 2008 年与 2017 年再次举办。2017 年，种植辣椒 30 万亩，辣椒种植户 9 万户左右，辣椒干制产量 4.5 万吨，产值已达 9 亿元。绥阳县有辣椒烘房 350 间左右，专门从事辣椒烘干（加工）的公司有 8 家，研发辣椒产品有辣哈哈、贵辣、黔味源等 40 余种。

　　绥阳子弹头辣椒果型子弹头，果长 2～5 厘米，横径 1.5～3 厘米，干果重 1～1.8 克，表皮油亮，果面光滑，成熟果鲜红色，干辣椒枣红色，皮薄肉厚，含水量少，种子较多，品味温纯，香辣协调，富含多种维生素、矿物质和有机酸、辣椒素，加工适应性好。绥阳子弹头辣椒的地理标志保护的区域范围为绥阳县所辖洋川镇、郑场镇、旺草镇、蒲场镇、风华镇、枧坝镇、茅垭镇、宽阔镇、黄杨镇、太白镇、青杠塘镇、温泉镇、坪乐乡、小关乡、大路槽乡共计 15 个乡镇。地理坐标为东经 106°57′22″～107°31′11″，北纬 27°49′22″～28°29′34″。

（五）遵义虾子辣椒

改革开放前，贵州遵义虾子镇便开始种植辣椒，改革开放后，随着市场经济不断活跃，为方便辣椒交易，1992 年虾子镇修建了虾子辣椒专业批发市场，2015 年，修建了中国辣椒城，是我国最大的辣椒交易市场。在专业市场带动下，虾子镇的辣椒经纪人达1000 多人，在贵州其他地区组织种植，截至 2016 年底，遵义县虾子辣椒种植面积达 200万亩，年交易干辣椒 18 万吨，年交易产值 30 多亿元。

遵义县属中亚热带季风性湿润气候区，海拔在 850～1100 米，年平均气温 14.9℃、无霜期 291 天，降雨量 1035.7 毫米，适宜种植辣椒。虾子辣椒，个小、色红、味辣、香浓、饱满、肉厚、油润鲜红、味道香辣。2009 年"虾子辣椒"获批为地理标志保护产品。虾子辣椒品种要求为遵椒一、二、三号，辣椒果实全红分期采收。虾子辣椒地理标志产品保护范围为贵州省遵义县南白镇、龙坑镇、三岔镇、苟江镇、三合镇、乌江镇、虾子镇、三渡镇、新舟镇、永乐镇、龙坪镇、喇叭镇、团溪镇、铁厂镇、西坪镇、尚嵇镇、茅栗镇、新民镇、鸭溪镇、石板镇、乐山镇、枫香镇、泮水镇、马蹄镇、沙湾镇、松林镇、毛石镇、山盆镇、芝麻镇、平正仡佬族乡、洪关苗族乡等 31 个乡镇现辖行政区域。

（六）贵州金沙县湾子辣椒

湾子辣椒是贵州省毕节市金沙县木孔乡湾子村的特产。木孔乡境内 90% 的耕地为火石地，日照、气温、降雨量、地形、地貌等条件，适宜辣椒生产。2000 年始，木孔乡改变过去以烤烟种植为主转为以辣椒种植为主，把发展辣椒生产作为农业增效、农民增收的支柱产业。2004 年，由县农业局、质监局组织编制发布了《金沙县优质辣椒标准化生产技术规范》，提高辣椒质量水平。随后，引导发展了以湾子为核心的"支部＋远教＋公司＋农户＋协会＋基地＋市场"产业链，带动全乡发展万亩优质辣椒基地，并带动周边 10 万亩辣椒种植。

金沙湾子辣椒形态均匀，色泽鲜红，籽壳比例适当，营养成分丰富。2016 年，湾子辣椒获批国家农产品地理标志保护产品。2014 年，金沙县果蔬站申报的"湾子辣椒"通过农业农村部评审，实施国家农产品地理标志登记保护。贵州特产湾子辣椒划定的地域保护范围：金沙县所辖木孔乡、茶园乡、源村乡、安底镇、岚头镇、沙土镇 6 个乡镇。地理坐标为东经 106°26′00″～106°28′00″，北纬 27°25′00″～27°30′00″。

（七）贵阳花溪辣椒

花溪辣椒是贵州省贵阳市花溪区特产。花溪辣椒产区土壤类型主要为黄壤，土层深厚，保肥能力较强，有效积温≥10℃的有 231.7 天，积温 4484.6℃，适宜辣椒种植。花溪辣椒果实先端尖锐，常弯曲成钩状；干辣椒肉质肥厚，色泽深红，油分重，辣而不烈。

2012 年，"花溪辣椒"获得农产品地理标志登记保护。花溪辣椒的地理标志保护的区域范围为贵阳市花溪区贵筑办事处、清溪办事处、溪北办事处、青岩镇、石板镇、久安乡、麦坪乡、燕楼乡、党武乡、高坡乡、湖潮乡、孟关乡、黔陶乡、马铃乡等。地理坐标为东经 106°27′00″~106°52′00″，北纬 26°11′00″~26°34′00″。花溪辣椒栽种区域一般选择通风、向阳、肥沃，前茬未种植茄果类蔬菜的地块，产地环境条件符合 NY5010－2002，NY5010－2002，主要栽培品种为提纯复优的花溪辣椒，椒身变红后分期采收。

（八）六盘水牛场辣椒

牛场辣椒栽种历史悠久，境内边缘地带多为悬崖和陡坡，中心地带多为土山和坝子，日照充足，气候温和，境内平均海拔 1450 米，年平均气温 13.5℃，年降雨量 1380 毫米，无霜期达 265 天，年日照时数达 1300 小时，适宜辣椒种植。牛场辣椒为干鲜兼用椒，果形较大，中径 2.7 厘米左右，果长 12 厘米左右，果重 2.0 克左右，肉厚皮薄、色泽红亮，辣椒入口后辣味适中，味香。牛场辣椒种植面积 4 万亩，年产量达 60 万千克。

2016 年牛场辣椒获得"国家地理标志保护产品"称号。牛场辣椒地域保护范围为：六枝特区牛场乡兴隆村、箐脚村、云盘村、牛场村、尖岩村、黔中村、大箐村、黄坪村、平寨村；新场乡新场村、乌柳村、老燕子村、柏果村、仓脚村；梭戛乡平寨村、高兴村、安柱村、顺利村、中寨村。地理坐标为：东经 105°13′~105°19′，北纬 26°27′~26°31′，东西轴长 14 千米，南北轴长 11 千米。东与织金县相邻，西与水城县接壤，北抵纳雍县，南与六枝特区新场相邻。区域生长面积 150 平方千米。

（九）四川威远新店七星椒

威远县位于四川盆地中南部，境内以低山丘陵为主，水系河网密布，土壤肥沃以红色土壤为主，属于亚热带季风气候，年均温 17.8℃，气候温暖，降水量 985.2 毫米，日照时数 1192 小时，活动积温为 6570℃，无霜期为 344 天。该自然条件下培育的辣椒因辣度闻名，故称七星椒，中国吉尼斯总部考察认为新店七星椒是中国最辣的辣椒，该辣椒具有皮薄肉厚、色泽鲜艳、口感香辣、辣味浓厚等特点，深受国内外市场欢迎，远销韩国、斯里兰卡、菲律宾等国家。

1995 年，全国第二届农业食品博览会上新店七星椒荣获全国优质农产品称号，取得 GB 认证。2001 年，被中国吉尼斯总部认定为比赛专用椒，也被列入"国家级火星计划项目"。2007 年，国家质检总局通过新店七星椒地理标志产品保护，为区域特色农产品提供保护。新店七星椒地理标志产品保护范围为四川省威远县新店镇、向义镇、界牌镇、严陵镇、铺子湾镇、高石镇、龙会镇、东联镇、靖和镇 9 个镇所辖行政区域。

威远辣椒具有"中国第一香辣"的称号，为推动农业特色支柱产业的发展，当地积极进行市场推介。2007 年，威远获得"四川省特色旅游商品"称号，当地也开展"七星椒"民间艺术节，推进威远辣椒的宣传。七星辣椒曾刊于《新华日报》，也曾两度登上央视频道，提高了威远七星椒的知名度，以辣闻名的威远七星椒吸引全国爱吃辣椒的游客前来品尝。2018 年新店镇被命名为"特色农业产业村"，全力打造"20 个镇＋两园一区"的发展格局，打造特色农业小镇，以现代农业发展模式推进辣椒产业发展。为适应现代市场发展格局，内江市打造本土农特产品网销品牌，建立5家电商管理平台，增加专项投资，完善电商网络体系，为特色威远辣椒产品提供销售平台，推动威远七星椒发展。

（十）四川西充二荆条辣椒

西充县位于四川盆地中部偏北，境内多低山丘陵，红壤为主，分布多条河流，河网密布。该地气候为亚热带季风性湿润气候，年均温16.9℃，无霜期300天，积温在4800℃~5700℃，降水量980.8毫米。气候温和适宜辣椒生长，该地的二荆条辣椒最为著名，在1999年便获得国家农博会金奖。二荆条辣度中等，果型细长达10厘米，辣椒尖带有弯钩，鲜椒翠绿，成熟后颜色鲜红，是郫县豆瓣酱、重庆火锅与涪陵榨菜的重要原材料。西充二荆条在辣椒种植的高峰期曾达10万亩以上。

西充辣椒在2009年第三届中国国际辣椒博览会上被授予"中国辣椒之乡"与"中国辣椒百强县"的称号，提升了西充辣椒在国际市场上的知名度。西充辣椒种植历史悠久，是二荆条辣椒的发源地，也获得诸多荣誉，曾在1977年便被省政府命名为"四川西椒"，在省内的辣椒市场占有重要地位。在1982年，西充辣椒被列为"干辣椒出口基地县"，不断打开国际市场。2002年西充被评为"国家级辣椒（二荆条）标准化示范县"以及"无公害农产品（辣椒）生产基地"，为辣椒产业标准化、绿色化、生态化、品牌化发展创造条件。西充辣椒在2005年获二荆条种植农业标准化示范区的称号。2010年，"西充二荆条辣椒"获得地理标志产品保护，保护产地范围为四川省西充县现辖行政区域。

在西充二荆条辣椒生产方面，政府管理部门建立质量监管体系与产地追溯体系，在生产过程中提高生产辣椒标准，生产优质辣椒，与此同时，推进"区域品牌＋产品"的发展方式，增加辣椒经济效益。在辣椒销售方面，2014年开始获国家首批电子商务进农村综合示范项目，推进"互联网＋邮政＋绿谷西充"的电商体系，发展运营中心，培育企业品牌，建立当地电商驿站，推动特色农产品进城，拓宽二荆条的销售渠道。

第七节　西北地区辣椒区域品牌建设

受长日照等自然因素影响，近年来新疆维吾尔自治区辣椒种植面积快速扩大，以及陕西、甘肃等西北传统的辣椒种植区域仍保持一定优势，因此西北地区已成为我国重要的干辣椒种植区域，并形成独具西北特色的辣椒品种与饮食文化，在辣椒精深加工原料供应中占绝对优势地位。

（一）陕西兴平辣椒

兴平市位于陕西关中平原，素有"辣蒜之乡"的美称，辣椒和大蒜属于传统农产品。兴平自然地理条件优越，年降水量528毫米，日照时数2000小时，平均气温13.1℃，十分适宜辣椒生长，产出的辣椒质量优良。兴平辣椒特点一是椒身细长，平均长度为12~16厘米，直径0.9~1.0厘米，有七寸红之称；二是皱纹均匀，兴平辣椒外表皮厚，单果重

6~8克，在自然阴干的过程中形成了密而均匀的皱纹；三是色泽鲜红，兴平辣椒成熟采摘后人工绑成辣椒串，挂在通风阴凉的地方风干，不易造成色泽的褪变；四是膘厚籽多，单个辣椒含有种子100粒（见图24-7）。兴平辣椒主要用于制作辣椒面、辣椒丝，是油泼面等陕西特色饮食的重要调味品。

1999年"兴平线椒"被国家农业农村部检验测试中心抽检为"一级品"，兴平辣椒的品质得到认可。2010年原国家质检总局批准对"兴平辣椒"实施地理标志产品保护，地域保护范围：陕西省兴平市桑镇、汤坊乡、丰仪乡、头镇、赵村镇、马嵬镇、阜寨乡、田阜乡、西吴镇9个乡镇现辖行政区域。2014年兴平辣椒种植面积达35000亩，年产量7000吨，实现辣椒收益2亿元，兴平的王堡辣椒城交易市场，交易量在2.5万吨以上。与此同时，辣椒加工龙头企业经过努力通过QS准入，为中高端市场提供更多的优质产品，推动兴平辣椒的区域品牌宣传。2015年，兴平县建立农产品电子商务平台，该平台有益于催生加工企业的产品多样化，扩宽辣椒市场，为发展辣椒产业的转型提供助力。2018年采取"支部+主导产业+农户"模式创办西桥辣椒经济合作组织，推动辣椒专业栽培，实现优质统一生产，延长辣椒产业链条。

图24-7　陕西兴平辣椒

资料来源：阿里巴巴网络平台（https：//uland. taobao. com/）。

（二）陕西宝鸡辣椒

宝鸡市位于陕西省关中平原，宝鸡辣椒种植历史悠久，自明代开始就已有种植，据《宝鸡市志》记载，"辣椒明末引入宝鸡，清以后种植渐多"；20世纪60年代末，逐渐形成以陈仓区、岐山县、凤翔县、扶风县、眉县、陇县、千阳县7个县区40多个乡镇为主的种植基地和出口贸易基地。宝鸡辣椒以线椒为主，俗称线辣椒、辣子、秦椒，国际贸易中统称"西安椒干"，宝鸡辣椒具有果型细长、色泽深红、表皮褶皱、外表鲜亮、辣味强烈等特点（见图24-8）。

宝鸡辣椒在2012年获得国家地理标志产品保护，建立了宝鸡辣椒的销售名片，提高了辣椒知名度。地域保护范围包括：陕西省宝鸡市凤翔县城关镇、横水镇、彪角镇、郭店镇、糜杆桥乡、唐村乡、柳林镇、董家河乡、南指挥镇、田家庄镇、范家寨乡、陈村镇、汉封乡、尹家务乡、虢王镇 15 个乡镇，岐山县凤鸣镇、大营乡、故郡乡、益店镇、青化镇、京当乡、蒲村镇、祝家庄乡、枣林乡、雍川乡、蔡家坡镇、五丈原镇、曹家乡、安乐乡 14 个乡镇，眉县青化乡、横渠镇、槐芽镇、金渠镇、汤峪镇、营头镇、首善镇、齐镇、常兴镇、马家镇 10 个乡镇，扶风县召公镇、法门镇、天度镇、南阳镇、城关镇、降帐镇 6 个乡镇，千阳县崔家头镇、柿沟乡、水沟镇、草碧镇、寇家和乡、城关镇 6 个乡镇，陇县东凤镇、杜阳镇、牙科乡、东南镇、八渡乡、城关镇 6 个乡镇，陈仓区天王镇、蟠溪镇、千河乡 3 个乡镇现辖行政区域①。

图 24 - 8 陕西宝鸡辣椒

为提高宝鸡辣椒地域品牌影响力，宝鸡市 2017 年举行名优产品推介会，以名优的产品形与辣椒观摩会，吸引省内外加工企业共同推进辣椒产业的发展；2018 年参加中国青岛国际食品博览会，横向拓宽辣椒销售市场，推进辣椒产业规模化、统一化、专业化、品牌化发展。宝鸡在辣椒产业发展上积极打造更多高标准示范区，开展"三品一标"认证，加强名优特产品宣传，不断提升宝鸡辣椒知名度，发挥品牌优势推动辣椒产业的发展。

（三）甘肃甘谷辣椒

甘谷位于甘肃东南部，甘谷县自然气候属于大陆季风气候，光热充足，昼夜温差大，适宜辣椒种植。甘谷县种植辣椒已有 400 年历史，由于自然气候独特，生产的羊角椒具有颜色鲜亮、果型修长、辣味浓郁、氨基酸与维生素含量高等特点。

在 2011 年甘谷辣椒被原国家质检总局评为中国地理标志保护产品，2014 年被国家工商局认定为地理标志证明商标。甘谷辣椒地域保护范围包括甘肃省甘谷县大像山镇、新兴镇、磐安镇、六峰镇、安远镇、武家河乡、八里湾乡、大石乡、礼辛乡、金山乡、大庄乡、

① 国家质量监督检验检疫总局. 关于批准对松萝茶、资溪白茶、汉南甜玉米、灵山荔枝、宝鸡辣椒实施地理标志产品保护的公告. 2012 年第 13 号。

白家湾乡、谢家湾乡 13 个乡镇现辖行政区域。辣椒产品质量要求：一是品种为当地地方品种"七寸红"；二是立地条件为土壤为红黏土、红砂土、黄红砂土、黄红土、绵土，质地为黏壤土，土壤 pH 值 6.5~7.2，土壤有机质含量≥1.5%；三是产品质量要求需达到果实长度≥16 厘米，果面皱褶深密，果色深红，辣椒含水量≤13%，粗纤维≤28%。

为提高甘谷辣椒品牌影响力，甘谷县在 2016 年创建全省辣椒产业知名品牌示范区，并举办辣椒主题宣传活动"舌尖上的美味——甘谷辣椒"，加强甘谷辣椒宣传。在 2018 年甘谷辣椒受邀中央电视台参加首届"中国农民丰收节"特别节目，进一步提高甘谷辣椒知名度，使辣椒产出有名，为开拓广大的国内市场提供一定基础。

甘谷辣椒不断发展，加工企业发展至 50 多家，注册商标 10 多个，丰富辣椒加工制品 60 多个品牌，建成省级知名辣椒品牌示范区，打造"陇上椒"甘谷辣椒文化体验馆，为旅客介绍辣椒文化，丰富辣椒储备知识。但自 20 世纪 90 年代以来，设施蔬菜经济作物的广泛种植以及因辣椒疫病问题日益严重，甘谷辣椒生产基地被迫离川进山，生产面积大幅缩减。

（四）新疆沙湾县安集海辣椒

沙湾县位于新疆西北部，地处准噶尔盆地南部，以冲积绿洲平原为主，该地土质为富含硒的砂质土壤，透气性强。辖区内的灌溉水源以冰山融水、地下水为主，昼夜温差大，光照资源充沛，适宜辣椒种植。沙湾县主要种植的辣椒品种以板椒、线椒、朝天椒、菜椒为主，鲜辣椒以颜色鲜红、皮薄肉厚、口感香辣适中、果型修长为特征，则干辣椒的特征是果皮褶皱多、色泽红亮、富含硒钾等微量元素。

沙湾安集海镇被称为"中国辣椒之乡"，2016 年成为农产品地理标志产品。安集海辣椒地理标志登记保护范围包括安集海镇肃州户村、葡萄园子村、安集海村、古道村等 13 个行政村。地理坐标位于：东经 85°15′~85°28′，北纬 44°18′~44°30′，平均海拔高度 577 米，保护范围面积 13333 公顷，年产量 9.60 万吨。安集海辣椒种类囊括线椒、板椒、朝天椒和菜椒 10 多个主栽品种，辣椒商品性极好，既适合鲜食又适合制干、制酱、加工，口感纯正、辛辣适中。安集海辣椒地理标志产品品质特性特征为：鲜辣椒外观色泽鲜红、皮薄肉厚、光滑细长，具有明显的线椒特征，单果质量在 4~6 克，纵径达 7~10 厘米。干辣椒外观褶皱多，颜色红亮，品性优良。安集海辣椒含硒 1~3 毫克/千克，含钾 40~445 毫克/千克，还原型抗坏血酸 5~8 毫克/千克。

为推进辣椒产业发展，在 2014 年安集海打造智慧农业系统，在辣椒播种、覆膜、滴管、生长等各个方面实现精准管理，在 2016 年建立综合机械化示范园，加快现代农业科技示范区建设步伐，实现安集海辣椒种植机械化操作，在 2017 年，获得"全国休闲农业和乡村旅游示范区"的称号，推动旅游业的发展的同时，从侧面推进特色辣椒土特产的宣传，提升安集海辣椒知名度。2018 年举办第二届沙湾辣椒节，荣登央视频道，共享辣椒丰收喜悦，打响安集海辣椒区域品牌。

（五）新疆博湖辣椒

博湖县位于天山南麓，土地平坦肥沃，灌溉水源充足，昼夜温差大，光照资源充足，利于作物有机质的积累。博湖辣椒是"中国辣椒之乡"，生产的博湖辣椒具有色泽鲜艳、辣椒红色素含量较高、病虫害少且果肉厚实、钙质含量高且辣椒碱丰富等特点，生产的辣椒产品优质优量。在2018年色素辣椒的种植面积10.6万亩，干辣椒产量4.6万吨，生产的辣椒主要销往甘肃、山东等省份，也远销韩国、日本、巴西等国家。

博湖辣椒在2013年获得中国地理标志保护产品，博湖辣椒农产品地理标志地域保护范围为：塔温觉肯乡、本布图镇、乌兰乡、查干诺尔乡、才坎诺尔乡和博斯腾湖乡的6个乡镇27个行政村。地理坐标为东经86°19′~87°26′，北纬41°33′~42°14′，海拔1047~1082米。保护面积5000公顷，年产量15万吨。博湖辣椒产品品质特性为：博湖辣椒是中晚熟品种，和其他地区辣椒的明显区别在于红色素高，博湖辣椒单果重50~70克，果实长条形，多皱褶，果实嫩果期翠绿，老熟果深红色，果面光滑，皮薄肉厚，筋辣肉甜，口感微辣到中辣，可生吃，商品性佳。博湖辣椒营养价值高，其中辣椒碱含量为2.9~4.2毫克/100克，胡萝卜素0.3~0.5毫克/100克，维生素C110~140毫克/100克，钙70~80毫克/千克，铁3.2~4.5毫克/千克，钾2000~3000毫克/千克，锌0.2~1.2毫克/千克，钠20~30毫克/千克，镁150~170毫克/千克，铜0.1~1.3毫克/千克，硒0.012~0.022毫克/千克。

博湖辣椒种植产品分为两种，一种是线椒与朝天椒等食用椒，另一种则是色素椒。近年来，随着博湖辣椒经济价值提升，博湖地区采取"退白扩红"的种植战略，目前色素椒的种植达八成以上，博湖县建设色素椒加工工厂，完善萃取辣椒红色素与辣椒碱的生产线。同时加大食用辣椒推广力度，以两条辣椒发展方向共同推进辣椒产业发展，以龙头产业为助力，提升博湖色素辣椒的知名度，建设辣椒区域品牌，共同推进博湖"红色产业"发展。

（六）新疆焉耆红辣椒

新疆巴州焉耆盆地为新疆最大的红辣椒种植基地，规模化辣椒种植始于20纪90年代后期，目前辣椒种植面积超过20万亩。焉耆因光照充足、气候湿润、昼夜温差大、干旱少雨、灌溉水源充沛，所产的辣椒具有个大色艳、肉质厚、红素含量高、晒干率高的特点。焉耆红辣椒在长期的栽培过程中经自然选择形成了独特的品种。

新疆焉耆红辣椒是我国地理标志产品，地域范围包括天山山脉南麓山间盆地——焉耆盆地开都河流域，其中包括焉耆县、和静县、和硕县、兵团农二师焉耆盆地各团场。

（七）新疆奇台四平头辣椒

奇台县位于新疆维吾尔自治区东北部，是新疆昌吉州的边境县。奇台四平头辣椒也称雪椒，通过丝绸之路从西亚传入新疆，栽培历史悠久，是新疆的地方品种。四平头辣椒果实方灯笼形，果面有四条棱沟，而得名"四平头"，具有个大、肉厚、皮薄、色鲜、味美、固溶性高的特点，加工后辣椒制品口感极佳。

2010年12月24日，中华人民共和国农业农村部批准对"奇台四平头辣椒"实施农产品地理标志登记保护。奇台四平头辣椒农产品地理标志地域保护范围为：奇台县境内的西北湾乡、古城乡2个乡镇。西邻塔塔尔乡，北接古尔班通古特沙漠，南靠半截沟镇，东环西地镇、坎儿子乡。地理坐标为东经89°46′00″~89°62′00″，北纬43°97′00″~44°04′00″，海拔740~749米。产品品质特性要求为：一是奇台四平头辣椒单果重80~100克，果实灯笼形，四心室，果色翠绿，老熟果红色，果面光滑，皮薄肉厚，筋辣肉甜；二是奇台四平头辣椒都是晚熟品种，干物质积累多，可溶性固形物≥4%，还原型抗血酸≥10毫克/100克，蛋白质≥0.8%，脂肪≥0.1克/100克，肉质和口味甘脆。

附 录

附表 1 中国辣椒之乡

序号	产地	产品	序号	产地	产品
1	河北省鸡泽市	露地栽培羊角椒	16	辽宁省北票市	露地栽培大椒、小椒
2	河北省周村镇	露地栽培天鹰椒	17	辽宁省法库县	三樱椒等干辣椒
3	河北省望都县	露地栽培羊角椒、干辣椒、泡椒	18	河南省梁园区	露地栽培辣根
4	山东省武城县	露地栽培朝天椒	19	河南省柘城县	露地蒜茬栽培三樱椒
5	山东省金乡县	辣椒套种大蒜	20	江西省永丰县	种植多类型辣椒
6	山东省邹平县	保护地露天栽培甜椒	21	贵州省绥阳县	露地栽培朝天椒、皱椒等
7	吉林省洮南县	露地栽培金塔红干辣椒	22	陕西省定边县	栽培羊角椒
8	吉林省乾安县	露地栽培红辣椒	23	陕西省兴平市	露地栽培线椒
9	陕西省凤翔县	秦椒、线椒	24	山西省长子县	保护地露地辣椒
10	云南省丘北县	露地栽培丘北小椒	25	内蒙古开鲁县	露地栽培红干辣椒
11	云南省会泽县	露地种植红干辣椒	26	湖南省泸溪县	制干辣椒产区
12	重庆市石柱县	种植朝天椒、尖椒	27	四川省威远县	七星椒
13	甘肃省甘谷县	栽培线椒、朝天椒	28	四川省西充县	二荆条辣椒
14	广西区南丹县	露地种植长角线椒	29	新疆区沙湾县	线椒、板椒、朝天椒等干辣椒
15	广西区天等县	中国指天椒之乡	30	新疆区博湖县	露地加工辣椒

附表 2 世界最辣辣椒排名

排名	名称	产地及特点
1	卡罗来纳死神	产自美国南卡罗来纳州，2013 年 11 月被吉尼斯世界纪录确认为世界上最辣的辣椒，平均辣度 570000～2200000SHU，比警用辣椒喷雾的辣度还高
2	特立尼达蝎子布奇	产自澳大利亚，是黄灯笼的一种，辣度为 1460000SHU
3	娜迦毒蛇	产自英国坎布里亚郡，由当时三种最辣的辣椒杂交培育，辣度 1359000SHU
4	印度魔鬼椒	产于印度东北部的阿萨姆邦，"魔鬼椒"的辣度为 1001304SHU
5	哈瓦那辣椒	产于亚马逊流域并扩散至墨西哥地区，辣度为 350000～580000SHU
6	苏格兰伯纳特辣椒	分布于马尔代夫群岛及非洲西部等地，外形与帽子相似，辣度为 200000～325000SHU

排名	名称	产地及特点
7	鸟眼辣椒	盛产于泰国普吉岛等地，是常被用来做咖喱的原料之一，辣度为100000～225000SHU
8	牙买加辣椒	产于牙买加，气味含有水果香味，辣度为100000～200000SHU
9	卡宴辣椒	产于美国，全世界范围内均有种植，可用于治疗神经痛，辣度100000～125000SHU
10	巴哈马辣椒	产于巴哈马群岛，辣度在95000～110000SHU

资料来源：根据网络数据搜集整理。

附表3　辣椒地理标志保护品种

年份	个数	地理标志名称
2008	7	洮南辣椒、武夷高山辣椒、长子大青椒、苍山辣椒等
2009	1	永安辣椒
2010	3	香花辣椒、乐都长辣椒、奇台四平头辣椒
2011	5	华容大辣椒、越西辣椒等
2012	7	寿光羊角椒、瓦儿岗本星椒、乐业辣椒、宝鸡辣椒、花溪辣椒、丘北辣椒等
2013	9	开来红辣椒、大方辣椒、大王辣椒、武城辣椒、冀州天鹰椒等
2014	4	牛场辣椒、阳谷朝天椒、洞溪七姊妹、陶岭三味辣椒
2015	3	甘谷辣椒、三味辣椒、会龙辣椒
2016	4	安皇辣椒、车田辣椒等
2017	3	陵水黄灯笼辣椒、柘城三樱椒、车田辣椒
2018	4	德州辣椒、郎县樱椒、高台辣椒干、钦州辣椒

附表4　2016～2018年辣椒投入产出情况表　　　　单位：千克，元

		每亩产量	每亩物质与服务费用	每亩人工成本	每亩土地成本
2016年	东北片区	2751.98	963.00	777.56	517.86
	西北片区	2777.58	961.67	646.67	700.00
	黄淮海片区	389.69	517.38	596.25	791.67
	华东片区	2370.00	1039.10	772.11	271.43
	中南片区	2368.98	1071.17	1363.58	525.00
	西南片区	1418.98	853.17	1097.50	536.67
2017年	东北片区	2723.17	1031.92	697.97	559.38
	西北片区	2007.57	1039.11	696.08	1080.77
	黄淮海片区	751.93	724.00	692.37	1300.25
	华东片区	2949.03	922.00	523.10	320.45
	中南片区	2896.99	877.92	878.88	453.57
	西南片区	1534.90	782.01	1364.15	572.69

续表

		每亩产量	每亩物质与服务费用	每亩人工成本	每亩土地成本
2018 年	东北片区	2003.47	935.58	794.33	683.87
	西北片区	1787.06	1384.76	1278.14	647.62
	黄淮海片区	521.43	857.50	803.57	753.57
	华东片区	2305.24	2449.36	2034.24	463.64
	中南片区	3035.78	906.67	1013.33	600.00
	西南片区	3035.78	906.67	1013.33	600.00

资料来源：国家特色蔬菜产业技术体系产业经济岗调研整理。

附表5　我国辣椒主产省份企业名录
贵州省辣椒加工企业名单

国家级

序号	企业名称	省（市）	主要业务	经营规模	企业品牌	企业简介
1	老干妈遵义分公司	遵义市	初级加工	1000 万元	老干妈	2004 年成立，主要经营风味食品系列、油辣椒、豆豉、豆腐乳、火锅底料等
2	贵州湄潭茯莹食品开发有限公司	遵义市	初级加工	200 万元	宝石坛、图形	2006 年成立，主要生产加工辣椒制品系列
3	贵阳南明老干妈风味食品有限责任公司	贵阳市	初级加工	1000 万元	老干妈	1997 年成立，主要经营风味食品系列，豆豉，豆腐乳，火锅底料，另经营本企业自产的粮油食品的出口业务，蔬菜制品、辣椒制品的生产、销售及与从事行业相关的设备、仪器、原材料的进口业务

省级

序号	企业名称	省（市）	主要业务	经营规模	企业品牌	企业简介
1	贵州旭阳食品有限公司	遵义市	初级加工	2070 万元	旭阳圣宝、红征义、痴韵酒	2000 年成立，主要生产加工辣椒制品系列、榨菜产品系列、玉米花食品系列、茶叶产品系列以及地方特色产品系列
2	余庆县农家人绿色食品有限公司	遵义市	初级加工	2188 万元	构皮滩、飞龙湖	2009 年成立，绿色食品加工销售；农副产品收购、进出口贸易、劳务派遣、餐饮、保洁、农产品种植、初加工及销售
3	贵州水巷子食品有限公司	遵义市	初级加工	1200 万元	无	2011 年成立，豆制品（发酵性豆制品）生产销售，调味料（半固态）生产销售，蔬菜制品（酱腌菜）、油辣椒、泡椒生产销售，进出口贸易
4	遵义市农林源食品有限公司	遵义市	初级加工	290 万元	盛辣、农林源	2010 年成立，蔬菜制品（酱腌菜）生产及销售

续表

					省级	
序号	企业名称	省（市）	主要业务	经营规模	企业品牌	企业简介
5	遵义众员员食品有限公司	遵义市	初级加工	150 万元	员员、众员员	2007 年成立，辣椒制品系列产品、调味品、发酵制品及原材料加工、销售
6	遵义县虾子朝天椒有限公司	遵义市	初级加工	1000 万元	椒诱道、闻逸香	1999 年成立，农副产品种植、收购、加工、销售；汽车租赁；旅游项目开发；电子商务服务；土石方工程；广告设计制作
7	遵义县虾子辣椒专业合作社	遵义市	种植业	50 万元	虾子	2009 年成立，蔬菜种植、储藏、销售；农副产品购销；为成员代购蔬菜种植所需的生产资料；为成员提供相关技术培训及信息服务
8	贵州省贵三红食品有限公司	遵义市	初级加工	3633 万元	贵三红、宜蕃、辣三娘	2012 年成立，泡辣椒系列、油辣椒系列（含辣酱）、糟辣椒系列（含剁椒）、香酥椒香脆椒系列、辣椒面系列、干辣椒系列等共 100 多个单品，是一家种植、加工、研发、生产、营销一体化的大型综合性辣椒企业，是中国最大的泡椒泡池腌制基地
9	贵州一代食品有限公司	贵阳市	初级加工	2088 万元	可口 1 袋、顺手 1 袋	2005 年成立，蔬菜制品（酱腌菜）；方便食品（其他方便食品）；一般经营范围：野生植物开发种植、加工；农副产品种植、加工；养殖；进出口业务
10	贵州省马大姐食品股份有限公司	黔西南州	初级加工	3200 万元	凤铃马大姐	2007 年成立，鸡枞系列产品、牛干巴系列产品、辣椒系列及其他农副产品生产销售；进出口贸易
11	贵州绿野芳田有限公司	安顺市	种植业	10455 万元	西秀绿坊	2017 年成立，农产品加工、销售；预包装食品销售；畜禽养殖、加工、销售；水产品、冷冻食品、鲜肉销售
12	凯里市明洋食品有限责任公司	黔东南州	初级加工	500 万元	酸天下、苗家味、玉梦食品	2003 年成立，肉、豆、禽蛋、蔬菜制品销售；对外贸易
13	丹寨县俊建食品开发有限公司	黔东南州	初级加工	1500 万元	黔山之驴	2009 年成立，农副产品加工、销售；畜禽屠宰服务；肉产品加工、销售，进出口贸易
14	镇远县蔡酱坊有限公司	黔东南州	初级加工	1000 万元	无	2012 年成立，蔬菜制品（酱腌菜）、豆制品（发酵性豆制品）、肉制品、调味品（半固态）、加工交易及配送，蔬菜销售
15	大方县琼芳食品开发有限公司	毕节市	初级加工	1000 万元	彝家阿妈、香椒妈咪、琼芳	2005 年成立，生产、销售（含出口销售）：调味料（半固态、固态）、豆制品（发酵性豆制品）、糖烟酒；农作物种植

					省级	
序号	企业名称	省（市）	主要业务	经营规模	企业品牌	企业简介
16	贵州隆喜食品有限责任公司	毕节市	种植业	2000 万元	湾子、极厨、贵景黔途	2010 年成立，辣椒及其他农副产品销售；调味品（半固态）生产、销售；进出口业务
17	贵州芦丁食品开发有限公司	毕节市	初级加工	100 万元	唐桂芝、奢香贡品	2010 年成立，糕点加工、荞酥、苦荞饼干、饼干类、绿豆糕、月饼、苦荞辣椒酱、苦荞系列产品开发、销售；进出口业务
18	贵州省思南县亿农绿色产业有限公司	铜仁市	种植业	1000 万元	亿农、蓝瘦香菇、三个辣椒	2003 年成立，茶叶、大蒜、辣椒系列、豆豉、酸鱼、酱腌菜、调味类、发酵制品、玉米制品加工、销售及上述产品进出口业务，蔬菜种子销售
19	贵州省石阡和记绿色食品开发有限公司	铜仁市	初级加工	1000 万元	吴满满、佛顶山	2000 年成立，农副产品（粮食、烟叶除外）种植、收购、加工、销售；进出口贸易；种子（蔬菜、非主要农作物种子）批发、零售
20	贵州美味园食品有限公司	六盘水市	初级加工	3000 万元	宴山红、夜郎人家	该企业成立于 2009 年，主要从事辣椒系列、剁椒系列、特色煳辣椒系列产品的生产与加工
21	贵州企泰农牧投资发展有限公司	铜仁市	种植业	5000 万元	企辣	2013 年成立，辣椒及其他农作物种植、加工、销售；畜禽养殖、加工、销售；煤炭批发

					市级	
序号	企业名称	省（市）	主要业务	经营规模	企业品牌	企业简介
1	贵州万盛源农牧科技发展有限公可	遵义市	种植业	100 万元	黔一、万盛源农牧科技	2013 年成立果蔬、茶叶、谷物、豆类、辣椒育苗、种植、销售；辣椒加工；辣椒种子销售；树木、花卉种植与销售；有机肥、复混肥生产、销售
2	遵义劳仑丰农业科技有限公司	遵义市	育苗业	65 万元	劳仑丰	2013 年成立，蔬菜、瓜果、育苗器具、肥料销售；农业项目投资及农业新技术应用与开发；育苗服务
3	遵义杨老大食品有限公司	遵义市	初级加工	10 万元	泗渡、红色大娄山	2012 年成立，加工、销售：其他粮食加工品（谷物粉类制成品）、淀粉及淀粉制品（淀粉制品）、蔬菜制品（酱腌菜）
4	贵州省云群种植专业合作社	遵义市	种植业	1000 万元	云群	2012 年成立，果蔬、绿化用苗、经果林苗、用材林苗、花卉、中药材的种植及销售
5	余庆县土司风味食品有限公司	遵义市	初级加工	50 万元	龙家坝	2013 年成立，粮食及农副产品收购、批发、销售；豆制品（发酵性豆制品）制造、销售

市级						
序号	企业名称	省（市）	主要业务	经营规模	企业品牌	企业简介
6	务川县宏和果蔬农民专业合作社	遵义市	种植业	260 万元	洪渡河	2015 年成立，蔬菜、水果培育、种植及销售
7	务川县恒发蔬菜种植农民专业合作社	遵义市	育苗业	120 万元	细曲敏伟	2015 年成立，蔬菜、水果培育、种植及销售
8	绥阳县雅泉小康农业专业合作社	遵义市	种植业	500 万元	无	2013 年成立，组织采购、供应成员所需的生产资料（仅限于内部成员）；组织收购、销售成员生产的产品
9	绥阳县农鑫种植专业合作社	遵义市	种植业	7.9 万元	无	2007 年成立，蔬菜种植、销售；农机销售
10	贵州黔味源食品开发有限公司	遵义市	初级加工	100 万元	辣博会、詹旺玖	2016 年成立，主要生产加工辣椒制品系列
11	遵义乡村妹农业开发有限公司	遵义市	种植业	500 万元	乡村妹、黄杨小米辣、宾洋妹	2014 年成立，辣椒种植、加工、销售、农业技术研发、旅游资源开发、房屋、仓库标准厂房出租、仓储管理、停车场管理
12	贵州友华农业发展有限公司	遵义市	种植业	30 万元	无	2015 年成立，蔬菜、水果培育、种植及销售
13	道真县辣翻天食品有限公司	遵义市	初级加工	10 万元	无	2013 年成立，食品、辣椒制品加工及销售
14	凤冈县中兴农业开发有限公司	遵义市	初级加工	100 万元	神奇五度、图形、茅苔原酿剁椒	2013 年成立，糟辣椒及制品、农副产品加工、销售；辣椒及果蔬种植、销售；大米、茶叶、米、面制品加工销售
15	凤冈县凤源食品有限责任公司	遵义市	初级加工	500 万元	老农哥	2011 年成立，主要生产加工辣椒制品系列
16	贵州统之源食品有限公司	遵义市	初级加工	500 万元	湄坛里	2015 年成立，农作物种植，泡制食品、腌制食品等农副产品加工和销售
17	贵州省湄潭县野谷草食品有限公司	遵义市	初级加工	100 万元	野谷草、的的咖喀	2009 年成立，豆制品、酱腌菜、肉制品加工、销售（在许可证有效期内经营）；进出口贸易
18	遵义黔之农食品有限公司	遵义市	初级加工	5000 万元	黔之农、深溪水	2012 年成立，生产肉制品、蔬菜制品；自营和代理各类商品和技术的进出口业务
19	贵州黔满家绿色食品有限公司	遵义市	初级加工	2000 万元	黔满家	2016 年成立，豆制品、调味品、酱腌菜、蔬菜制品的生产及销售；预包装食品（不含冷藏、冷冻、酒类）

市级						
序号	企业名称	省（市）	主要业务	经营规模	企业品牌	企业简介
20	贵州遵义真辣食品有限责任公司	遵义市	初级加工	800 万元	红满坡	2013 年成立，调味料（固态、半固态）、蔬菜制品的生产、销售；辣椒购销；农副产品购销；农资购销；辣椒、蔬菜种植销售、观光农业开发
21	贵州遵义黔辣苑食品有限公司	遵义市	初级加工	1000 万元	无	2011 年成立，生产蔬菜制品、调味品、调味料
22	遵义辣都辣椒专业合作社	遵义市	种植业	1000 万元	辣都红	2013 年成立，辣椒种植、花椒种植、水果种植、蔬菜种植、贮藏、销售；预包装种子销售，为成员组织采购所需生产资料、组织销售成员种植的农产品
23	贵州辣得笑食品有限公司	遵义市	初级加工	1100 万元	辣得笑	2015 年成立，酱卤制品、辣椒制品生产和销售
24	贵州高原山乡有机食品有限公司	遵义市	初级加工	400 万元	黔福记、九吉、知椒	2011 年成立，调味料（半固态）生产、加工、销售；预包装食品（粮油）批发；预包装食品（粮油）及粮油购销
25	贵州一品红农业开发有限公司	遵义市	种植业	1200 万元	鳛辣	2017 年成立，辣椒、豆类、果蔬、食用菌种植加工及销售，畜牧养殖销售
26	修文县夏家沟蔬菜种植农民专业合作社	贵阳市	种植业	220 万元	夏家沟	2011 年成立，组织采购、供应成员种植蔬菜、水果所需的生产资料；组织收购、销售成员生产的产品；开展成员所需的运输、贮藏、加工、包装服务；引进种植蔬菜、水果新技术、新品种，开展技术培训、技术交流和咨询服务
27	修文县农业投资开发有限公司	贵阳市	种植业	35000 万元	无	2015 年成立，辣椒采购、出售
28	贵州筑城辣妹食品有限公司	贵阳市	种植业	200 万元	筑城辣妹、哈绰绰、傻姑娘	2015 年成立，农作物种植、加工及销售；农副产品加工及销售
29	贵州开阳顺祥农业发展有限公司	贵阳市	种植业	10 万元	无	2014 年成立，旅游开发，观光农业，蔬菜、水果的种植及销售，农业基础设施建设，土地开发

市级					
序号	企业名称	省（市）	主要业务	经营规模	企业品牌	企业简介

序号	企业名称	省（市）	主要业务	经营规模	企业品牌	企业简介
30	开阳田冲种植农民专业合作社	贵阳市	种植业	128万元	无	2014年成立，水果、蔬菜、中药材、食用菌、苗木、花卉的种植及销售；农产品的生产加工及销售
31	开阳淘黔爽辣椒制品厂	贵阳市	初级加工	无	无	2013年成立，特色辣椒制品的加工及销售
32	贵州四季硕果农业开发有限责任公司	贵阳市	初级加工	600万元	大蒜君、辣么脆	2017年成立，食品加工；农业技术开发与转让；种养殖技术研发；农林开发；农业信息咨询服务；钢结构工程施工
33	贵阳市白云区牛场乡小山村蔬菜专业合作社	贵阳市	种植业	400万元	黔山农	2009年成立，成员所需的农业资料购买销售；农产品运输、贮藏、包装、销售、加工；提供成员养殖所需的采购销售
34	贵州老干爹食品有限公司	贵阳市	初级加工	918万元	LGD、老干爹	1999年成立，食品的生产销售；经营本企业自产产品及技术的出口业务；经营本企业所需的原辅材料、仪器仪表，机械设备，零配件及技术的进口业务
35	贵阳华慧农业发展有限公司	贵阳市	种植业	103万元	无	2011年成立，农产品种植、收购、销售；进出口贸易
36	贵州长津农业生态科技有限公司	贵阳市	种植业	233万元	黔长津、黔长津酒	2010年成立，农产品开发，生态农业技术指导服务，养殖业开发及推广，畜牧业开发，农机具推广；进出口贸易
37	贵州力合农业科技有限公司	贵阳市	种植业	500万元	印象黔陶、印象高坡	2007年成立，农业机械设备，化肥，花卉种子，草种，苗木，育苗盘，地膜，喷雾器，农作物种苗，食用菌菌种，实验室科研设备及配件，农作物加工设备及配件；农产品加工及销售
38	兴义市利惠农魔芋种植农民专业合作社	黔西南州	种植业	100万元	无	2010年成立，魔芋种植；组织采购、供应成员所需的生产资料；组织收购、销售成员种植的产品；引进新技术、新品种，开展技术培训、技术交流和咨询服务
39	贵州鼎瑞贸易有限公司	安顺市	种植业	200万元	无	2017年成立，农产品种植、收购、销售；进出口贸易
40	安顺市平坝区万佳农产品加工专业合作社	安顺市	种植业	500万元	无	2008年成立，农产品种植、收购、销售；进出口贸易

					市级	
序号	企业名称	省（市）	主要业务	经营规模	企业品牌	企业简介
41	镇宁自治县鼎盛源投资发展有限责任公司	安顺市	种植业	10000 万元	无	2017 年成立，农产品种植、收购、销售；进出口贸易
42	贵州黔棠姜生物科技有限公司	安顺市	种植业	5000 万元	姜来友	2016 年成立，生姜种植、加工、销售；农业观光、园林设计、绿化；预包装食品（姜糖、饼干、膨化食品）、调味料、调味粉、腌泡制品、饮料、酒、姜深加工产品（姜精油）
43	贵州利君堂健康产业有限公司	黔南州	种植业	5000 万元	天眼利君	2017 年成立，养生、理疗院；中药材、蔬菜种植加工销售；农资供应；旅游开发；劳务服务
44	贵州省瓮安县冬秀嬢酸辣食品有限公司	黔南州	初级加工	400 万元	冬秀娘	2000 年成立，泡酸辣系列产品、水豆豉、腐乳、油辣椒系列产品生产销售；其他农副产品加工销售及出口销售
45	贵州黔红食品有限公司	黔南州	初级加工	500 万元	黔红	2007 年成立，辣椒酱系列制品生产、加工、销售；农产品销售；进出口贸易
46	贵州金田实业有限公司	黔南州	种植业	1800 万元	无	2018 年成立，农作物蔬菜、水果、苗木、种植加工及销售；蔬菜水果花卉种植销售；化肥、农药、饲料、农膜、兽药销售；家畜禽、水产品养殖加工销售；农业机械设备销售；农业生产技术开发、技术推广、技术转让；农产品货物进出口、技术进出口
47	凯里市田园食品开发有限公司	黔东南州	初级加工	1000 万元	无	2014 年成立，食品开发研究；预包装食品、散装食品销售
48	贵州亮欢寨餐饮娱乐管理有限公司	黔东南州	初级加工	300 万元	亮欢寨酸汤婆婆、亮欢寨酸汤公公	2004 年成立，主营苗侗佳肴"酸汤鱼火锅"它是黔东南一方特色食品，客人在品尝特色佳肴的同时，可享受原生态民族歌舞是净化心灵的场所
49	凯里市千里苗疆农业开发有限公司	黔东南州	种植业	520 万元	苗亲家、酿三月、星食源	2016 年成立，辣椒种植及销售；红酸汤、油辣椒、糟辣椒、辣椒面预包装产品生产及销售；农业开发、农业观光

序号	企业名称	省（市）	主要业务	经营规模	企业品牌	企业简介
			市级			
50	贵州省黄平县乐源旅游特色食品有限公司	黔东南州	初级加工	500万元	美女寨、银尖山、且兰	2014年成立，农副产品加工、销售，肉制品加工、销售，豆制品加工、销售，苗家腌汤、腌汤菜及腌汤火锅底料的加工、销售，中药材等农副产品种植、收购、加工、销售，花茶销售，葡萄种植、加工、销售，对外贸易
51	施秉县天籁农产品有限公司	黔东南州	初级加工	100万元	天籁月、天籁月西江、天籁	2010年成立，蔬菜种植、水果种植、中药材种植、农作物种植、畜禽养殖销售、农畜禽产品加工及销售
52	贵州贵丰食品有限公司	黔东南州	初级加工	50万元	无	2015年成立，豆制品、油辣椒、鱼肉食品加工、销售
53	从江西部娃食品厂	黔东南州	初级加工	无	古枪部落、西部娃	2014年成立，干牛肉、烤辣椒、笋干加工、销售
54	贵州省从江县乐华食品厂	黔东南州	初级加工	无	无	2016年成立，辣椒、大米、山茶油、坚果加工销售；煨酒酿造、销售
55	从江鲜之味蔬菜种植专业合作社	黔东南州	种植业	60万元	高增鲜之味	2017年成立，蔬菜种植、销售；猪、鸡养殖、销售；辣椒、农副产品收购、加工、包装、销售；农副产品配送；开展农业技术咨询服务
56	贵州兴胜生态农业旅游发展有限公司	黔东南州	种植业	1000万元	无	2015年成立，园林绿化；农产品销售；旅游开发；餐饮、住宿服务；房屋建筑、市政工程建设施工；机械设备租赁；食品生产、加工及销售
57	贵州苗家食品有限责任公司	黔东南州	初级加工	20万元	熊懒汉	2015年成立，辣椒加工销售；鱼酱酸加工销售；泡辣椒加工销售；糟辣椒加工销售
58	贵州省毕节绿色畜牧科技开发有限责任公司	毕节市	种植业	30万元	阿西里西	2007年成立，农副产品、调味料（固态）加工销售；养殖（不含种畜禽）、种植（不含苗木、国家禁止除外）农副产品及调味料（固态）进出口贸易
59	大方吴记老字号食品有限责任公司	毕节市	初级加工	2000万元	贵椒、香姐辣妹	2013年成立，生产、销售：豆制品（发酵性豆制品）、蔬菜制品（酱腌菜）、酱、调味料（半固态、固态）；进出口贸易
60	贵州大方百里花食品有限公司	毕节市	初级加工	260万元	辣椒的味道、百里花、大方情	2011年成立，生产、销售：调味料（固态）、豆制品（发酵性豆制品）；苗木、农作物秧苗培育、种植、加工；农资、化肥、土特产销售；进出口贸易

续表

					市级
序号	企业名称	省（市）	主要业务	经营规模	企业品牌	企业简介
61	贵州举利现代农业专业合作社	毕节市	种植业	600 万元	举利	2010 年成立，农作物的种植及粗加工、运输、销售；农产品进出口贸易；辣椒、蔬菜、牧草等农作物种子及辣椒、蔬菜种苗等苗木销售；辣椒、蔬菜等各类苗木的培育及代培育服务
62	贵州全家福食品有限公司	毕节市	初级加工	1000 万元	大山弟、小懒鬼、忆浓情	2014 年成立，农产品收购、生产、蔬菜种植、销售、预包装食品销售
63	沿河土家族自治县四季果蔬农民专业合作社	铜仁市	种植业	1000 万元	土家一族	2012 年成立，农产品种植、销售；为本社成员提供农业生产资料服务；引进新技术、新品种、农业技术培训、技术交流和咨询服务
64	贵州省思南县黔渝蔬菜专业合作社	铜仁市	种植业	500 万元	无	2013 年成立，茶叶种植；蔬菜种植、加工、销售
65	德江县鸟坪果蔬专业合作社	铜仁市	种植业	500 万元	无	2013 年成立，中药材、果蔬种植销售
66	德江县绿源朝天椒专业合作社	铜仁市	种植业	188 万元	鸡公山	2011 年成立，朝天椒、果蔬种植加工销售及农业耕作服务
67	贵州开心婆风味食品有限公司	铜仁市	初级加工	300 万元	开心婆	2003 年成立，调味料（半固态）、蔬菜制品（酱腌菜）、食用菌制品（盐渍食用菌）、方便食品（其他方便食品）加工、肉制品（酱卤制品）、糖果制品（糖果）、蛋制品（卤蛋制品）销售及进出口业务
68	江口县兴乔果蔬专业合作社	铜仁市	种植业	1500 万元	净山红	2011 年成立，蔬菜、水果、中药材、花卉、苗木培育、种植加工及销售，向成员提供农资生产资料
69	六枝特区安文种养殖农民专业合作社	六盘水市	种植业	800 万元	牛场辣椒、安家窗子洞	该合作社 2011 年成立，主要从事辣椒种植，生产加工辣椒面
70	盘州市玉祥风味食品有限公司	六盘水市	初级加工	850 万元	孟祥记、凉都孟记	该企业成立于 2006 年，拥有 6 项专利技术，主要从事油辣椒的加工制作，是市级辣椒加工龙头企业
71	六盘水黔椒食品有限责任公司	六盘水市	初级加工	200 万元	黔椒苑、凉都红	该企业成立于 2014 年，主要从事辣椒调味品、辣椒面的生产与加工

序号	企业名称	省（市）	主要业务	经营规模	企业品牌	企业简介
			市级			
72	贵州魏老妈食品有限公司	六盘水市	初级加工	100万元	魏老妈、鬼抓手	该企业成立于2013年，主要从事辣椒烙辣锅辣椒面、特色煳辣椒、麻辣香等魏老妈牌辣椒系列产品
73	六盘水市举军食品有限公司	六盘水市	初级加工	200万元	举军	该企业主营产品包括烙锅辣椒面、麻辣香、五香辣椒粉、花溪煳辣椒等产品，是市级重点辣椒加工企业
74	六枝特区呈祥农业发展有限公司	六盘水市	初级加工	3000万元	黔贵呈祥	该企业成立于2016年，主要从事鲜辣椒的销售
75	六盘水市龙马调味品食品有限公司	六盘水市	初级加工	800万元	蔡小龙	该企业成立于2013年，主要从事辣椒调味品的加工

四川省辣椒加工企业名单

序号	企业名称	省（市）	主要业务	经营规模	企业品牌	企业简介
			国家级			
1	四川白家食品有限公司	四川省	初级加工	注册资金1700万元	香香嘴、阿宽、小城故事	2001年成立，是国家级农业产业化经营重点龙头企业、农业部农产品加工示范企业和全国食品工业500强龙头企业，是国内最大的方便粉丝生产企业
2	成都新繁食品有限公司	四川省	初级加工	注册资金3000万元	宴侑、图形、喜早	1999年成立，集酱腌菜、调味品、豆制品加工、销售、出口、科研为一体的现代大型食品加工企业
3	四川李记酱菜调味品有限公司	四川省	初级加工	注册资金3168万元	李记泡菜印象	1996年成立，生产销售：酱腌菜、调料、调味品、罐头、水产品；经营进出口业务
4	四川省丹丹调味品有限公司	四川省	初级加工	注册资金2600万元	丹丹	1984年成立，是一家以生产郫县豆瓣、火锅底料、鸡精、四川泡菜等多种调味品为主的集团化企业
5	四川味聚特食品有限公司	四川省	初级加工	注册资金5690万元	味聚特、加佳特、索味特	2003年成立，生产销售蔬菜制品（泡菜、酱腌菜、酸菜）、食用菌类和藻类（海带、木耳、食用菌制品）、调味品、火锅底料、罐头食品、食用油、芝麻油、肉制品、豆类制品；购销农副产品（不含专营品种）；经营进出口业务

国家级

序号	企业名称	省（市）	主要业务	经营规模	企业品牌	企业简介
6	四川五斗米食品开发有限公司	四川省	初级加工	注册资金1000万元	五斗米、顺水鱼	2005年成立，公司占地面积228亩，主要从事卤肉制品与调味料的生产与加工
7	四川吉香居食品有限公司	四川省	初级加工	注册资金6508万元	吉香、极香居、香吉居	2000年成立，生产销售酱腌菜、泡菜、调味品、水产制品、蔬菜加工制品、豆制品、面条、粉条、粮油食品、坚果、炒货、饮料、肉类制品、畜禽制品、粮食加工、方便食品、食用菌加工、休闲食品、蛋制品、速冻食品、罐头、食用动物油；蔬菜种植；食品技术研发；进出口经营业务
8	四川省天味食品集团股份有限公司	四川省	初级加工	注册资金41315万元	好人家、天味、天车	是一家国家级农业产业的龙头企业，是全国领先的川味复合调料生产企业，是火锅料、辣椒酱国家标准起草单位之一，产品畅销国内外

省级

序号	企业名称	省（市）	主要业务	经营规模	企业品牌	企业简介
1	成都市盈宇食品有限公司	四川省	初级加工	注册资金1843.69万元	盈棚YP	2004年成立，主要从事酱腌菜（四川泡菜）、调味品、食用植物油等系列产品的生产和销售
2	成都伍田食品有限公司	四川省	初级加工	注册资金7000万元	伍田、富豪、雪山之巅	1994年成立，是一家集优质屠宰、分割、冷藏加工、肉制品深加工及鲜销连锁为一体的大型肉食品出口加工型企业
3	富顺县锦明笋竹食品开发有限公司	四川省	初级加工	注册资金1060万元	佐餐君、福顺锦明FSJM、图形	2002年成立，生产、销售蔬菜制品（酱腌菜）
4	四川省泸州市百绿食品有限公司	四川省	初级加工	注册资金1860万元	百绿人家、老坛、百绿	2004年成立，主要经营生产酱腌菜、调味品、农副土特产品
5	四川省资中县铭鸿食品有限责任公司	四川省	初级加工	注册资金535万元	老耿	2002年成立，专门从事川味酱菜生产的食品企业，是盛产驰名中外的"资中冬尖"的重要生产基地
6	威远宏源生物发展有限公司	四川省	精深加工	注册资金1000万元	宏源	2002年成立，制造、销售辣椒红、辣椒油树脂；销售饲料级磷酸氢钙、磷酸二氢钙、磷矿、硫铁矿、辣椒、化工产品

省级					
序号	企业名称	省（市）	主要业务	经营规模	企业品牌	企业简介
7	四川二郎山森林蔬菜有限公司	四川省	初级加工	注册资金2000万元	二郎山	2003年成立，竹笋制品，蕨菜、薇菜等森林蔬菜的加工、销售，无公害、绿色农产品的加工、销售；进出口业务
8	四川自贡百味斋食品有限公司	四川省	初级加工	注册资金13792.25万元	厨艺三国、每日一酱、盐遇	2001年成立，主要产品涵盖火锅底料系列、休闲菜系列、炖菜系列、汤料系列、蘸料系列、礼品盒等9大系列百余种单品，服务于家庭、居民终端消费者以及相关餐饮企业，主要为用户提供四季火锅底料、四川特产冒菜底料、麻辣烫浓缩调料剂等产品
9	四川省郫县豆瓣股份有限公司	四川省	初级加工	注册资金3423.5万元	鹃城牌、望从	1999年成立，占地面积10万平方米，产能规模10万吨，是一家以生产郫县豆瓣为主的调味品龙头企业

其他					
序号	企业名称	省（市）	主营业务	经营规模	企业品牌	企业简介
1	成都八颗菜贸易有限公司	四川省	初级加工	注册资金50万元	无	位于成都锦江区，主要经营食品以及调味品批发零售
2	四川中耀食品有限公司	四川省	初级加工	注册资金500万元	天府烤卤	2011年成立于内江市，是一家以卤制品、休闲食品、调料品为主的食品加工企业
3	四川海底捞餐饮股份有限公司	四川省	初级加工	注册资金12500万元	HI海底捞	海底捞创建于1994年，从事火锅行业，研发火锅底料，建立直营店，营业额达15亿元
4	六盘水美味园食品有限公司	四川省	初级加工	注册资金3000万元	宴山红、杜姨妈、夜郎人家	2009年成立，专业从事辣椒制品的生产企业，是重要的辣椒龙头产业
5	四川省翠宏食品有限公司	四川省	初级加工	注册资金200万元	翠宏	从事农产品收购，生产研发调味料以及辣椒制品为主。年生产辣椒制品5000余吨
6	成都市艾家食品有限公司	四川省	初级加工	注册资金100万元	吾艾家	位于四川崇州市，从事调味品研发加工活动，产品包括火锅调料、烤鱼调料等，产品出口十几个国家
7	四川辛霖食品有限公司	四川省	初级加工	注册资金200万元	无	2017年成立，主要从事初级农产品、预包装食品销售
8	成都新润油脂有限责任公司	四川省	初级加工	注册资金800万元	踏水坊、原磨、冀川	该公司是专业火锅配套产业，发展6个分公司，集研发、生产于一体，主要产品为辣椒油、火锅底料、麻辣干碟等调味料

						其他
序号	企业名称	省（市）	主要业务	经营规模	企业品牌	企业简介
9	四川简阳禾丰辣椒商贸有限公司	四川省	初级加工	注册资金100万元	紫坛香	该公司从事以辣椒制品、泡椒、泡菜等辣椒初级加工为主的经营活动
10	四川蜀坛香食品有限公司	四川省	初级加工	注册资金100万元	STX、蜀坛香	该企业成立于2016年，主要从事酱腌菜生产、销售
11	简阳市夏氏食品有限公司	四川省	初级加工	注册资金100万元	蜀顶香、万佳赞	2012年成立，主要经营范围包括蔬菜制品（酱腌菜）生产与销售
12	四川省谭妹子农业开发有限公司	四川省	初级加工	注册资金200万元	谭妹子	2015年成立，该公司主要从事种植、加工、销售蔬菜以及制造调味品
13	四川川麻人家食品开发有限公司	四川省	初级加工	注册资金5000万元	爽麻乐	2013年成立，公司地处汉源，以经营调味品、花椒、调味油为主，蔬菜加工为辅
14	成都珪一食品开发股份有限公司	四川省	初级加工	注册资金9100万元	丁点儿、味道长	是集餐饮配料研发、生产、销售为一体的配料企业，以调味品、花椒油加工为主，是四川名牌产品
15	成都市艾家食品有限公司	四川省	初级加工	注册资金100万元	吾艾家	2014年成立，主要从事餐饮调料的研发、加工、销售，产品出口海外国家
16	四川新希望味业有限公司	四川省	初级加工	注册资金10000万元	季天成、知麻倌	该公司2016年成立，主要从事郫县豆瓣、四川泡菜、火锅底料、复合调料的调味品的开发经营
17	四川川娃子食品有限公司	四川省	初级加工	注册资金2524万元	冒泡儿、香海椒	该公司集川味食品产业、食品原料贸易为一体的公司，是眉山市级重点龙头企业，从事辣椒复合调料、火锅底料加工
18	四川麻辣空间食品有限公司	四川省	初级加工	注册资金500万元	无	该企业于2012年成立，主要从事食品研发与调味品的生产及销售
19	四川省远达集团富顺县美乐食品有限公司	四川省	初级加工	注册资金5000万元	辣可以、美乐	始创于1984年，是以辣椒、花椒、农作物为主要原料的农副产品加工企业，是四川调味品五强企业
20	四川香天下餐饮集团	四川省	初级加工	注册资金1000万元	香天下、香遇	公司创立于2008年，成立分公司23家，主要从事火锅底料的研发与生产，是中国十大火锅品牌之一
21	四川庆龙凤商贸有限公司	四川省	初级加工	注册资金100万元	七郎中	2005年成立，从事商品批发与零售

					其他
序号	企业名称	省（市）	主要业务	经营规模	企业品牌	企业简介
22	成都市老码头餐饮娱乐有限公司	四川省	初级加工	注册资金818 万元	老码头	2001 年成立，是四川百强火锅企业中第三名，开设百家连锁店铺，主要从事火锅底料研发与生产
23	四川澄明食品有限公司	四川省	初级加工	注册资金100 万元	澄明要得	成立于2018 年，专门从事火锅食材研发与生产，服务于6000 家火锅连锁企业，建立6 家销售分公司，致力于川渝特色火锅食材的打造
24	四川省天味食品集团股份有限公司	四川省	初级加工	注册资金41315 万元	好人家、天味、天车	是一家国家级农业产业的龙头企业，是全国领先的川味复合调料生产企业，是火锅料、辣椒酱国家标准起草单位之一，产品畅销国内外
25	成都建乐食品有限公司	四川省	初级加工	注册资金1500 万元	新凡	2013 年成立，专业从事牛油生产企业，研发牛油火锅底料无泡沫加工，建立冷库10000 平方米，产品畅销国内外
26	成都柏峰食品有限公司	四川省	初级加工	注册资金50 万元	黄龙、九寨劲龙	2005 年成立，从事食品加工，货物出口与销售
27	四川碟滋味餐饮有限公司	四川省	初级加工	注册资金300 万元	火龙驿、碟滋味	成立于2013 年，是大型火锅连锁企业，全国开设100 余家店铺，销售范围覆盖8 个省市
28	广汉市迈德乐食品有限公司	四川省	初级加工	注册资金3000 万元	麦德乐、森态	2011 年成立，是一家从事火锅牛油的企业，公司占地30 亩，具有先进生产设备，建立3000 吨成品冷库，多次被评为名优产品
29	四川蜀九香企业管理有限公司	四川省	初级加工	注册资金500 万元	蜀九香小福里、张飞不啰嗦	2012 年成立，主要经营火锅餐饮服务行业，建立直营门店90 家
30	成都阳氏田鸭肠餐饮文化有限责任公司	四川省	初级加工	注册资金2000 万元	阳氏、满坐	该公司火锅技艺被列为"非物质文化遗产"，主要生产火锅调味品，是火锅行业翘楚，产品畅销国内外
31	成都百品味源餐饮有限责任公司	四川省	初级加工	注册资金500 万元	百品味源、川里	2015 年成立，是一家专业四川老火锅底料厂商，拥有先进的产品输送、生产、加工、仓储，提供优质火锅底料
32	成都斗城老妈餐饮有限公司	四川省	初级加工	注册资金100 万元	斗城老妈、蓉城金签签	2015 年注册成立，主要经营串香、火锅调味品研发加工，生产技术规范统一，并且提供餐饮培训服务，是中国优选品牌
33	四川皇三爷餐饮管理有限公司	四川省	初级加工	注册资金100 万元	食部、皇三少	是一家以经营川味火锅为主的公司，加盟店铺100 多家，从事技术研发、原材料供应、餐饮管理的特色火锅服务企业

						其他
序号	企业名称	省（市）	主要业务	经营规模	企业品牌	企业简介
34	成都江北老灶餐饮管理有限公司	四川省	初级加工	注册资金300万元	蓉城江北老灶	2011年成立，是一家集老灶火锅经营、火锅底料生产、物流配送于一体的综合性餐饮企业
35	成都贺氏洪七公餐饮管理有限公司	四川省	初级加工	注册资金100万元	贺氏牛华阿婆、天龙八串	2017年成立，该公司主要以经营串串秘制调味料与制作为主，是调味品加工的食品企业
36	广汉市友军食品有限公司	四川省	初级加工	注册资金240万元	无	2017年成立，主要从事农副产品的加工与销售

重庆市辣椒加工企业名单

						国家级
序号	企业名称	省（市）	主要业务	经营规模	企业品牌	企业简介
1	重庆五斗米饮食文化有限公司	重庆市	初级加工	500万元	椒语	2001年成立，旗下7家公司，致力于从田园到餐桌的现代农业产业链
2	重庆市涪陵辣妹子集团公司	重庆市	初级加工	3268万元	辣妹子、巴渝辣妹子、香辣妹	该公司成立于1998年，主要从事麻辣榨菜丝生产，泡菜调味品加工，年加工能力5万吨，是国家级农业龙头企业
3	重庆周君记火锅食品有限公司	重庆市	初级加工	1100万元	山城、周君记	是重庆火锅底料生产的国家级龙头企业之一，拥有辣椒种植基地1.5万亩，年产泡辣椒6000吨，产品远销世界各国
4	重庆小天鹅百福食品有限公司	重庆市	初级加工	注册资金1118万元	天鹅一品、一家红、长光	该企业2007年成立，主要生产重庆风味的火锅底料，年产调味品3000吨，是一家集开发、生产、销售于一体的调味品加工企业

						市级
序号	企业名称	省（市）	主营业务	经营规模	企业品牌	企业简介
1	重庆市齐齐真味食品有限公司	重庆市	初级加工	1000万元	齐齐真味、齐齐火锅	2001年成立，主要从事火锅底料生产，年生产能力5000吨，建立无公害辣椒生产基地，规范生产环节，生产高质量产品
2	重庆秦妈食品有限公司	重庆市	初级加工	2000万元	秦妈	该企业主要加工火锅底料，获中国十大火锅品牌称号，年销售额3亿元，产品远销世界各国
3	重庆巴将军实业（集团）有限公司	重庆市	初级加工	3000万元	黑珍煲、黑食之都	该公司1998年成立，主要从事火锅底料加工培训，火锅产品的研究与开发以及技术培训，曾获得70多项火锅系列荣誉

						市级
序号	企业名称	省（市）	主要业务	经营规模	企业品牌	企业简介
4	重庆德庄实业（集团）有限公司	重庆市	初级加工	3000万元	德庄、青一色	1999年创立，中国餐饮百强排名第六名，从事餐饮开发与火锅底料开发等活动，资产总额近亿元，拥有"天下第一大火锅"的称号
5	重庆三不加食品公司	重庆市	初级加工	350万元	千层红、千层辣	重庆市著名酿造调味品企业，产品以酱油、食用醋为主，集研发、生产、销售为一体的现代食品加工企业
6	重庆红九九食品有限公司	重庆市	初级加工	注册资金300万	红99、红九九	该企业成立于2002年，主要生产销售火锅底料、浓缩调味品的食品生产企业
7	重庆黄花园酿造调味品有限责任公司	重庆市	初级加工	注册资金1000万元	黄花园、天台火锅、黄花园	该企业成立于2005年，主要从事酱油、醋、豆瓣酱以及火锅底料的生产与加工，黄花园与山城被评为重庆知名商标
8	重庆三五世全食品有限公司	重庆市	初级加工	注册资金500万元	辣三五、三调五料、渝三五	该企业成立于2009年，占地面积60亩，是一家主要从事火锅底料、豆豉酱等调味料生产加工的老品牌食品公司
9	重庆凰巢食品有限公司	重庆市	初级加工	注册资金1001万元	火锅杀、凰巢、自渔	该企业成立于2006年，占地面积150000平方米，主要从事麻辣休闲食品、火锅底料加工与生产
10	重庆市益农农业有限公司	重庆市	育种	注册资金600万元	兴辣、兴和种、兴甘	该企业成立于2002年，主要从事蔬菜种子生产，是重庆市农业综合开发龙头企业
11	重庆市食友食品开发有限公司	重庆市	初级加工	注册资金200万元	粉味村、食友	该企业成立于2000年，主要从事火锅底料、调味品、麻辣食品加工生产，是重庆市著名商标
12	重庆骑龙饮食文化有限责任公司	重庆市	初级加工	注册资金500万元	龙骑龙、第九菜系	该企业成立于2003年，加盟店260家，始终以重庆火锅为公司主要产业
13	重庆毛哥食品开发有限公司	重庆市	初级加工	注册资金500万元	毛哥厨房、毛哥、惠慈	该企业成立于2002年，主要从事麻辣休闲食品、泡菜、卤制品加工的食品加工企业，被评为重庆名牌食品
14	重庆市涪陵祥通食品有限责任公司	重庆市	初级加工	注册资金380万元	无	该企业成立于1996年，厂房占地面积50余亩，主要从事榨菜与泡菜生产，年生产能力2万吨
15	重庆吴滩农业服务有限公司	重庆市	种植业	注册资金600万元	巴渝名厨、辣德厨、巴蜀辣匠	该企业成立于2001年，是集花椒与辣椒种植、收购、生产、加工为一体的重点加工企业

						市级
序号	企业名称	省（市）	主要业务	经营规模	企业品牌	企业简介
16	重庆梅香园实业集团有限公司	重庆市	初级加工	注册资金8000 万元	梅香园、一米阳光、恒的	该公司成立于 2001 年，主要生产麻辣休闲食品系列，领跑泡椒凤爪食品行业，是重点辣椒食品加工企业
17	重庆市永川豆豉食品有限公司	重庆市	初级加工	注册资金1860 万元	永川、北庆、外祖母	该公司成立于 2001 年，占地面积 100 余亩，拥有现代化生产线 8 条，主要从事豆豉、酱油、豆瓣、复合调料等加工，是中华老字号企业
18	重庆饭遭殃食品有限公司	重庆市	初级加工	注册资金5000 万元	饭遭殃、美乐迪	该公司成立于 2000 年，主要从事辣椒酱生产与研发，拥有专利 13 项，是重庆市龙头企业
19	重庆市宝顶酿造有限公司	重庆市	初级加工	注册资金400 万元	圣寿、宝之味	该公司成立于 1998 年，主要产品有调味品系列、火锅系列、豆瓣系列、一品香系列，是重庆市龙头产业，产品畅销 30 多个省，固定资产 800 万元的调味品加工企业
20	重庆市富足酿造有限公司	重庆市	初级加工	注册资金560 万元	渝锅倾城、富足	该公司成立于 2007 年，是一家主要生产鱼火锅、火锅底料、老鸭汤等产品的调味品生产企业
21	重庆岩泉食品有限公司	重庆市	初级加工	注册资金1000 万元	岩泉、郫县	该公司成立于 1992 年，种植销售花椒、辣椒，生产豆瓣酱、辣椒酱、火锅底料、调味料等产品
22	重庆民茂食品有限公司	重庆市	初级加工	注册资金368 万元	民茂、茂牛	该公司成立于 2008 年，占地面积 1 万平方米，主要从事麻辣休闲食品加工，并打造特色休闲旅游服务，是一家特色休闲食品企业
23	重庆市宏霖食品有限责任公司	重庆市	初级加工	注册资金1500 万元	宏霖、宏霖食品	该公司成立于 2009 年，主要从事腌味酱、调味料、香辛料等辣椒调味品生产，年加工调味品 2 万吨，是重要的调味品加工企业
24	重庆怡留香食品有限公司	重庆市	初级加工	注册资金225 万元	怡留香；邹	该公司成立于 2005 年，主要从事辣椒调味酱的生产
25	重庆香水火锅有限公司	重庆市	初级加工	注册资金300 万元	无	该公司成立于 2005 年，主要从事辣椒火锅调料研发
26	石柱三红辣椒专业合作社	重庆市	种植业	注册资金1000 万元	无	该企业成立于 2008 年，主要组织采购、供应社员辣椒生产需要，购销社员生产产品，提供加工、储藏、运输等服务
27	重庆科光种苗有限公司	重庆市	育种	注册资金3044 万元	科光艳椒、科光、渝	该企业成立于 1992 年，致力于蔬菜粮油种子研发，选育渝椒系列，负责农作物种子开发与研究，"科光"种苗已经成为中国种子界知名品牌

序号	企业名称	省（市）	主营业务	经营规模	企业品牌	企业简介
				其他		
1	重庆德康调味品有限公司	重庆市	初级加工	500万元	舒小辣、DKF	公司是集调味品研发、生产、销售为一体的综合性企业；以生产火锅底料酱料为主，年产能3万吨
2	重庆谭妹子金彰土家菜加工有限公司	重庆市	初级加工	100万元	谭妹子	该公司2008年成立，占地面积48亩，主要从事调味品以及辣椒制品研发加工
3	重庆市铜梁区绿满香蔬菜股份合作社	重庆市	初级加工	500万元	绿满香	2012年成立，主要从事酱腌菜生产，蔬菜种植与销售
4	重庆市丹庆食品有限公司	重庆市	初级加工	500万元	丹庆	该公司以初级农产品、货物进出口、食品生产等营业活动为主
5	重庆希诗农产品有限公司	重庆市	初级加工	100万元	无	该公司主要从事农产品销售、食品流通等活动
6	重庆四姑娘农业开发有限公司	重庆市	初级加工	200万元	骄椒香、渔香椒	该公司位于重庆江津区，2016年成立，主要经营生态农业开发、农产品初级加工、农产品种植销售
7	重庆天下香食品公司	重庆市	初级加工	50万元	渝香天下、老巴县	该企业占地面积18亩，拥有先进生产技术，生产酱制品，年产豆瓣酱5000吨
8	重庆红天下食品有限公司	重庆市	初级加工	2000万元	无	公司主要生产销售泡菜、调味品、酱制品等产品，以及相关农副产品
9	重庆飞亚实业有限公司	重庆市	初级加工	12518万元	飞马、三峡	企业属于省重点龙头企业，主要经营范围包括复合调味料、味精、销售产品、进出口等活动，年销售收入达40亿元
10	重庆市爽康食品有限公司	重庆市	初级加工	50万元	恩华	企业成立于2015年，主要加工泡菜系列产品
11	重庆市顺琪食品有限公司	重庆市	初级加工	500万元	水中香	是一家专业从事泡椒泡菜型食品企业，融蔬菜研发、生产加工、销售为一体
12	重庆布依勤厨生物科技公司	重庆市	初级加工	500万元	布依勤厨	从事火锅底料加工，以及其他调味品的制作为主的研发型食品有限公司
13	重庆千骄红食品有限公司	重庆市	初级加工	1000万元	千椒红	是专业生产调味品的企业，公司占地18.5万亩，生产车间6500平方米，产品包括辣椒酱及火锅底料
14	重庆田沃美食有限公司	重庆市	初级加工	100万元	万古鲜	2016年成立，经营蔬菜制品（酱腌菜）、调味品的加工销售
15	重庆世纪龙农业发展有限公司	重庆市	初级加工	200万元	无	2013年成立，从事农业开发种植、农副产品销售、食品加工生产等活动

					其他
序号	企业名称	省（市）	主营业务	经营规模	企业品牌	企业简介

序号	企业名称	省（市）	主营业务	经营规模	企业品牌	企业简介
16	重庆椒源红农产品有限公司	重庆市	初级加工	300万元	无	2017年成立，主要从事农产品收购、初级加工等活动
17	重庆市迈鸿食品有限公司	重庆市	初级加工	30万元	迈鸿	2012年成立，主要从事辣椒等蔬菜的生产加工，年生产能力近10000吨，产值6000万元
18	重庆惠信食品有限公司	重庆市	初级加工	100万元	鲜椒、艳椒	该公司2011年成立，主要经营农副产品包装与销售，出口多个国家与地区
19	重庆互润食品开发有限公司	重庆市	初级加工	1000万元	互润	2014年成立，主要从事火锅底料的生产以及其他调味品的加工与销售
20	重庆刘一手餐饮管理有限公司	重庆市	初级加工	500万元	刘一手	2006年注册成立，是一家全球知名国际餐饮企业，年创营业额37亿元，从事酱料研发，火锅底料的生产
21	重庆汤嫂食品有限公司	重庆市	初级加工	1000万元	辣么俏、汤嫂TANGSAO FOOD	2007成立，主要经营鸡精与火锅底料等半固态调味料，是西北地区食品行业标杆
22	重庆永健食品集团股份有限公司	重庆市	初级加工	2352万元	永健	该公司始创于1998年，融研发生产于一体的综合性休闲辣制食品生产企业，旗下企业10家，是重庆市农业产业龙头企业
23	重庆绿庄园食品有限公司	重庆市	初级加工	100万元	饭巴托	2017年成立，经营活动范围：生产、销售食品，货物出口
24	重庆豪渝餐饮管理有限公司	重庆市	初级加工	300万元	豪渝、渝岸	成立于2013年，是一家火锅连锁经营、食品厂酱料生产的企业，是中国名火锅
25	重庆市钦鼎农业集团有限公司	重庆市	初级加工	500万元	龙乡龙锅	2011年成立，从事农产品的收购生产加工、火锅调味包的制造、蔬菜制品、林业的种植技术指导、货物仓储及进出口
26	鲁西肥牛（重庆）实业发展集团有限公司	重庆市	初级加工	1000万元	鲁西肥牛、潮牛庄园	2002年成立，主要从事肥牛加工，食品生产
27	重庆椿林聚业食品有限公司	重庆市	初级加工	300万元	椿林、琪馨	2015年创立，专门做调味品、味精的食品企业；同时也从事农产品的加工与销售
28	重庆金安怡食品有限责任公司	重庆市	初级加工	200万元	帅香果	2003年建立，主要从事火锅底料以及其他调味品的加工生产

					其他
序号	企业名称	省（市）	主营业务	经营规模	企业品牌	企业简介
29	重庆俏辣嘟餐饮有限公司	重庆市	初级加工	800万元	俏辣都	成立于2017年，是一家火锅餐饮服务有限公司，从事火锅加盟技术培训以及火锅底料生产
30	重庆乾宗火锅调味品有限公司	重庆市	初级加工	200万元	蜀大川、大龙爷	2017年成立，专业从事重庆火锅底料研发与生产一站式物料供应的实体企业，是"中国品牌火锅底料定制专家"
31	重庆熬派厨餐饮文化管理有限公司	重庆市	初级加工	100万元	熬派厨	2016年成立，主要从事餐饮文化推广、餐饮管理、食品加工技术咨询等服务
32	重庆五斗米饮食文化有限公司	重庆市	初级加工	500万元	五斗米风味酒楼	2001年成立，旗下7家公司，是全国绿色餐饮企业，拥有十多个知名品牌，连锁店遍布十几个省市
33	重庆民贤餐饮管理有限公司	重庆市	初级加工	200万元	珮姐、棉花绽放	成立于2013年，是重庆火锅人气前十名，生产的火锅底料销往各个城市
34	重庆冠厨餐饮管理有限公司	重庆市	初级加工	100万元	囍山城、辣香坊	2016年成立，主要经营餐饮管理与服务以及火锅调料制作等
35	重庆回味川渝清真餐饮有限公司	重庆市	初级加工	200万元	回味川渝	2017年成立，主要经营火锅连锁加盟服务以及清真文化饮食研究，主要以从事火锅调味制造与加工技术研发为主
36	重庆渝忆调味品有限责任公司	重庆市	初级加工	100万元	渝忆老	2015年成立，是一家集调味品研发、生产与销售于一体的食品制造业，主营产品近百种，产品畅销32个省市
37	重庆市钦鼎农业集团有限公司	重庆市	初级加工	500万元	龙乡龙锅	2011年成立，主要从事农产品的加工与销售，农业综合开发以及调味品的研发生产，蔬菜制品等活动
38	重庆叙知香餐饮文化有限公司	重庆市	初级加工	200万元	叙知香、烹食鲜	2010年成立，是一家著名的品牌餐饮企业，集研发、生产、销售于一体，火锅调味产品年产达360多吨
39	重庆天爵农业开发有限公司	重庆市	初级加工	1000万元	爽巴适、添添轩	2017年成立，从事火锅餐饮、食品、调料、火锅食材研产供销一体的企业，生产车间占地50亩，是食材品牌重点扶持企业
40	重庆火锅文化创意公司	重庆市	初级加工	500万元	无	2014年成立，主要承办设计、制作、摄影服务、企业管理咨询等
41	重庆九米哥餐饮文化管理有限公司	重庆市	初级加工	1500万元	九米哥	从事2017年，主要从事火锅服务、食品技术开发、品牌推广、生态农业开发等活动

					其他
序号	企业名称	省（市）	主营业务	经营规模	企业品牌	企业简介
42	重庆泉佳喜餐饮文化有限公司	重庆市	初级加工	80 万元	泉佳喜臻、泉佳喜	2015 年成立，主要从事餐饮服务、旅游等行业
43	重庆市厨味食品有限责任公司	重庆市	初级加工	100 万元	厨味、渝厨味	2011 年成立，从事传统火锅调味品生产加工以及销售
44	重庆谢氏餐饮文化有限公司	重庆市	初级加工	50 万元	签乐荟	2013 年成立，主要从事餐饮管理与咨询、食品加工、销售农副产品等活动
45	重庆绿齐捌餐饮管理有限公司	重庆市	初级加工	200 万元	舌联网、绿齐捌	2015 年成立，从事餐饮管理、食品加工技术咨询、互联网发布餐饮信息、销售调味品及蔬菜
46	重庆六丰农业开发有限公司	重庆市	初级加工	1000 万元	红盛来、庄坊记	2014 年成立，该公司位于重庆万盛开发区，是从事食品加工的重要企业，主要生产火锅调味品
47	重庆赵佳祥餐饮文化有限公司	重庆市	初级加工	100 万元	赵家院子佬	2017 年成立，主要经营火锅底料研发与生产，是具有一定规模的餐饮公司
48	重庆火锅美食体验投资有限公司	重庆市	初级加工	10000 万元	火天下、走南闯北	2014 年成立，是一家由 27 家知名火锅品牌公司共同合资打造的火锅博物馆，展现了重庆火锅发展历史
49	重庆双鲜食品有限公司	重庆市	初级加工	100 万元	双鲜人家、一鲜阁	2009 年成立，主要从事重庆火锅调味料研究，致力于火锅鸡精与鸡粉研究，生产车间面积达 12000 平方米，与重点火锅企业均有合作
50	重庆苏大姐餐饮文化有限责任公司	重庆市	初级加工	100 万元	苏大姐、苏小妹	1997 年注册，主要经营火锅底料加工与火锅店加盟，该品牌是行业最具知名度与市场的火锅品牌
51	重庆市椒源红农产品有限公司	重庆市	初级加工	300 万元	无	主要经营水果、蔬菜等农产品的收购，农产品的初级加工与销售
52	涪陵天然食品有限责任公司	重庆市	初级加工	1300 万元	小字辈、山峡情	1998 年成立，主要生产腌制产品，年生产能力 20000 吨，产品畅销海内外市场
53	重庆市平滩河调味品有限公司	重庆市	初级加工	50 万元	缸缸红	2011 年成立，主要从事辣椒酱的生产与加工，销售农副产品等活动
54	重庆佰琪尔商贸有限公司	重庆市	初级加工	100 万元	无	2013 年成立，主要销售初级农产品、食品添加剂原辅材料等

河南省辣椒加工企业名单

省级

序号	企业名称	省（市）	主要业务	经营规模	企业品牌	企业简介
1	郑州雪麦龙食品香料有限公司	河南省郑州市	精深加工	注册资金2500万元	雪麦龙、华豫良厨	公司成立于2006年，主要从事天然香料与食用香精生产与销售的科技型股份有限公司，提炼分子蒸馏并提取辣椒油树脂、生姜精油等
2	河南省桃园建民食品有限公司	河南省濮阳市	初级加工	注册资金300万元	桃园建民、饭来张口、龙湖印象	公司成立于2000年，是一家以辣椒制品与调味品研制、生产与销售为主的食品企业，并开创中国耗辣椒第一品牌，桃园建民也被誉为河南省著名商标
3	河南省龙乡红食品有限公司	河南省濮阳市	初级加工	注册资金1000万元	辣开心、风味剁、科辣、龙乡红	公司成立于2009年，占地面积45000平方米，"科椒"被认证为河南著名商标，"剁辣椒"被评为濮阳名吃。生产八大系列20余种产品，年生产辣椒制品2500吨，年产值1.2亿元
4	河南大汉食品产业园有限公司	河南省濮阳市	初级加工	注册资金6000万元	大汉小子、菇状元、顿丘村菇	公司成立于2014年，企业占地面积51.8万亩，是一家集餐饮食材研发、火锅底料调味品生产、食用菇加工于一体的企业
5	鄢陵亿鑫实创农业科技发展有限公司	河南省许昌市	初级加工	注册资金1000万元	无	公司成立于2013年，主要从事农业技术开发，辣椒加工与销售，农副产品收购、储存、加工、进出口等活动
6	河南省南街村（集团）有限公司	河南省漯河市	初级加工	注册资金53000万元	南德、南街村	公司成立于1997年，是一家集体企业，年实现工业总产值150000万元，拥有26家企业，其中的调味品包括火锅系列、香辣酱、天然调料、复合调料等产品
7	河南中大恒源生物科技股份有限公司	河南省漯河市（国家级）	精深加工	注册资金4100万元	中大恒源、郁金香	公司始建于1993年，是中国天然色素的标杆企业，拥有36项色素提取专利，产品涵盖范围广，主要以天然色素加工为主
8	漯河市平平食品有限责任公司	河南省漯河市	初级加工	注册资金120000万元	卫龙、亲嘴、福美益	公司创建于1999年，是一家集研发、生产、加工、销售于一体的辣味休闲食品行业龙头企业，打造"卫龙"全国知名品牌，是河南省重点龙头企业
9	河南优粮生物科技有限公司	河南省三门峡市	初级加工	注册资金1000万元	优梁、素肉、麦小呆	公司成立于2014年，是一家集食品保健于一体的麻辣食品有限公司，重点生产麻辣系列与豆制品。旗下5家分公司，占地450亩，产品品种40余种，年销售额2亿元
10	河南省新野新蔬菜有限责任公司	河南省南阳市	初级加工	注册资金760亿元	无	公司成立于2007年，主要从事蔬菜批发，年均销售各类蔬菜17亿吨，主要产品包括白菜、辣椒等新鲜蔬菜。年交易额达11亿元

续表

					省级	
序号	企业名称	省（市）	主要业务	经营规模	企业品牌	企业简介
11	仲景食品股份有限公司	河南省南阳市	精深加工	注册资金7500万元	劲道、仲景、大厨房	公司成立于2002年，拥有21项专利，主要从事调味品与食品配料生产，萃取辣椒油树脂与辣椒红素等香辛调味品的研发，开发香菇酱、蓝莓果酱、辣椒酱以及麻辣食品
12	南阳泰瑞生物科技股份有限公司	河南省南阳市	精深加工	注册资金1500万元	金栀、山华	公司成立于2006年，主要从事天然色素提取，产品以栀子黄、栀子绿、辣椒红、姜黄素为主，食品油的加工与销售
13	河南长领食品有限公司	河南省商丘市	初级加工	注册资金3000万元	长领、北乳	公司成立于2003年，主要从事烘炒类、调味品、糕点类生产，辣椒、大蒜、花生的收购与粗加工，年产值1.2亿元
14	河南省白师傅清真食品有限公司	河南省商丘市	初级加工	注册资金2800万元	白师傅、春水桥、麻辣大王	公司创建于2000年，占地面积60亩，主要生产麻辣系列、豆豉酱等产品，"白师傅"被评为河南省著名商标，是一家专业生产素食麻辣食品的企业，年产值9000万元
15	柘城县恒星食品有限公司	河南省商丘市	初级加工	注册资金1000万元	无	公司成立于2005年，主要从事农副产品、辣椒、大蒜的收购与储藏，产品有辣椒粉、辣椒段等粗加工产品，年营业额2000万元
16	河南天一食品有限公司	河南省驻马店市	初级加工	注册资金12000万元	天一食品、天一	公司成立于2012年，主要生产麻辣面食制品与方便食品生产研发销售，公司占地112亩
					其他	
序号	企业名称	省（市）	主要业务	经营规模	企业品牌	企业简介
1	河南省霞光农业高科技股份有限公司	河南省南阳市	精深加工	注册资金6980万元	宛都红、峡光	该公司成立于2011年，是一家专业从事提取天然色素与功能性食品添加剂等产品的高科技企业，主要产品有：辣椒红色素、辣椒油树脂等
2	淅川县香花震宇辣椒制品有限公司	河南省南阳市	初级加工	注册资金5000万元	快乐岛、石臼、丹阳明珠	该企业成立于1999年，主要生产经营辣椒制品：豆瓣酱、香脆辣丁、油泼辣子。是当地辣椒制品的龙头企业
3	南阳市石臼辣椒制品有限公司	河南省南阳市	初级加工	注册资金5000万元	蠡园	该公司成立于2016年，从事辣椒制作7年之久，"石臼"是河南著名商标，主要经营辣脆丁、香辣豆豉、火烧辣子等辣椒制品

其他					
序号	企业名称	省（市）	主要业务	经营规模	企业品牌	企业简介
4	河南省尚源天然色素有限公司	河南省南阳市	精深加工	注册资金6600万元	无	成立于2015年，主要从事辣椒种植与辣椒深度加工
5	河南省姬老根调味食品有限公司	河南省新乡市	初级加工	注册资金5618万元	姬老根	成立于2005年，公司占地面积20亩，主要从事调味料、豆豉、辣椒酱的生产与加工
6	河南海润生态农业科技有限公司	河南省平顶山市	种植业	注册资金5000万元	无	成立于2016年，主要从事辣椒、蔬菜、园艺作物、果树种植，观光餐饮服务等活动
7	南阳市绿源天然色素有限公司	河南省南阳市	精深加工	注册资金6600万元	无	成立于2010年，主要经营辣椒销售，是调味品行业中的知名企业
8	叶县伊帆清真食品有限公司	河南省平顶山市	初级加工	注册资金5000万元	伊帆	成立于2001年，公司占地面积13800平方米，主要生产冷冻肉、辣椒酱、火锅底料、粉状香精等产品
9	河南科恩生物科技有限公司	河南省新郑市	精深加工	注册资金1000万元	科恩、科恩英科	成立于2004年，拥有专利4项，研发出辣椒原料及制品中落单民法B的检测方法
10	河南博汇食品香料有限公司	河南省郑州市	初级加工	注册资金500万元	博汇、川大勺	公司成立于2013年，主要以天然产物提取技术为基础的食用香精企业，主要产品以香辛料的制作、辣椒油、调味粉为主
11	河南省红绿辣椒种业有限公司	河南省郑州市	育种	注册资金200万元	红大将、好农	公司成立于2005年，是中国辣椒种子十大知名品牌之一，累计推广品种20余种，创造社会效益10.4亿元
12	通许县绿兴源蔬菜种植农民专业合作社	河南省开封市	种植业	注册资金1500万元	无	成立于2012年，主要经营范围：合作社成员所需的辣椒、大蒜、红薯、西瓜种植的服务
13	杞县复兴神农大蒜辣椒种植专业合作社	河南省开封市	种植业	注册资金3525万元	无	公司成立于2013年，主要为成员购买生产资料，对大蒜与辣椒的种植提供技术支持，销售辣椒、大蒜产品
14	通许县宝强种植农民专业合作社	河南省开封市	种植业	注册资金3000万元	无	公司成立于2014年，主要为社员提供核桃、大蒜、辣椒种植与销售服务
15	栾川县胜利辣椒加工专业合作社	河南省洛阳市	初级加工	注册资金500万元	无	成立于2013年，主要从事辣椒收购、加工与销售，组织成员采购所需要的生产资料，收购成员所生产经营产品

			其他			
序号	企业名称	省（市）	主要业务	经营规模	企业品牌	企业简介
16	宜阳县田茂种植农民专业合作社	河南省洛阳市	种植业	注册资金500万元	无	成立于2012年，主要经营谷物、蔬菜、辣椒的种植
17	洛阳馨香食品有限公司	河南省洛阳市	初级加工	注册资金500万元	禹皇湖	成立于2009年，公司占地面积10000平方米，主要生产厨房调味品，迎卫香油、辣子酱等产品
18	开封市鑫盛农产品有限公司	河南省开封市	初级加工	注册资金1000万元		成立于2012年，主要从事大蒜、土豆、辣椒、洋葱农副产品购销以及进出口活动
19	平顶山市领军清真调味品有限公司	河南省平顶山市	初级加工	注册资金1000万元	安泊尔、佰来客	成立于2009年，主要生产辣椒油、香辣牛肉酱、复合调味料等产品
20	滑县亿康食品有限责任	河北省安阳市	初级加工	注册资金3000万元	无	成立于2007年，主要从事蔬菜脱水淬加工、蒜片、辣椒、蒜末、萝卜等
21	内黄县天鸿农副产品加工有限公司	河南省安阳市	初级加工	注册资金2000万元	无	成立于2016年，主要从事辣椒、花生、大蒜初级加工、储藏与销售
22	安阳天骄农业科技发展有限公司	河南省安阳市	育种	注册资金1000万元	无	成立于2017年，主要从事辣椒种子的加工与销售，农业技术推广服务，农产品初级加工与销售
23	安阳市穆傲尖椒贸易有限公司	河南省安阳市	初级加工	注册资金2000万元	无	成立于2017年，主要从事辣椒、大蒜及豆类的购销、储存、加工、辣椒制品的生产与销售
24	河南省龙乡红食品有限公司	河南省濮阳市	初级加工	注册资金1000万元	辣开心、风味剁、科辣、龙乡红	公司成立于2009年，占地面积45000平方米，"科椒"被认证为河南著名商标，"剁辣椒"被评为濮阳名吃。生产八大系列20余种产品，年生产辣椒制品2500吨，年产值1.2亿元
25	清丰忠凯农业有限公司	河南省濮阳市	初级加工	注册资金1000万元	无	公司成立于2016年，主要从事辣椒收购、辣椒加工销售等活动
26	濮阳市天农种植有限公司	河南省濮阳市	初级加工	注册资金1000万元	最红颜	公司成立于2014年，主要从事辣椒、大蒜、生姜以及中药种植的加工与出口贸易
27	河南京襄食品有限公司	河南省许昌市	初级加工	注册资金1800万元	无	公司成立于2016年，主要从事辣椒蔬菜腌制等活动
28	临颍银鑫辣椒种植专业合作社联合社	河南省漯河市	种植业	注册资金2089万元	无	合作社成立于2014年，主要从事辣椒种植与购销，粮食作物的种植，为种植提供技术支持

| | | | | | 其他 | |
序号	企业名称	省（市）	主要业务	经营规模	企业品牌	企业简介
29	柘城春海辣椒食品有限公司	河南省商丘市	初级加工	注册资金1000万元	春海石磨、曹春海	公司成立于2007年，主要从事辣椒粗加工、大蒜粗机加工、脱水蔬菜等产品，是河南省商丘市辣椒食品龙头企业
30	河南辣德鲜食品有限公司	河南省商丘市	初级加工	注册资金1000万元	辣德鲜、辣子鲜	公司成立于2015年，公司位于河南柘城，拥有辣椒原料供应地6000亩，主要从事辣椒酱、辣椒粉等辣椒制品
31	柘城县红辣有限责任公司	河南省商丘市	育种	注册资金1000万元	豫柘三樱	公司成立于1999，主要从事良种繁育与推广，培养九大系列的朝天椒种子，是河南省名牌产品
32	柘城县恒星食品有限公司	河南省商丘市	初级加工	注册资金1000万元	无	公司成立于2005年，主要从事辣椒、大蒜、脱水蔬菜的加工与销售
33	商丘市梁园区新奇种业农民专业合作社	河南省商丘市	种植业	注册资金1000万元	无	公司成立于2013年，主要从事辣椒、花生、西瓜的种植，技术推广服务，生产资料采买等服务
34	驻马店市隆昌元农副产品有限公司	河南省驻马店市	初级加工	注册资金1000万元	无	公司成立于2012年，主要从事酱油、醋、辣椒食品制作
35	河南省椒都种业有限公司	河南省	育种	注册资金200万	骄都、椒万金	拥有5000亩育种基地以及现代化种子实验室，注册商标16个，融研发、培育、销售为一体的专业种子公司
36	河南省北科种业有限公司	河南省	育种	注册资金500万	北科系列	2004年注册成立，集辣椒科研、繁育、销售于一体的现代种子企业，公司占地50亩，拥有2000亩良种繁育基地
37	河南省奥宁种业有限公司	河南省	育种	注册资金200万元	椒美美、奥农	该公司位于柘城县，是河南著名商标，主要致力于辣椒品种研发、繁育的科技型种子公司
38	河南省柘城县三鹰种业有限公司	河南省	育种	注册资金200万元	盛丰三鹰	该公司2001年成立，主要经营辣椒种子销售与研发
39	河南金汉辣椒有限公司	河南省	初级加工	注册资金100万	豫金汉	2017年成立，主要从事辣椒大蒜购销与加工
40	濮阳市汇秋丰农产品有限公司	河南省	初级加工	注册资金500万元	无	经营范围主要包括辣椒、大蒜等农产品加工销售，进出口贸易

其他

序号	企业名称	省（市）	主要业务	经营规模	企业品牌	企业简介
41	河南百年老妈饮食管理有限公司	河南省	初级加工	注册资金500万元	百年老妈	该企业被1996年成立于郑州市，曾被评为中华名火锅，以麻辣火锅底料加工为主
42	柘城县三樱汇食品有限公司	河南省	初级加工	注册资金100万元	椒乡村	2017年成立，是一家经营辣椒类调味品加工制造、调味品的研制与销售的公司
43	河南辣么美食品有限公司	河南省	初级加工	注册资金100万元	椒商妹、丽椒娘	2018年成立，位于河南柘城，主要经营辣椒酱等调味品加工、调味食品的研发与销售
44	喜爷食品（河南）有限公司	河南省	初级加工	注册资金528万元	脆椒酥、快乐鸭	该公司2005年成立，占地面积30亩，是农业产业龙头企业，主要经营辣椒休闲食品，产品远销海外
45	河南桃园建民食品有限公司	河南省	初级加工	注册资金300万元	桃园建民、耗辣椒	该公司成立于2000年，是辣椒制品与调味品的研制、生产、销售的食品企业，是农业产业化重点龙头产业
46	河南众品食业股份有限公司	河南省	初级加工	注册资金143000万元	众品千寻、众品	2000年成立，是一家从事农产品加工与生鲜食品制造的企业，河南省最大的速冻蔬菜出口基地，国家民营企业排行第279位
47	河南禾盛合食品有限公司	河南省	初级加工	注册资金960万元	涮邦、亲热	是一家专门销售火锅食材的公司，产学结合打造一流食材研究所。年生产能力15000吨，年产值8亿元
48	河南奥克调味品有限公司	河南省	初级加工	注册资金300万元	奥克、奥克九宝	2001年成立，是一家专业的调味品研与生产公司，调味品种达100余种，产品遍及各城市
49	河南省国宏食品有限公司	河南省	初级加工	注册资金13000万元	蜀知味	2016年成立，是一家集辣椒种植、研发、生产川味调料（泡椒、剁椒、豆瓣）的市级龙头企业，生产工厂面积20000平方米
50	南阳市大山食品有限公司	河南省	初级加工	注册资金100万元	大山花宝宝	2010年成立，主要经营食品、蔬菜加工与销售，百货销售等活动
51	卓尼县佳美商贸有限责任公司	河南省	初级加工	注册资金500万元	无	成立于2004年，主要从事土特产、民族服饰、调味品、日用杂货的销售
52	柘城县辣椒大市场有限公司	河南省	出口贸易	30万元	辣郎配、红立方	集辣椒交易、仓储于一体的交易枢纽，从事辣椒收购销售，2016年实现交易50万吨，完成交易额60亿元
53	濮阳市久赤农业有限公司	河南省	出口贸易	600万元	久赤、JC－918	2016年成立，是一家具有国家资质的辣椒企业，主要提供辣椒及其他农产品的种植销售及进出口服务

湖南省辣椒加工企业名单

省级

序号	企业名称	省（市）	主营业务	经营规模	企业品牌	企业简介
1	长沙好韵味实业发展有限公司	湖南省长沙市	初级加工	注册资金5077万元	好韵味、真韵味	成立于2001年，占地面积2万平方米，是一家集复合调味料研发、生产、销售于一体的辣酱调味品企业
2	长沙市彭记坊食品有限公司	湖南省长沙市	初级加工	注册资金800万元	彭记坊、香芋王子	成立于2009年，主要从事酱腌菜以及辣椒制品生产加工
3	衡东兴薇三樟黄贡农产品有限公司	湖南省衡阳市	初级加工	注册资金600万元	兴薇	公司成立于2006年，主要从事黄贡椒与相关食品研发、种植、加工、销售的企业，产品以辣椒制品为主
4	湖南新发食品有限公司	湖南省衡阳市	初级加工	注册资金5999万元	东方良品、鑫发	公司成立于2006年，主要从事脱水蔬菜，拥有快速制备干红椒、白辣椒等专利技术，是一家重点蔬菜加工企业
5	韶山毛家食品有限公司	湖南省湘潭市	初级加工	注册资金800万元	无	公司成立于2009年，主要从事辣椒、卤制品、调味品以及休闲食品加工
6	湖南军杰食品科技有限公司	湖南省邵阳市	初级加工	注册资金8000万元	军杰、军杰辣王	公司成立于2013年，主要从事辣椒种植，生产辣椒系列产品，如泡椒、剁椒、辣酱，年收入6.3亿元，"军杰"荣获湖南著名商标
7	湖南满师傅食品有限公司	湖南省邵阳市	初级加工	注册资金2000万元	满师傅	公司成立于2010年，主要从事辣椒酱、酱菜、肉类等麻辣制品，年销售额近2亿元，拥有8项专利技术，荣获湖南著名商标
8	湖南省天香生物科技有限责任公司	湖南省邵阳市	精深加工	注册资金2000万元	回家GHOME、蓓丽视	公司成立于2008年，主要从事生物技术，农产品精深加工，产品包括花青素、辣椒素、大蒜素以及天然香精香料
9	湖南省华康食品有限责任公司	湖南省岳阳市	初级加工	注册资金3000万元	好多椒、杨记华康、红椒坊	公司成立于2002年，主要生产辣椒芝麻油、剁辣椒、辣椒酱、豆豉、腐乳等产品，荣获湖南省著名商标、湖南省名牌产品
10	湖南省旺辉食品有限公司	湖南省岳阳市	初级加工	注册资金6860万元	飞旺、辣个味	公司成立于2007年，占地面积180亩，主要从事辣椒制品与酱腌菜的生产加工，年产值达5.6亿元
11	湖南省玉峰食品实业有限公司	湖南省岳阳市	初级加工	注册资金5000万元	小麻辣王子、玉峰	公司成立于2000年，主要从事面制麻辣食品加工，拥有零添加的专利技术，是国家高新技术企业
12	湖南省十三村食品有限公司	湖南省临湘市	初级加工	注册资金1000万元	十三村、李国武为十三村代言	公司成立于2006年，主要从事酱腌菜、调味酱、豆制品加工等，拥有4项独立自主的专利

省级					
序号	企业名称	省（市）	主营业务	经营规模	企业品牌	企业简介

序号	企业名称	省（市）	主营业务	经营规模	企业品牌	企业简介
13	湖南李记食品有限公司	湖南省岳阳市	初级加工	注册资金1380万元	李记	公司成立于2006年，主要生产酱腌菜、调味品、红油小菜的加工企业，占地面积100余亩，年加工酱菜12万吨
14	常德富民桥食品菜业有限公司	湖南省常德市	初级加工	注册资金1500万元	富民桥	公司成立于2003年，主要从事酱腌菜生产加工，是湖南省名牌产品
15	辣妹子食品股份有限公司	湖南省益阳市	初级加工	注册资金8400万元	辣妹子	公司成立于2001年，公司生产的橘片罐头、调味品系列产品及辣椒酱、酱腌菜等产品出口韩国
16	桂阳太和辣业有限公司	湖南省郴州市	初级加工	注册资金1000万元	金泰和贡	公司创建于1993年，是湖南省最大的辣椒食品加工企业，辣椒制品畅销各省，是湖南名牌产品
17	湖南省嘉禾县三味食品有限公司	湖南省郴州市	初级加工	注册资金1000万元	湘嘉鱼	公司成立于1998年，是主要生产辣椒制品的企业，是湖南省农业产业化重点龙头企业
18	临武县小徐瓜瓜食品有限公司	湖南省郴州市	初级加工	注册资金500万元	小徐瓜瓜	公司成立于2003年，主要从事蔬菜罐头、辣椒酱、辣椒调味品的生产与加工，是湖南省重要的辣椒加工企业
19	湖南邬辣妈农业科技发展有限公司	湖南省涟源县	初级加工	注册资金3200万元	无	公司成立于2015年，主要从事休闲麻辣食品加工，拥有8项专利，是湖南省重点麻辣食品加工企业

其他					
序号	企业名称	省（市）	主营业务	经营规模	企业品牌	企业简介

序号	企业名称	省（市）	主营业务	经营规模	企业品牌	企业简介
1	湖南匡老五辣业有限公司	湖南省	初级加工	注册资金200万	匡老五	2014年成立，拥有10万亩辣椒合作基地，年产3000吨辣椒，采取标准化生产模式，产品畅销海内外
2	湖南辣嫂子食品有限公司	湖南省	初级加工	注册资金200万元	辣嫂子	2011年成立，该公司位于益阳市，主要经营食品、农副食品以及辣椒食品技术咨询服务
3	湖南中湘农垦品牌管理有限公司	湖南省	初级加工	注册资金1000万元	中湘农垦	2017年成立，主要从事品牌推广营销，物联网研发，农副产品的销售，农业技术开发服务
4	湖南湘西密码生态农业开发有限公司	湖南省	初级加工	注册资金500万元	无	2015年成立，以销售农副产品、土特产为主，开发农业项目活动
5	湖南德农牧业集团有限公司	湖南省	初级加工	注册资金33000万元	德农	2011年成立，主要从事湘西黄牛保种培育，休闲食品制作、酱制品系列，注册商标165种，16个品牌

其他

序号	企业名称	省（市）	主营业务	经营规模	企业品牌	企业简介
6	湖南康源农产品进出口有限公司	湖南省	出口贸易	200万元	无	公司2012年成立，经营范围：辣椒初级加工进出口贸易
7	长沙仁丰种业有限责任公司	湖南省	育种	注册资金200万元	金辣	2016年成立，专业从事辣椒种子选育、推广、销售的农业科技企业
8	湖南三亩地农业科技发展有限公司	湖南省	辣椒种植	注册资金200万元	无	2017年成立，提供农业科技研究和实验发展、生物技术推广，以及生产资料的配送销售等服务
9	湖南耀泓生态农业开发有限公司	湖南省	辣椒种植	注册资金3000万元	白露坳、津富	2016年建立，主要经营农产品的种植与销售，提供观光旅游服务、林木种植
10	老河口华松科技有限责任公司	湖南省	精深加工	注册资本5111.8万元	华松	是专业生产辣椒红色素、辣椒精、辣椒碱的高新技术企业，年生产干红辣椒1000吨，拥有自主知识产权的龙头企业

山东省辣椒加工企业名单

国家级

序号	企业名称	省（市）	主营业务	经营规模	企业品牌	企业简介
1	中椒英潮辣业发展有限公司	山东省德州市	初级加工	注册资金7000万元	中椒、辣贝尔、英潮	该公司成立于2000年，是山东省最大规模的融辣椒种植、收购、加工、储藏、销售出口为一体的出口型企业。主要经营辣椒制品与食品配料
2	青岛永发食品有限公司	山东省青岛市	初级加工	注册资金5000万元	家和谐	该公司成立于2003年，主要生产辣椒制品、调味料、混合调味粉、混合调味酱等产品，产品100%用于出口
3	山东飞达集团有限公司	山东省德州市	初级加工	注册资金5550万元	飘牌、FLOAT	该企业成立于2001年，占地面积450余亩，年生产能力6万吨，是主要从事辣椒蔬菜种植、加工、出口的龙头企业，旗下公司从事辣椒深加工

省级

序号	企业名称	省（市）	主营业务	经营规模	企业品牌	企业简介
1	济南伟丽种业有限公司	山东省济南市	育种	注册资金500万元	红灵、金淇淋、伟丽	该公司成立于2000年，是一家集科研、育苗、营销于一体的农业科技有限公司。生产品种十几种，提供优品品种，专注瓜苗事业
2	济南晶荣食品有限公司	山东省济南市	初级加工	注册资金5000万元	绣江源、知五味、果果果	该公司成立于2013年，是一家中日合资企业，占地面积17000平方米，产品包括辣椒类粗加工、葱姜蒜、水果类、商业酱料等，拥有辣椒基地800亩，出口创汇500万美金

序号	企业名称	省（市）	主营业务	经营规模	企业品牌	企业简介
				省级		
3	青岛故乡农产有限公司	山东省青岛市	初级加工	注册资金300万元	拾味故乡、食在故乡、麦福源	该公司成立于2005年，总资产4亿元，年产冻辣椒8000吨，冻蒜泥6000吨，产品包括辣椒粉、泡菜、辣椒酱。出口18个国家
4	青岛柏兰集团有限公司	山东省青岛市	初级加工	注册资金7118万元	柏兰、东方味道、芳蝶	该公司成立于1993年，是一家以辣椒与芝麻为主的链条企业，公司占地面积86000平方米，70%产品用于出口，2004年被评为国家级出口辣椒标准示范基地
5	青岛和旺食品有限公司	山东省青岛市	初级加工	注册资金1000万元	村妞	该公司成立于2008年，占地面积20万平方米的现代食品加工（调味、酱类）企业，主要生产辣椒酱、泡菜酱、蒜蓉辣椒等产品。酿造车间16000余平方米，是重要的调味料加工企业
6	山东天音生物科技有限公司	山东省淄博市	精深加工	注册资金4000万元	天音生物、富乐都	该公司成立于2007年，占地面积7.8万平方米，拥有9项专利技术，主导产品为叶黄素、辣椒红色素以及其他系列产品，产品远销欧盟国家与地区
7	寿光新世纪种苗有限公司	山东省潍坊市	育种	注册资金3000万元	世纪庄园、圣宴	该公司成立于2001年，占地面积2000亩
8	日照怡和食品股份有限公司	山东省日照市	初级加工	注册资金1050万元	怡和淞	该公司成立于2003年，主要从事保鲜蔬菜、脱水蔬菜、速冻蔬菜等外贸食品加工，产品深受国外市场欢迎
9	莱芜裕康食品有限公司	山东省莱芜市	初级加工	注册资金500万元	万家康、鲁莱名酱	该公司成立于2005年，主要从事复合酱料、火锅料生产，拥有1000吨的恒温库，销售保鲜蔬菜
10	临沂万德福食品有限公司	山东省临沂市	初级加工	注册资金1500万元	万德福	该公司成立于2005年，公司经营范围：脱水蔬菜、调味品（仅限辣椒粉）
11	临沂亚进食品有限公司	山东省临沂市	初级加工	注册资金5000万元	金庆元、赵妈妈、亚进	该公司成立于2008年，是一家以生产韩国泡菜、保鲜板栗、冷冻食品为主的山东省农业产业重点龙头企业
12	山东红都食品有限公司	山东省德州市	初级加工	注册资金2000万元	红都、金鑫红都	该公司成立于2001年，主要从事辣椒收购、销售辣椒制品。是省级辣椒制品龙头企业
13	山东鸿兴源食品有限公司	山东省德州市	初级加工	注册资金1946.25万元	佐餐娃娃、鸿兴源	该公司成立于1999年，是一家从事调味品开发的公司，年加工调味品能力50万吨，产品包括辣椒油系列、鸡精、火锅、豆豉、陈醋等

					省级	
序号	企业名称	省（市）	主营业务	经营规模	企业品牌	企业简介
14	山东辣贝尔天然食品有限公司	山东省德州市	精深加工	注册资金	谭英潮、亲妈、辣贝尔	该公司始建于1992年，旗下5家分公司，是江北规模最大的融辣椒种植、收购、加工、储藏销售、出口为一体的综合性外向型企业，主营辣椒调味料，天然色素提取等系列产品
15	山东百佳食品有限公司	山东省聊城市	初级加工	注册资金5512万元	金州、皆宜、泰普顿	该公司成立于2007年，主要从事蔬菜干制品、调味品的生产加工，是全球主要的调味品供应商
16	山东范府食品有限公司	山东省菏泽市	初级加工	注册资本1300万元	范小哥、纽特汉克、范府	该公司成立于2009年，主要从事辣椒制品生产、火锅底料与卤制品加工，以及速冻食品生产与销售的现代食品企业

					其他	
序号	企业名称	省（市）	主营业务	经营规模	企业品牌	企业简介
1	武城县红阳辣椒种植专业合作社	山东省德州市	种植业	注册资金5200万元	无	该公司主要从事辣椒种植，为社员购买生产资料，农产品的销售与农业技术支持
2	曹县鲁红种植专业合作社	山东省菏泽市	种植业	注册资金5000万元	位湾鲁红	该合作社成立于2011年，主要从事辣椒、粮食作物的种植服务，组织农产品收购与加工
3	山东宏大食品股份有限公司	山东省济宁市	初级加工	注册资金10500万元	宏万年、蒜星	该公司成立于2010年，占地面积216亩，主要从事辣椒酱、蔬菜干制品、腌菜、黑蒜的生产与加工，产品热销78个国家与地区
4	青岛永芳源食品有限公司	山东省青岛市	初级加工	注册资金5000万元	永芳源、远古	该公司成立于2004年，主要从事蔬菜制品，生产调味料（辣椒粉）与辣椒调味品。产品100%外销
5	青岛洲旭生物科技有限公司	山东省青岛市	精深加工	注册资金1000万美金	无	该企业成立于2014年，主要从事非食用辣椒色素、非食用辣椒碱加工
6	山东多元户户食品有限公司	山东省德州市	初级加工	注册资金7000万元	无	该企业主要从事调味品、蔬菜、食品添加剂加工销售，收购辣椒、大蒜、生姜等进出口活动
7	青岛赛特香料	山东省青岛市	精深加工	注册资金5000万元	花果	该企业成立于1998年，主要从事辣椒红素、辣椒油树脂、水溶辣椒红等色素提取与加工，产品主要用于出口
8	山东智领生物科技股份有限公司	山东省潍坊市	精深加工	注册资金5000万元	智领生物	该企业成立于2003年，是一家集种植、提炼、研发、深加工、销售于一体的专业天然色素及高端饲料添加剂生产的新型企业

					其他
序号	企业名称	省（市）	主营业务	经营规模	企业品牌	企业简介
9	乐陵兴旺调味品食品有限公司	山东省德州市	初级加工	注册资金5000万元	无	该企业成立于2017年，主要从事调味品、发酵品、蔬菜制品、辣椒制品的加工销售
10	金乡县久鑫农业发展有限公司	山东省	初级加工	注册资金200万元	久鑫农知味JXNZW	2017年成立，主要经营辣椒与大蒜的代收、加工、存储、销售等专业业务。产品以辣椒粉、辣椒段等初级加工为主
11	济宁市椒盛农产品有限公司	山东省	初级加工	注册资金300万元	椒盛天下	2017年成立，该公司从事高辣、打粉、打片、大段鲜椒打浆等专业辣椒初级生产业务
12	乐陵市腾达辣椒制品有限公司	山东省	初级加工	注册资金1000万元	鲁优家和	公司于1990年成立，占地面积10000平方米，年生产辣椒制品2000多吨，是规模化、专业化的生产企业
13	济宁耐特食品有限公司	山东省	初级加工	注册资金1000万元	天博、天正	该公司从事食品香精，调味品加工，年生产能力10000吨，产品技术含量全国一流
14	青岛金广进食品有限公司	山东省	初级加工	注册资金1000万元	金广进家、金辣婆	2005年成立，主要从事收购农副产品并销售、技术出口等业务活动
15	济宁乡辣源农业发展有限公司	山东省	初级加工	注册资金500万元	无	2018年成立，主要从事农业种植技术推广服务、食品销售、农产品收购、货物进出口等活动
16	山东哈亚东方食品有限公司	山东省	初级加工	注册资金2220万元	哈亚东方	公司2006年成立，主要从事调味品、复配食品添加剂生产、销售、脱水蔬菜进出口贸易
17	山东悦帆商贸有限公司	山东省	初级加工	注册资金1000万元	无	2018年成立，主要经营范围：食品、办公用品、家电、日用百货等
18	青岛中椒国际贸易有限公司	山东省	出口贸易	注册资金100万元	中椒、辣贝尔	主要从事辣椒及辣椒制品生产并出口贸易，其涵盖初级加工与精深加工等产品，产品主要用于出口贸易
19	青岛晓农国际贸易有限公司	山东省	出口贸易	30万元	无	2013年成立，主要经营食品材料与脱水蔬菜的进出口贸易
20	青岛海裕沣食品有限公司	山东省	出口贸易	1800万元	韩香子	公司创立于2000年，是一家专业的辣椒生产加工厂，行业中主要的甜椒与辣椒生产出口企业，产品90%出口国际市场
21	青岛森源食品有限公司	山东省	出口贸易	42万美元	森源	2003年成立，主要业务是生产加工各种辣椒制品，年加工辣椒14800吨，产品主要用于出口贸易

						其他
序号	企业名称	省（市）	主营业务	经营规模	企业品牌	企业简介
22	山东阳谷先运辣椒专业合作社	山东省	辣椒种植	注册资金2200万元	先运、歪嘴、聊阳朝天椒	融辣椒种植、收购、销售为一体的国家级示范合作社，带动辣椒种植12200余亩，产量3575吨
23	武城县红阳辣椒种植专业合作社	山东省	辣椒种植	注册资金5200万元	无	2014年成立，带动武城辣椒种植，提供辣椒生产技术，提供辣椒产品销售服务
24	鱼台县博远辣椒种植专业合作社	山东省	辣椒种植	注册资金90万元	无	2013年成立，是一家以辣椒种植销售为主的专业辣椒合作社
25	金乡县满发均辣椒种植合作社	山东省	辣椒种植	注册资金60万元	无	合作社成立于2014年，主要从事辣椒生产资料采购，组织成员种植辣椒，开展辣椒技术咨询服务
26	金乡佳奥农业发展有限公司	山东省	辣椒种植	注册资金500万元	京纽	成立于2017年，主要从事农作物种植与销售，农业生产技术的研发与推广，农产品的加工与销售
27	金乡县红满地辣椒专业合作社	山东省	辣椒种植	注册资金100万元	无	该合作社2017年成立，主要组织成员采购辣椒生产资料，开展辣椒技术种植经验交流

河北省辣椒加工企业名单

						国家级
序号	企业名称	省（市）	主营业务	经营规模	企业品牌	企业简介
1	晨光生物科技集团股份有限公司	河北省邯郸市	精深加工	注册资本51371万元	晨光生物CCGB、晨光	是国家级重点龙头企业，拥有23家子公司，以研发提取天然色素为主，获国家专利177项

						省级
序号	企业名称	省（市）	主营业务	经营规模	企业品牌	企业简介
1	河北隆尧金源天然色素有限公司	河北省邢台市	精深加工	注册资本302万元	金源	该企业2000年成立，是省级重点龙头企业，主要以生产辣椒色素、辣椒碱以及生产天然色素调味品为主
2	邯郸市兆辉生物科技有限公司	河北省邯郸市	初级加工	注册资本5500万元	素范儿	该企业成立于2005年，主要从事农副产品加工，集种植、科研、加工、销售于一体的农业产业化龙头产业
3	河北东之星生物科技有限公司	河北省邯郸市（省级）	精深加工	注册资本3180万元	东之星	2005年成立，拥有15项国家专利，主要生产辣椒色素、辣椒精、辣椒碱的省级龙头企业，是河北省高新技术企业

续表

					省级
序号	企业名称	省（市）	主营业务	经营规模	企业品牌	企业简介

序号	企业名称	省（市）	主营业务	经营规模	企业品牌	企业简介
4	石家庄银河食品有限公司	河北省定兴市	初级加工	注册资本358万元	天之味、绿硕、仁木	1999年注册成立，是一家集科、农、工、贸于一体的省级龙头企业，主要加工日本风味的渍菜系列，生产蔬菜加工腌制产品
5	河北佳隆食品有限公司	河北省辛集市	初级加工	注册资本1500万元	阔丰、千树佳隆食品	成立于2004年，年生产辣椒系列产品1500吨，是一家融种植外销为一体的综合性食品生产加工企业
6	鸡泽县天下红辣椒有限公司	河北省邯郸市	初级加工	注册资本1750万元	天下红、天下宏	公司成立于2003年，常年从事盐渍椒、鲜脆剁椒、辣椒酱等初级加工活动，是河北省重点龙头产业，其产品是河北省名牌产品
7	中绿（河北）食品开发有限公司	河北省张家口市	初级加工	注册资本144.6万美元	无	2004年成立，是中国绿色食品集团有限公司的子公司，主要生产农产品种植、保鲜、加工、绿色食品研发
8	河北亚雄现代农业有限公司	河北省张家口市	初级加工	注册资本7817万元	坝上鲜、武家珍坊	2005年成立，全国首家生产鲜椒酱的企业，主要从事蔬菜种植、研发、加工的高科技农业企业，注册蔬菜品牌，是国家农业部定点市场
9	唐山三商食品有限公司	河北省唐山市	初级加工	注册资金20万美金	三升	1997年成立，主要从事蔬菜粗加工与蔬菜腌制品，产品主要出口日本，是河北省重点龙头企业
10	隆尧县旭日食品有限公司	河北省邢台市	初级加工	注册资金600万元	辣食尚、欣口味、筝阳	成立于1996年，主要经营各种辣椒制品：辣椒粉、辣椒圈，产品主要销往韩国、日本等其他国家，是河北省干辣椒龙头产业
11	河北红日天然色素有限公司	河北省邯郸市	精深加工	注册资金1000万元	辣天下、红日、红日瑞祥	2005年成立，是一家专业辣椒精深加工企业，年产辣椒红色素达350吨，红辣素200吨、辣椒精150吨
12	河北天旭生物科技有限公司	河北省邯郸市	精深加工	注册资金1020万元	格瑞翔、天旭	专业生产天然色素的公司，副产品有辣椒籽、辣椒油、辣椒粉等，年产辣椒红色素500吨，辣椒精500吨，副产品3000吨，是颇具实力的辣椒生产企业
13	河北中科天恩食品有限公司	河北省邯郸市	精深加工	注册资本1100万元	湘金府、中科天恩、天恩、三湘妹	该公司成立于2006年，位于鸡泽辣椒工贸城，占地面积32亩，主要生产辣椒加工制品与调味品，是辣椒加工重点企业
14	河北乾亿食品股份有限公司	河北省保定市	初级加工	注册资金1560万元	乾亿、红娃子	该企业于2008年成立，是重点龙头企业，主要生产加工调味料以及辣椒初级加工产品，产品内销并出口

省级					
序号	企业名称	省（市）	主营业务	经营规模	企业品牌	企业简介
15	鸡泽县湘君府味业有限责任公司	河北省邯郸市	初级加工	注册资本2000万元	乐爷乐娇、湘军府、乐爷	该公司成立于2007年，建立院士工作站，是河北省辣椒加工重点龙头企业，主要生产辣椒酱等调味品，其产品是河北省名牌产品

市级					
序号	企业名称	省（市）	主营业务	经营规模	企业品牌	企业简介
1	河北辣都食品有限公司	河北省保定市	初级加工	注册资金4580万元	康辣美	该公司成立于1995年，取得国际质量管理标准体系ISO9001：2008认证，年加工辣椒2000吨，产值2000万元
2	河北华源辣业有限公司	河北省保定市	初级加工	注册资本500万元	贺老汉	该公司成立于1991年3月，是一家调味品开发企业，是保定市重点龙头企业，其产品是河北省名牌产品，年生产能力5000吨，产值6800万元
3	望都县旭升辣椒食品有限公司	河北省保定市	初级加工	注册资本1159万元	辣姊妹、老熊	始建于1997年，公司占地面积30亩，生产设备齐全，主要从事辣椒粗加工，是保定市重点龙头企业，其产品深受欢迎
4	望都口福食品有限公司	河北省保定市	初级加工	注册资本200万元	七椒妹、湘椒妹、盛世口福	始建于1995年，具备先进的生产设备，生产辣椒系列食品及辣椒粗加工产品，该企业交通位置便利，产品畅销
5	鸡泽县英达调味品有限公司	河北省邯郸市	初级加工	注册资本50万元	火厨酱道、老湘坛、湘辣缘	该公司成立于2005年，主要以生产辣椒粗加工产品与辣椒制品为主，年产销辣椒制品1000余吨，是一家集辣椒收购、加工、销售、研于一体的企业
6	河北老菜坊食品有限公司	河北省邯郸市	初级加工	注册资本500万元	老菜坊、椒行天下、绿竹园	该公司成立于2013年，主要生产辣椒酱与辣椒腌制品，具备现代先进生产设备，是河北省传统辣椒生产企业
7	鸡泽县椒乡源食品有限公司	河北省邯郸市	初级加工	注册资本50万元	湘之辣、椒乡源、湘芝辣	该公司成立于2012年，是一家集种植、生产、加工、销售于一体的龙头企业，拥有种植基地6000亩，年生产盐渍椒10万吨，其产品是河北省名牌产品
8	鸡泽县味之伴辣椒总公司	河北省邯郸市	初级加工	注册资金54万元	味之伴	始建于1968年，占地面积15000平方米，主要生产泡椒、辣椒酱、盐渍椒，每年可购销辣椒系列产品4200吨，实现产值2500万元，是河北省重要的辣椒制品生产企业
9	邯郸市亿天味业有限公司	河北省邯郸市	初级加工	注册资金380万元	味之伴	2015年成立，是邯郸市农业产业化重点龙头企业，主要生产盐渍椒、辣椒酱、剁椒产品，配有专业的生产车间与完备的销售网，可实现年产值4200万元

序号	企业名称	省（市）	主营业务	经营规模	企业品牌	企业简介
				市级		
10	河北鸡泽亮宇食品有限公司	河北省邯郸市	初级加工	注册资金505万元	亮宇	该企业2004年成立，占地面积5000平方米，主要生产罐装辣椒制品，现产量5800多吨，是鸡泽重要的辣椒加工企业
11	河北中进生物科技有限公司	河北省邯郸市	初级加工	注册资金3444.3万元	祖善堂、美科尔	该公司成立于1999年，主要致力于天然色素的研究与开发，设备先进，拥有专利25项，是邯郸重要的色素加工企业
12	河北天下一品调味食品有限公司	河北省邯郸市	初级加工	注册资金680万元	天下一品、中冠	该企业成立于2002年，主要生产辣椒粉、火锅料、香辣粉、盐渍辣椒、辣椒酱等200多种产品，远销海外
13	河北辰阳农业开发有限公司	河北省邯郸市	种植业	注册资金1100万元	梦想辰阳	2014年成立，是集育苗、种植、推广、深加工于一体的农业公司，建立育苗示范基地600亩，建立无公害蔬菜大棚
14	邯郸德盛和调味品有限公司	河北省邯郸市	初级加工	注册资金1200万元	猛辣坊	成立于2011年，主要从事调味品加工、酱腌菜销售、辣椒制品的初级加工。是邯郸市重要的辣椒加工企业
15	鸡泽县宇宙红辣椒制品有限公司	河北省邯郸市	初级加工	注册资金500万元	桃花妹、宇宙红、辛香印	成立于2012年，主要从事调味品加工，主要供应辣椒酱、腌制辣椒等产品
16	河北效农辣椒制品有限公司	河北省邯郸市	初级加工	注册资金530万元	效农	该公司成立于2010年，主要从事辣椒粉加工与销售，是植物香料行业内的知名企业
17	河北邦达辣椒加工有限公司	河北省衡水市	初级加工	注册资本500万元	无	该公司于2008年注册，主要从事辣椒收购、储藏、加工与销售
18	衡水市冀州区嘉誉农产品有限公司	河北省衡水市	初级加工	注册资本500万元	无	该公司成立于2012年，从事辣椒收购、辣椒粉加工的经营活动
19	河北东亿食品有限公司	河北省衡水市	初级加工	注册资本1000万元	无	该公司成立于2017年，经营范围主要包括辣椒酱、甜面酱、酱油等
20	衡水市冀州区衡农辣椒专业合作社	河北省衡水市	种植业	注册资金200万元	冀周	该公司成立于2008年，主要从事辣椒种植活动，开展技术培训，提供生产资料等活动
21	武强县凯特食品有限公司	河北省衡水市	初级加工	注册资金1010万元	无	该公司成立于2006年，是一家专门从事辣椒丝、辣椒段、辣椒粉等初级加工为主的法人企业

续表

市级					
序号	企业名称	省（市）	主营业务	经营规模	企业品牌	企业简介
22	衡水信德椒业有限公司	河北省衡水市	初级加工	注册资金500万元	王老三	始建于1997年，占地面积23000平方米，年加工辣椒3000余吨，融种植、收购、加工为一体的农产品加工企业
23	临漳县治富辣椒种植专业合作社	河北省邯郸市	辣椒种植	注册资金209.8万元	治富之星	合作社于2016年成立，主要从事辣椒种植，新品种推广，收购并销售农产品，提供种植技术指导

其他					
序号	企业名称	省（市）	主营业务	经营规模	企业品牌	企业简介
1	河北家兴商贸集团有限公司	河北省	初级加工	注册资金3500万元	顺口果果、兆家兴	2001年成立，经营范围包括批发零售百货、食品加工、超市连锁。被评为河北省著名商标
2	承德市光照邻商贸有限公司	河北省	初级加工	注册资金50万元	无	2016年成立，位于河北石家庄，主要从事食品百货批发销售
3	河北康百岁农业科技有限公司	河北省保定市	种植业	注册资金1000万元	康佰穗农庄、云梵空舍	该公司成立于2012年，主要从事辣椒、蔬菜、谷物的种植技术研发
4	保定市保华调味品有限公司	河北省保定市	初级加工	注册资金1000万元	保华、唐辛子	该公司成立于1997年，公司主要生产辣椒干、辣椒粉、辣椒碎等初级产品，90%的产品出口日本，年出口辣椒干与辣椒制品1000吨左右
5	保定常春藤食品有限公司	河北省保定市	初级加工	注册资本1500万元	常春藤	2002年成立，拥有自己的辣椒种植基地，主要以辣椒粗加工为主，年生产量1300余吨，产品主要出口日本
6	望都县春藤食品有限公司	河北省保定市	初级加工	注册资本658万元	无	1995年成立，公司占地8.8亩，拥有辣椒深加工生产线2条，年生产辣椒丝、辣椒圈、辣椒碎共计3500吨

云南省辣椒加工企业名单

国家级					
序号	企业名称	省（市）	主要业务	经营规模	企业品牌	企业简介
1	大关县昊昕农业科技服务有限公司	昭通市	初级加工	1000万元	昊昕绿天	2008年成立，主要生产加工鲜椒、干辣椒、糟海椒

国家级					
序号	企业名称	省（市）	主要业务	经营规模	企业品牌	企业简介

序号	企业名称	省（市）	主要业务	经营规模	企业品牌	企业简介
2	云南宏斌绿色食品集团有限公司	云南省玉溪市	初级加工	3667 万元	宏斌	成立于 2005 年 2 月，前身是云南通海宏斌绿色食品有限公司（始建于 1999 年 11 月）。主要加工蔬菜制品、酱腌菜、酱类、调味料、豆制品（发酵性豆制品）、甜白酒等产品 80 多个品种，2018 年营业收入 2.8 亿元。公司是国家重点龙头企业，国家高新技术企业

省级						
序号	企业名称	省（市、县、镇）	主要业务	经营规模	企业品牌	企业简介
1	彝良彝江红农业开发有限公司	昭通市	初级加工	1500 万元	彝江红	2018 年成立，主要经营泡椒等生产销售
2	彝良县辣丰农产品加工有限责任公司	昭通市	初级加工	400 万元	高山红	2018 年成立，主要经营干辣椒、泡椒等生产销售
3	云南天绿农业发展有限公司	云南省昭通市	初级加工	800 万元	无	云南天绿农业发展有限公司成立于 2016 年 1 月 6 日，主要从事辣椒初级加工（辣椒烘干和酸辣椒的加工）和销售，现年产值达 800 万元，在未来三年发展成为 2000 万元以上规模企业，并逐步走向初级加工和精深加工相结合的辣椒加工企业
4	昭通市九天食品有限责任公司	昭通市	初级加工	500 万元	九天宇晴	公司于 2002 年成立，位于云南省昭通市乐居镇乐居村，主要经营豆酱（昭通酱）、花色酱（火腿酱、牛肉酱）的生产、加工、销售
5	砚山县凤茔辣椒种植专业合作社	砚山县平远镇	辣椒加工	1000 万元	辣椒酱	2007 年成立，从事农副产品的生产与加工
6	文山州砚山县惠农蔬菜产销专业合作社	砚山县稼依镇	辣椒加工	335.04 万元	朝天椒	公司成立于 2010 年，主要从事蔬菜、辣椒种植、销售与储藏以及为农业社员购买生产资料
7	文山华博贸易有限公司	砚山县江那镇	辣椒加工	2266 万元	小米椒	公司成立于 2004 年，主要从事辣椒产品、调味品、酱腌菜、农副产品的销售与进出口贸易
8	云南达亿食品有限公司	砚山县江那镇	辣椒加工	1000 万元	小米椒	公司成立于 2011 年，主要从事蜜饯、酱腌菜、农副产品的种植与销售
9	砚山县天晟工贸有限公司	砚山县江那镇	辣椒加工	1000 万元	朝天椒、小米椒	公司成立于 2014 年，主要从事辣椒种植、辣椒饮品的生产与开发，辣椒销售

序号	企业名称	省（市、县、镇）	主要业务	经营规模	企业品牌	企业简介
			省级			
10	文山永润辣素有限公司	砚山县平远镇	辣椒加工	3000万元	辣椒红	2009年成立，主要从事农副产品的研究与开发，辣椒素的生产与加工
11	砚山县宏达贸易有限公司	砚山县稼依镇	辣椒加工	350万元	本地辣椒	2005年成立，从事辣椒、姜、蒜、甜椒等农副产品的收购与销售
12	砚山县锦坤贸易有限公司	砚山县稼依镇	辣椒加工	400万元	本地辣椒	2008年成立，主要从事农副产品的购销
13	砚山县润辉农产品工贸有限公司	云南省文山县	初级加工	2000万元	农和	于2004年6月成立，现有员工126人，主导产品为辣椒干（圈）、干姜、泡椒等特色农产品
14	大姚县三台绿特食品开发有限责任公司	楚雄州大姚县	初级加工	年加工和销售酱腌菜—泡椒系列产品14000吨以上	明彤	成立于2002年，经营以酱腌菜—泡红椒为主的农产品种植、收购、加工和销售
15	云南满地金食品开发有限公司	曲靖市富源县	种植及初级加工	2000万元	满地金	2013年成立，是一家以种植、销售和加工为主的市级龙头企业。主要经营泡椒、剁椒、油辣椒等系列产品
16	富源通为工贸有限公司	曲靖市富源县	种植及初级加工	1200万元	无	2015年成立，是一家以种植、销售和加工为主的县级龙头企业。主要经营干辣椒、泡椒、剁椒等系列产品
17	富源县竹园镇川驰农民专业合作社	曲靖市富源县	种植及初级加工	1100万元	无	2014年成立，是一家以种植、销售和加工为主的市级专业合作社。主要经营泡椒、剁椒、油辣椒等系列产品
18	富源县后所镇众益辣椒种植专业合作社	曲靖市富源县	种植及初级加工	1000万元	众益	2013年成立，是一家以种植、销售为主的合作社。主要经营泡椒、剁椒等系列产品
19	丘北县云泰食品有限责任公司	丘北县	初级加工辣椒系列产品	300万元	山里郎	2003年成立，农产品经营范围：辣椒系列产品、豆、果仁、蔬菜、甜脆玉米
20	丘北县达平食品有限责任公司	丘北县	初级加工辣椒系列产品	400万元	达平	2000年成立，辣椒系列产品
21	宣威市太坤调味品厂	宣威市	初级加工	1.6亿元	坤太	2012年成立，是一家集绿色种植、精深加工、生产销售于一体的调味品生产企业，主要经营系列有坤太1+1、坤太1+2、坤太6+1、坤太蘸水、坤太柴火煳辣椒、食一更、味在其中、乡村煳、辣椒干等

					省级
序号	企业名称	省（市）	主要业务	经营规模	企业品牌	企业简介

序号	企业名称	省（市）	主要业务	经营规模	企业品牌	企业简介
22	会泽县乐业勇雄辣椒有限责任公司	云南省曲靖市	辣椒收购加工、辣椒酱、辣椒面、辣椒圈、辣椒油	公司注册资金23万元，现有资产1600万元，年销售5500多万元	勇雄商标	成立于2005年7月，2007年3月公司被县委、县政府评为"会泽县优秀龙头企业"。2008年被评为曲靖市重点市级龙头企业
23	会泽云乐辣椒种植专业合作社	云南省曲靖市	辣椒种植收购加工	注册资金30万元	云乐商标	成立于2009年12月，法定代表人鱼贵云
24	会泽县隆顺辣椒有限公司	云南省曲靖市	辣椒种植收购加工	注册资金60万元	隆顺商标	成立于2003年9月，法定代表人郭宗林
25	会泽凯景工贸有限公司	云南省曲靖市	泡菜、酱食品制作，农副产品加工	注册资金100万元	凯景商标	成立于2017年6月，法定代表人樊善源。年加工3000吨左右
26	会泽雨碌成富农产品有限公司	云南省曲靖市	农副产品购销	注册资金500万元	章龙商标	成立于2013年4月，法人代表黄成富。年加工农副产品1000吨左右
27	会泽久天农业发展有限公司	云南省曲靖市	酱食品制作，农副产品购销加工	注册资金500万元	火红牌、火红老家牌、洪超牌商标	成立于2017年，法人代表蒋先强。年加工农副产品3000吨左右
28	云南省通海酱菜厂有限公司	玉溪市	粗加工	1680万元	通海牌、冠南、品香斋	1956年成立，主要生产加工辣椒制品、地方特色风味酱菜产品系列
29	云南通海润思雅绿色食品有限公司	玉溪市	粗加工	500万元	润思雅	2002年成立，主要生产加工辣椒制品，小米辣、剁椒和各种泡椒系列以及地方特色风味酱菜产品系列
30	云南金兴食品有限公司	玉溪市	粗加工	500万元	成星、兴桂轩	1993年成立，主要生产加工泡菜、小米辣、剁椒和各种泡椒系列辣椒制品，以及风味酱菜产品系列
31	通海圆满农业科技有限公司	玉溪市	粗加工	260万元	施满园	2016年成立，主要生产加工新红利野山椒、满园红一号干辣椒及各种美人椒系列产品